문사통의교주 4

文史通義校注

Annotations and Correction on General Meaning of Historiography and General Meaning of Bibliography

지은이 장학성(章學誠, 1738~1801)은 중국 청나라 때 학자이며 원래 이름이 문효(文斅), 자가 실재(實齋), 호가 소암(少岩)이다. 절강성 회계(오늘날 소흥)에서 살림이 넉넉지 않은 지식인 집안에서 태어났다. 어려서 병치레가 잦아 공부가 지지부진했던 그는 열다섯 살부터 역사학에 흥미를 가지게 되었고 스물다섯 살부터 주균을 스승으로 모시고 고문을 배우기 시작했다. 서른세 살에 안휘 학정으로 부임한 주균을 따라 갔으며 본격적으로 『문사통의』를 쓰기 시작했다. 병으로 돌아가기 직전까지 글쓰기를 놓지 않았으니 평생의 공력이 『문사통의』에 고스란히 모여 있다. 1773년 서른여섯 살 되던 해 화주의 행정 책임자 유장성을 위해 『화주지』를 편집했다. 『화주지』를 편집하면서 당시 지식인들이 별 관심을 기울이지 않던 지방지를 새롭게 인식하게 되었다. 1777년 마흔한 살에 진사에 급제해 국자감 전적 벼슬을 받았으나 취임하지 않고 막빈 생활을 하면서 전국의 서원에서 강의도 하고 지방지도 편찬해 주며 생계를 이었다. 1794년 쉰일곱 살의 그는 고향 회계에 정착하고 평생 쓴 글들을 정리하기 시작한다. 1800년 예순세 살에 노환이 심해진 그는 실명 상태에 빠졌지만 사람을 불러 구술하면서까지 창작의 끈을 놓지 않았다. 이 해에 그는 학문적 유언이라고 할 수 있는 「절동학술」을 썼고 이듬해 1801년 11월 세상을 떠났다.

옮긴이 임형석(林亨錫, Lim Hengseok)은 1969년 부산에서 태어나 자랐다. 1992년 부산대학교 철학과에서 학사 학위를, 1997년 중국 북경의 청화대학 사상문화연구소에서 사상사 석사 학위를, 2001년 북경대학 철학계에서 철학 박사 학위를 받았다. 2001년부터 부산과 인근의 여러 대학에서 시간강사 및 연구원으로 일했고, 현재 부산 경성대학교 중국대학 중어중문학과 초빙외래교수이다.

문사통의교주文史通義校注 **4**

1판 1쇄 인쇄 2011년 2월 20일 **1판 1쇄 발행** 2011년 2월 25일

지은이 장학성 **옮긴이** 임형석 **펴낸이** 박성모 **펴낸곳** 소명출판
등록 제13-522호 **주소** 137-878 서울시 서초구 서초동 1621-18 (란빌딩 1층)
대표전화 (02) 585-7840 **팩시밀리** (02) 585-7848
이메일 somyong@korea.com **홈페이지** www.somyong.co.kr

ISBN 978-89-5626-546-9 94820 값 25,000원,
ISBN 978-89-5626-542-1(전 5권)

이 번역도서는 2006년 정부재원(교육인적자원부 학술연구조성사업비)으로 한국연구재단의 지원에 의하여 연구되었음.

문사통의교주 4

文史通義校注

장학성 지음
임형석 옮김

소명출판

◆ 일러두기

1. 이 번역서의 저본은 장학성이 쓰고 섭영이 교정하고 주를 단 『문사통의교주』(文史通義校注, 北京, 中華書局, 1985)이다.
2. 중화서국 판 『문사통의교주』의 표점(標點)은 대부분 옳지만 여러 사람이 함께 작업한 탓인지 어긋나는 경우가 가끔 발견된다. 이것은 통일시키고 역주에서 밝혔다. 아울러 창수량(倉修良)이 편집한 『문사통의신편』(文史通義新編, 上海, 上海古籍出版社, 1993), 엄걸(嚴傑)과 무수성(武秀成)이 번역한 『문사통의전역』(文史通義全譯, 貴陽, 貴州人民出版社, 1997)도 남김없이 대조했으며 참고한 부분도 간혹 있다.
3. 이 번역서는 장학성의 원문과 원주, 섭영의 교주, 옮긴이의 역주 세 부분으로 구성되어 있다. 장학성의 원문은 본문으로 번역하고 원주는 본문에 괄호를 친 뒤 작고 굵은 글씨로 옮겨서 구분했다. 섭영의 교주는 『문사통의교주』의 원래 순서대로 주로 처리했다. 옮긴이의 역주는 각각의 주 밑에 '*역주'라고 써서 따로 구분했다.
4. 번역은 가능한 우리말로 풀어쓰려고 노력했다. 원문에 충실하고자 노력했으나 원문이 지나치게 축약된 경우에는 의역하기도 했다. 전통 문인의 글쓰기 대부분이 그러하지만, 장학성의 문장도 축약이 심하다. 이를 그대로 옮길 경우 앞뒤 문맥을 파악하는데 어려움이 있기 때문에 적절하게 풀어 옮겼다. 필요한 경우에는 옮긴이의 역주에 이를 설명했다.
5. 인명, 지명, 서명 등은 모두 한글 음으로 표기했다. 온전한 우리말 번역을 위해 국내의 갖가지 번역서와 연구 성과를 가능한 한, 충실히 참조하고 반영하고자 노력했다. 기존의 번역이 어색하고 구태의연한 경우, 옮긴이의 관점에 따라 의역하고 현대적으로 해석하기도 했다.
6. 섭영의 교주는 장학성의 원문에 나타나는 인명과 지명, 서명 등 거의 모든 사항을 망라하고 있다. 옮긴이의 역주는 섭영의 교주를 충실히 옮기고도 충분치 않은 경우에만 달았다. 옮긴이의 역주 가운데 장학성의 본문에 대한 것은 별도로 표시했다. 별도의 표시가 없는 옮긴이의 역주는 섭영의 교주에 대한 역주이다.
7. 원어 표기가 필요한 경우에는 한글 뒤 ( ) 안에 부기하였다. 그리고 옮긴이가 의역한 경우, 곧 저자가 지나치게 축약해서 쓴 말을 풀어쓰는 경우에는 [ ] 안에 원어를 표기했다. 또한 동일한 원어 표기가 여러 차례 등장하는 경우는 독자의 편의를 위해 필요하다고 판단했기 때문이다.

문사통의교주(文史通義校注) 4_ 차례

권7 - 외편2

권8 - 외편3

문사통의교주 전체 차례

권 7
외편 2

영청현지 황언기 서례(永清縣志皇言紀序例)[1]

역사서에 「기」가 생긴 것은 『여씨춘추』의 십이월기(十二月紀)에서 시작되었다. 사마천은 이로써 제왕이 시행한 일을 기록하고 서술하여 『사기』

1　『장실재연보』에 의하면 건륭 42년 영청현 지사 주진영이 장학성을 초빙하여 『영청현지』를 편찬했다. 건륭 44년 칠월 책이 완성되었다. 『영청현지』는 「기」, 「표」, 「도」, 「서」, 「정략」(政略), 「열전」 모두 여섯 가지 형식이며 모두 스물다섯 편이다. 이밖에 『문징』 다섯 권이 있는데 「주의」(奏議), 「징실」(徵實), 「논설」, 「시부」, 「금석」 각 한 권씩을 헤아린다.(가업당본 『장씨유서』 「외편」 권6부터 권15까지이다) 장학성 「여주문청논문서」(與周文淸論文書)에 따르면 다음과 같다. "『영청현지』 전체는 무성한 풀처럼 어지러운 것이 대단히 한탄스러워서 최근 이미 스물여섯 편을 편집하여 정한 뒤 새로운 『영청현지』[永淸新志] 열 편을 지었는데 엄숙하고 깨끗하다고 조금 생각합니다. 수록하기를 기다렸다가 부본이 나오면 바로 부쳐 드릴 것인데 십이 년 전에 학문 실력이 미처 도달하지 못한 허물을 조금이나마 속죄하게 되었습니다. 혹시 영청현의 인사들에게 다시 보여주면 호사가가 있어서 따로 하나의 판본을 간행하여 『신당서』와 『구당서』가 동시에 유행하는 것처럼 되는 것도 역시 아름다운 일입니다."(가업당본 『장씨유서』 권9) 나는 이렇게 생각한다. 새로운 『영청현지』는 현재 이미 남아 있지 않고 이른바 동시에 유행하는 갸륵한 일은 다만 후세인들이 감탄하며 그리워하는 것만 늘어나게 만들었을 뿐이다.

백서를 편의 첫머리로 삼았다. 이것은 아마 『춘추』의 옛 법도일 것이다.[2] 그 뒤 이십일사[3]는 번갈아가며 계속 조술했는데 형식의 엄숙함이 율령과 같다. 그러나 지방의 「지」는 "지리류"의 범례에 홀린 것이 많고 무엇을 따른다는 소리를 듣지 못했다. 이것은 마치 옷을 털면서도 옷깃을 가다듬는 일을 모르는 것처럼 제목이 상세해도 대강을 제시하지 못한다.[4] 어수선하고 걷잡을 수 없어서 구별하지 못하거나 국사가 요약 편집하는 뜻을 잃는 것은 당연하다. 옛날 봉건제 세상에서 모든 나라는 자신의 역사서를 가지고 있었지만 정확한 달력을 바로잡는 일은 꼭 주나라 왕과 연결되고[5] 노나라의 역사서는 반드시 주나라의 전적이라고 하는 것(한선자가 『역상』과 『춘추』를 보고 『주례』가 모두 노나라에 있다고 말한 것이 이것이다)은 아마 이어받는 일이 어디서 시작되었는지 드러내는 것이리라. 후세의 군현은 설령 만리 밖에 있더라도 제도가 옛날 기(畿)와 전(甸)을 구분하는 방법과 같지만[6] 분야를 나누고 편집해서 분류하는 일에 기준과 법도가 없으니 어찌 『주관』에 있는 외사의 뜻에 맞겠는가?(『주관』의 외사는 사방의 「지」를 관장하고 사방으로 문서를 보내는 일을 관장한다. 따라서 모든 나라의 역사서를 지을 때는 제멋대로 함부로 주장할 수 없고 반드시 외사가 정한 범례를 받아야만 한다) 이것은 「지」를 짓는 사람들이 사학을 명백히 알지 못한 잘못이다.[7]

---

2 『여씨춘추』 「십이기」[十二月紀]는 「시교 하」의 주48을 보라. 「본기」가 『춘추』를 본받았다는 것은 「경해 하」의 주33을 보라.

3 이십일사라고 한다. 「답객문 상」의 주10을 보라.

4 『순자』 「권학」은 이러하다. "만약 갖옷 옷깃에 손을 댄다면 다섯 손가락을 구부려 가지런히 할 텐데 손가락을 따르는 털은 헤아릴 수 없이 많다." 「시보서」는 이러하다. "그물 하나를 들면 모든 그물눈이 펼쳐진다."

5 「화주지 황언기 서례」의 주8을 보라.

6 『주례』 「하관」 "직방씨"는 이러하다. "그래서 구복(九服)의 나라를 변별하는데 사방 천리를 왕기(王畿), 그 바깥 사방 오백 리를 후복(侯服), 다시 그 바깥 사방 오백 리를 전복(甸服), 다시 그 바깥 사방 오백 리를 남복(男服), 다시 그 바깥 사방 오백 리를 채복(采服), 다시 그 바깥 사방 오백 리를 위복(衛服), 다시 그 바깥 사방 오백 리를 만복(蠻服), 다시 그 바깥 사방 오백 리를 이복(夷服), 다시 그 바깥 사방 오백 리를 진복(鎭服), 다시 그 바깥 사방 오백 리를 번복(藩服)이라 한다."

7 나는 이렇게 생각한다. 이 단락은 「기」의 근원을 찾는다.

『여씨춘추』는 열두 달[十二月令]을 「기」라고 이름 지었지만 사마천과 반고의 무리는 「본기」라고 불렀다. 그들이 본(本)라고 부른 뜻을 찾아보면 사마천의 의도는 『춘추』를 잇고 본받으려는 것이다. 그러나 『춘추좌전』, 『춘추공양전』, 『춘추곡량전』 등은 전문가인데도 각자 「전」을 지었지만 사마천의 『사기』는 개인의 책인데도 「서」, 「표」, 「열전」을 지어 보조적인 것을 삼았기 때문에 「기」에 본 자를 더하여 「기」가 주요하다는 것을 밝혔다.[8](그 이름은 확실히 『세본』의 예전 호칭을 본뜬 것이다)[9] 반고는 사마천의 의도에 통달하지 못했기 때문에 결국 「지」 열 편을 아울러 본지(本志)라는 제목을 붙였다.[10] 그래서 「표」와 「전」에 본이라는 이름을 더하지

---

8 유함흔 『문사통의지어』는 이렇게 말한다. "「기」가 주요한 것이 되고 「표」, 「지」, 「전」이 보조적인 것이 되는 것을 알면 항우의 「본기」에 대해서 의심하지 않는다. 「기」와 경은 같은 뜻이고 「기」를 기록하다[記]라고 풀이하는 것은 그르다. 유지기는 그래서 연도는 나에 의거해서 세워지고 이것이 바로 「기」가 될 수 있다고 말했다.(『사통』 「본기」(本紀)는 이러하다. "「기」라는 문체는 『춘추』의 경과 같아서 날짜와 달을 이어서 한 해와 네 계절을 완성하고 임금을 써서 바침으로써 임금의 혈통[國統]을 드러낸다.") 후세에는 결국 편년체에 빠져서 황보밀의 『제왕세기』는 편년이 아닌데도 역시 「기」라고 부르고 있으며 『사기』 「삼대세표」는 연도를 기록할 수 없고 왕조를 기록했는데도 역시 「표」라고 부를 수 있다."

9 『한서』 「예문지」 '춘추류'는 이러하다. "『세본』은 열다섯 편이다." 반고의 자주는 이렇게 말한다. "고대의 사관은 황제 이래로 춘추시대의 제후와 대부까지 기록했다." 사마천은 그것을 골라서 『사기』를 지은 적이 있다. 손성연은 「중집세본서」(重輯世本序)에서 이렇게 말한다. "『세본』이 없어진 것은 송나라 때일 것이다. 『숭문총목』은 『성원』부터 시작하는 "씨족류"의 여러 책을 싣고 있는데 『송사』 「예문지」도 역시 그렇고 모두 『세본』을 싣지 않았다. 그렇다면 정초가 「씨족략」(氏族略)을 짓고 왕응린이 『성씨급취장』(姓氏急就章)을 지을 때 『세본』을 인용한 것은 모두 다른 곳에서 따온 것이고 원래 책에는 보이지 않기 때문에 명백하다." 양계초는 이렇게 말한다. "청나라 유학자 가운데 앞서거니 뒤서거니 모은 사람은 전대소(錢大昭), 손풍익(孫馮翼), 홍이손(洪詒孫), 뇌학기(雷學淇), 진가모(秦嘉謨), 묘반림(茆泮林), 장주(張澍) 일곱 명이다. 진가모의 판본이 가장 풍부한데 모두 열 권이다. 그러나 『사기』 「세가」 및 『춘추좌전』 두예 주와 『국어』 위소 주에서 세계와 관련된 글은 모두 『세본』으로 귀결시키지만 원래 책에는 명백한 글도 없지만 지나치게 넘치는 것 같기도 하다. 묘반림과 장주 두 사람이 가장 주도면밀하고 확실하다."(『중국근삼백년학술사』)

10 『한서』의 「지」 열 편은 「율력지」, 「예악지」, 「형법지」, 「식화지」, 「교사지」(郊祀志), 「천문지」, 「오행지」, 「지리지」, 「구혁지」, 「예문지」이다. 현재의 『한서』에 따르면 본(本) 자가 없다. 유함흔 『문사통의지어』은 이렇게 말한다. "모진이 판각한 판본[毛刻]

않았기 때문에 「표」를 그냥 「연표」라고 부르고 「전」을 「열전」이라 불러서 「본기」처럼 두 글자로 이름을 정했다. 「지」만 한 글자로 된 이름이기 때문에 억지로 숫자를 채웠지만 그렇게 하면 「기」를 주요한 것으로, 「전」을 보조적인 것으로 하는 뜻을 해친다는 것을 모른다.(옛사람이 글자를 홀수나 짝수로 짝 지우는 일은 자주 있었는데, 『칠략』의 방(方)을 경방(經方)이라 부르거나 『회남자』의 논을 서론(書論)이라 부르는 종류처럼[11] 매우 많다. 다만 글의 뜻을 해치지만 않으면 그렇게 할 수 있을 따름이다) 뜻에 근거하여 범례를 일으키는 것처럼 방지가 「기」를 지어 책 전체의 주요한 것으로 삼는 것은 적당한 일이다. 만약 역사서를 좇아 「본기」라고 부르는 바람에 이름과 내용이 뒤섞여 어지러워지면 국사의 뜻을 우러르는 방법이 아니다. 또한 후세의 문인이 지은 시와 글 가운데 당시의 임금이 행한 일과 관련된 것은 본래 「기」 형식의 글이 아니지만 역시 「공기」(恭紀)라고 불러서 존경을 표시하는 것도 뜻에 대해 본디 해롭지 않다. 만약 「본기」라고 부른다면 이렇게 부르는 이치는 없을 것이다. 그러면 방지가 「기」라고 부른 것은 본래 책의 「표」와 「전」의 형식에 대해서는 주요한 것이 되고 국사의 「본기」에 대해서는 또한 보조적인 것이 된다. 그래서 방지에 「기」를 지었어도 그 앞에 본이라고 부를 수 없는 것이다.[12]

사마천과 반고 이후 「본기」는 비록 『춘추』를 본받았지만 그중에는 임금이 내린 명령서와 포고문이나 호령을 수록했기 때문에 또한 『상서』의 형식이 섞여 있다.[13] 구양수가 『신당서』를 지을 때 비로소 정중하게 쓰

『한서』는 여전히 본지(本志)라고 부르지만 다른 판각본은 그렇지 않은 것으로 보아 모진 판각본이 반드시 반고의 원본이라고 할 수 없다. 『한서』 「서전」에도 역시 본지라는 이름이 없으므로 이런 반박은 가볍게 물리친다."

11 『칠략』이 경방(經方)이라고 부른 것은 『한서』 「예문지」 "방기략"을 보라. 『회남자』가 서론(書論)이라 부른 것은 「요략」을 보라.

12 나는 이렇게 생각한다. 이 단락은 「기」를 지으면서 본(本)이라고 부르지 않았다는 것을 밝힌다.

13 『사통』 「육가」는 "상서가"를 논하여 이렇게 말한다. "『서』가 주장하는 것은 호령에 뿌리를 두었을 것이다. 그래서 왕도의 정의를 펼치고 신하에게 말하는 것이다. 그러

는 방법을 사용하여 기록할 것은 기록하고 삭제할 것은 삭제하는 일이 근엄해졌고[14] 사마천과 반고를 넘어서게 되었기 때문에 『춘추』를 스승으로 삼은 것보다 좋다고 말할 수 있다.[15] 방지에 「기」를 짓는 이유는 잃어버린 것을 외사가 줍는 일에 대비하고 한 지방이 임금을 공경하며 받드는 일을 남기기 위해서이다.[16] 이것이 이른바 관청의 기둥을 따라 태양이 비치는 것을 측정하고 창문 틈에 있으면서 하늘의 빛이 통하는 것을 살핀다는 것이며 조심스럽게 모으고 상세하게 기록하는 일을 바라지만 『춘추』가 사실을 기록하는 범례에서 취한 것이 없다. 그래서 황제의 말을 공손히 기록하여 맨 처음에 넣으면 역사가의 범례와 서로 주요한 것과 보조적인 것이 되므로 한 가지 범례를 고집하여 계속 얽매서는 안

므로 『서』가 기록하고 있는 것은 모두 전, 모, 훈, 고, 서, 명 같은 글이다." 『사기』와 『한서』 이후에 「본기」에서 임금의 명령서와 포고문, 임금의 호령을 많이 수록해 넣은 것은 『상서』의 문체를 뒤섞은 것이다.

14 『신당서』는 「사주」의 주18을 보라. 진진손 『직재서록해제』는 이렇게 말한다. "이제 나는 이렇게 생각한다. 예전 역사서는 오대 때 문기가 변변치 않고 추저분한 시절에 완성되었기 때문에 순서대로 기록하는 것에 법도가 없고 상세함과 간단함이 짐짓 사실과 다르며 논찬이 짝을 이루는 변려문의 말을 많이 썼기 때문에 본디 세상에 전하기에 부족하다. 그리고 『신당서』[新書]는 한 사람의 손에서 나온 것이 아니므로 역시 온전하고 좋을 수 없다. 「본기」는 『춘추』의 범례를 써서 조령(詔令)을 삭제하여 비록 지나치게 간단하지만 오히려 간결하고 예스러움을 잃지 않았다. 「열전」에 쓴 글자는 기이하고 어려운 것이 많아서 거의 서삽체[虯戶銑谿體]와 비슷하여 판단력 있는 사람이 그것을 못마땅한 점이라고 생각한다."

역주_ 서삽체(徐澀體)는 당나라 초의 서언백(徐彦伯)의 글쓰기에서 유래한 문체이다. 서언백은 말을 바꾸기 좋아해서 남들이 쓰지 않는 쓸데없는 말을 많이 만들어 냈다. 虯戶는 용문(龍門)을 바꾼 것이고 銑谿는 금곡(金谷)을 바꾼 것이다.

15 조익 『이십이사차기』 18은 이러하다. "구양수와 송기 두 사람은 변려문[駢體]을 좋아하지 않았기 때문에 임금이 내린 명령서나 신하의 상주문에서 사륙변려문으로 글을 지은 것을 만나기만 하면 반드시 남김없이 삭제해 버렸다. 예를 들어 덕종이 하늘의 명령을 받들자 산동의 씩씩하고 사나운 병사들 가운데 감동해서 눈물을 흘리지 않는 사람이 없다. 이회광(李懷光)을 토벌하라는 명령은 잘한 일과 못한 일을 서로 숨기지 못하며 역시 사정을 간곡하게 다 말하고 있다. 그러나 「본기」에는 모두 싣지 않았다." 이것은 또한 구양수가 조령을 삭제한 것이 옳다고 생각하지 않는 것이다.

16 『이아』 「석고」는 이러하다. "지(祗)는 경(敬)이다." 『상서』 「대우모」는 이러하다. "순임금에게 공경스럽게 이었다." 지봉(祗奉)은 지승(祗承)과 같다.

된다.[17]

'크구나, 왕의 말씀이여'는 『상서』에 나오고 '왕이 대수롭지 않게 말씀하다'는 『예기』에 나온다.[18] 아마 삼대의 천자를 왕이라 불렀기 때문에 천자의 말을 왕의 말씀이라고 불렀을 것이다. 후세에 왕의 말씀이라는 말을 이어서 쓰는 것이 전고를 따르게 되었지만 삼대 이후에는 임금도 역시 신하의 작위라는 것을 모르고 천자가 내린 명령서와 포고문도 역시 왕의 말씀이라고 부르는 것은 고대에 얽매여 자기 시대를 좇아야 되는 것을 미처 몰랐기 때문이다. 『상서』의 글에는 신하가 자신을 짐(朕)이라 부르기 때문에 말도 역시 고(誥)라고 부를 수 있다.[19] 후세의 높여 부르는 말이 이미 하나로 정해졌다면 문사는 반드시 이름과 내용이 서로 부합해야만 하는데 어찌 고대의 범례에 얽매여 고치고 바꾸는 일을 모르는가? 그래서 왕의 말씀이라는 예전 말을 바꿔 황제의 말이라는 큰 호칭으로 부른 이유[20]는 사실이 내용을 좇고 이름과 내용이 뒤섞이지 않기 바라는 것이다.[21]

---

17 나는 이렇게 생각한다. 이 단락은 말을 기록해서 역사서를 보충하는 일을 밝힌다. 예전 판본은 다음을 잇고 있지만 여기서 월아당총서본, 검각본, 가업당본 『장씨유서』를 의거하여 이것 다음에 줄을 바꿨다.

18 '크구나, 왕의 말씀이여'는 『상서』 「함유일덕」(咸有一德)을 보라. '왕이 대수롭지 않게 말씀하다'는 「언공 하」의 주8을 보라.

19 『상서』 「고요모」는 이러하다. "고요가 이렇게 말했다. '저는 말씀을 따라 행하도록 하겠습니다.'" 그래서 신하도 짐이라고 부를 수 있었다. 「서서」는 이러하다. "탕왕은 하나라로부터 돌아오는 길에 대경(大坰)에 이르러 중훼(仲虺)가 고(誥)를 지었다." 그래서 신하가 말한 것을 고(誥)라고 부를 수 있었다. 『정자통』은 이러하다. "옛날에는 위아래에 고(誥)가 있었는데 진나라가 고대를 없애고 제(制)와 조(詔)라고 불렀다. 한나라 무제 원수 6년 처음으로 고(誥)를 지었지만 이로써 벼슬아치들에게 명령하지 않았다. 당나라 때는 제라고 불렀지 고라고 부르지 않았다. 송나라 때 비로소 고로써 모든 벼슬아치들에게 명령했다. 명나라는 벼슬아치들에게 명령할 때 칙(敕)을 썼지 고를 쓰지 않았다. 삼년 동안 업적을 헤아리면 고로써 아름다움을 칭찬했다. 홍무 17년 작위를 봉하는 사람에게 고를 주는 것을 일품의 제도로 할 것을 상주해서 정했다. 홍무 26년 일품부터 오품까지는 모두 고명(誥命)을 받고 육품부터 칠품까지는 모두 칙명(敕命)을 받도록 정했다."

20 『설문해자』는 이러하다. "홍(鴻)은 크다는 뜻이다." 홍호(鴻號)는 대호(大號)이다.

하늘의 명령을 받았다[敕天]는 노래가 『상서』에 실려 있지만[22] 후세 역사서의 「본기」에는 임금이 내린 명령서와 포고문만 수록할 뿐이다. 시와 노래는 성정을 말해서 드러내는 것이지만 임금의 명령서와 포고문은 정사에서 시행하는 것이다. 그러므로 사부에 수록된 것에는 각각 적당한 것이 있다. 방지의 형식은 우러르는 것을 높이 받드는 데 뜻이 있으니 범례에 따라 고르면 안 된다. 전 총독 이위(李衛)가 편찬한 『기보통지』(畿輔通志)[23]가 첫머리에 임금이 내린 명령서인 조유(詔諭)와 신장(宸章) 두 가지 부류를 배열한 것[24]은 뜻이 비교적 적당하다. 영청이라는 현은 임금에게 가까운 경기 남부에 있기 때문에[25] 본디 임금이 내린 명령서를 특별히 반포하지 않는다. 만약 여러 부, 주, 현 및 직예 전체와 서로 관련된다면 「통지」에 실어 넣어야만 하고 영청현을 그 안에 넣을 수 없는데도 끝내 무모하게 수록해 넣는다. 만약 황제가 은혜롭게 누적된 세금을 면제시킨 일[蠲通]이나 이재민을 구제한 일[賑恤]이 있다면[26] 「은택기」[恩

21 나는 이렇게 생각한다. 이 단락은 황제라고 해서 사실에 부합하는 것을 밝히고 있다. 예전 판본은 다음을 잇고 있지만 여기서는 월아당총서본, 검각본, 가업당본 『장씨유서』에 의거하여 이것 다음에 줄을 바꿨다.

22 『상서』 「익직」은 이러하다. "순임금이 이런 노래를 지어 불렀다. '짐은 하늘의 명령을 받아 오로지 때에 맞게 조짐에 맞게 따랐다.'"

23 『사고전서총목제요』 "지리류"는 이러하다. "『기보통지』(畿輔通志) 백스무 권은 청나라[國朝] 병부 상서 직예 총독 이위(李衛) 등이 편찬을 감독했다. 모두 서른한 가지 항목으로 나누고 「인물문」과 「예지문」[藝志] 두 분야는 또한 각각 세부 항목을 만들었다. 잘못을 바로잡고 빠진 것을 보충하여 예전 「지」와 비교하여 대단히 나무랄 데가 없다고 한다."

24 다름 아니라 어제시(御製詩)이다.

역주_ 조유는 임금이 내린 명령서인 조서와 같다. 신장은 임금이 내리는 명령서의 초고라는 뜻이다.

25 영청현은 청나라 때 순천부에 속했다.

26 『대청회전』 권19 「호부」는 이러하다. "모든 황정(荒政)은 열두 가지가 있는데 넷째가 발진(發賑)이다. 재해 상황을 적어서 보고하면 즉시 한쪽으로 창고를 열어 먹을 거리가 없는 가난한 백성들에게 먼저 한 달 치를 흩어서 구휼하는데[散賑] 이것이 정진(正賑)이다. 나누는 숫자를 명확하게 조사한 뒤 이에 따라 극빈(極貧)과 차빈(次貧)을 나눈다. 갖춰 적은 뒤 더해서 구휼한다[加賑]. 일곱째가 견부(蠲賦)이다. 재난을 당한 호구가 원래 내던 토지세와 인두세의 원금과 추가분을 열 등분한 것을 기

澤之紀]에 사실을 공손하게 기록하지만 임금이 내린 명령서는 포괄하는 범위가 광범위하므로 역시 감히 경계를 넘어서 쓸 수 없다. 오로지 널리 은혜를 베푼 일[覃恩]이나 즐겁게 은혜를 베푼 일[愷澤], 죽은 사람을 칭찬한 일[褒贈]이나 가족을 옮겨 봉한 일[貤封][27]은 본디 가승의 영광이기도 하고 마찬가지로 「현지」[邑書]의 첫머리이기도 하므로 모아서 기록한다. 임금이 몸소 지은 시는 「빙교」(冰窖) 한 편만 있으므로[28] 권을 나눌 수 없고 임금이 내린 명령서를 공손하게 수록한 뒤 은하수처럼 밝다고 말할 따름이다.[29]

준으로 재난에 따라 나눈 숫자를 밝혀서 면해준다."

27 「고문십폐」의 주67을 보라.

28 가업당본 『장씨유서』 「외편」 권6의 『영청현지』 「황언기」는 어제시 한 장을 붙였는데 여기서 다음과 같이 기록한다. "예전의 북쪽 기슭 이제 남쪽 기슭 되고 예전의 남쪽 둑 이제 북쪽 둑에 가깝네. 물길이 넓은 데로 움직임은 넘실대는 물을 바탕으로 삼고 물이 넘친 자리 진흙이 쌓인 것을 보았네. 황하의 이익이 나뉘지 않음을 예전에 알았더니 모래사장 끼고 동쪽으로 흘러 바다로 뿜어내네. 흐린 물에는 이제 맑은 물이 걸쳤고 이 계책과 생각은 바꾸지 않을 것이라네. 새로운 □이 뚫려 제법 물을 빨아들여 물결을 가라앉혀 지금은 스스로 보호할 수 있네. 모두 예순 해 동안 세 번 고쳤으나 오랫동안 꼭 여기를 거쳐 지나가지 않았네. 재물을 주고 땅을 다스려 마을을 옮겼고 물에 양보하니 보리 심는다는 소리 다시 들리네. 땅을 편안하게 하는 것은 어렵지 않아 일 잠시 쉬니 「반경」을 가르친 깊은 의도를 알겠구나."

역주_ 새로운 □은 '新□'을 옮긴 것이다. 아마도 피하는 글자가 있어서 원래 비어 있었을 것이다.

29 『시』 「대아」 "운한"은 이러하다. "훤한 은하수는 하늘에 밝게 둘러 있네." 정현 「전」은 이러하다. "운한은 은하수[天河]를 말한다." 『상서대전』 「경운가」(卿雲歌)는 이러하다. "상서로운 구름이 빛남이여, 멀리 멀리 맺혔구나. 해와 달의 아름다운 빛이여, 환하고 또 환하구나." 나는 이렇게 생각한다. 이 단락은 시를 수록하여 높이고 받드는 일을 밝혔다.

영청현지 은택기 서례(永淸縣志恩澤紀序例)

고대에 좌사는 말을 기록하고 우사는 사실을 기록했다.[1] 주희는 말이 『상서』에 속하는 것이고 사실이 『춘추』에 속하는 것이라고 생각했는데[2] 그의 이야기는 진실에 가깝다. 그러나 『상서』의 범례가 남김없이 말만 기록한 것도 아니고[3] 이른바 사실을 기록하는 법도도 '봄 왕이 정확한 달력을 바로잡다'라는 『춘추』의 형식을 남김없이 쓴 것도 아니다.[4] 『주

1 「서교 상」의 주24를 보라.

2 주희 「천자지례」(天子之禮)는 이러하다. "행동은 좌사가 쓰고 말은 우사가 쓴다." 자주는 이러하다. "그들이 『춘추』와 『상서』를 써서 남긴 사람들이다."(『주자전서』(朱子全書) 권40)

3 『사통』 「육가」 "상서가"는 이러하다. "아마 『서』가 주장하는 것은 호령에 뿌리를 두었을 것이다. 그래서 왕도의 정의를 펼치고 신하에게 말하는 것이다. 그러므로 『서』가 기록하고 있는 것은 모두 전, 모, 훈, 고, 서, 명 같은 글이다. 「요전」과 「순전」따위는 인사를 바로 편집하고 「우공」편은 오로지 지리만 말하며 「홍범」은 재이와 상서를 총괄해서 기술하고 「고명」은 상례를 모두 진술한다. 이것도 마찬가지로 범례 가운데 불순한 것이다."

4 사실 기록의 책은 편년체 한 가지에서 남김 없지 않다는 말이다.

관』에 있는 다섯 벼슬아치의 법도[5]는 상세하고 또한 남김 없다. 그러나 기주라는 책은 후세에 남김없이 알지 못한다. 『서』와 『춘추』 이외에 참고할 만한 것은 『급총주서』가 『상서』와 비슷하고 『죽서기년』이 『춘추』와 비슷할 뿐이다.[6] 그러나 『목천자전』[7]은 홀로 기거주[起居之注]에 가깝지만 모두 믿을 수는 없는 듯하다. 요컨대 기주도 마찬가지로 옛날에 기재하는 법이고 주요한 것과 보조적인 것이나 표리 관계에서 각각 위주가 되는 것이 있어서 처음에는 『상서』와 『춘추』라는 두 가지 형식에 얽매이지 않았다. 그러나 법도가 여기에도 갖춰져 있다고 생각하는 것은 알 수 있다. 삼대 이후 작은 기록에는 궁사(宮史)가 있는데 『한무금중기거주』(漢武禁中起居注)나 마황후[馬后]의 『현종기거주』(顯宗起居注) 따위[8]가 이것이고 큰 기록에는 시정(時政)이 있는데 당나라 『정관정요』(貞觀政要)나 『주현덕일력』(周顯德日曆) 따위[9]가 이것이며 시대를 가지고 기록한 것은 대대로 이어져 내려온 조정의 기거주가 이것이고 빠트리지 않은 온전하게 모은 책은 양나라 태청 연간 이후의 실록[10]이 이것이다. 임금의 덕은 하늘과 같아서 해시계로 계산하고 천체 운행을 순서대로 측정하며 선기

---

5 「사석」의 주3을 보라.

6 『급총주서』는 「서교 중」의 주8을 보라. 『죽서기년』은 「서교 하」의 주48을 보라.

7 「화주지 열전총론 서례」(和州志列傳總論序例)의 주24를 보라.

8 『수서』 「경적지」는 이러하다. “기거주는 임금의 언행과 행동거지를 기록하는 일이다. 『춘추좌전』은 이렇게 말한다. ‘임금의 거동은 꼭 적어야만 하는데 적은 내용이 법도에 맞지 않으면 후손들이 무엇을 살펴보겠습니까?’ 『주관』의 내사는 왕의 명령을 관장하고 마침내 그 부본을 적어서 소장하는 것이 그의 직책이다. 한나라 무제에게는 『금중기거주』가 있었다. 후한 명덕마황후는 『명제기거주』를 지었다. 그렇다면 한나라 때 기거주는 궁중에 있었으며 여사의 직책이었던 듯하다. 그러나 모두 보잘 것 없어져서 다시 알 수 없다. 오늘날 남아 있는 것은 한나라 헌제 및 진나라 때 이래의 기거주가 모두 측근에서 모시는 신하가 기록한 것이다. 진나라 때 또한 급총서를 얻었는데 『목천자전』이 있었고 체제가 오늘날 기거주와 똑 같았다. 아마 주나라 때 내사가 기록한 왕명의 부본일 것이다.”

9 『신당서』 「예문지」 “잡사류”는 이러하다. “오긍(吳兢) 『정관정요』(貞觀政要)는 열 권이다.” 『송사』 「예문지」 “편년류”는 이러하다. “『현덕일력』(顯德日曆) 한 권은 주호가(周扈家), 동순(董淳), 가황중(賈黃中)이 지었다.”

10 『수서』 「경적지」 “기거주류”는 이러하다. “『양태청실록』(梁太淸實錄)은 열 권이다.”

옥형으로 헤아리고 규표로 재면[11] 법률 제도가 보편적이게 되어 비로소 빠트리지 않을 수 있다. 그래서 『주관』이 법도를 세운 것[12]은 뜻을 상세히 알지 않으면 안 되고 『예기』가 좌사와 우사의 관직을 말한 것[13]은 정말 하나라도 폐기하면 안 되는 것이다.[14]

「기」와 「전」은 옛사람이 일의 내력을 분별하는 근거이지 애초에 높고 낮음을 구분하여 변별한 것이 아니다.[15] 그래서 유지기가 맨 처음 나무

---

11 『설문해자』는 이러하다. "귀(晷)는 해 그림자이다." 『옥편』은 이러하다. "작대기로 날을 재는 것이다." 『설문해자』는 이러하다. "전은 밟는다는 뜻이다." 서현은 이렇게 말한다. "별의 전차는 별이 순서대로 가는 것이다." 현재 판본 『상서』 「순전」은 이러하다. "선기옥형(璿璣玉衡)을 갖춰서 칠정을 가지런하게 하다." 공영달 소는 이러하다. "선기옥형[璣衡]에서 선기는 돌아가면서 움직이는 것이고 옥형은 가로 수평을 재는 횡소(橫簫)인데 선기가 움직여서 동작하게 하면 아래에서 옥형으로 관측한다. 이것은 임금다운 왕이 천문을 바로잡는 기구인데 한나라 때 이래로 혼천의(渾天儀)라고 부른 것이 이것이다." 『주례』 「지관」 "대사도"는 이러하다. "토규의 방법으로 흙의 깊이를 재고 해 그림자를 바로잡아서 땅의 중심을 계산한다." 이것은 하늘을 측정하는 일[測天]을 빌려 임금의 말과 행동을 기록하는 일에 비긴 것이다.

12 「서교 상」의 주12를 보라.

13 「서교 상」의 주24를 보라.

14 나는 이렇게 생각한다. 이 단락은 「기」 형식의 근원을 찾는 것이다. 검각본과 가업당본 『장씨유서』은 이것 다음에 동시에 두 단락의 글이 있는데 여기서 다음과 같이 수록한다. "사관은 각자 책을 지어서 하나의 책이 골라 선택하는 일에 대비한다. 지방지(地方志)는 각각 할 수 있는 대로 충분히 상세하게 올리고 기록하여 여러 역사서의 「외편」에 대비하는 것이 본디 마땅하다. 사부의 「본기」가 말과 사실을 동시에 수록하면, 비록 『춘추』의 본뜻이 아니라도 글의 뜻은 오히려 통할 수 있을 것이다. 방지가 조심스럽게 가려 모으고 형식이 기록하기만 하지 서술하지 않으며 좌사와 우사가 비슷한 범례를 나누지 않는다면, 법도가 뒤섞여 어지러울 것이고 기재는 본말을 살필 수 없을 것이다. 그래서 간단하게 좌사를 본떠서 황제의 말을 공손하게 기록하고 우사를 본떠서 황제의 은혜와 덕택을 공손하게 기록한다." 또한 "「기」의 형식은 본래 『춘추』를 본받았지만 말을 기록하는 것은 본디 모든 역사서의 올바른 형식이 아니다. 현재 말을 사실 앞에 둔다면 정사의 「본기」를 전문가로 본받지만 방지 이외의 책은 본래 가려서 뽑아내는 일에 대비한다. 그러므로 좌사가 말을 기록하는 것은 양에 속하며 첫머리에 있고 우사가 사실을 기록하는 것은 음에 속하며 다음에 있으니 사실에 마땅한 것이 있으면 고대의 법도에 얽매이지 않는다." 이것은 방지가 먼저 황제의 말을 기록하고 나중에 황제의 사실을 기록한다는 말이다.

15 유함흔 『문사통의지어』는 이러하다. "여기 두 말은 지극히 정밀하여 큰 줄거리와 자세한 조목을 거듭 쓰는 것이 계속 나타나니 전체를 훑어 살펴보아야만 알겠다."

랐던 사마천 『사기』의 연도가 없는 「기」를[16] 반고 『한서』의 「자서」에서 '열두 편의 「기」는 춘추고기(春秋考紀)'라고 부르는[17] 의도는 알 수 있다. 반고와 사마천 이후부터 모든 역사서는 계속 이어서 모두 「기」가 높여 부르는 말이고 「전」이 신하에게만 속한다고 생각한다면 『목천자전』이나 『고조전』과 『효문전』을 이해할 근거가 없어진다.[18] 지금 모든 역사서에

---

16 『사통』 「열전」은 이러하다. "기전체가 일어난 것은 『사기』와 『한서』에서 시작되었다. 아마 「기」는 연도에 따라 엮는 것[編年]이리라. 아마 「전」은 일을 열거하는 것[列事]이리라. 편년은 제왕의 세월을 거치는 것이다. 마치 『춘추』의 경과 같다. 열사는 신하의 행장을 기록하는 것이다. 마치 『춘추』의 「전」과 같다. 『춘추』는 「전」으로 경을 풀이한다. 『사기』와 『한서』는 「전」으로 「기」를 풀이한다. 이런 범례의 시초를 찾는다면 사마천으로부터 시작되었지만 소박하고 간단한 것이 여전히 남아 있고 구분이 미처 남김 없지 않았다. 예를 들어 초나라 패왕 항우[項王]는 「전」을 지어야 마땅하지만 「본기」로 이름 지었으니 항우의 분수에 넘치는 도둑질을 생각하지 않더라도 천자와 같을 수는 없다. 설령 사실을 편집하는 것을 헤아린다 해도 모두 「전」을 지어서 말하지 찾는 것을 「기」라고 한다면 얻을 수 없다. 어떤 사람이 이렇게 물었다. '사마천이 오제, 하나라, 은나라를 기록한 것도 역시 모두 사실을 열거한 것일 뿐이고 그대가 그것을 괴이쩍게 여긴 적도 없는데 어찌 「항우본기」에 대해서만 유달리 심한가?' 이렇게 대답했다. '그렇지 않다네. 오제와 하나라, 은나라의 관계는 정통 왕조가 계속 이어지고 자손이 번갈아가며 함께 하기 때문에 비록 의거할 만한 연대가 없다고 「기」도 역시 어찌 해치겠는가. 항우와 같은 사람은 사실이 진나라의 끄트머리에 일어나서 한나라가 시작할 때 죽었으니 하나라[夏氏]와 후예(后羿)의 관계와 다르고 황제와 치우의 관계와 비슷하다네. 그것을 윤달과 같은 비정통 왕조[閏位]에 비유한다면 「기」에 열거할 만하다고 하겠고 그것을 병지[騈拇] 같은 기형에 견준다면 편집을 완성하기 어렵다네. 설령 하나라와 은나라의 「기」라 할지라도 다른 일을 인용하지 않는다네. 백이와 숙제가 주나라에 간언한 것은 실제로 은나라 주왕 때이지만 「열전」으로 쪼갰지 은나라 편에 넣지 않았지. 「항우본기」는 위아래를 같이 수록하고 임금과 신하가 서로 뒤섞여 있어서 이름은 「기」이지만 형식은 「전」이므로 비웃음을 사는 것이라네."

17 『한서』 「서전」은 이러하다. "역사를 기록하는 신하가 공덕을 돌이켜 기술하여 개인적으로 「본기」를 지었으나 태초 이후는 비워두고 기록하지 않았다. 그러므로 이전의 기록을 찾아서 편찬하고 들은 것을 엮어 모아서 『한서』를 기술했는데, 고조에서 시작하여 평제[孝平]를 왕망이 죽인 일에서 마치니 열두 황제의 치세, 이백서른 년 동안이다. 오경을 두루 꿰뚫고 위아래를 합치고 통하게 하며 『춘추』에 의해서 「기」, 「표」, 「지」, 「전」 모두 백 편을 완성했다." 안사고는 이렇게 말한다. "춘추고기(春秋考紀)는 다름 아니라 「제기」(帝紀)이다." 유봉세는 이렇게 말한다. "고(考)는 성(成)이다. 연도에 따라 엮어놓은 일을 가지고 나중에 「기」, 「표」, 「지」, 「전」을 완성했다는 말이지 「기」에 그치는 것은 아니다."

여러 황제들의 「기」만 있고 「전」이 없는 폐단을 가지고 논하자면 이러하다. 만약 임금이 평생 동안 한 일이 신하만큼 상세하지 않다면 편의 첫머리에 임금의 영검[靈證]을 서술하고 편의 끄트머리에 일생의 큰 줄거리를 결정한다. 그밖에 연도와 달에 따라 정사만 편집하고 「지」와 「전」의 강령으로 삼지만 글의 추세가 다른 것을 언급하지 못하는 것은 주요한 것이 되기도 하고 보조적인 것이 되기도 하기 때문이며 형식이 본래 서로 아우르지 못하기 때문이다. 정말 『춘추』의 큰 뜻으로 결정한다면 「본기」는 다만 원년에 즉위한 일부터 공명정대한 큰 원리와 법칙에 이르기까지 갖춰 적기 때문에 사실의 목록이기에 충분하고 뜻에 대해서도 타당하다. 임금이 행한 일은 「전」의 형식과 비교하여 일생을 상세하게 실으며 「후비열전」(后妃列傳) 앞에 넣어야만 한다. 이것도 역시 『춘추좌전』[左氏之傳]이 노나라 혜공(惠公)의 정실부인[元妃]에 대한 몇 마디 말처럼 『춘추』 경 앞에 일을 일으킨 것이고[19] 다름 아니라 노나라 은공 제목 아래에 「전」을 붙인 것으로 서로 증명할 수 있다. 그러나 기전체에서 「기」가 높고 「전」이 낮다고 분별한 지는 이미 오래되었고 만약 임금과 신하라는 범례가 사리에서 편안하지 않다면 한 황제의 「기」로 끝내는 것이 낫다. 어떤 황제의 「전」을 어떤 황제의 「기」 뒤에 편집하는 것은 정현의 『주역주』가 『상전』과 『단전』[彖辭]을 각각 괘 뒤에 붙인 범례[20]나

---

18 「언공 상」의 주47을 보라.

19 『춘추좌전』 「은공 원년」은 이러하다. "혜공의 정실부인[元妃]은 맹자(孟子)이다. 맹자가 죽자 성자(聲子)를 계실(繼室)로 맞아들여 은공을 낳았다. 송나라 무공(武公)이 중자(仲子)를 낳았다. 중자는 태어나면서 손에 무늬가 있었는데 무공은 노나라 임금의 부인이 될 것이라고 말했다. 그러므로 중자가 노나라에 시집온 것이다. 환공을 낳았는데 혜공이 죽자 은공이 즉위했기 때문에 그를 받들었다." 이것은 『춘추좌전』이 사실을 서술한 것이 『춘추』보다 앞선다는 것이다. 이로써 『춘추좌전』이 여기서 기록한 것처럼 『춘추』는 임금이 행한 일을 기록할 때 「전」의 형식을 참조한 것이 틀림없다고 설명한다.

20 『문헌통고』 「경적고」는 이러하다. "정현의 『주역주』는 『숭문총목』이 현재 오로지 「문언전」, 「설괘전」, 「서괘전」, 「잡괘전」만 합쳐서 네 편이고 나머지는 모두 사라졌다고 한다. 뜻이 깊고 확실하여 성인의 시대로부터 멀지 않은 때에 뿌리를 두고 있

그 이름을 대전(大傳)이라고 높인 것과 같고[21] 「열전」과 뒤섞지 않은 것은 이름과 내용이 서로 부합하니 역시 절충하는 한 방법인 듯하다. 방지의 기재는 사실과 말을 분별하고도 「기」라는 이름으로 통일해서 외사가 옳게 바로잡는 일에 대비하지만 애초에 『춘추』의 의례를 스승으로 삼지 않았기 때문에 개혁을 논의할 수 없을 뿐이다.[22]

다." 따로 「경해 상」의 주8에 상세하다. 『일지록』 권1은 이러하다. "주희는 「숭산조씨괘효단상설」(嵩山晁氏卦爻彖象說)을 기록하면서 '고대의 경은 비씨(費氏)에게서 변했지만 끝내 왕필에게서 크게 어지러워졌다'고 말했다. 공영달 『주역정의』에 따르면 이렇게 말한다. '공자가 지은 「상전」의 말은 원래 경의 여섯 효사[六爻經辭] 뒤에 있었는데 감히 선성이 남긴 올바른 경의 말에 끼어들어 어지럽힐 수 없다고 스스로 낮추고 물러난 것이다. 왕필의 의도는 상(象)이란 것이 본래 경의 효사를 풀이한 것이므로 서로 붙여서 가까이 있어야만 그 뜻을 쉽게 이해할 수 있다고 생각했기 때문에 효에 대한 「상전」의 말을 나눠서 각각 효 다음에 붙였다. 이것은 두예가 『춘추좌전』에 주를 달면서 경의 연도를 나누어 「전」과 서로 붙인 것과 같다.' 그러므로 경전을 이어서 합치는 것이 왕필에게서 시작되었다는 말은 그것이 사실 정현에게서 시작되었다는 것을 모르는 것이다. 『삼국지』 「위서」는 이렇게 말한다. '조모[高貴鄕公]는 태학에 거둥하여 순우준(淳于俊)에게 이렇게 물었다. 「공자가 「단전」과 「상전」을 지었고 정현이 주를 달았으니 경의를 풀이한 것은 마찬가지이다. 지금 공자의 「단전」과 「상전」은 경의 본문과 서로 이어져 있지 않지만 정현의 주는 그것과 이어져 있는데 어떻게 생각하시오?」 순우준은 이렇게 대답했다. 「정현이 「단전」과 「상전」을 경에 합친 것은 학자들이 찾아볼 때 쉽게 이해하게 만들고자 한 것입니다.」 조모[帝]는 이렇게 말했다. 「만약 그것을 합친 것이 학자들에게 참으로 편리했다면 공자는 왜 합쳐서 학자들을 이해시키지 않은 것이오?」 순우준은 이렇게 대답했다. 「공자는 아마 그것이 문왕의 글과 서로 뒤섞일까 근심했으므로 합치지 않은 것 같습니다. 그래서 성인이 합치지 않았기 때문에 겸손하다고 생각합니다.」 조모[帝]는 이렇게 말했다. 「만약 성인이 합치지 않았기 때문에 겸손하다면 정현은 왜 혼자서 겸손하지 않은 것이오?」 순우준은 이렇게 대답했다. 「고대 서적의 뜻은 크고도 깊고 폐하의 물음도 심오하고 원대하니 제가 남김없이 상세하게 할 수 없습니다.」' 그렇다면 정현의 책은 이미 먼저 그것을 합쳤지 왕필에게서 시작된 것이 아니다."

21 『한서』 「사마천전」의 주는 장안을 인용하여 이렇게 말한다. "대전은 『주역』 「계사전」을 말한다."

22 나는 이렇게 생각한다. 이 단락은 임금의 말과 사실을 적을 때는 일의 내력을 분별해야 한다고 말한다. 또한 가업당본 『장씨유서』에는 이것 다음에 한 단락이 더 있는데 여기서 다음과 같이 수록한다. "청나라[我朝]의 모든 황제가 대대로 이어지고 황제의 은혜가 즐겁게 풀리는 일은 역사서가 멈추지 않고 쓰고 있다. 영청현은 신령스러운 서울의 황제에게 썩 가까워 덕을 입은 것이 더욱 너르다. 그러나 안독을 잃어버리고 사라진 경우가 있어서 일시적으로 두루 상세하게 언급하지 못하고 헤아릴 수

있는 것을 조심스럽게 기록하여 하나의 전범으로 모아서 「황언기」 뒤에 편집한다."

영청현지 직관표 서례(永清縣志職官表序例)

직관과 선거가 방지에 들어간 것은 모두 「표」의 형식이다. 그러나 오늘날 방지를 편집하는 사람들은 역사서에 「백관지」와 「선거지」가 있으므로[1] 고대를 본받고 범례로 삼아 커다란 이름을 정하고 모두 「지」로 편집한다고 말한다. 이것은 에두르고 엉성하여 맞는 말이 적다. 역사서에 있는 「지」 가운데 「직관지」는 제도가 상세하고 「선거지」는 법도를 밝히는데 그 글이 『주관』 경을 본뜬 경우도 있고 「기」나 「전」의 형식을 뒤섞은 경우도 있으니 「지」로 편집해도 역시 적당하지 않은가! 방지가 쓰는 것은 역대 벼슬아치의 연도와 달이나 과거 시험 합격 나이이며 연도를 세로줄로 하고 달을 가로줄로 하여 순서를 명쾌하게 만들었으니 헤아리고 찾는 바가 있어서 칸에 맞춰 조사하면 사실에 대해 충분하다. 오늘날 「서」나 「지」를 편집하는 형식은 지현(知縣), 전사(典史), 교유(敎諭), 훈도(訓

1 『후한서』에는 「백관지」(권34부터 권38까지)가 있고, 『신당서』에는 「선거지」(권44부터 권45까지)가 있다.

導)[2] 따위를 종류대로 나누어 따르게 하고 있으니 건륭 연간의 지현이 순치 연간의 전사 앞에 있게 되었고 강희 연간의 훈도가 옹정 연간의 교유 뒤에 편집되어 있다.[3] 만약 당시 일에 앞뒤 순서를 이것으로 검사해야 할 필요가 있거나 함께 벼슬을 하여 일을 함께 했던 사람의 세월을 비교하려고 한다면 거듭 찾아도 끝내 찾기 어렵게 만들고 쓸데없이 분량만 차지하여 어떻게 가다듬어야 할지도 모르게 만든다. 왜 이렇게 스스로 어지럽히기 좋아하는지 이해가 안 된다! 사람을 「열전」에 엮는 것은 사부의 거대한 계획이지만 붓을 들어 방지를 짓는 일은 이것을 규칙으로 따른다는 소리를 듣지 못했다. 「직관지」와 「선거지」는 역사서와 내용은 다르지만 이름은 같은 것인데 교묘하게 붙어서 기대려고 하는 것은 영주(永州) 철로보(鐵爐步)가 많은 시간이 흐른 뒤 개탄하는 소리를 초래한 것과 같다.[4]

『주관』의 어사는 왕의 명령으로 문서 만드는 일을 돕고 정사에 종사

---

2 전사는 지현의 부하 벼슬아치이며 원나라 때 두었다. 청나라 때는 전사가 현의 재판 및 도둑 잡는 일을 주관했다. 『대청회전』 권31 「예부」는 이러하다. "모든 학교에는 학관을 베풀어서 선비를 공부시키는데 부는 교수(敎授)라 하고 주는 학정(學正)이라 하며 현은 교유(敎諭)라 하는데 모두 가르치고 이끌어 돕는다."

3 앞뒤에 따르면 순치, 강희, 옹정, 건륭이기 때문에 순서가 뒤집어졌다는 것이다.

4 유종원 「영주철로보지」(永州鐵爐步志)는 이러하다. "장강의 습지에서 배를 묶어두고 오르내릴 만한 모든 곳을 보(步)라고 한다. 영주의 북쪽 외곽에 있는 보를 철로보라고 한다. 나는 배를 타고 여기 와서 산 지 아홉 해가 지나는 동안, 거기를 지나다니면서 왜 철로라고 하는지 이유를 찾았지만 아무도 몰랐다. 사람들에게 그것을 물으니 이렇게 말했다. '아마 대장장이가 산 적이 있는데 그 사람이 떠나고 화덕도 헌 것이 얼마나 되었는지 모르지만 홀로 그 이름만 남아 있습니다.' 나는 이렇게 말했다. '허! 일은 없어지고 이름만 남은 것이 본디 세상에 있기는 하지만 이처럼 경솔할 데가 있나!' 보에 사는 사람은 이렇게 말했다. '그대만 어찌 이것을 괴이쩍게 생각하시오? 만약 세상에 자기 성씨에 힘입어 천하에 출세한 사람이 있다고 해봅시다. 우리 집안이 잘났고 다른 집안은 우리 상대가 되지 않는다고 생각하겠지요. 그의 지위와 덕성을 물으면 우리 선조는 오래되었다고 말할 것입니다. 그래서 그도 오히려 자기가 잘났다고 할 테고 세상 사람들도 아무개 씨가 잘났다고 할 것입니다. 자기가 이름을 무릅쓴 것이 여기 보와 다를 게 무엇입니까?"(『유하동집』 권28) 나는 이렇게 생각한다. 이 단락은 예전의 『영청현지』가 잘못 편집한 것을 밝힌다.

하는 사람의 숫자를 헤아린다고 했는데 정현은 주에서 "현재 벼슬자리에 있는 사람을 헤아린다"[5]라고 말했다. 그러면 고대에 아마 관직과 성명을 적은 그런 책이 있었을 것이다. 『주례』가 삼백육십 가지 관직을 적고[6] 정사에 종사하는 사람의 숫자를 헤아려서 기록한 것도 내 생각에 틀림없이 법도가 있었을 것이다. 『주보』의 주요한 것과 보조적인 것이 되는 범례는 아마 성력(星曆)이라는 특정 학파가 남김없이 쓰지 못했을 것이다.(유향은 「보」와 「역」[譜曆]을 한 학파로 합쳐 「수술략」에 귀속시켰지만 사마천이 『주보』라고 한 것은 술수에 대한 책이 아니다. 옛사람이 덧붙여 계산하는 법도가 「보」의 형식을 많이 썼다는 것은 의심스럽다)[7] 반고의 「백관공경표」는 서례가 완전히 「지」의 형식이지만[8] 「지」라는 이름을 쓰지 않은 이유는 역대의 벼슬아치를 적을 때 반드시 「보」의 방법으로 해야 하는 것을 알기 때문이다. 『주관』의 형식을 주요한 것으로 하고 『한서』 「백관공경표」의 방법을 보조적인 것으로 하면 옛사람이 세운 법도는 광범위하지만 엉성하지 않아서 대체로 알 수 있다.[9]

동한[東京] 이래로 「직관지」만 있었지만 당나라와 송나라의 역사서에 「재보표」(宰輔表)가 생긴 것[10]도 모든 관직이나 경과 윤을 다 수록할 수

---

5 「화주지 관사표 서례」의 주1을 보라.

6 「화주지 예문서 서례」의 주23을 보라.

7 『주보』는 「주현청립지과의」의 주29를 보라. 『한서』 「예문지」 "수술략" '역보류'(曆譜類)에는 『제왕제후세보』(帝王諸侯世譜) 스무 권과 『고래제왕년보』(古來帝王年譜) 다섯 권이 있다. 그래서 「보」는 성력이라는 학파의 쓰임새이다. 사마천이 『주보』를 말한 것은 『사기』 「삼대세표」에서 "내가 『첩기』를 읽어보고 역대의 「보」를 조사했다"라고 하고 「십이제후연표」에서 "사마천은 『춘추역보첩』을 읽었다"라고 했으므로 「보」를 성력으로 생각하지 않았다.

8 『한서』 「백관공경표」는 「화주지 관사표 서례」의 주5를 보라. 유함흔 『문사통의지어』는 이러하다. "「표」는 「지」의 형식을 겸할 수 있는데, 반고의 『한서』 「백관공경표」 상권이 다름 아니라 이른바 『주관』의 경을 본뜬 것과 같은 것이다. 「지」는 「표」의 형식을 쓸 수 없다. 방지는 다만 반고 『한서』 하권의 형식을 가지고 있는데 어찌 「지」라고 이름 지을 수 있는가?"

9 나는 이렇게 생각한다. 이 단락은 「표」가 「지」의 형식을 겸하고 있다는 것을 밝힌다.

10 「화주지 관사표 서례」의 주8을 보라.

없다고 생각했기 때문이다. 전문 서적이나 관청의 예의[官儀]에 대한 장부[簿狀]는 서한과 동한 이후 대대로 편집된 것이 있었지만 열표(列表)나 편년(編年)은 송나라 때[宋氏] 비로소 그런 책이 많아졌다.(사마광 『백관공경표』(百官公卿表) 백쉰 권 따위이다)[11] 역대의 벼슬아치 숫자를 기록한 책을 보아도 글이 없기 때문에 없어지기 쉽다. 지방의 기록이나 당나라와 송나라 때 관청 벽에 적은 제명[12]은 시대와 더불어 자취도 없이 사라져 버렸는데 도경이라는 고대 제도가 다시 벼슬하는 사람들을 종류대로 모으지 않은 것도 일부러 비워둔 전적이 아니겠는가? 원나라와 명나라 이래로 주와 현의 방지는 대대로 이어서 취임한 벼슬아치의 이름을 자주 남기고 있지만 설령 기재에 법도가 없어서 쉽사리 뒤섞여 어지러움을 초래하더라도 이것은 고쳐서 바로잡지 않을 수 없다.[13] 어떤 사람은 「직관열표」를 삼공이나 재보, 주나 현의 방지에만 시행할 수 있다고 하는데 하나는 지체가 높아서 범례가 엄격하며 하나는 벼슬아치가 적어서 요약하기 쉽기 때문이다. 부(部)와 부의 「지」는 관직이 번거롭게 많아서 작은 분량으로 마치기 어려우며 만약 모두 「표」로 처리한다면 아마 세로줄을 만들기는 쉽지만 가로줄을 만들기 어려울 것이다.(위쪽의 연도와 달이 세로줄이 되고 첫 줄에 있는 관직의 품계가 가로줄이 되면, 관직이 많아서 칸에 넣을 곳이 없다) 범례를 세우는 것이 주도면밀하지 않은데 간단하게 기재하기 어렵다는 것만 다투는 것은 사마천과 반고 이후로 책은 번거로워졌지만 사

---

11 『군재독서지』「직관류」는 이러하다. "「백관공경표」 백마흔두 권은 송나라[皇朝] 군실 사마광 등이 지었다. 희녕 연간에 사마광은 한림학사 겸 사관 수찬으로서 이렇게 건의했다. 국사가 달리 들은 것을 널리 고르고 송나라가 일어난 이래의 온갖 관직을 제수한 것을 서술하며 『한서』가 「표」를 지은 것을 본받아서 황제가 살펴보기 편리하게 하고 싶다. 황제는 명령을 내려 허락했다. 사마광은 송민구에게 같이 편찬하자고 청했는데 송민구가 죽자 또한 조언약(趙彦若)에게 그를 이을 것을 청하여 십이 년이 걸려서 책을 완성하고 황제에게 바쳤다." 나는 이렇게 생각한다. 『송사』「예문지」는 열다섯 권이라고 했는데 『직재서록해제』와 같다.

12 「화주지 관사표 서례」의 주2를 보라.

13 나는 이렇게 생각한다. 이 단락은 「표」를 정리하여 바로잡아야 마땅하다는 것을 말한다. 가업당본 『장씨유서』는 이것 다음에 줄을 바꿨다.

실이 빠졌기 때문이다. 반고의 『한서』 「백관공경표」는 분량이 많지 않지만 기록이 상세하여 조정 대신을 포괄한다. 당나라와 송나라의 「재보표」는 분량이 배나 늘었지만 기록이 정사를 도운 대신[丞弼]을 구분한 것에 그친다. 고대의 사실 기록이 간단하고 나중의 역사서에 있는 범례가 번거롭기 때문이 아니라 아마 연도를 세로줄로 하고 사실을 가로줄로 하는 「표」에서 등급에 따라 명확히 나누고 종류대로 붙이는 방법을 시행하지 않았기 때문에 그들이 나아갈 수도 없고 물러날 수도 없으며 간단함을 가지고 번거로움을 조종하기가 역시 어려운 것도 당연하다. 반고의 『한서』를 살펴보면 「백관공경표」는 서른네 가지 관직을 열거하면서 칸이 열네 등급뿐이다.[14] 그대로 이으면서 개혁한 것은 모두 첫머리에 주를 달기도 하고(상국, 승상, 봉상, 태상과 같은 종류이다) 일을 거드는 관련의 벼슬아치를 같이 한 칸에 두기도 하며(대행령(大行令)과 대홍려가 같은 칸이고 좌풍익과 경조윤이 같은 칸인 종류이다) 분량이 간단하여 살피기 쉽고 사실을 종류대로 밝히기 쉽기 때문에 훑어보는 사람이 책을 읽을 때 흩어져 없어지는 일이 다시는 없게 된다. 만약 통부의 「열표」를 만들면 총독, 순무, 제독, 총병[15] 따위는 같은 칸이 되고 포정사, 안찰사, 도원[巡守][16] 따위는 같은 칸이 된다. 나머지는 부와 주로 칸을 구분하고 부에 속한 벼슬아치와 구실아치를 한 칸에 같이 편집하는 것도 본디 해롭지 않다. 부와 주의 「지」를 지을 때, 주와 현이 각각 한 칸을 차지한 것도 역시 빠트려서 없어지는 일을 초래하지 않을 수 있다. 그래서 역대의 벼슬아치를

14 「화주지 관사표 서례」의 주13을 보라.

15 『대청회전』 권43 「병부」는 이러하다. "서울에 있는 모든 녹기병(綠騎兵)은 순포영(巡捕營)이 거느린다. 열아홉 성은 독표(督標), 무표(撫標), 제표(提標), 진표(鎭標)가 거느린다."

16 『대청회전』 권4 「이부」는 이러하다. "경기(京畿), 성경(盛京), 열여덟 성의 모든 부하들은 모두 윤(尹), 총독, 순무에게 다스림을 받지만 이로써 이부에 보고한다. 총독과 순무는 자신의 정사를 포정사, 안찰사, 분수(分守)와 분순도(分巡道)에게 나눠준다. 승선포정사 포정사는 열아홉 명이며 제형안찰사사(提刑按察使司) 안찰사는 열여덟 명이며 분수와 분순도는 여든두 명이다."

「표」로 만드는 일은 결단코 시행할 만한 범례가 없는 지경에 이르지 않을 텐데 하물며 현의 「지」가 본디 하나의 벼슬아치 스스로 한 칸을 이룰 수 있겠는가?[17]

성명 다음에 그 사람들의 본적[鄕貫]과 과거 합격 여부를 주석으로 다는 것은 「정략」에 그 사람들을 남김없이 수록하려고 하지 않기 때문이며 그들의 일생에 대해 주를 다는 것도 「전」을 생략하려고 하기 때문이다. 자료가 없으면 비워둔다. 금석문의 기록[18]은 달리 증명하는 것이 있다면 「지」에서 보충해서 수록하는데 곧 금석문의 연도와 달을 넣어 그 사람이 어느 해에 처음 벼슬살이를 시작했고 어느 달에 벼슬을 떠났는지 더욱 상세하게 하지 않는 것도 추세 가운데 어쩔 수 없는 것일 뿐이다. 연도와 달을 밝힐 수 없고 성명만 있는 경우는 열거한 「표」의 끄트머리 가로 줄에 일의 내력에 대한 제목을 남기는 것도 의심스러운 것을 비워두고 뒤에 오는 사람을 기다리는 의도일 뿐이다.[19]

---

17 나는 이렇게 생각한다. 이 단락은 「표」의 형식이 반고에 의거한다는 것을 밝힌다.

18 금(金)은 청동기[鐘鼎] 종류를 말하고 석(石)은 비석[碑碣] 종류를 말한다.

19 나는 이렇게 생각한다. 이 단락은 범례를 적었다.

영청현지 선거표 서례(永清縣志選擧表序例)

「선거표」는 바로 옛사람의 현서의 유산이다.[1] 옛날에 선비를 취할 때는 전문적인 과목을 세우지 않고 훌륭한 사람을 천거하여 우두머리를 만들고 능력 있는 사람을 천거하여 다스리게 했는데[2] 인재를 천거하는 것이 바로 기용하는 것이며 인재를 쓰는 것이 바로 일을 맡기는 것이었다. 서한과 동한 때의 현량, 효렴, 수재나 주와 군의 벽서(辟署)[3]는 사실이

1 「화주지 선거표 서례」의 주1을 보라.

2 『주례』「지관」 "향대부"[鄕大夫職]는 이러하다. "이것은 백성들이 훌륭한 사람을 천거하도록 하여 나가서 관장하게 만들고 백성들이 잘하는 사람을 천거하도록 하여 들어와 다스리게 만든다는 것이다."

3 현량, 효렴, 수재는 「화주지 선거표 서례」의 주2를 보라. 『문헌통고』「선거고」(選擧考) 12는 이러하다. "한나라 초에 왕국과 제후국의 온갖 관직은 모두 한나라 조정과 같았다. 오로지 승상이 천자에게 명령을 받는 것만 빼고 어사대부 이하는 모두 스스로 두었다. 경제가 오나라 초나라의 난리를 응징할 때 그 제도를 없애고 어사대부 이하의 관직을 내쳤다. 무제 때 이르러 모든 왕과 제후의 구실아치 직책 가운데 지방의 수령[秩二千石]은 마음대로 보충하지 못하도록 또한 명령했다. 주와 군의 좌리(佐吏)는 별가(別駕)와 장사 이하부터는 모두 자사와 태수가 스스로 불렀다. 대대로

역시 「기」와 「전」에 나타나기 때문에 다시 사람을 가려서 천거하는 문서를 구할 필요가 없다. 수나라와 당나라 이래로 사람을 가려서 천거하는 일은 전문화되었고[4] 자격은 더욱 중요해졌으며 과거 시험의 조령은 번거롭고 고사는 계속 전해져서 사람을 가려서 천거하는 문서는 쌓여서 가득하게 되었다.[5] 그래서 천거하더라도 꼭 남김없이 쓰지 않았으며 쓰더라도 꼭 남김없이 일을 맡기지도 않았다. 예전 전장이나 오래된 전범은 「기」나 「전」에서 구할 수 없었고 사람을 가려서 천거하는 글은 도리어 역사서에 「지」라는 전문 서적이 되었다.[6]

방지를 편집하는 사람은 사람을 가려서 천거하는 일을 실었지만 연도를 세로줄로 하고 사실을 가로줄로 하는 방법을 이해하지 못했기 때문

이어서 바꾸지 않았다." 또한 "동한 때의 선거와 벽소(辟召)는 모두 들어와서 벼슬할 수 있었고 향에서 천거하고[鄕擧] 마을에서 가려서[里選] 순서대로 나아가는 것이 선거이다. 높은 자질과 무거운 명성으로 등급을 넘어서 올라가는 것이 벽소이다. 그러므로 당시 사람들은 벽소를 더욱 영광으로 생각했다." 고염무 『고중수필』(菰中隨筆)은 이러하다. "한나라 제도에서 주군의 좌리는 별가와 장사 이하부터 모두 자사와 태수가 스스로 불렀고 대대로 그것을 이었다."

4 「화주지 선거표 서례」의 주4를 보라.

5 『수서』 「경적지」 "직관류"는 이러하다. "『양선부』 세 권은 서면(徐冕)이 지었다. 『양훈선격』(梁勳選格)은 한 권이다. 『이부용인격』(吏部用人格)은 한 권이다." 『신당서』 「예문지」 "직관류"는 이러하다. "배행검(裴行儉) 『선보』(選譜)는 열 권이다. 『당순자격』(唐循資格) 한 권은 천보 연간에 정했다. 심기제(沈既濟) 『선거지』는 열 권이다."

6 나는 이렇게 생각한다. 이 단락은 본래 「표」의 시작을 찾는 것이다. 가업당본 『장씨유서』는 이것 다음에 아직 한 단락의 글이 더 있는데 여기서 다음과 같이 수록한다. "조형 『예부진사칙』[進士編敕]과 육심 『과장조관』은 율령과 공령의 책이다. 왕정보 『당척언』과 전명일 『송의관성사』는 야사[稗野]나 잡기 종류이다. 율령은 「지」와 「서」에서 고를 수 있고 잡기는 「열전」의 바탕이 되니 사부가 우러러 바라는 것이다. 역대 진사 합격자의 이름을 기록한 책은 넓고 넓어서 끝내기 어렵지만 재료를 취한 것은 사실 드물다. 그러므로 요강 『과제록』과 홍적 『송등과기』는 다만 전문가의 책이지만 더듬어서 물어보는 것은 적다. 후미진 지방을 찾아서 정돈하고 강역의 경계를 나눈다면 장고가 갖춰지지 않고 재료를 취한 것이 더욱 드물어진다. 악사 『강남등과기』나 진여원 『황명절사등과고』 따위는 신사들이 자주 그 항목을 기억할 수 없는 지경이다. 대대로 치른 과거 시험의 앞뒤와 성씨가 드러나고 드러나지 않는 것은 바로 고대를 헤아리는 데 반드시 바탕으로 삼아야 하는 것이지만 다만 책에 문채가 없고 책의 분량이 광범위하고 번거롭다는 이유로 결국 그 책의 종적을 찾을 수 없게 만든다. 그렇다면 방지가 「선거표」를 만드는 일과 관련된 것이 어찌 작겠는가?"

에 대체로 진사, 거인, 공생, 무선(武選)[7]으로 각각 분야를 나누고 또한 진사를 첫머리에 넣고 거인과 공생을 뒤에 순서대로 편집했다. 그래서 어떤 사람이 공생으로부터 거인이 되었다가 진사가 되었다면 진사가 과거시험에 합격한 해[科年]를 먼저 보고 지방 시험에 합격한[鄕擧] 때를 다시 찾아야 하며 책 끄트머리에서 비로소 공생이 된 해와 등급을 알 수 있다. 사실에 대해서도 뒤집어졌고 글도 중복되는 것이 어찌 아니겠는가? 간혹 일의 내력이 있는데 「표」로 지은 것도 있는데 설령 「표」의 형식으로 열거하더라도 그의 사실을 주석으로 달았다. 「열전」의 형식으로 「연표」를 짓는 것은 원나라 사람이 『요사』와 『금사』를 지은 낡아빠진 방법이고[8] 책 분량을 허투루 차지하며 또한 순서를 어지럽히고도 어디서 이

7 『대청회전』 권33 「예부」는 이러하다. "향시에 합격한 모든 사람을 거인이라고 하고 정방(正榜)에 딸린 예비 후보를 부공생(副貢生)이라 하는데 성마다 각각 정원이 정해져 있다. 회시에 합격한 사람을 공사라고 한다. 전시에서 하사받은 출신을 진사라 한다." 또한 권32 「예부」는 이러하다. "생원 가운데 오랫동안 녹봉을 먹은 모든 사람은 각자 그 해의 액수를 근거로 태학에서 이바지하는 것을 세공이라 한다. 황제의 은혜로운 명령이 있어서 이바지를 더한 것을 은공이라 한다. 학관은 생원 가운데 뛰어난 사람을 천거하여 삼년마다 학정이 순무를 만나서 그들에게 이바지 하는 것을 우공이라 한다. 십이 년마다 학문이 더욱 뛰어난 사람을 뽑아서 이바지하는 것을 발공이라 한다." 또한 권46 「병부」는 이러하다. "모든 벼슬아치 가운데 승진하는 사람과 보충하는 사람은 모두 자격과 녹봉[資俸]을 가지고 공적을 기록하며 기술과 재능을 비교한다." 주는 이러하다. "무진사(武進士)는 시위(侍衛)로 제수되어 기용하는 것 이외에 영과 위를 나누는데 모두 전시를 치른 뒤에 황제가 결정한다. 무거(武擧)는 회시를 치르는 해에 가리며 병부에서 상주하여 황제가 대신을 파견해주기를 청하고 함께 모여서 간택하여 뽑는다."

8 『사고전서총목제요』 "정사류"는 이러하다. "『요사』 백열여섯 권은 원나라 탁극탁 등이 황제의 명령을 받들어 지었다. 지정 3년 사월 유신(儒臣)들에게 나누어 지으라고 명령했으며 지정 4년 삼월에 책이 완성되었는데 「본기」 서른 권, 「지」 서른한 권, 「표」 여덟 권, 「열전」 마흔여섯 권, 「국어해」(國語解) 한 권이다." 또한 "『금사』 백서른다섯 권은 원나라 탁극탁 등이 황제의 명령을 받들어 지었다. 모두 「기」 열아홉 권, 「지」 서른아홉 권, 「표」 네 권, 「열전」 일흔세 권이다." '「열전」의 형식으로 「연표」를 만드는 것'은 『요사』 「황자표」(皇子表)에서 태조 아들 이호(李胡)의 두 번째 난에는 이름을 주석으로 달고 세 번째 난에는 태조의 셋째 아들을 주석으로 달며 네 번째 난에는 작위와 시법(諡法)을 주석으로 달고 다섯 번째 난에는 공적을 주석으로 달고 여섯 번째 난에는 성격과 사적을 주석으로 달며 일곱 번째 난에는 죽어서 묻힌 곳을 주석으로 달고 여덟 번째 난에는 두 아들을 주석으로 단 것과 같은데,

것을 취했는지 모른다.[9]

역사서에 「표」가 있는 것은 바로 「열전」의 목록[敍目]이다. 사람 이름을 「표」에 제시했지만 「전」에 그 사람이 없는 것은 바로 칭찬할 만한 덕행이 없기 때문에 사실을 쓰면서 생략하는 방법을 따른 것이다. 「전」을 세웠지만 「표」에 나오지 않는 것은 기록할 만한 사실이 있지만 특별히 쓰는 범례를 따른 것이다.[10] 오늘날 「지」를 짓는 사람은 「선거」와 「직관」 다음에 한두 가지 사실을 뒤섞어 쓰는 일이 잦다. 그 사람이 평생 지닌 큰 절개는 큰 줄거리를 총괄해서 「인물」과 「명환」 조목에 편집한다. 뒤에 다시 전지의 글 전체를 취하여 「예문」에 싣고 이것은 어떤 항에 상세하게 나타난다고 말하고 저것은 이미 어떤 조에 제시했다고 말하기 때문에 한 사람의 일이 거듭해서 나타난다. 그러나 「표」를 잘 만드는 사람도 역시 「표」라는 이름 아래 다시 '「전」의 글이 있다'고 주를 다는 일을 면하지 못한다. 어찌 어지럽고 정밀하지 못한 것이 심한가?[11]

「표」에는 내력을 쓸 수 있는 것도 있지만 내력을 쓸 수 없는 것도 있다. 예를 들어 영청현의 세공(歲貢)은 가정 연간 이전[12]의 과거 시험 연도

어떤 사람의 일생을 적은 전기를 여덟 개 난에 흩어버린 바람에 「표」를 만드는 뜻을 잃었다는 말이다.

9 나는 이렇게 생각한다. 이 단락은 예전 「지」가 편집이 잘못된 것을 말한다.

10 『일지록』 권26 「작사불립표지」(作史不立表志) 조목은 이러하다. "주학령은 이렇게 말한다. 사마천 『사기』는 「제기」 다음에 즉시 열 편의 「표」와 여덟 편의 「서」가 있다. 「표」로 정치적 안정과 불안정, 흥망의 큰 줄거리를 기록하고 「서」로 제도와 연혁의 중요한 실마리를 기록했다. 반고는 「서」를 「지」로 고쳤지만 「연표」가 『사기』를 살피는 것이 더욱 상세하다. 아마 「표」를 세우는 근거가 주나라의 보첩을 본뜬 것이라서 기전체와 서로 드나드는 것이 있다. 모든 열후, 장군과 재상, 삼공, 구경 가운데 공명을 「표」에 적은 사람은 이미 「전」으로 이었다. 이밖에 대신 가운데 쌓인 공로가 없거나 역시 드러난 허물이 없는 사람은 「전」에 쓰는 것을 견지지 못하지만 성명, 작위, 출신지, 생몰, 성하고 쇠락함의 자취는 요컨대 갑자기 없애는 것을 허용하지 않으면 「표」에 의거해서 그것을 수록했다. 또한 그들의 잘한 일과 못한 일의 사실을 「전」에서 미처 상세하게 갖추지 못한 것도 역시 「표」에 그것을 수록했다. 연도가 주요한 것이 되고 달이 보조적인 것이 되어 한 번 훑어보면 분명하고 명백하여 역사서를 짓는 형식 가운데 이것보다 큰 것이 없다."

11 나는 이렇게 생각한다. 이 단락은 「표」의 형식을 정리하여 바로잡는 일을 말한다.

와 합격자 일흔일곱 명을 조사할 수 없어서 그것을 싣더라도 귀속시킬 수 있는 칸이 없고 삭제하면 이치에 합당하지 않기 때문에 그들의 이름을 가정 연간의 「선거」 앞, 정덕 연간의 「선거」 뒤에 서술하고 배열하여 마무리 지었다.[13] 이것은 『춘추』가 나머지 날들을 한 해의 끄트머리에 귀속시키는 것[14]이나 『역』의 괘가 「미제」 괘로 마무리하는 뜻이다.[15] 사마천의 「삼대세표」는 하나라 제설[夏泄] 다음부터 세로줄과 가로줄로 엮을 수 없어서 열거하고 서술할 때 다시 형식을 가로세로로 하지 않았는데 이것도 역시 고대의 법도 가운데 통용할 수 있는 것이다.[16]

---

12 명나라 세종의 연호이다.

13 명나라 무종(武宗)의 연호이다.

14 『춘추좌전』 「문공 원년」은 이러하다. "선왕이 계절을 바로잡을 때 동짓날부터 시작했다. 춘분, 추분, 하지, 동지가 든 달을 네 계절의 가운데 달로 하고 나머지 날들을 모아서 끝에 두었다." 임요수(林堯叟) 주는 이러하다. "보력(步曆)에서 동짓날은 달력을 만드는 방법의 첫머리로 삼는다. 한 해의 날수는 삼백육십육 일이다. 해와 달의 운행은 또한 느림과 빠름이 있지만 꼭 열두 달로 나눠서 중기(中氣)를 들어 달을 바로잡는다. 남는 날이 있으면 마지막에 그것을 돌려서 쌓아서 윤달이 되기 때문에 나머지는 마지막으로 돌린다고 말한다."

15 『주역』 「서괘전」은 이러하다. "만물이 남김없이 끝날 수 없는 법이기 때문에 그것을 받아서 「미제」 괘로 끝낸다."

16 『사기』 「삼대세표」 앞에 「표」를 만들고 뒤에 "제설"(帝泄) 이하부터는 다시 「표」를 만들지 않았다. 나는 이렇게 생각한다. 이 단락은 범례를 적었다.

영청현지 사족표 서례(永清縣志士族表序例)

방지가 사족(士族)을 「표」로 만드는 것은 고대의 법도에서 나왔지 창조한 범례가 아니다. 『주관』의 소사는 "세계를 엮어 소목을 변별한다"고 했고 두자춘은 "세계는 제후나 경대부의 「세본」 따위"라고 주를 달았다.[1] 『서』는 이렇게 말한다. "백성들을 나눠 분명히 한다." 정현은 이렇게 말한다. "백성은 모든 신하들의 아버지, 아들, 형, 아우이다."[2] 나누어 분명히 한다는 것은 변별해서 밝힌다는 것이다. 선왕이 땅을 하사하고 성을 나눠줌으로써[3] 사람의 다스림을 우러르고 사람들의 순서를 밝히는 방법은 이것으로부터 시작하지 않은 것이 없다. 그러므로 모든 나라를 협력하여 조화롭게 만들고자 하면 반드시 먼저 백성들을 나누어 분명히

---

1 소사는 「주현청립지과의」의 주2를 보라. 두자춘의 이야기는 「화주지 씨족표 서례 상」의 주17을 보라.

2 「화주지 씨족표 서례 중」의 주3을 보라.

3 「화주지 씨족표 서례 상」의 주21을 보라.

해야 하는 전범은 지극히 중요하다.[4]

선비도 역시 백성이지만 사족을 상세하게 말하고 평민의 성씨를 간단하게 말하는 것도 역시 고대의 도를 시행하는 것이다. 『주관』 향대부는 "해마다 때에 맞춰 부가의 많고 적음을 기록하고" 삼년마다 대비해서 고을의 훌륭한 사람과 잘하는 사람을 천거한다.[5] 백성은 신분이 낮고 선비는 신분이 높으므로 부가의 많고 적은 숫자만 기록할 것이다. 그러나 훌륭하여 경대부가 될 수 있는 사람은 세계의 보첩을 상세하게 알아야 한다.[6] 이것은 세계의 보첩이 호구의 책보다 중요하다는 명백한 증명이다. 최근의 방지는 호구를 상세히 쓰지 않은 것이 없지만 세계의 기록은 고요하고 쓸쓸하여 들리지 않으니[7] 마찬가지로 무겁고 가벼움을 저울질하는 방법의 뜻을 잃었다.[8]

사람을 합쳐서 집안이 되고 집안을 합쳐서 나라가 되며 나라를 합쳐 천하가 된다. 천하의 크기도 사람을 합쳐 집안을 많아지게 하는 데서 시작한다. 집안은 남김없이 헤아릴 수 없기 때문에 대대로 전해진 혈족을 소중하게 여긴다.[9] 대대로 전해진 혈족이 평민을 거느리고 주와 현이 대

---

4 『순자』 「왕패」(王霸)의 양경 주는 이러하다. "기(綦)는 극(極)이다." 나는 이렇게 생각한다. 이 단락은 본래 「표」가 시작한 것을 말한다.

5 『주례』 「지관」 "향대부"[鄕大夫職]는 이렇게 말한다. "해마다 때에 맞춰 부가의 많고 적음을 기록하고 일을 맡을 만한 사람을 변별한다." 삼년마다 하는 대비는 「화주지 선거표 서례」의 주1을 보라.

6 『춘추좌전』 「소공 25년」은 이러하다. "악대심[右師]은 감히 대답하지 못한 채 첩(牒)을 받고 물러났다." 소는 이러하다. "첩은 찰(札)이다." 소사는 세계를 엮기 때문에 훌륭하고 능력 있는 사람이 경대부가 되는 것은 세계의 보첩에서 상세하게 얻는다.

7 『설문해자』는 이러하다. "격(闃)은 고요하다는 뜻이다." 『주역』 「풍」 괘는 이러하다. "안은 고요해서 사람이 없다." 공영달 소는 이러하다. "집 안을 들여다보지만 고요해서 사람이 없다."

8 나는 이렇게 생각한다. 이 단락은 방지가 호구에 대해 상세하고 사족에 대해 간단한 잘못을 말한다.

9 대대로 전해진 혈족은 세가를 말하는 것과 같다. 『춘추좌전』 「은공 8년」은 이러하다. "벼슬이 대대로 공이 있으면 벼슬로 혈족 이름을 삼습니다." 두예에게는 「세족보」가 있다.

대로 전해진 혈족을 거느리며 포정사사와 부가 주와 현을 거느리고 부원이 포정사사와 부를 거느리면 간단함을 쥐고 번거로움을 조종하여 천하를 손바닥 안에서 움직일 수 있을 것이다. 맹자는 이렇게 말한다. "이른바 오래된 나라라는 것은 높이 자란 큰 나무가 있다는 말이 아니고 대대로 업적을 세운 신하들이 있다는 말입니다."[10] 주와 현의 책이 만약 대대로 전해진 혈족을 분류해서 편집하고 이것을 근거로 포정사사, 부, 부원에 전달할 수 있다면 사람들의 순서는 연결되고 치화는 소속이 생긴다. 오늘날 「지」를 편찬하는 사람은 자주 고적에 미련을 가지고 마을들을 억지로 끌어다 붙이지만[11] 보첩을 모으는 일이 빠진다면 이것은 높이 자란 큰 나무는 쓸데없이 중시하면서 대대로 이어진 집안은 가볍게 여기는 것이다.[12]

보첩을 관청에서 관장한다면 사실을 묶어 모을 수 있고 사람이 호적에 드러나게 되므로 천하의 대세는 균형을 이룰 수 있을 것이다. 오늘날 장강[大江] 이남에 인문이 성하지만 풍습이 실속도 없이 겉만 화려한 것을 숭상하는 것에 가깝기 때문에 개인적인 보첩은 가끔 유명한 선현을 억지로 끌어다 붙이고 덕행과 업적을 지나치게 늘어놓으니 잘못하면 거짓말이 된다. 황하[大河] 이북에 풍속이 간단하고 소박하지만 대체로 둔하기 때문에 문화가 없는 사람이 많고 보첩의 학도 빠트린 채 갖추지 않으며 가끔 자손들이 고조부와 증조부의 소문난 평판조차 기록하지 않거나[13] 사이사이 기록하더라도 황당무계하니 잘못하면 변변치 못하게 된다. 어떤 땅인들 사람이 없으며 어떤 사람인들 조상이 없겠느냐만 거짓

---

10 『맹자』「양혜왕 하」를 보라.

11 「화주지 씨족표 서례 중」의 주5를 보라.

12 나는 이렇게 생각한다. 이 단락은 예전 『영청현지』가 예전 자취를 중시하고 보첩을 가볍게 여긴 잘못을 말한다.

13 『진서』「지우전」은 이러하다. "한나라 말기에 많은 사람이 죽고 어지러워지자 「보」와 「전」이 많이 없어져서 비록 그 자손이라 할지라도 자기 선조에 대해 말할 수 없었다."

말에 치우치고 변변치 못함에 치우치니 이어진 폐단이 이처럼 심한 상태에 이른 것은 보첩을 관청에서 관장하지 않고 역사서를 짓는 권한에 거느림이 없는 까닭이다.[14]

어떤 사람은 옛사람들이 대대로 전한 집안을 중시했지만 그 뒤 이어진 폐단이 집안의 등급을 다투는 일을 초래했다고 말한다. 위나라와 진나라 이후로 왕씨, 사씨, 최씨, 노씨가 걸핏하면 품계를 가지고 서로 찌그럭거리는데[15] 문호의 기풍 때문에 훌륭한 사람도 역시 높낮이의 차이

---

14 나는 이렇게 생각한다. 이 단락은 남쪽과 북쪽의 풍습이 모함하고 변변치 않게 여기는 것은 보첩을 관장하지 못했기 때문이라고 말한다.

15 『신당서』「유림전」 "유충전"(柳沖傳)은 이러하다. "장강을 건너면 교성(僑姓)인데 왕씨, 사씨, 원씨, 소씨가 큰 성이다. 동남부는 오성(吳姓)인데 주씨, 장씨, 고씨, 육씨가 큰 성이다. 산동은 군성(郡姓)인데 최씨, 노씨, 이씨, 정씨가 큰 성이다." 나는 이렇게 생각한다. 성씨를 우러르고 숭상하는 것은 위나라 태화 연간에 시작되었다. 제나라가 황하 북쪽에 있었기 때문에 최씨와 노씨를 추앙하여 우러렀고 양나라와 진나라는 장강 남쪽에 있었기 때문에 왕씨와 사씨를 맨 처음으로 앞세웠다. 『북사』「최전전」(崔㥄傳)은 이러하다. "최전은 자가 장유(長孺)이다. 처음에 상시가 되었을 때, 「기거주」를 편찬할 사람을 찾는데 어떤 사람이 이렇게 말했다. '위수가 괜찮겠다.' 최전은 이렇게 말했다. '위수는 경박한 자식일 뿐이다.' 게다가 조홍훈(祖鴻勳)을 이끌어줘서 그 일을 맡게 했다. 또한 위수를 불효한다는 죄에 빠트리려고 했고, 그래서 노원명(盧元明)이 위수를 대신하여 중서랑이 되었다. 이로 말미암아 위수가 그에게 원망하는 마음을 품게 되었다. 위수가 양나라에 초빙될 때 서주를 지나는데 최전이 자사의 노부(鹵簿)를 갖추고 그를 맞았다. 사람을 시켜서 위수에게 이렇게 말하도록 했다. '호위병[儀衛]이 많다고 이상하게 여기지 마십시오. 옛날 법도대로 하는 것입니다.' 위수의 말이 삐딱하자 급히 보고하여 이렇게 말했다. '당신은 새로운 왕조를 세운 공훈이 있는데[崔徐州建義之勳] 무슨 옛날 법도가 있는가?' 최전은 본래 문벌이 본디 높다고 생각하여 특별히 이 말에 불평하지 않았다. 위수가 오래된 원한을 가지고 있었기 때문에 이로써 그에게 창피를 준 것이다. 최전은 집안의 등급에 기대어 스스로 자랑하는 마음이 있었다. 소지(蕭祗), 명소하(明少遐) 등과 함께 격조 높은 잔치를 벌인 적이 있었는데 하루 종일 홀로 말을 하지 않았다. 명소하는 저녁 무렵 최전에게 이렇게 시를 읊었다. '두려운 바람이 대낮에 몰아치다가 갑작스레 서산으로 떨어지는구려.' 최전은 역시 말이 없이 다만 '그렇습니다'라고만 말했다. 노원명에게 늘 이렇게 말했다. '천하에 문벌이 성한 집안은 오로지 나와 자네 뿐일세. 부씨[傅], 최씨, 조씨[趙], 이씨는 뭐하는 것들이야!' 최섬(崔暹)이 소문을 듣고서 그에게 원망하는 마음을 품었다." 또한 「노유전」(盧柔傳)은 이러하다. "아들 노개[愷]는 자가 장인(長仁)이며 소이부(小吏部) 대부로 옮겼다. 당시 염색공 왕신환(王神歡)이라는 사람이 뇌물을 주고 스스로 나서서 총재 우문호(宇文護)가 계부(計部) 하대부

에 따라 다르게 대하는 일을 면하지 못했는데[16] 어찌 가르침이 될 수 있으랴? 이것은 그런 것이 아니다. 이부가 벼슬아치의 등급을 가리는 일이나 주와 군의 중정이 시험하여 뽑는 일에서 문벌을 가지고 결정하지 않

(下大夫)로 뽑았다. 노개는 간언하여 이렇게 말했다. '옛날에 높은 곳에 올라 시를 잘 읊으면 대부가 될 수 있었다. 훌륭한 사람을 찾고 벼슬아치를 살피는 이치는 상세하고 조심스러워야만 한다. 지금 왕신환은 염색공 출신인데다가 게다가 특별히 남다른 것도 없는데 다만 집안이 잘 산다는 것으로써 스스로 통하여 결국 신사들과 같이 나란히 서게 되었다. 벼슬에 있어도 걸맞지 않다는 풍자가 바깥까지 소문이 날까 두렵다.' 우문호는 마침내 그 일을 그만두었다." 여기서 당시 벼슬아치의 품계[流品]가 서로 삐걱거리는 소리를 내는 일을 조금 알 수 있다.

16 『후한서』「마원전」은 이러하다. "마원은 상소를 바쳐서 이렇게 말했다. 앞에 있는 사람이 남에게 낮추라고 시킬 수 없고 뒤에 있는 사람이 남에게 높이라고 시킬 수 없습니다." 장회태자 주는 이러하다. "사람 됨됨이가 무거운지 가벼운지 저울질하지 않는다는 말이다." 『이십이사차기』 권12는 이러하다. "육조시대에는 세족을 가장 중시했는데 그 때에는 이른바 구문(舊門), 차문(次門), 후문(後門), 훈문(勳門), 역문(役門)의 종류가 있었다. 사대부와 서민의 구별이 신분의 높낮이의 구분이라고 생각하여 해묵은 버릇이 계속 이어져서 결국 정해진 제도가 되었다. 도간이 신분이 낮을 때, 낭중령 양탁(楊晫)이 그와 수레를 같이 타게 되었는데 온화하고 아담하게 양탁에게 이렇게 말했다. '어찌 소인과 함께 타셨습니까?' 치감(郗鑒)은 진오(陳午)의 도적떼에게 잡혔는데 같은 고을의 장실(張實)이 있었다. 그는 먼저 도적떼에 붙어 있었는데 와서 치감과 만났고 마침내 치감과 맞먹으려 했다. 치감은 이렇게 말했다. '서로 같은 고을에 함께 살지만 뜻이 통하지 않았는데, 어찌 난리를 믿고 욕심을 채우는 것이 이 지경에 이르렀는가!' 장실은 부끄러워하며 물러갔다. 양방(楊方)이 서울에 있을 때 신사들이 모두 그를 아주 잘 대접했다. 양방은 본래 보잘 것 없는 땅이라고 생각하여 서울에 머물기를 원하지 않았고 멀리 떨어진 군에 보충되기를 요구했기 때문에 고량(高梁) 태수로 나갔다. 왕승건이 오흥 태수가 되었을 때 백성 하계선(何係先) 등의 말을 듣고 백열 개 가문을 구문으로 삼았는데 결국 완전부(阮佃夫)에게 탄핵 당했다. 장경아(張敬兒)는 계양(桂陽) 왕휴범(王休範)의 목을 베어서 공이 높았기 때문에 양양에 주둔하기를 바랐다. 제나라 고조가 도와서 나라를 다스리게 되자 장경아의 지위가 본래 가볍기 때문에 양양 같은 중진(重鎭)에 바로 두고 싶어 하지 않았다. 후경(侯景)이 왕씨나 사씨 집안과 혼인하기를 청하자 양나라 무제는 이렇게 말했다. '왕씨나 사씨 집안은 격이 높으니 주씨나 장씨 아래에서 찾는 것은 되겠다.' 당시 숭상하는 기풍이 이와 같다." 북조에서 최씨와 노씨를 추앙하여 우러른 일은 당나라 초까지도 여전했다. 『구당서』「두위전」(竇威傳)은 이러하다. "무덕 원년에 두위를 내사령(內史令)에 제수했는데 두위가 사양했다. 고조가 웃으면서 이렇게 말했다. '관동 사람들은 최씨나 노씨와 혼인을 하는지 견줘보고 자신을 뽐내고 자랑하는 것 같더구나. 그대는 대신에 황제의 친척이 되었으니 역시 신분이 높지 않은가?'" 이것이 이른바 문호의 기풍의 높낮이를 가늠하는 것이 있다는 것이다.

아야[17] 제대로 된 것이다. 그들의 보첩을 조랑(曹郞)과 영사가 관장하는 것은 본디 흩어져 잃어버리는 것을 막고 거짓으로 깃들이는 일을 막고자 하는 방법이니 결코 폐단이 있는 것은 아니다. 설령 낭관이나 구실아치가 보계를 관장하여 이부가 뛰어나고 훌륭한 사람을 올리더라도 좋은 집안과 명망 있는 혈족에서 우두머리가 될 정도로 훌륭한 사람이나 나가서 다스릴 정도로 능력이 있는 사람이 없다면 장차 북돋워서 자신을 드러내려고 다툴 것이다. 이것도 훌륭한 인재를 북돋우는 한 가지 방법이다.[18]

사마천의 「삼대세표」는 삼황오제의 연원만 기록하고 있고[19] 춘추시대의 씨족(氏族)은 겨우 두예의 「세족보」[世譜]만 남기고 있기 때문에[20] 역사

---

17 주와 군의 중정은 「화주지 선거표 서례」의 주3을 보라. 문벌은 다름 아니라 벌열(閥閱)이다. 『후한서』 「장제기」는 이러하다. "논두렁 밭두렁에서 일어나는 경우에는 벌열과 이어지지 않는다." 장회태자 주는 이러하다. "『사기』는 이렇게 말한다. '등급을 밝히는 것을 벌이라 하고 업적을 쌓는 것을 열이라 한다.' 이전 왕조의 거인은 훌륭한 자질을 가진 사람을 취하는 일에 힘쓰고 집안이나 땅에 얽매이지 않는다고 말한다." 『십칠사상각』 40은 이러하다. "『신당서』 「유림전」 "유충전"은 이러하다. '위나라는 구품중정법을 세우고 중정을 두어 대대로 전해진 집안의 후손을 우러르고 보잘 것 없는 선비를 얕보았으며 권력은 세력 있고 훌륭한 집안에 돌아갔다. 주의 대중정과 주부, 군의 중정과 공조는 모두 유명한 집안의 사족을 취하여 임명했고 이로써 대대로 전해진 집안[門胄]을 정하고 인물을 품평했다. 진나라와 송나라 때도 그것을 이었고 비로소 성씨를 숭상했을 뿐이다. 그러나 높은 신분과 낮은 신분을 구별하고 사대부와 서민을 나누는 일은 바꿀 수 없다. 때에 맞춰 책임자가 선거할 때는 반드시 보첩[譜籍]을 살펴서 참과 거짓을 비교한다.' 이것에 의거하면 중정을 베푼 것은 오로지 집안의 등급을 근거로 인재의 높낮이를 정하는 것인 듯하다." 사람 됨됨이나 재능을 시험하여 뽑을 때 문벌을 고집하지 않는 사람도 간혹 역시 있었다. 『북사』 「신술전」(辛術傳)은 이러하다. "신술은 이부 상서로 옮겼는데 성품이 곧고 밝음을 숭상했다. 선비를 취하는 기준은 자질과 그릇의 크기였으며 이름에 따라 내용을 살피고 새로운 집안과 예전 집안을 나란히 천거하며 관고(管庫)는 꼭 뽑고 문벌은 남기지 않았다. 이것을 헤아려 앞뒤로 사람 됨됨이나 재능을 시험하여 뽑을 때, 신술에게서 가장 절충했으니 당시 대단히 칭찬받고 천거되었다."

18 나는 이렇게 생각한다. 이 단락은 계보를 정돈하여 「표」를 만든 것이 격려하고 권하는 일에 도움이 된다고 말한다.

19 「화주지 씨족표 서례 상」의 주3을 보라.

20 「화주지 씨족표 서례 상」의 주5를 보라.

가들은 씨족을 모른다. 구양수의 『신당서』 「재상세계표」[21]는 유지기의 우언에서 깨달은 것이 있는 듯하다.(『사통』 「서지」(書志)편은 「씨족지」(氏族志)를 세우고자 했지만 의도에 논의하는 듯한 말이 있으니 유지기의 본뜻이 아니다)[22] 다만 등주(鄧州) 한씨(韓氏) 집안에 재상이 된 사람이 없는데도 한유 때문에 「재상세계표」에 적은 것은[23] 역시 범례를 창조한 것이지만 순수하지 않

21 「화주지 씨족표 서례 상」의 주15를 보라.

22 『사통』 「서지」는 이러하다. "아마 「지」를 지을 수 있는 방법에는 세 가지가 있을 것이다. 첫째가 「도읍지」(都邑志)이고 둘째가 「씨족지」이며 셋째가 「방물지」(方物志)이다." 포기룡은 이렇게 말한다. "세 가지 이야기는 잘 생각해서 한 말이지만 그것을 비교해 본 적이 있다. 도읍은 「지리지」에 대략 갖춰져 있어서 「여복지」[輿服]처럼 붙이지 못하는 것과 다르다. 방물은 「외역지」[外域]에 뒤섞여 나오는데 어찌 「식화지」처럼 주요한 것에 비기겠는가. 「씨족지」는 위나라와 진나라 때부터 네 개의 성씨가 높은 벼슬을 하는 버릇이 계속 이어진 것이지만 조상의 공에 따라 벼슬을 받는 사람[任子]을 오랫동안 경시한 탓에 두루 쓰이지 못했다." 유지기가 「씨족지」를 보충하는 일을 논의한 것은 이미 「화주지 씨족표 서례 상」의 주14를 인용하여 보여주었다.

23 『신당서』 「재상세계표」는 한씨 재상 네 명을 열거하고 있는데 한원[瑗]은 고종 때의 재상이고 한휴[休]는 현종 때의 재상이며 한황[滉]은 덕종 때의 재상이고 한홍[弘]은 헌종 때의 재상이다. 그러나 등주 계통은 재상[宰執]이 없는데도 글에 적었다. 전조망 『경사문답』(經史問答) 권10은 이러하다. "묻습니다. 「재상세계표」에 있는 한씨 네 명 가운데 한원이 하나의 혈족이고 한휴와 한황 부자가 하나의 혈족이며 한굉[宏]이 하나의 혈족이기 때문에 세 개의 「표」여야만 하지만 지금 네 개가 있는 것은 어찌 된 것입니까? 이렇게 대답한다. 이것은 구양수의 잘못이다. 한유[退之]의 갈래는 집안에 재상이 된 사람이 없지만 역시 집어넣어서 네 편이 되었다." 장학성 『병진차기』는 이렇게 말한다. "옛사람의 저술 가운데 의례에 대해 좋지 못한 것이 후세에 널리 퍼져 도리어 쓰이고 있는 것은 『신당서』 「재상세계표」처럼 범례에 대해 남김없이 좋지 않은 것이 있다. 아마 명망 있는 혈족이 역사서의 「표」에 들어간 것은 원래 『사기』 「삼대세표」와 『한서』 「고금인표」의 유산에 뿌리를 두고 있으며 가장 중요한 것이다. 다만 재상으로 한정한 것으로 풀이할 수 없다. 아마 재상 벼슬이 있지만 그 혈족을 「보」로 만들 수 없는 경우도 있지만, 재상이 없어도 그 혈족을 「보」로 만들지 않을 수 없는 경우도 있을 것이다. 구양수는 재상을 제목으로 표시했지만 재상의 혈족은 사실 온전하지 못하다. 설령 명성을 드날리지 않아서 그다지 알려지지 않았어도 억지로 「보」에 열거한 것도 있다. 또한 등주 한씨는 본래 재상이 없는데 한유[韓文公] 때문에 범례를 깨트리고 수록한 것도 역시 범례를 스스로 어지럽힌 것이라 생각한다. 나는 보첩의 학에 뜻을 두었고 본래 전문 서적이 있다. 채록하여 역사서에 넣는다면 그 법도를 간단하게 하고 한 왕조의 세족과 큰 집안 가운데 특히 적은 것을 조심스럽게 취하고 또한 반드시 국가의 흥망성쇠와 처음부터 끝까지 같이 했

은 것이다. 위수 『삼국지』 「위서」의 "관씨지"[官氏][24]와 정초의 「씨족략」[25]은 성씨의 원류만 기록하고 일일이 갈려나간 파들을 배열한 계보를 만들지 않았다. 그래서 역사가가 세계를 「표」로 만든 일은 겨우 구양수에게서만 나타나지만 후세인이 다시 법도로 모시지 않은 것도 구양수가 만든 범례가 순수하지 않은 것을 거울삼은 것이 아니겠는가? 내 생각에는 한 시대를 널리 받아들여 포괄해도 전적이 광범위하고 번거롭기 때문에 위대한 근본 바탕을 잡는 것을 소중하게 생각한다. 명확하게 판단한다면 버리고 취할 것을 결정하기에 충분할 것이고 이것이 바로 삭제할 수 없는 전적이 된다.[26] 세계를 꼭 재상으로만 한정할 필요는 없고 어떤 왕조에서 좋은 평판이 나라의 시작부터 끝까지 가는 귀한 집안[右族]은 「표」에 순서대로 편찬한들 글의 분량도 본래 많지 않게 마련이다. 표제에는 세족이라고만 적었는데 어쩌다가 범례가 순수하지 못한 지경에 이르게 되었는가? 유흠은 이렇게 말한다. "잘못과 더불어 폐기하는 것이 차라리 잘못된 것을 남기는 것보다 낫다." 유흠이 가리키는 것은 이것이다.[27]

던 것 가운데 헤아려 볼 수 있는 것을 「족망표」(族望表)로 편집해야 마땅하지 도리어 재상으로 제목을 표시하는 것에 한정할 필요는 없다. 그러나 글은 반드시 간단하게 생략하여 역사서가 삼가는 일을 숭상한다는 것을 보여줘야만 하지 역시 구양수의 『신당서』 「재상세계표」처럼 많은 분량을 차지해서는 안 된다."(가업당본 『장씨유서』 「외편」 3)

24 위수 『위서』 권113은 「관씨지」(官氏志)인데 씨족을 아울러 언급한다.

25 『통지』 「씨족략서」는 이러하다. "모든 성을 말하는 것은 모두 『세본』과 『공자보』 두 가지 책에 뿌리를 두고 있으며 두 가지 책은 모두 『춘추좌전』에 뿌리를 두고 있다. 그러나 『춘추좌전』이 명백하게 기록하고 있는 것은 태어난 곳에 의거하여 성을 하사한 것, 땅을 하사하여 씨를 명명한 것 및 자에 의거한 것, 씨에 의거한 것, 관직에 의거한 것, 읍에 의거한 일 다섯 가지 뿐이다. 오늘날은 그렇지 않아서 성씨를 얻고 받은 것에 서른두 가지 부류를 논하니 좌구명의 말이 궁해졌다." 이것은 성씨의 원류에 대해 유달리 속속들이 살핀다.

26 두예 「춘추좌씨전서」는 이러하다. "경이라고 생각하는 것은 삭제하지 않는 책이다."

27 유흠의 말은 『한서』 「유흠전」에 있는 「이태상박사서」에 보인다. 나는 이렇게 생각한다. 이 단락은 「세족표」(世族表)를 지을 수 있으며 이로써 구양수의 「재상세계표」를 이어서 조금 더 수정할 수 있다고 말한다.

정사가 이미 위대한 근본 바탕을 보존하면 부(部), 부, 주, 현의 「지」는 점차 상세해진다. 이른바 멀리 가려면 가까운 데서 시작하고, 높은 곳에 오르려면 낮은 데서 시작한다는 것은[28] 주와 현이 널리 수록하는 것이 바로 정사가 간단하게 취할 일을 대비하는 것이기 때문이다. 어떤 사람은 이렇게 말한다. 주와 현마다 크기가 다르고 작은 고을이 반드시 보계를 남김없이 갖출 수 있는 것도 아니다. 그렇다면 현에는 본디 선비도 있고 백성도 있는데 백성의 호구를 헤아릴 수 있다면 선비는 보계가 없는 것을 걱정하지 않는다. 어떤 사람은 또한 이렇게 말한다. 생원 이상은 모두 선비라 한다. 문헌이 있는 큰 지방은 아마 그것을 모두 수록하지 못할 것이다. 그렇다면 그 땅이 성하고 쇠퇴한 일을 헤아릴 때 관대함과 엄격함을 더한다. 거인이나 공생으로 한정하는 경우도 있고 진사로 한정하는 경우도 있는데[29] 부와 부의 「지」에서 관직이 오품에 이르는 사람이나 또는 삼품에 이르는 사람으로 한정하는 경우도 역시 본래 어지러움을 근심하지 않는다. 「지」가 사실을 싣는 것은 거울이 그림자를 비추는 것과 같다. 직경 한 치 짜리 거울이 물체를 모두 비추지만 작고[30] 한 자 짜리 이상 되는 거울이라야 형체를 펼치는 것도 대등해진다. 궁한 지경에 이르러 그림자를 둘 곳이 없는 경우는 아직 없었다.[31]

주와 현의 「지」가 보첩을 남김없이 정리한다면 벼슬아치가 선비를 취할 때 조상의 본관을 조사하고 검색할 수 있고 남의 양자가 되는 일을 다투는 소송도 되풀이하여 물어야 공평하게 할 수 있으며 개인의 올바

28 『예기』 「중용」은 이러하다. "군자의 도는 비유하자면 먼 길을 가려면 꼭 가까운 곳에서 출발하는 것과 같고, 비유하자면 높은 곳을 오르려면 꼭 낮은 곳에서 출발하는 것과 같다."

29 월아당총서본에 따르면 이것 다음에는 "부(部)와 부의 「지」에 대해서라면 벼슬이 오품에 이른 사람이나 삼품에 이른 사람을 한도로 삼는다"라는 말이 빠져 있다. 각 판본에는 모두 있다.

30 이 말은 『맹자』 「공손추 상」에 보인다.

31 나는 이렇게 생각한다. 이 단락은 「표」가 서로 마땅함으로 상세함과 간단함을 정해야만 한다는 것을 밝힌다.

르지 못한 기재도 바로잡을 수 있고 관청에 있는 보첩의 잘못(보첩이 관청에 있는 것이다)도 빌려서 비교할 수 있으며(개인의 보첩을 빌려서 관청의 보첩과 비교하거나 다른 현의 보첩을 빌려 우리 현의 보첩과 비교하는 것도 모두 된다) 품계가 맑거나 흐린 것도 나눌 수 있고 사돈 간에 친한 것, 혈족이 친한 것, 부모에게 효성스러움, 형제와 우애 있는 것도 장려할 수 있다. 교화하여 다스리는 일을 돕고 선비와 백성에게 은혜를 베푸는 것은 여기서 요점과 큰 줄거리를 얻을 수 있을 것이다.[32]

선왕이 땅을 하사하고 성씨를 나눌 때, 땅에 따라 사람을 적었는데 어찌 사람에 따라 땅을 적은 적이 있는가? 봉건제가 끝나자 사람들은 자기 땅에 살지 않게 되었다. 그러나 육조시대의 군망은 사씨를 물으면 양하(陽夏)라고 알고[33] 최씨를 물으면 청하(淸河)라고 알았다.[34] 그래서 사람과 호구는 조상의 호적에 따라 정해졌지만 사는 마을은 허투루 베풀지 않았다. 매리(梅里)와 정향(鄭鄕)[35]도 인륜도덕의 명망이 있지만 마을은 사람 때문에 드러나게 된다. 그래서 씨족의 「표」는 으레 살고 있는 마을에 따라 편집한다.[36]

---

32 나는 이렇게 생각한다. 이 단락은 「표」가 돕고 보태는 것에 공적인 것과 개인적인 것의 틈이 없다는 것을 밝힌다.

33 『광운』 40 "마"(禡)는 이러하다. "사씨 성은 진군과 회계의 명망 있는 두 집안을 배출했다." 『진중흥서』는 이렇게 말한다. "사혁은 진군 양하 출신이다."

34 『광운』 15 "회"(灰)는 이러하다. "최씨 성은 청하와 박릉(博陵)의 명망 있는 두 집안을 배출했다." 『북사』 「최광전」(崔光傳)은 이러하다. "최광은 청하 출신이다."

35 『사기정의』는 이러하다. "태백은 매리(梅里)에 살았는데 십구 대손 수몽(壽夢)이 거기 살았고 구오(句吳)라고 이름을 지었다. 수몽이 죽으면서 제번(諸樊)이 남쪽의 오(吳)로 옮겼다." 이것은 오나라가 제번 이전에 대대로 매리에 살았다는 것이다. 매리는 현재 강소성 무석현 동남쪽 삼십 리에 있는데 다름 아니라 태백성(泰伯城)이다. 『후한서』 「정현전」은 이러하다. "나라의 재상[國相]인 공융은 정현을 깊이 존경하여 수레를 타지 않고 직접 걸어서 찾아갔다. 정현을 위해서 고밀현(高密縣)에 향(鄕)을 하나 특별히 세운 일을 알리면서 이렇게 말했다. '공(公)이라는 것은 어질고 덕성스러움의 올바른 이름이고 꼭 삼사대부(三事大夫)여야 할 필요는 없다. 이제 정현의 향을 정공향(鄭公鄕)이라고 해야 마땅하다.'" 정공향은 현재 산동성 안구현 안에 있다.

36 나는 이렇게 생각한다. 이 단락은 저례(著例) 1이다.

성 바깥보다 성 안이 우선인 까닭은 현에서 주관하는 땅이기 때문이다. 동쪽이 그 다음이고 남쪽이 그 다음이며 그 뒤에 서쪽 마을들인데 북쪽 마을이 없으면 비워두고 그 사실을 적는다. 성 안에서는 북쪽 거리를 앞세우고 남쪽 거리를 뒤세우는데 방위는 북쪽을 위에 두고 남쪽을 아래에 두기 때문에 성 안의 방위는 정해져 있다. 동서남북 마을들에서 동쪽과 남쪽을 앞세우고 서쪽과 북쪽을 뒤세우는 것은 『상서』「우공」이 청주와 연주를 앞세우고 양주와 형주를 다음에 두며 양주와 옹주를 뒤세우는 뜻이다. 그러나 이것도 정해진 범례가 아니고 한 현의 형세를 따르면 되고 안 되는 것은 없다.[37]

선비는 모두 「표」를 세울 수 있지만 보계가 없는 사람은 비워둔다. 자손 가운데 선비가 되지 않은 사람은 넣지 않지만 형제는 선비가 아니라도 같이 써서 항렬을 정한다. 남의 후사를 이은 사람은 그가 계승한 사람 다음에 수록하고 다시 그가 누구에게서 태어났는지 상세하게 말하지 않는다. 「지」의 글이 간단한 것을 따르면 가보는 저절로 상세해지기 마련이다. 혈족이 드물어 몇 사람 안 되어도 보첩에 넣는다. 이전 조상들에 대해 헤아릴 수 없는 것도 「표」에 적는다. 개인적인 책은 잃어버리기 쉬우나 관청의 보첩은 보존하기 쉬우므로 재빨리 그것을 기록하여 나중에 상세하게 정할 수 있기만 바라는데 이것이 이른바 사람들에게 먼저 보여주는 범례일 것이다.[38]

개인의 보첩이 관직의 품계, 봉해진 이름, 추증한 관직을 스스로 서술한 것 가운데 잘못된 것이 대단히 많다. 예를 들어 동지와 통판을 분부(分府)라고 부르고[39] 수비(守備)를 수부(守府)라고 부르는 것[40]은 세속의 유

---

37 나는 이렇게 생각한다. 이 단락은 저례 2이다.

38 나는 이렇게 생각한다. 이 단락은 저례 3이다. 월아당총서본은 다음에 스물다섯 글자가 빠져 있지만 각 판본은 모두 있다.

39 『명사』「직관지」 4는 이러하다. "부에는 지부 한 명이 있다. 동지통판은 군대를 맑게 하고 돌아다니면서 체포하며 양곡을 관리하고 농사일을 다스리며 수리, 둔전, 목마(牧馬) 등의 일을 나누어 관장하며 상설한 직책은 없고 정해진 인원도 없다."

행을 따라 부르는 것이다. 금의(錦衣)와 천호(千戶)[41]를 관대장군(冠帶將軍)이라 부르거나 어전장군(御前將軍)이라 부르거나 금오(金吾)[42]라고 부른다면 비루하고 배반함이 이미 심하여 과연 무슨 관직인지 사람들이 이해하지 못하게 만든다. 이제 모두 비교하고 밝혀서 바르게 고친다. 또한 보첩에서 제관(祭官)이라고 줄여 부르면서 무슨 이름인지 이해하지 못하는 경우가 있는데 이제 그것을 이어서 쓰지만 뭉뚱그려 헤아리는 관직 숫자에는 넣지 않는다.[43]

역주_ 여기 분부 이외의 분부라는 말은 모두 分部를 가리킨다.

40 『명사』「직관지」 5는 이러하다. "수비는 품계[品級]가 없으며 정해진 인원도 없다. 어떤 지방을 총괄하여 주둔하는 사람이 진수(鎭守)이고 어떤 노(路)에만 주둔하는 사람이 분수이며 하나의 성이나 하나의 보(堡)만 각각 지키는 사람이 수비이다. 또한 남경 수비 한 명은 공, 후, 백으로 채우고 중군도독부(中軍都督府)의 일을 아울러 거느린다."

41 『명사』「직관」 5는 이러하다. "금의위는 황제를 모시고 호위하는 일[侍衛], 수배하고 체포하는 일[緝捕], 형사 사건을 다루는 일[刑獄]을 관장하고 훈척 도독(勳戚都督)이 그것을 거느린다." 또한 "천호소(千戶所)에는 정천호(正千戶) 한 명, 부천호(副千戶) 한 명이 있는데 관할하는 백호소(百戶所)가 모두 열 개이다."

42 『명사』「직관」 5는 이러하다. "모든 각 성과 각 진의 진수 총병관(總兵官)은 크게 정벌하고 토벌하는 일이 있으면 여러 가지 이름의 장군 또는 대장군, 전장군(前將軍), 부장군(副將軍)의 인장을 건다. 또한 모든 상직위 친군 지휘사사(上直衛親軍指揮使司)가 스물여섯 개이고 금오전위(金吾前衛), 금오후위(金吾後衛), 금오좌위(金吾左衛), 금오우위(金吾右衛)가 있다."

43 나는 이렇게 생각한다. 이 단락은 저례 4이다.

영청현지 여지도 서례(永清縣志輿地圖序例)

사부의 긴요한 뜻은 「본기」가 주요한 것이 되고 다른 여러 가지 형식이 보조적인 것이 된다. 문사가 있는 것은 「서」라고 하거나 「전」이라고 하고 문사가 없는 것은 「표」라고 하거나 「도」라고 한다. 참과 거짓이 서로 바탕이 되고 상세함과 간단함이 서로 나타나기 때문에 거의 유감이 없도록 만들 수 있다. 옛날에 사마천이 『사기』 백서른 편을 처음으로 정할 때 『주보』에 뿌리를 두고 「표」를 만든 것[1]만 알지 무늬가 있는 하나라 때의 세발솥[夏鼎]으로 거슬러 올라가서 「도」를 만들었다는 것[2]은 모른다. 결국 옛사람의 세계나 연도와 달을 헤아려 찾을 수 있게 만들었지만 이전 세상의 지리 형세나 물건의 이름과 형상은 자취를 뒤쫓을 수 없

1 「화주지 여지도 서례」의 주2를 보라.

2 『춘추좌전』 「선공 3년」은 이러하다. "옛날 하나라가 덕이 있을 때 멀리 있는 나라들에서 「도」와 진귀한 사물[圖物]을 바치고 구주의 지방 행정 책임자들이 구리를 바쳤다. 그래서 구정[鼎]을 부어 만들어 진귀한 사물의 형상을 본떴는데 온갖 사물이 그것 덕분에 갖춰졌다."

었다. 이것은 『춘추』를 배워서 「보」와 「역」의 뜻을 얻었지만 『역상』까지 거슬러 올라가 도서가 통한다는 것을 얻지 못했다.[3] 「열전」에 「표」가 있어야 가지런해지는 것은 「서」나 「지」가 「도」를 기다려 뚜렷이 드러나는 것과 같다. 선유는 「표」가 빠졌기 때문에 「열전」이 번거로워지지 않을 수 없었다고 말한 적은 있지만[4] 「도」가 빠졌기 때문에 「서」나 「지」가 번거로워지지 않을 수 없었다는 것은 모른다. 아! 사마천과 반고 이래로 이천 년 동안이나 이런 범례를 창조거나 여기서 시작부터 끝까지 과정 전체를 끝까지 찾는 사람이 없으니 『사기』 백서른 편을 위해 대단히 안타깝다.[5]

정초의 「도보략」[6]은 독보적인 학이라고 스스로 생각하는데 이것은 서목을 만들어 분류하고 편집하는 방법을 세상에 널리 알려 칭찬하는 것일 뿐이다. 사실 사부의 거대한 계획은 동시에 수록하고 널리 고르고 가학을 함께 보존해서 잊어버리는 일을 대비하는 것인데 정초도 이것까지 알지는 못했다. 또한 『통지』를 예로 들면 「기」와 「전」은 모두 옛사람을

---

3 『주역』 「계사전 상」은 이러하다. "성인은 이로써 천하의 복잡성을 보고 만물의 모습과 상태를 본떠서 만물의 마땅함을 형상으로 만들었기 때문에 상이라고 한다." 초순 『역장구』(易章句)는 이러하다. "괘를 베풀어 살핀 형상을 이해하고 이로써 괘사와 효사를 이어서 형상과 사물을 이름 짓는다."

4 『일지록』 「작사불립표지」 조목은 「영청현지 선거표 서례」의 주10을 보라. 『사통』 「표력」(表歷)에 있는 포기룡 안어는 이러하다. "「표」는 삼국시대 이후부터 남북조시대에 이르기까지 모두 없었다. 유지기는 나라가 나뉘었을 때는 있을 만하지만 통일되었을 때는 꼭 있을 필요가 없기 때문에 자그마한 것을 어림잡아 보잘 것 없는 말을 깎아내는 것이 옳다고 말했다. 그러나 역시 후세를 대강 추려내기 어렵다. 그것을 사법에 모아서 시대에 마땅한 것을 참조하여 종실[宗房] 같은 황제의 친척, 재상 같은 신분이 높은 사람, 「전」에 이름을 적지 않은 사람 가운데 끝내 없앨 수 없는 사람을 모두 「표」로 묶는 것도 역시 빈틈없이 엄격하고 세밀하며 꼭 알맞은 하나의 도일 것이다. 귀안(歸安) 출신이자 제학(提學) 벼슬을 지낸 오대수(吳大受)는 이렇게 말한다. '국사에 「표」가 있는 것은 쓸데없이 번거로운 글인 듯해도 사실 글을 절약한다.'"

5 백서른 편은 『사기』를 말한다. 나는 이렇게 생각한다. 이 단락은 역사 서적에 「도」가 빠진 책임은 사마천에게 있다는 것을 말한다.

6 「화주지 여지도 서례」의 주3을 보라.

그대로 따르면서 「표」는 「보」라고 고쳐 부르고 「지」는 「약」(略)이라고 고쳐 부르니 형식도 갖춰졌다고 할 수 있다. 어떻게 다만 도보의 제목을 수록하는 것만 알고 「도」의 형식을 스스로 만들어서 이전의 역사서에 없는 바를 보충했다는 것은 모르는가? 이것으로 한나라와 당나라 때의 여러 유학자들이 듣지 못한 것을 깔본다면 어찌 부끄럽지 않겠는가? 또한 정초는 도보를 수록한 뒤 분류하고 편집하면 보존하기 쉽고 나누면 잃어버리기 쉽다고 스스로 말했는데[7] 그의 주장은 근사한 것 같다. 그러나 오늘날 정초가 분류한 목록을 살피고 앞 시대의 「도」를 검색해보면 없어진 것과 흩어져 잃어버린 것은 마침 정초 이전과 그다지 차이가 없다. 그래서 전문가의 학은 역사가의 거대한 책에 넣지 않을 수 없고 겨우 분류한 목록에 얽매야만 잃어버리지 않도록 만들 수 있는 것은 아니다. 사마천에게 「표」가 있는 바람에 『주보』의 사라진 법도는 지금까지도 여전히 남아 있고 임굉(任宏)이 「도」를 수록했지만(정초는 이렇게 말했다. 임굉이 병서를 교정할 때, 글도 있고 그림도 있는데 그 방법은 좋다고 할 수 있다) 한나라[漢家]의 예의 제도를 위나라나 진나라와 비교할 수 없게 되었다.[8] 목록에 기록하는 일을 다툰 공은 작고 역사서의 형식을 처음 정한 공이 크다는 이치는 쉽게 이해된다.[9]

---

7 『통지』「도보략」 "색상"은 이러하다. "완효서가 『칠록』을 지을 때 「도」를 흩어서 부록(部錄)으로 돌렸고 「보」를 뒤섞어 기주로 돌렸다. 아마 책을 쌓는 일은 병사를 훈련시키는 것과 같아서 모으면 굳게 지키기 쉽고 흩으면 없어지기 쉬운 것이다." 그러나 정초 『통지』「도보략」은 그 제목만 적고 「도」는 없으니 역시 다만 순서대로 나누고 세상에 널리 알려 칭찬한 것일 뿐이다.

8 『한서』「예문지」 "병서략"은 이러하다. "모든 병서가 쉰세 가지, 칠백아흔 편이며 「도」가 마흔세 권이다." 『수서』「경적지」는 이러하다. "한나라가 일어났을 때 숙손통이 조의를 정했다. 무제 때 비로소 분수 남쪽[汾陰]에서 후토에게 제사를 지냈다. 성제 때 처음으로 남교와 북교[南北之郊]를 정하자 예절의 규정이 점차 갖춰졌다. 후한은 또한 조포가 한나라의 의례를 정하도록 시켰다. 이 뒤로 계속 이어져서 대대로 창작되었지만 후세에 변고가 많아서 남아 있던 글과 나머지 일은 흩어지고 없어진 것이 많다."

9 나는 이렇게 생각한다. 이 단락은 정초에게 「도」의 제목이 있지만 두루뭉술해서 헤아리지 못하는 형식이 없다는 것을 말한다.

역사서가 「표」를 세우지 않아도 세계나 연도와 달은 오히려 문사로 보충하여 엮을 수 있지만 역사서가 「도」를 세우지 않으면 지리의 형상이나 물건의 이름과 형상은 틀림없이 글자에서 두루 구할 수 없을 것이다. 이것은 눈으로 보고 귀로 들은 것이 다르기 때문이고[10] 「도」의 긴요한 뜻이 「표」보다 더욱 대단하기 때문이다. 옛사람이 입에서 귀로 전수한 학은 글자가 드러낼 수 없는 것이 있지만 마음으로 받아들이고 정신으로 이해하는 것을 소중하게 여긴다. 도상의 학이 설령 입에서 귀로 전수할 수 있는 것이 아니더라도 자기 눈으로 직접 보아서 도를 보존하는 것을 소중하게 여긴다.[11] 정현처럼 대단한 학자도 글자에만 맡겨서 찾았기 때문에 사준을 봉황이 춤추는 무늬라고 풀이했다. 등을 뚫은 희준이 나온 뒤에 왕숙의 뜻이 낫다는 것을 알게 되었다.[12] 공영달처럼 대단한 학자도 글의 뜻만 가지고 풀이했기 때문에 장강의 근원이 민산에서 나왔다고 했다. 금사강의 물길이 통하게 된 뒤에 『면지』가 말한 강줄기가 더 멀다는 것을 알게 되었다.[13] 이것은 다름 아니라, 하나는 삼대의 「도」가 사라졌기 때문에 곤란해진 것이고 하나는 반고의 「지리지」에 도학이 없기 때문에 곤란해진 것이다.(「지리지」는 반고에게서 시작되었으므로 그것만 꾸짖은 것이다) 비록 배우기 좋아하고 깊이 생각하는 선비가 있더라도 역사서를 읽을 때 그 그림을 보지 못한다면 눈먼 사람이 지팡이로 땅을 두드려서 길을 찾는 것과 같은 일을 면하지 못한다.[14]

---

10 『춘추곡량전』 「희공 16년」은 이러하다. "'송나라에 운석이 떨어졌는데 다섯 개였다.' 먼저 떨어졌다[隕]고 하고 나중에 돌[石]이라고 한 것은 무엇 때문인가? '송나라에'라는 것은 사방 국경 안을 송나라라고 한 것이다. 나중에 헤아려본 것이기 때문에 흩어진 말[散辭]이고 귀로 들은 것이다. '여섯 마리의 익조가 뒤로 날아서 송나라 서울을 지나갔다.' 먼저 헤아려본 것이기 때문에 모은 말[聚辭]이고 눈으로 본 것이다." 이곳에서 눈으로 본 것은 그림을 가리키고 귀로 들은 것은 글자를 가리킨다.

11 『장자』 「전자방」은 이러하다. "공자는 이렇게 대답했다. '그런 분은 얼핏 보기만 하고도 도를 보존하고 있다.'"

12 「화주지 전지열전 서례 하」의 주18을 보라. 사존(娑尊)은 검각본, 청화각본, 지고당 총서본은 헌존(獻尊)이라 한다.

13 「화주지 전지열전 서례 하」의 주17을 보라.

당나라와 송나라 때의 주와 군의 책에는 도경이라고 이름 지은 것이 많지만 지리에 속하는 「도」는 소하가 지도와 호적을 거둔 일에서 시작되었다.[15] 그래서 「도」가 옛날에 보존된 까닭은 대대로 책이 있었기 때문이지만 사부가 거두지 않았기 때문에 「도」의 힘만으로는 오랫동안 시행하지 못했다. 하물며 「도」라는 형식은 외우고 익힐 수 있는 문사가 없으므로 찬집 따위가 간단하게 수록할 수 있는 것이 아니다. 사실은 전문가의 학이라서 문학을 지망하는 선비가 할 수 있는 것이 아니기 때문에 사부가 엮고 다듬지 않는다면 두 세대만 전해도 근본을 잃어버릴 것이다. 또한 『삼보황도』나 『원화군현도지』[16] 따위를 예로 들면 지금 모두 글은 남았지만 그림이 없어졌으니 이것이 어찌 하루아침 하루저녁의 일이겠는가? 아마 고대에는 판각해서 책을 인쇄하지 않았기 때문에[17] 도학

---

14 캄캄한 곳을 갈 때 지팡이로 땅을 두드린다는 것은 「화주지 여지도 서례」의 주12를 보라. 나는 이렇게 생각한다. 이 단락은 「지리지」에 「도」가 빠진 것은 반고에게 책임이 있다는 것을 말한다.

15 『사기』 「소상국세가」는 이러하다. "유방[沛公]이 함양에 이르자 여러 장군이 모두 금과 비단, 재물의 창고로 달려가서 나눴다. 소하는 홀로 먼저 들어가서 진나라 승상과 어사의 율령과 도서를 거두어 소장했다. 유방이 한나라 왕[漢王]이 되자 소하를 승상으로 삼았다. 항우[項王]와 여러 제후는 함양을 도륙내고 불사른 뒤 떠났다. 한나라 왕이 천하의 험한 길과 요새, 호구의 많고 적음과 강하고 약한 곳, 백성들이 고통 받는 것을 모두 알았던 이유는 소하가 진나라 도서를 모두 얻었기 때문이다."

16 『삼보황도』는 「화주지 여지도 서례」의 주6을 보라. 『신당서』 「예문지」 "지리류"는 이러하다. "이길보 『원화군현도지』(元和郡縣圖誌)는 쉰네 권이다." 『직재서록해제』는 마흔 권이라고 하면서 이렇게 말한다. "서울부터 농우까지 모두 마흔일곱 개의 진이 있다. 글의 첫머리에 「도」가 있었는데 지금은 남아 있지 않다." 『사고전서총목제요』는 이러하다. "지리 관련 서적[輿紀]에서 현재에도 도경이 남아 있는 것은 오로지 이 책이 가장 오래되었다."

17 전(鐫)은 소리가 전(鋑)이다. 『설문해자』는 이러하다. "나무를 뚫는 것이 전(鐫)이다." 『몽계필담』 권18은 이러하다. "서적을 목판으로 인쇄하는 일은 당나라 때 사람들이 아직 많이 하지 않았다. 영왕(瀛王) 풍도가 오경을 처음 인쇄하기 시작하면서부터 이후의 전적은 모두 목판본이다. 경력 연간에 평민 신분의 필승(畢昇)이 또한 활판(活板)을 만들었다." 청나라 왕삼빙(王三聘) 『고금사물고』(古今事物考) 권2는 이러하다. "섭몽득[葉氏石林]은 이렇게 말한다. '당나라 이전에 모든 서적은 모두 필사본이고 아직 본떠서 인쇄하는 방법이 없었다. 오대 때 풍도가 관청에서 목판을 새겨 인쇄 발행할 것을 상주하여 청했다.' 또한 이렇게 말한다. '풍도는 다만 감본(監本) 오

이 그대로 그리기 어려웠을 것이다. 그러나 죽간과 백서의 형식도 번거롭고 무겁기 때문에 또한 집집마다 책을 가지기 어려웠을 것이다. 사마천과 반고의 전문가의 학은 「도」의 형식을 가다듬어 정하지 못했고 후세인은 흐름을 거슬러 올라가면서도 근원을 잊었기 때문에 그들이 계속 좇아서 하지 않는 것도 당연하다. 경을 풀이할 때 틀린 것이 많고 역사서를 읽을 때 헷갈리는 것은 모두 이 때문이다.[18]

최근의 방지에도 가끔 「도」가 있지만 법도가 될 수 있다는 소리는 듣지 못했는데 그 폐단은 두 가지이다. 하나는 사시사철 좋은 경치를 찾기 급급하기 때문에 산수를 그리는 일은 그림만 교묘하게 그리려고 하니 역사서의 형식에 맞지 않는다. 하나는 서목이나 범례와 함께 두지만 더 이상 쓸모가 없어진 모자처럼 보기 때문에[19] 「도」에 설명을 연결시켜 이름 짓거나 글의 서문을 고쳐서 다시 정하려고 하니 형식을 세울 수 없다. 「표」에는 세로줄과 가로줄이 있지만 말이나 설명이 없거나 「도」에는 형상이 있지만 세로줄과 가로줄이 없다면 모두 「서」나 「지」, 「열전」을 요약해서 편집한 것이다.[20] 세속의 유행이 계속 이어져 참으로 사람의 눈과 귀를 즐겁게 하는 도구가 되었다. 그렇다면 계속 전해진 지도 오래되었지만 『삼보황도』와 『원화도지』처럼 여전히 문자를 보존하기 바란들 또한 얻을 수 없는 판에 하물며 사마천과 반고가 도달하지 못한 것을 보충해서 사부의 대단한 볼거리를 완성할 수 있겠는가![21]

「도」의 형식에는 세로줄과 가로줄이 없지만 지리의 「도」에는 역시 세

경의 목판을 만들었을 따름이다. 유빈(柳玭) 「훈서」(訓序)는 이렇게 말한다. 촉에 있을 때 서점을 둘러본 적이 있는데 자서(字書)나 소학을 대략 목판을 새겨서 종이에 인쇄한 것은 당나라 때 본디 있었다고 했다.'"

18 나는 이렇게 생각한다. 이 단락은 고대의 「도」가 남아 있지 않아서 모두 사부를 근거로 삼더라도 함께 엮어서 가다듬지 못한다는 말이다.

19 「화주지 여지도 서례」의 주19를 보라.

20 「언공 하」의 주86을 보라.

21 나는 이렇게 생각한다. 이 단락은 최근의 방지에 비록 「도」가 있지만 요점은 역사서적에 맞지 않는다고 말한다.

로줄과 가로줄이 대체로 보존되어 있다. 맹자는 이렇게 말한다. "인정을 시행하는 것은 반드시 땅의 경계를 분간하는 일부터 시작한다."[22] 『석명』은 이렇게 말한다. "남북이 경(經)이고 동서가 위(緯)이다."[23] 지리가 세로줄과 가로줄을 구한 지는 오래되었다. 오늘날 주와 현의 지도는 자주 종이 폭에 따라 「도」의 형식을 늘이거나 오므라들게 하는데 이것은 그림 그리는 일의 해묵은 관습이지[24] 사부의 일반적 형식에 넣을 수 없는 것이다. 이제 면적과 거리를 계산하여 세로줄로 하고 현의 촌락을 가로줄로 해서 나중에 살펴보는 사람이 칸에 따라 비교해보도록 하면 조금도 어긋나지 않으니[25] 이것이 도경의 뜻이다.[26]

---

22 『맹자』「등문공 상」을 보라.

23 『수서』「경적지」 "논어류"는 이러하다. "『석명』 여덟 권은 유희가 지었다." 『직재서록해제』는 이러하다. "한나라 징사인 북해 출신 성국(成國) 유희가 지었다. 「서」는 이렇게 말한다. '이름과 내용의 관계는 각각 비슷한 뜻이 있다. 백성들은 나날이 부르면서도 그 근거가 되는 뜻을 모른다. 그러므로 천지, 음양, 사시, 방국(邦國), 도비, 거복, 상기(喪紀)를 지어서 아래로 모든 백성들이 응용하는 기구까지 언급하며 사물의 이름에 의거하여 뜻을 풀었는데 모두 스물일곱 편이다.'" 나는 이렇게 생각한다. 『주례』「천관」의 "성벽이 있는 도시를 정비하고 들판을 구획한다"에 대한 가공언 소는 이러하다. "남쪽과 북쪽으로 뚫린 길을 경(經)이라 하고 동쪽과 서쪽으로 뚫린 길을 위(緯)라고 한다." 여기서 『석명』을 인용한 것은 잘못되었다.

24 「화주지 여지도 서례」의 주25를 보라.

25 『설문해자』 "금부"(金部)는 이러하다. "수(銖)는 유서(絫黍) 열 개의 무게와 같다." 기장 열 알이 유(絫)이고 유 열 개가 수(銖)이며 수 스물네 개가 앙(兩)이다.

26 나는 이렇게 생각한다. 이 단락은 저례이다.

영청현지 건치도 서례(永淸縣志建置圖序例)

궁궐[象魏]에 관한 『주관』의 법도[1]는 고증할 수 없다. 후세의 『삼보황도』 및 『낙양궁전도』[2]는 도읍과 궁실이 본뜨는 근거이다. 건장궁(建章宮)의 무수한 문들[千門萬戶][3]의 이름을 장화(張華)가 끝내 하나하나 열거할 수 있었던 것은 그림을 살펴본 덕분이지 글을 읽은 덕분이 아니라고 정초는 생각했다.[4] 그러면 세우고 만든 「도」가 관련된 것이 어찌 중요하지

1 「화주지 여지도 서례」의 주2를 보라.

2 「화주지 여지도 서례」의 주6 및 주7을 보라.

3 『삼보황도』 권2는 이러하다. "무제 태초 원년에 백량전(柏梁殿)에 불이 났다. 월의 무당[粵巫]이 용감하게 가서 이렇게 말했다. '월 땅의 풍속에 불이 나면 바로 다시 큰 집을 지어서 주술로 그것을 누릅니다.[厭勝]' 황제는 그래서 건장궁을 지었는데 천 개의 문과 만 개의 지게문을 헤아렸다. 건장군은 미앙궁의 서쪽, 장안성 바깥에 있다."

4 『진서』 「장화전」(張華傳)은 이러하다. "장화는 자가 무선(茂先)이고 범양 방성(方城) 출신이다. 학업이 뛰어나고 박식하고 문사[辭藻]가 따사롭고 아리따우며 밝고 넉넉하여 잘 통했다. 도참, 위서, 방기의 책은 상세하게 훑어보지 않은 것이 없었다. 장화는 기억을 잘하고 말없이 속으로 잘 이해하여 천하 안에 있는 것을 마치 손바닥 가

않겠는가? 주희는 『의례석궁』(儀禮釋宮)을 지은 적이 있는데 궁실 제도를 이해하지 못하면 예절[儀節]의 도수를 붙일 곳이 없다고 생각했다.[5] 고금의 궁실은 적당함이 다르기 때문에 배우는 사람이 문사에서 찾다가 풀이를 얻지 못하면 아마 그림이 빠지면서 글도 따라서 폐기되는 듯하다. 후세에 현재를 보는 것이나 현재에 고대를 보는 것이나 같다.[6] 성읍과 관청 건물, 제단[壇壝][7]과 사당[祠廟], 전장과 제도, 사직과 백성을 중시하는 이유이다. 「도」를 신중하게 짓지 않으면 후세인이 「지」를 살펴보더라도 마찬가지로 마음을 어디로 향해야 하는지 모른다. 사마천과 반고 이

리키듯 했다. 무제가 한나라 궁실 제도 및 건장궁의 천 개의 문과 만 개의 지게문을 물은 적이 있다. 장화는 물 흐르듯 대답하여 듣는 사람이 지겨움을 잊고 땅에 그림을 그렸는데 주변에 있는 사람들이 뚫어지게 쳐다보았다. 무제가 그를 대단히 기이하게 생각했다. 당시 사람들은 그를 정나라 자산에 비겼다." 정초 『통지』 「도보략」은 이러하다. "장화는 진나라 때 사람이다. 한나라의 궁실에 천 개의 문과 만 개의 지게문이 있는 것을 메아리처럼 대답하여 당시 사람들이 사물에 대해 박식한 것을 탄복했다. 장화는 본디 사물에 대해 박식했는데 이것은 사물에 대해 박식한 것이 주로 효과를 낸 것이 아니라 한나라 궁실 그림을 보았기 때문이다. 장화가 그림을 보지 못하게 했다면 비록 한나라 사람의 책을 읽더라도 역시 이전 왕조의 궁실이 나온 곳을 몰랐을 것이다."

5 『사고전서총목제요』 "예류"는 이러하다. "『의례석궁』(儀禮釋宮) 한 권은 송나라 이여규(李如圭)가 지었다. 이여규는 이미 『의례집석』[集釋]을 지었는데 또한 이 책을 만들어서 옛사람의 궁실 제도를 비교하고 논했다. 『이아』 「석궁」을 본떠서 조목조목 나누고 순서대로 펼쳐놓았으며 각각 경전과 주소를 인용하여 참고하고 증명한 뒤 경의 의도를 깊이 얻었는데 헛된 말로 예를 말하는 사람이 할 수 있는 것이 아니다. 『주자대전집』(朱子大全集)을 비교해보면 거기도 그 글이 실려 있는데 이것과 대체로 같지만 오로지 「서인」(序引)만 없다. 송나라 『중흥예문지』(中興藝文志)는 주희가 그와 함께 예서를 교정한 적이 있다고 한다. 주희가 본디 이여규의 이 글을 기록해둔 적이 있지만 주희의 글을 모으는 사람이 드디어 주자가 지은 것이라고 의심하고 가져다가 「집」에 넣은 것이라 의심될 뿐이다." 장학성 『병진차기』도 역시 이렇게 말한다. "주희 『의례석궁』은 바로 이여규의 책인데 주희가 그것을 기록한 적이 있을 뿐이다."(가업당본 『장씨유서』 「외편」 3)

6 왕희지 「난정서」를 보라.

7 『설문해자』는 이러하다. "단(壇)은 제사 터이다." 단 주변에 낮은 담을 쌓아서 두른 것이 유(壝)이다. 『주례』 「천관」 "장사"[掌舍職]는 이러하다. "평평하게 땅을 골라 만든 임시 거처[壝宮]에 창을 꽂아 문을 만들기도 한다." 정현 주는 이러하다. "왕이 거둥하여 머무르고 자는 평지를 말한다. 단을 쌓고 또한 유토(壝土)를 쌓아서 담을 일으켜 궁으로 삼는다."

래로 역사서에는 건치의 「도」가 없어졌고 이것이 바로 원제와 성제 이후에 명당과 태묘에 대해 어지러운 이설이 많아진 이유이다.[8]

---

8 『예기』 「명당위」는 이러하다. "명당이라는 것은 제후의 높낮이를 밝히는 것이다." 완원 「명당론」(明堂論)은 이러하다. "명당은 천자가 사는 곳의 애초 이름이다. 그렇기 때문에 하느님을 제사지내는 것도 여기서 하고 선조를 제사지내는 것도 여기서 하며 제후와 조회하는 것도 여기서 하고 노인을 받들고 현인을 우러르며 국자를 가르치는 것도 여기서 하며 향사례[饗射]를 베풀고 포로를 바치는 것도 여기서 하고 천문을 연구하여 곡삭도 여기서 하는데 아마 천자가 먹고 자는 것도 늘 여기서 했을 것이다. 이것이 고대의 명당이다. 황제, 요임금, 순임금이 일어나자 궁실이 이내 갖춰졌고 하나라, 상나라, 주나라 삼대에 이르자 학문과 덕으로 하는 정치가 더욱 높아졌다. 그래서 천자가 사는 곳은 왕성(王城)과 방기(邦畿) 가운데 있고 세 개의 문과 세 개의 조정을 가지며 나중에 노침(路寢)이라고 했는데 네 계절 동안 옮기지 않았다. 노침의 제도는 교외의 명당이 사방에 하나 있는 것을 본보기로 따라서 남쪽을 바라보고 지었으므로 노침은 오히려 고대의 이름을 이어서 명당이라고 한다. 넓고 큰 하늘[昊天]의 하느님을 제사 지내는 것은 환구(圜丘)가 있고 조상을 제사 지내는 것은 응문(應門) 안의 왼쪽에 있는 종묘(宗廟)가 있으며 제후와 조회하는 것은 조정이 있고 노인을 받들고 현인을 우러르며 국자를 가르치고 포로를 바치는 것은 벽옹과 학교가 있다. 그 땅이 이미 나뉘고 그 예가 더욱 갖춰졌기 때문에 성 안에는 명당이 없어졌다. 그러나 성인의 사업은 반드시 고대를 스승으로 삼고 예는 근본을 잊지 않으려고 가까운 교외의 동남쪽에 따로 명당을 세워서 고대의 제도를 보존하고 고대의 제왕이 남긴 정치의 법도를 담은 법전[典冊]을 여기에 소장하기도 하고 오제에게 제사 지내고 절기[時令]를 선포하며 사방의 제후와 조회하고 특별한 전례는 이내 여기서 시행하여 고대 제왕의 자취를 이었다. 이것이 후세의 명당이다. 한나라 이래로부터 유학자는 오로지 채옹과 노식이 지역이 달라도 이름이 같은 제도를 구체적으로 알고 있었지만 여전히 상고시대와 중고시대의 구분에 어두웠다. 후세의 유학자들은 그중 한쪽만 쥐고 많은 학설을 가리며 나뉘고 합치는 것에 정해진 것이 없고 제도에 통한 사람이 드문 것은 아마 경전을 녹여서 하나로 합치고 고금을 참고하여 조사할 수 없었기 때문일 뿐이리라."(『연경실일집』(研經室一集) 권3) 『한서』 「위현성전」은 이러하다. "애초에 모든 조종묘(祖宗廟)는 군국 예순여덟 군데에 있고 합치면 백예순일곱 곳이지만 서울에는 고조부터 아래로 선제, 태상황, 도황고(悼皇考)에 이르기까지 각자 있는 능의 옆에 사당을 세웠기 때문에 합치면 백일흔여섯 곳이다. 원제 때 이르러 현재 고대의 예법에 부응하려면 바로잡아서 정해야 마땅하다고 공우가 아뢰어 말했다. 영광 4년 그래서 군국의 사당을 그만두었다. 위현성 등 마흔네 명은 상주하여 이렇게 논의했다. '신들은 어리석지만 고조[高皇帝]가 천명을 받아 천하를 평정하였으니 황제 가운데 태조의 사당으로 삼아 대대로 없애지 않아야 마땅하다고 생각합니다. 태상황, 혜제, 문제, 경제의 사당은 모두 제사 지내는 대수가 다 되었으니[親盡] 없애는 것이 마땅합니다.' 대사마 거기장군 허가(許嘉) 등 스물아홉 명은 문제[孝文皇帝]를 황제 가운데 태종의 사당으로 삼아야 마땅하다고 생각했다. 정위 윤충[忠]은 무제[孝武皇帝]를 황제 가운데 세종의 사당으로

소옹[邵子]은 이렇게 말한다. "천도가 남쪽에 나타나면 북쪽에서는 가라앉기 때문에 사람들은 자기 앞에 있는 것은 알면서 자기 뒤에 있는 것은 모른다."[9] 만물의 실정은 북쪽을 등지고 남쪽을 향하는 것이 많기 때문에 그림을 그리는 사람은 반드시 남쪽을 아래에 두고 북쪽을 위에 둔다. 산천이 향하고 등지는 것과 지리의 동서 너비와 남북 길이를 「도」에 배열할 때는 오히려 북쪽을 아래에 두고 남쪽을 위에 두어도 괜찮지만 향하는 것과 등지는 것의 적절함을 잃었다. 사당과 관청 건물의 「건치도」가 만약 북쪽을 아래에 두고 남쪽을 위에 둔다면 처마, 편액, 문들이 다시는 편안하지 않게 될 것이다. 화정(華亭) 출신 황지전[10]은 「팔괘도」[八卦之圖]에서 「건」 괘가 남쪽이며 위에 있고 「곤」 괘가 북쪽이며 아래에

삼아야 마땅하다고 생각했다. 간대부 윤갱시(尹更始) 등 열여덟 명은 황고(皇考)의 사당을 소목의 순서로 올리는 것은 올바른 예법이 아니므로 없애야 마땅하다고 생각했다. 그래서 임금은 그 일을 중시하여 가부를 결정하지 못하고 우물쭈물하면서 한 해를 끌었다. 이내 황제의 명령을 이렇게 내렸다. '고조는 한나라 태조이고 문제는 태종이니 대대로 제사가 이어져서 그것을 끝없이 전한다. 선제[孝宣皇帝]는 소제[孝昭皇帝]의 후손이니 뜻에서는 일체이다. 경제[孝景皇帝]의 사당 및 황고의 사당은 모두 제사 지내는 대수가 다 되었으니 그것은 예의를 바로잡는다!' 위현성 등은 이렇게 아뢰었다. '태상황과 혜제의 사당은 모두 제사 지내는 대수가 다 되었으므로 없애야 마땅합니다.' 그렇게 하라고 명령했다."

9 『황극경세서』를 보라. 『송사』 「도학전」은 이러하다. "소옹은 자가 요부(堯夫)이다. 선조는 범양 출신인데 아버지 소고[古]가 공성(共城)으로 옮겼다. 소옹 나이 열세 살 때 하남을 여행하고 자기 아버지를 이수(伊水) 위쪽에 장사지내고 드디어 하남 사람이 되었다. 소옹은 이지재(李之才)를 스승으로 섬겨서 「하도」와 「낙서」, 복희씨의 팔괘와 육십사괘의 그림과 형상을 전수받았다. 드디어 복희씨 선천의 뜻을 십여만 글자로 알기 쉽게 설명했는데 세상에 유행했다. 희녕 10년에 죽었는데 나이 마흔일곱이다. 원우 연간에 강절(康節)이라는 시호를 받았다. 지은 책은 『황극경세서』, 『관물내외편』(觀物內外篇), 『어초문대』(漁樵問對)가 있고 시는 『이천격양집』(伊川擊壤集)이라 한다."

10 『청사열전』 「문원전」 2는 이러하다. "황지준(黃之雋)은 자가 석목(石牧)이고 강소 화정 출신이다. 강희 60년 진사가 되었다가 서길사로 고쳤다. 옹정 원년 편수에 제수되어 일강기거주관을 맡았고 황제의 명령을 받들어 제독 복건 학정(提督福建學政)이 되었다. 옹정 2년 중윤(中允)으로 옮겼다. 옹정 5년 늠책(廩冊)을 가볍게 열었다는 이유로 직책을 갈아치웠다. 손수 『당당집』(唐堂集) 예순 권을 엮고 『강남통지』(江南通志)를 편찬한 적이 있으며 또한 『향설집』(香屑集) 열여덟 권이 있다."

있기 때문에[11] 모든 「도」에서 남쪽이 위로 가야 마땅할 것이라 생각했는데, 이것은 「하도」와 「낙서」나 「선천도」와 「후천도」[先後天圖][12]가 송나라 때 이르러 비로소 드러난 것을 모르고 옛날 물건이라고 오해한 것이다. 또한 이치와 숫자의 본질은 형체가 없는 것을 따라서 형상이 있는 사물을 세워야만 본래 자리에 딱 맞아떨어진다. 산천과 궁실 및 형체가 있는 모든 사물은 모두 형상이 있는 것을 따라 「도」에 넣고 반드시 마주 보듯 만들어야만 비로소 닮게 된다. 설령 그리는 사람이 「팔괘도」를 바라볼 때 남쪽을 바라보고 앉더라도 살펴보는 사람은 북쪽을 바라보아야만 한다. 그래서 「팔괘도」가 꼭 남쪽을 아래에 두고 북쪽을 위에 두는 것은 사물의 실정이 극치에 이른 것이다. 형태가 없는 이치는 해가 처마를 비추는 것처럼 잠시잠깐도 넘길 수 없지만 형태가 있는 사물은 거울이 그림자를 비추는 것처럼 마주하면 방향이 서로 바뀐다. 이것이 그림을 그릴

11 주희 『주역본의』는 「복희팔괘방위도」(伏羲八卦方位圖)를 붙였는데 "건일"(乾一)이 위에 있고 "곤팔"(坤八)이 아래에 있는 것은 다름 아니라 "건은 남쪽이라서 위에 있고 곤은 북쪽이라서 아래에 있다"는 것이다. 장학성은 이것이 송나라 때 사람들이 만든 그림이지 송나라 이전 고대의 물건이 아니기 때문에 이것에 의거하여 남쪽이 위에 있고 북쪽이 아래에 있다고 정해서는 안 된다고 생각한다. 그림을 그릴 때는 남쪽이 아래에 있고 북쪽이 위에 있어야만 한다.

12 「하도」와 「낙서」는 「천유」의 주24를 보라. 『직재서록해제』 「유가류」는 이러하다. "『황극경세서』 열두 권, 「서편」(敘篇)과 「서술」(序述) 두 권은 하남의 처사 요부 소옹이 지었다. 그 아들 소백온[伯溫]은 그것에 의해 차례대로 이었고 「선천도」, 「후천도」, 「변괘반대도」[變卦反對] 같은 여러 「도」를 실었다." 황종염(黃宗炎) 「태극도변」(太極圖辨)은 이러하다. "주돈이 「태극도」는 하상공에게서 창조되었으며 바로 방사가 수련하는 방법이다. 하상공의 그림을 헤아려 보면 본래 「무극도」(無極圖)라고 이름 지었는데 위백양이 그것을 얻어서 『주역참동계』를 지었고 종리권(鍾離權)이 그것을 얻어서 여동빈(呂洞賓)에게 전수했다. 여동빈과 도남 진단은 함께 화산(華山)에 숨었는데 이것을 진단에게 전수하고 진단이 그것을 화산 바위절벽에 새겼다. 진단은 또한 「선천도」를 얻어서 마의도자(麻衣道者)에게 전수했고 이것을 모두 종방(种放)에게 전수했으며 종방은 이것을 목수(穆修)와 수애(壽涯) 스님에게 전수했다. 목수는 「선천도」를 이정지(李挺之)에게 전수했고 이정지는 이것을 소고[邵天叟]에게 전수했으며 소고는 이것을 아들 소옹[堯夫]에게 전수했다. 목수는 「무극도」를 주돈이에게 전수했다."(『송원학안』 권12 「염계학안」(濂溪學案)) 그렇다면 소옹의 「선천도」와 「후천도」는 주돈이의 「태극도」와 함께 진단에게서 나온 것이다.

때 반드시 그래야만 하는 추세이다. 저들은 고대를 높인다고 말하길 좋아하지만 인정과 이치가 편안한지 모르니 역시 저술을 논할 수 없다.[13]

건치는 법도를 기록하는 근거이며 제도가 있지 않는 곳이라면 건치에 넣지 않는다. 최근의 방지는 고적을 넣기도 하지만 고적은 본래 건치하지 않는다. 절과 도관[寺觀]을 넣기도 하지만 절과 도관은 건치하지 못하는 것이다. 예전 『영청현지』의 「도」는 큰 법도가 되는 제도는 상세하지 않으면서 「팔경도」[八景之圖]를 그렸다. 제목은 다음과 같다. 남교의 가을[南橋秋水], 삼탑의 봄 무지개[三塔春虹], 한나라 성의 폐허[韓城留角], 한나라 때 사당의 기풍[漢廟西風], 서산의 겹겹이 쌓인 숲[西山疊翠], 통진의 종소리[通鎭鳴鍾], 영천의 북소리[靈泉鼓韻], 안구의 새 소리[雁口聲灘]이다.[14] 이름을 지은 것이 평범하고 촌스러우며 생각이 억지스러워 취할 만한 자료가 없기 때문에 「지」에서 모두 삭제해 버리고 읊은 시들을 남기지 않아서 역사서의 형식을 엄격하게 했다. 설령 바람과 달이 하늘에 본래 있는 것이고 봄과 가을이 바뀌는 것은 꼭 그런 것이라 하더라도 사시사철 좋은 경치에 억지로 운을 맞춰 지루하게 억지로 끌어다 붙이면 어딘들 이르지 못하겠는가. 집을 예로 들면 아침저녁 노을이 비추고 밝은 해와 맑은 바람이 있어서 동서남북 어디라도 종류대로 이름 지을 수 있는데 또 취할 만한 것이 무엇이 있는가? 그러나 요즈음 시를 읊기 좋아하는 사람들이 일시적인 명성을 다투기 좋아하여 나날이 다르고 다달이 새로운 것을 지으며 미친 짓을 좇고도 깨닫지 못하는 사람도 그만둘 수 있으리라![15]

---

13 나는 이렇게 생각한다. 이 단락은 위도(位圖)이다.

14 『영청현지』 「여지도」(輿地圖) "고적"(古蹟)은 이러하다. "회음후 한신[韓淮陰]의 성은 영청현 서쪽 팔 리 떨어진 곳에 있다. 한신은 연나라를 평정하고 여기에 성을 쌓았는데 옛 자취가 남은 자리가 아직 묻히지 않았다. 사람들은 한나라 성의 폐허니 한나라 때 사당의 기풍이라고 부르고 예전 『영청현지』는 여덟 가지 경치의 하나로 삼았다." 또한 이렇게 말한다. "여덟 가지 경치라는 이야기는 황당무계하여 이제 모두 삭제해 버린다."(가업당본 『장씨유서』 「외편」) 그 나머지 여러 제목은 상세하지 않다.

15 나는 이렇게 생각한다. 이 단락은 숙체(肅體)이다.

영청현지 수도도 서례(永清縣志水道圖序例)

사마천은 『사기』 「하거서」(河渠書)를 지었고 반고는 『한서』 「구혁지」를 지었는데[1] 아마 지리를 주요한 것으로 생각하고 물길을 보조적인 것으로 생각했기 때문일 것이다. 지리는 정해져 있지만 물은 옮겨 다님이 일정하지 않기 때문에 반고가 「구혁지」를 「지리지」와 구별했을 것이다. 그러나 물줄기[河]는 자연이 베푼 것이지만 물길[渠]은 사람이 만든 것이다. 사마천이 「하거」라고 이름을 정한 것은 본디 천연의 험한 것과 사람이 하는 일의 뜻을 겸한 것이지만 반고가 「구혁」이라 이름을 정한 것은 『주례』 「고공기」에 있는 물길과 땅의 법도, 정전제의 봇도랑과 밭도랑을 따랐고 오로지 장인에게 속한 것이다.[2] 네 자 짜리 도랑이 혁(洫)이고 혁

1 『사기』는 「하거서」를 만들고 『한서』는 「구혁지」를 만들었다. 『사통』 「서지」는 이러하다. "사마천은 「서」라고 하고 반고는 「지」라고 하는데 그 뜻은 한결같다. 고대에는 「하거서」라고 불렀고 현재는 「구혁지」라고 부른다."

2 『주례』 「고공기」는 이러하다. "장인(匠人)은 도랑[溝洫]을 만든다. 보습 너비가 다섯 치이고 두 갈래의 보습이 우(耦)가 되는데 우 하나가 갈아엎은 너비 한 자, 깊이 한

의 곱절이 구(溝)라는 것을 모르면서[3] 과연 호자구[瓠子]에서 황하가 터지고[4] 갈석산[碣石]에서 바다로 들어가는 뜻을 감당하겠는가?[5] 그래서 여러 역사서가 제목을 표시할 때 사마천을 잇고 반고에게 기대지 않는 것은 이유가 없지 않다.[6]

황하는 하나의 물줄기 이름이니 장강, 한수, 회수, 제수와 같을 뿐이다.[7] 사마천의 『사기』가 「하거서」라고 제목을 단 것은 아마 한나라 때 황하를 다스리는 방법이며 정거(鄭渠)나 백거(白渠) 등 여러 물길을 엮고 합쳐서 이름 지은 것이지[8] 장강, 회수, 문수[汶], 사수[泗]를 언급한 적은

자의 도랑을 견(甽, 견(畎)이다)이라고 한다. 밭 첫머리는 곱절로 하여 너비 두 자, 깊이 두 자의 도랑을 수(遂)라고 한다. 아홉 집[九夫]이 정(井)인데 정 사이의 너비 네 자, 깊이 네 자의 도랑을 구(溝)라고 한다. 사방 십 리가 성(成)인데 성 사이의 너비 여덟 자, 깊이 여덟 자의 도랑을 혁(洫)이라 한다. 사방 백리가 동(同)인데 동 사이의 너비 열여섯 자[二尋], 깊이 열여섯 자[二仞]의 도랑을 회(澮)라고 한다."

3 『한서』「구혁지」 주는 응소를 인용하여 이렇게 말한다. "구는 너비가 네 자이고 깊이가 네 자이다. 혁은 너비와 깊이가 구의 두 배이다." 위에서 인용한 『주례』「고공기」와 같다. 이 글은 네 자를 구라고 하고 구의 두 배가 혁이라고 해야만 한다.

4 『한서』「구혁지」는 이러하다. "무제 원광 연간에 황하가 호자구[瓠子]에서 터진 뒤 동남쪽 거야(鉅野)로 흘러서 회수와 사수에 통하게 되었다. 임금은 급암(汲黯)과 정당시가 사람들을 일으켜 그것을 막도록 시켰지만 번번이 다시 무너졌다.

5 『상서』「우공」은 이러하다. "태항산[大行]과 항산(恒山) 옆을 지나 갈석산에 이르러 바다로 흘러들어간다." 공안국 『상서전』은 이러하다. "여기 두 산은 동북쪽으로 이어지고 이어져서 갈석산에 접하면서 큰 바다로 들어간다. 온갖 강물이 여기 많은 산들을 지나는데 우임금이 모두 다스렸지만 모두 이름 지을 수 없어서 산으로 말한 것이다."

6 나는 이렇게 생각한다. 이 단락은 사마천이 「하거서」라고 부른 것을 거듭 설명한다. 유함흔 『문사통의지어』는 이러하다. "반고가 「구혁지」라고 이름 지은 것은 바로 「하거서」와 다르지 않다. 왕익오(王益吾) 『한서보주』[補注]가 그것을 풀이한 적이 있다. 이것이 바로잡은 것은 맞지 않는다."

7 「언공 하」의 주32부터 주33까지를 보라. 『상서대전』은 이러하다. "장강, 황하, 회수, 제수가 사독(四瀆)이다."

8 『사기』「하거서」는 이러하다. "한나라[韓]는 진나라가 사업을 일으키기 좋아한다는 소문을 듣고 그들이 일에 지쳐서 동쪽에 있는 한나라를 치는 일을 그만두게 하고자 했다. 그래서 수리 전문가[水工]인 정국(鄭國)을 진나라에 간첩으로 보내 이렇게 설득하도록 했다. 경수(涇水)를 뚫어 중산의 서쪽부터 호구(瓠口)에 이르기까지(邸, 이르다는 뜻이다) 물길을 만들어 북쪽의 산들과 나란히 낙수[洛]로 흘러가도록 삼백여 리를 흐르게 해서 농토에 물을 대야 한다. 공사가 반쯤 진행되었을 때 정국이 간첩

없기 때문에[9] 황하를 가리키는 '하'라는 이름을 붙일 수 있었을 것이다. 『송사』나 『원사』 같은 여러 역사서는 천하의 수리를 개략적으로 제시할 때, 변수[汴], 낙수[洛], 장수[漳], 채수[蔡], 장강, 회수의 우전과 갑문[圩閘]에 모두 그 제도를 남기고도 제목은 역시 「하거」라고 지었으며[10] 또한

이라는 것이 발각되어 진나라는 정국을 죽이려고 했다. 정국은 이렇게 말했다. '처음에 저는 간첩이었습니다. 그러나 물길이 완성되는 것도 역시 진나라에 이로운 일입니다.' 진나라는 옳다고 생각하여 마침내 그가 물길을 완성하도록 했다. 물길이 완성되자 진흙이 섞여 있는 경수의 물을 끌어와서 소금기가 있는 관중 땅 사만여 경의 땅에 물을 댔고 수확은 모두 한 무에 한 종(鍾)이나 되었다. 그래서 관중은 비옥한 들판이 되었고 흉년이 없어졌으며 진나라는 이것 때문에 부유하고 강력해져서 마침내 제후들을 아우르게 되었다. 그래서 그것을 정국거(鄭國渠)라고 이름 지었다." 『한서』「구혁지」는 이러하다. "조나라 중대부[趙中大夫] 백공(白公)이 물길을 뚫을 것을 다시 아뢰었다. 경수를 끌어들이는데 시작은 곡구(谷口)에서 일으키고 끝은 역양(櫟陽)으로 들어가서 위수로 흐르게 하면 남북으로 이백 리 안에 드는 밭 사천오백여 경(頃)에 물을 대게 되었다. 그래서 백거(白渠)라고 이름 지었다. 백성들은 그 풍요로움을 얻어서 그를 이렇게 노래했다. '밭은 어디에 있는가? 지양(池陽)과 곡구에 있다네. 정국거[鄭國]가 앞에 있고 백거가 뒤에 있네. 가래를 드니 구름이 되고 물길을 터트리니 비가 되네. 경수 한 섬에는 진흙이 몇 말이라. 물을 대고 거름을 내어 내 벼와 기장을 기르네. 입고 먹는 것이 서울과 같은 사람은 억만 명이라네.' 이것은 정국거와 백거의 풍요로움을 말한다."

9 『한서』「지리지」는 이러하다. "문수는 태산 줄기 내무현(萊蕪縣) 원산(原山)에서 나와서 서남쪽 제수로 들어간다." 나는 이렇게 생각한다. 현재 문수의 본류인 대분하(大汾河)는 내무현 동북쪽 원산으로부터 서남쪽으로 흘러 태안현(泰安縣) 치소 동쪽을 거쳐 석문수[石汶], 모문수[牟汶], 북문수[北汶], 시문수[柴汶, 소문하(小汶河)이다]의 여러 물줄기와 합치고 모여서 서쪽으로 흘러 예전의 태안부[泰安]와 연주부[兗州] 사이에 경계가 되고 동평현에 이르러 대청하(大淸河), 소청하(小淸河)와 합류하여 서로 만나고 또한 서쪽으로 문상현(汶上縣) 서남쪽에 이르러 대운하[運河]로 들어간다. 사수는 산동 사수현(泗水縣) 배미산(陪尾山)에서 나오는데 네 개의 근원이 동시에 터져 나오므로 이름 지었다. 『우공추지』는 이러하다. "사수는 사수현으로부터 곡부(曲阜), 자양(滋陽), 제녕(濟寧), 추현(鄒縣), 어대(魚臺), 등현(滕縣), 패현(沛縣), 서주(徐州), 비주(邳州), 숙천(宿遷), 도원(桃源)을 거쳐 청하현(淸河縣)에 이르러 회수에 들어간다. 이것은 우임금의 자취이다. 현재 옛 물길은 서성(徐城) 남쪽으로부터 모두 황하가 차지하고 있다." 현재의 사수는 사수, 곡부, 자양, 제녕을 거쳐 동쪽으로 대운하에 흘러 드는데 바로 고대의 사수 상류 유역이다. 이 말에 따르면 「하거서」는 황하[河] 및 물길을 다스리는 일을 논하기 때문에 "하거"라고 부른다는 것은 확실하지 않다. 「하거서」도 역시 "포수(褒水)는 면수와 통하고 사수(斜水)는 위수와 통한다"라고 하는데 포수, 면수, 사수는 모두 수(水)라고 부르지 하(河)라고 부르지 않는다.

10 변하(汴河)도 역시 변거(汴渠)라고 하는데 그 상류 유역은 고대의 형독(滎瀆)이며 또

북쪽의 여러 물줄기를 취하면서 모두 '하'라고 이름 지은 것(변수라 하지 않고 변하(汴河)라고 하거나 낙수라 하지 않고 낙하(洛河)라고 하는 종류는 하나가 아니라도 충분하다)은 물을 마시면서도 근원을 잊는 것과 진배없을 것이다.(『수경』은 여러 강을 부를 때, '하' 자로 뭉뚱그려 부르는 이름을 삼지 않았다) 하나의 물줄기로 천하에 물길을 뚫는 제도를 총괄하는 이름을 붙이고 둑과 수문을 모두 모으는 것은 비록 이름 지을 때 고대를 따랐다지만 형편에 따라 융통성 있게 처리하지 못한 일을 미처 피하지 못했다. 맹자는 이렇게 말한다. "우임금이 물을 다스린 것은 물의 도를 따랐다."[11] 만약 수가 뭉뚱그려 부르는 이름이고 도가 제도를 남기는 것이라고 생각한다면 제목을 표시해서 「지」에 넣고 「수도」(水道)라고 부르는 것이 좀 더 낫지 않은가?[12] 영정하(永定河)라는 이름은 강희제[聖祖]가 하사한 것이고[13] 혼하(渾河)와 노구하[蘆溝]는 고대에 이미 그렇게 불렀으니 하거라는 제목을 다

한 남제(南濟)라고도 한다. 시작은 황하에서 받아서 형양을 지나는 것을 낭탕거(蒗蕩渠)라고 하며 형양 동쪽을 흐르는 물을 관도수(官渡水)라고 하고 더 동쪽으로 흘러 대량성(大梁城) 북쪽을 지나면 음구(陰溝)라고도 하고 변수(汳水)라고도 한다. 대량성 남쪽에서 물길이 나뉘는 것은 홍구(鴻溝)라고 하는데 하류 유역은 회수로 들어간다. 낙수는 섬서 낙남현(雒南縣) 총령산(冢嶺山)에서 나와서 동쪽으로 흘러 하남으로 들어가는데 노지(盧氏)와 영녕(永寧)을 거쳐 또한 동북쪽으로 의양(宜陽), 낙양, 언사(偃師), 공현을 거치고 간수[澗], 전수[瀍], 이수의 여러 물줄기를 받아들여 낙구(洛口)에 이르러 황하로 들어간다. 장수는 「언공 하」의 주31을 보라. 채하(蔡河)는 다름 아니라 고대의 홍구이며 오늘날 가로하(賈魯河)이다. 하남 정현(鄭縣)에서부터 동쪽으로 흘러 중모(中牟) 남쪽에 이르고 위지(尉氏)와 결구(抉溝)를 거쳐 영수로 들어간다. 우(圩)는 소리가 우(于)이고 기슭이라는 뜻이다. 장강과 회수 사이는 하상이 농토보다 높아서 둑을 쌓아 물을 막는 것을 우(圩)라고 한다. 위(圍)라고 읽기도 한다. 『설문해자』는 이러하다. "갑(閘)은 문을 여닫는 것이다." 『송사』 「하거지」(河渠志)은 『원사』가 「하거지」 3으로 만들었다.

11 『맹자』 「고자 하」를 보라.

12 가업당본 『장씨유서』에 따르면 이것 다음에는 따로 줄을 바꿨다.

13 『영청현지』 「수도도설」(水道圖說)은 이러하다. "영정하는 다름 아니라 상건하(桑乾河)이고 고대의 답수(㶟水)이다. 그 물이 흐리기 때문에 혼하(渾河)라고 한다. 그 빛깔이 검기 때문에 노구하(盧溝河)라고 한다. 또한 물길이 옮겨다니는 것이 일정하지 않기 때문에 무정하(無定河)라고도 한다. 영정하라는 이름은 강희제[聖祖仁皇帝]가 하사한 것이다."(가업당본 『장씨유서』 「외편」 권8) 나는 이렇게 생각한다. 영정하의 근원은 산서 마읍현(馬邑縣)에서 나와서 동쪽으로 하북에 들어오고 완평(宛平), 고안(固安), 영청(永清)을 거쳐 대청하로 들어간다.

는 것이 본디 적당하다. 그러나 감수(減水)나 아파수[啞吧] 같은 여러 물줄기[14]는 모두 황하로 흘러든 적이 없기 때문에 「수도」라는 제목을 달아야 현 전체의 물줄기를 모두 그 안에 개괄할 수 있다.[15]

지리의 책에는 대체로 세 가지 범례가 있는데 연혁, 형세, 수리가 이것이다. 연혁은 「표」를 만드는 것이 적당하지만 형세와 수리의 형식은 「도」를 만드는 것이 적당한데 이것은 모두 문사에서 구할 수 없는 것들이다. 사마천과 반고 이래로 「서」나 「지」만 만들 뿐이지 「도」를 그리지 않기 때문에 읽는 사람은 외워서 과거 시험을 대비하기 위한 참고서로 쓰는 일에 대비할 뿐이다.[16] 천하의 대세가 읽는 사람 눈에 쏙 들어와야 비로소 마음에서 툭 트일 수 있다. 만약 사실을 논하는 일은 대단히 명확하지만 시행하는 일이 한 걸음도 뗄 수 없다면 어찌 문사를 좇아서 실용을 찾지 않는 잘못이 아니겠는가?[17]

지명의 연혁은 「표」로 다스릴 수 있지만 수리의 연혁은 「표」로 다스릴 수 없다. 아마 「표」는 명목을 가지런하게 할 수 있는 것이지만 형상을 가지런하게 할 수 없기 때문일 것이다. 「도」는 형상을 남길 수 있지만 형상에 연혁이 있는 것은 「도」가 개괄할 수 있는 것이 아니다. 그래서 형상의 연혁을 따라서 각각 「도」를 만들어 훑어보는 사람이 슬쩍 보더라도 두루 알 수 있게 해준다. 『상서』 「우공」이 지리를 기록하면서 산천을 「표」로 만들고 구주의 강역 경계는 이것을 근거로 도달하는 것을

---

14 『영청현지』 「수도도설」은 이러하다. "감하(減河)는 본래 고하(古河)와 이어진다. 건륭 4년 고하를 소통시켜 감하에 초패(草壩)를 만들었다. 아파하(啞吧河) 위에는 흘러드는 근원이 없고 고안현(固安縣) 화각장(華各莊)으로부터 동안현(東安縣) 안을 거쳐서 야계(野雞) 유각장(劉各莊)에 이르고 영청현 안의 횡정(橫亭)으로 들어왔다가 다시 동안현 안으로 돌아갔다가 제남촌(濟南村)에 이르러 건구하(乾溝河)와 만난다."(가업당본 『장씨유서』 「외편」 권8) 이것은 감수(減水)와 아파수(啞吧水)를 원래 수(水)라고 불렀지 하(河)라고 부르지 않았기 때문에 "하거"를 "수도"라고 고쳐야만 한다는 말이다.

15 나는 이렇게 생각한다. 이 단락은 정명(定名)이다.

16 「박약 상」의 주8을 보라.

17 나는 이렇게 생각한다. 이 단락은 표도(表圖)이다.

정했다.[18] 결국 산천 경계는 정해져 있지만 강역 경계는 덧없다는 후세의 유학자의 말은 위대한 근본 바탕을 제시해서 말한 것이다. 영정하의 모습은 여러 차례 바뀌었고 가끔 몇 년도 되지 않아서 형세가 곧 예전 모습을 고치는데 이로써 경계를 정하면 밝히지 못한다. 지금은 촌락이 주요한 것이 되어 면적과 거리를 계산하여 정해진 법으로 적는다. 영정하의 모습이 변하고 바뀐 것은 촌락이나 면적과 거리에 의거하여 지나가는 경로를 표시하는데 이것은 옛사람이 서로 증명한 뜻이다.[19]

「지」는 한 현을 위해서 짓지만 물줄기 가운데 영청현에 속하지 않는 부분도 「도」에 합친다는 것은 무슨 뜻인가? 그래야만 물줄기를 시작부터 끝까지 밝힐 수 있고 물을 다스리는 사람이 공사를 벌일 때 순서가 생기는 것을 알 수 있다. 반고의 『한서』가 서한[西京]의 사실을 기록하는데 그치지만 「지리지」는 위로 『상서』 「우공」이나 『주관』까지 거슬러 올라간다.[20] 이것도 역시 시작부터 끝까지 근거가 있음을 보여주는 것일 뿐이다. 그러나 면적과 거리를 계산하는 방법이나 연혁이 변천한 전고가 영청현에 대해서만 상세하고 물줄기 전체의 형세에 대해 다시 언급하지 않는 것은 주요한 것과 보조적인 것이나 가벼운 것과 무거운 것의 뜻이다. 영청하 유역의 주와 현이 모두 이것을 본떠 만든다면 영정하 물길의 장고를 편찬하는 일은 아마 질서정연하게 될 것이다.[21]

---

18 『상서』 「우공」은 구주를 서술하면서 기주에 대해 수록한 것 이외에 이렇게 말한다. "제수[濟]와 황하 사이가 연주이고 바다와 태산[岱] 사이가 청주이며 바다와 태산 및 회수 사이가 서주이고 회수와 바다 사이가 양주(楊州)이며 형산[荊] 및 형산[衡]의 남쪽 사이가 형주이고 형산과 황하 사이가 예주이며 화산[華]의 남쪽과 흑수(黑水) 사이가 양주(梁州)이고 흑수의 서쪽과 황하 사이가 옹주이다." 이것은 모두 산천을 열거하여 「표」로 만들어서 도달하는 곳을 정한 것이다.

19 나는 이렇게 생각한다. 이 단락은 도례(圖例) 1이다.

20 『한서』 「지리지」는 이러하다. "선왕의 자취는 이미 오래되었고 지명도 또한 자주 고치고 바꿨기 때문에 그래서 예전에 들은 것을 골라잡아 자취를 『시』와 『서』에 비교하고 산천을 헤아리고 밝혀서 『상서』 「우공」, 『주관』, 『춘추』를 엮어서 아래로 전국시대, 진나라, 한나라 때까지 이른다."

21 장고는 「방지립삼서의」의 주3을 보라. 나는 이렇게 생각한다. 이 단락은 도례 2이다.

영청현지 육서 예의(永清縣志六書例議)[1]

역사가의 「서」나 「지」라는 형식은 옛사람이 남긴 주나라의 공식적 제도의 유산이다.[2] 주나라의 예가 노나라에 있지만 『춘추좌전』이 번쩍번쩍

1 가업당본 『장씨유서』에 따르면 이 글의 원래 제목은 「이서」(吏書) 첫 번째이고 다시 「호서」(戶書) 두 번째, 「예서」 세 번째, 「병서」 네 번째, 「형서」 다섯 번째, 「공서」(工書) 여섯 번째가 있다. 여러 편의 서례를 이 책에서는 생략했는데 이 글은 원래 제목을 따르는 것이 마땅할 듯하다.

2 『사통』 「서지」는 이러하다. "형법과 예악, 풍토와 산천을 책에서 구한다면 세 가지 『예』에 나온다. 반고와 사마천이 역사서를 지을 때 따로 「서」와 「지」를 편집했는데 그 기록한 것을 헤아리면 『예경』을 많이 본받았다. 또한 「기」와 「전」 이외에 끝내지 못한 것이 있으면 적은 숫자의 몇몇 구절은 여기 갖춰 기록하고 말은 널리 통하여 알고 있으니 지은이의 깊이와 넓이가 믿음직스럽다." 장학성 『병진차기』는 이러하다. "유지기 『사통』은 「서」와 「지」가 바로 세 가지 『예』의 유산이라는 것을 알지만 『사기』가 「천관」이나 「평준」을 편 이름으로 지은 것이 바로 관명이라는 것을 모른다. 반고는 「천관」을 「천문」이라고 고치고 「평준」을 「식화」라고 고쳤는데 주나라의 공식적 제도의 의도를 완전히 잃었다. 「서」와 「지」라는 형식이 사실 주나라의 공식적 제도의 유산이라고 논의한 적은 있어도 세 가지 『예』라는 말은 아니다. 그러므로 사실을 서술하고 전범을 거슬러 올라가서 한 시대 벼슬아치의 능력을 강령으로 취해

빛나는 전장에 대해 모든 관직을 다시 갖추지 못한 것은 『춘추』 경의 편년을 따랐기 때문이고 시대에 따라 뒤섞여 나타나게 한 것은 추세가 그렇게 만든 것이다.[3] 사마천의 여덟 편의 「서」와 반고의 열 편의 「지」에서부터 스승의 마음을 제멋대로 쓰면서도 육전의 글을 몰랐기 때문에[4] 결국 한 왕조의 위대한 전범이 법도와 규율을 잡기 어렵게 만들었다. 후세의 역사서는 그것을 근거로 하지만 상세하고 간단함, 버리고 취함에 절충할 기준이 없어졌기 때문에 폐단의 유래는 이미 오래되었다.[5]

정초는 「서」나 「지」의 근원이 『이아』에서 나왔다고 말한 적이 있다.[6]

상세함과 간단함을 저울질해야만 한다. 그러면 지은이는 저절로 저울질할 수 있을 것이다. 이 뜻을 명백히 이해하면 여러 역사서의 「서」와 「지」가 들쭉날쭉해지는 일을 초래하지 않는다."(가업당본 『장씨유서』 「외편」 권3)

3 「서교 상」은 이러하다. "주나라의 공식적 제도가 없어진 상황이 되자 기주가 제도 전체를 갖출 수는 없게 되었다. 『춘추』는 같은 말이나 사물을 모아 비교하고 가치를 판단했지만, 좌구명은 모든 정부 기관에 소장된 기록과 노나라 이외의 모든 나라가 가진 보배로운 책을 가지고 역사 사실의 전체 과정을 갖추지 않을 수 없었다. 이것은 추세가 그랬기 때문이다."

4 여덟 편의 「서」는 「방지립삼서의」의 주50을 보라. 『한서』의 열 편의 「지」는 「율력지」, 「예악지」, 「형법지」, 「식화지」, 「교사지」, 「천문지」, 「오행지」, 「지리지」, 「구혁지」, 「예문지」이다. 육전은 「서교 상」의 주12를 보라.

5 나는 이렇게 생각한다. 이 단락은 원서(原書)이다. 유함흔 『문사통의지어』는 이러하다. "사마천 『사기』는 대단히 오래된 연대를 기록하는데 상나라와 주나라의 연대에는 육관의 법도가 없기 때문에 스스로 조례를 만들지 않을 수 없었다. 한나라 때의 구경은 더구나 육전과 드나듦이 있어서 나누어 배당하기 어렵기 때문에 반고도 역시 스스로 조례를 만들지 않을 수 없었다. 만약 관직에 의거하여 책을 만든다면 한나라 때는 구경에 의거해야만 하지, 어찌 뒤섞어서 고르지 못하게 육전에 배당할 수 있는가? 장학성[先生]은 관직이 관장하는 장고에 대해 요점을 남김없이 포괄하지 못하는 것을 안타깝게 생각했고 본디 후세의 역사가를 위해서 말한 것인데 만약 스승의 마음이라고 대충 말한다면 특히 지나치게 꾸짖는 것이다. 육전의 법도는 당나라 이후 이내 통행되었을 뿐이지만 오히려 갈라져 나가기만 하고 포용하지 못한다. 장학성은 「박주지 장고 예의 상」[亳州例議]에서도 역시 「천관서」와 「평준서」가 여전히 한나라 때 관직의 한두 가지 남은 의도를 보존하고 있다고 말했다."

6 『통지』 「총서」는 이러하다. "「지」의 큰 원칙은 『이아』에서 시작되었다. 사마천은 「서」라고 하고 반고는 「지」라고 하며 채옹은 「의」라고 하고 화교는 「전」이라고 하며 장발은 「녹」이라고 하고 하법성은 「설」이라고 했다. 나머지 역사서는 동시에 반고를 이어서 지라고 부르는데, 모두 허황된 말에 대해서는 상세하고 사실에 대해서는 간단하기 때문에 『이아』의 뜻을 남김없이 다할 수 없다."

그가 본디 특별히 「육서략」, 「칠음략」, 「곤충초목략」[7] 따위를 지은 이유는 경과 역사서가 서로 주요한 것과 보조적인 것이 되게 만들려고 했기 때문인데 이것이 스스로 일가의 주장을 이뤘다면 괜찮다. 만약 창작이 주나라의 공식적 제도에 갖춰져 있다고 한다면 정초의 이른바 「육서략」과 「칠음략」이나 명물과 훈고는 모두 사도의 부하 벼슬아치에게 뿌리를 두고 있으며 이른바 사씨와 보씨라는 벼슬이 그들의 관직이다.[8] 그러나 공명정대한 큰 원리와 법칙은 하늘과 사람의 법도와 규율을 잡고 임금다운 왕의 길을 펼쳐 베푸는 근거인데 『이아』의 뜻이 어찌 남김없이 다 할 수 있겠는가? 주나라의 공식적 제도의 뜻은 크기 때문에 「서」나 「지」를 『이아』와 연결시킬 수 없다는 이치는 쉽게 알 수 있다.[9]

우문씨의 북주[宇文]는 『주관』을 본떴고 당나라 때 사람들은 『육전』을 만들었는데[10] 비록 고대와 남김없이 부합하지 않아도 역시 한 시대의 전장이다. 그러나 우홍이나 유후 같은 무리[11]는 강령을 다스리지 못하면서

7 「석통」의 주55를 보라.

8 칠음(七音)은 오음[五聲] 및 두 가지 변음[二變]을 말한다. 열두 가지 율의 높낮이의 순서에 의거하여 궁(宮), 상(商), 각(角), 변치(變徵), 치(徵), 우(羽), 변궁(變宮)의 칠음[七聲]을 정한다. 이것은 고금의 음악 곡조[樂律]가 뿌리를 둔 것이다. 육서는 「박약하」의 주4를 보라. 사씨와 보씨는 「화주지 예문서 서례」의 주18을 보라.

9 나는 이렇게 생각한다. 이 단락은 벽정(闢鄭)이다. 유함흔 『문사통의지어』는 이러하다. "『이아』는 바로 이름으로 책과 경을 훈고한 별도 기록이지 「서」와 「지」의 형식이 아니다. 정초가 『이아』의 뜻과 방법으로 사마천과 반고를 보충하는 것은 괜찮지만 싸잡아서 「서」와 「지」가 『이아』에서 기인했다는 것은 제멋대로이다."

10 『북사』 「주제기」(周帝紀)는 이러하다. "공제 3년 정월 처음으로 『주례』를 시행하여 육관을 세웠다. 황제는 한나라와 위나라의 관직이 번거롭다고 생각하여 그 폐단을 고치고자 했다. 대통 연간에 이내 소작(蘇綽)과 노변(盧辯)에게 주나라 제도에 의거하여 그 일을 새로 시작하라고 명령하고 얼마 지나지 않아서 역시 육경을 두었다. 그러나 순서대로 짓는 일이 미처 완성되지 않았는데 많은 업무가 오히려 대각에게 돌아가게 되었다. 이 지경이 되자 비로소 마치고 이내 시행할 것을 명령했다." 『당육전』은 「화주지 관사표 서례」의 주4를 보라.

11 『사통』 「정사」는 이러하다. "수나라 개황 연간에 비서감 우홍이 『주기』(周紀) 열여덟 편을 돌이켜 짓고 규율과 법도를 간단하게 서술했지만 여전히 모두 모순되었다." 『수서』 「우홍전」(牛弘傳)은 이러하다. "우홍은 자가 이인(里仁)이고 개황 연간 초에 비서감에 제수되었고 예부 상서에 임명되었으며 황제의 명령을 받고 오례를 편찬하

한 시대의 전장을 편집했기 때문에, 결국 『회요』나 『회전』 같은 책들[12]이 역사가의 「서」나 「지」와 하나가 되도록 만들 수 없었다. 이것은 깊이 그리고 오랫동안 생각하지 않을 수 없다.[13]

고금의 역사서[載籍]는 합치면 남기기 쉽고 나누면 기대기 어렵다. 만약 『회요』나 『회전』에 장고가 갖춰져 있고 역사서에 있는 「서」나 「지」가 의도하는 대로 중시하는 것을 보존해도 무방하다고 생각하면 『한서』의 「지」는 한나라 때의 관직[漢官]을 강령으로 쓰지 않았고 응소의 『한관의』[儀]는 온전하지 못해 제대로 갖추지 못했으며[14] 『진서』의 「지」는 진나라 때의 관직[晉官]을 강령으로 취하지 않았고 서선유(徐宣瑜)의 『진관품』[品](서선유에게는 『진관품』(晉官品)이 있다)이 없어지고 사라져 남지 않았다.[15] 그중 공명정대한 큰 원리와 법칙에는 이것을 근거로 하지만 전체를 살필 수 없는 것도 역시 적지 않다. 하물며 의도대로 중시하는

여 백 권으로 정돈하여 완성했다. 『문집』 열세 권이 있다." 『수서』 「경적지」 "정사류"는 이러하다. "『주사』(周史) 열여덟 권은 미처 완성되지 못했는데 우홍이 지었다." 『군재독서지』는 이러하다. "소작이 정사를 도맡자 군국(軍國)의 문장을 꾸미는 말[詞令]은 『상서』를 그대로 좇은 것이 많다. 우홍이 역사서를 만들자 청담에 더욱 힘썼다." 『신오대사』 「잡신전」(雜臣傳)은 이러하다. "유구(劉昫)는 탁주 귀의(歸義) 출신이다. 유구는 사람됨이 아름답고 기풍이 의젓하며 자기 형 유훤[晅]이나 아우 유호[暤]와 함께 모두 학문을 좋아하는 것으로 연(燕) 땅과 계(薊) 땅 사이에 유명했다. 당나라 장종이 즉위하자 태상박사에 제수되었다가 한림학사가 되고 병부 시랑과 단명전 학사를 여러 차례 거쳤다. 명종(明宗) 장흥(長興) 3년 중서 시랑에 제수되었고 형부 상서, 동중서문하 평장사를 겸했다. 폐제(廢帝)가 즉위하고 이부 상서 문하시랑으로 옮겼으며 국사 편찬을 감독하다가 죽었는데 나이가 예순이다." 『송사』 「예문지」 "정사류"는 이러하다. "유구 『당서』(唐書)는 이백 권이다."

12 「방지립삼서의」의 주54부터 주57까지 보라.

13 나는 이렇게 생각한다. 이 단락은 우홍 『주사』와 유구 『당서』에 전장이 갖춰지지 않았다고 말한다.

14 「화주지 관사표 서례」의 주4를 보라. 『직재서록해제』는 이러하다. "『신당서』 「예문지」에는 『한관』(漢官) 다섯 권, 『한관의』 열 권이 있다. 현재 오로지 한 권만 남아 있는데 삼공의 관명 및 성명과 출신지[州里]만 기록하고 있을 뿐이고 책은 전부 없어졌다. 계윤(季允) 이식(李埴)에게 『속보』 한 권이 있었던 적이 있다."

15 『수서』 「경적지」 "직관류" 주는 이러하다. "양나라 때 서선유(徐宣瑜) 『진관품』(晉官品) 한 권이 있었는데 없어졌다."

것을 보존하더라도 특정 학파의 개인적인 주장은 전범의 규칙이 되기 어렵다. 만약 문장이 성인의 제도 창조에 뿌리를 두고 있다면 창작은 벼슬아치가 지키는 방식에 남아 있을 것이기 때문에 헤아려서 극치에 이른다면 관직 제도를 세우고 성인도 천하를 자신의 사유물이라고 생각하지 않는다. 그렇다 하더라도 붓을 들어 글을 짓는 선비가 어찌 제멋대로 상세하게 하거나 간단하게 할 수 있겠는가?[16]

「서」와 「지」라는 형식은 마땅히 한결같은 법이지만 역사가가 들쭉날쭉하게 만들어서 잃어버렸다. 「열전」이라는 형식은 본디 들쭉날쭉한 법이지만 역사가가 한결같게 만들어서 잃어버렸다. 전장 제도는 완전히 주나라의 공식적 제도에 뿌리를 두고 있고 형식은 본래 뚜렷하다. 그러나 역사서에 「천관」은 있지만 「지리」는 없는 경우도 있고 「예」와 「악」을 나누지만 「병」과 「형」을 합친 경우도 있으니,[17] 당시의 관직 제도를 법도와 규율로 삼아야 하는 것을 모르기 때문에 잘못하면 흩어진다. 「열전」은 『춘추』에 뿌리를 두었고 원래 정해진 방식이 없었지만 사마천이 가다듬어 구분을 대략 보여주었고 가락이 오르내리거나 길게 읊고 감탄하는 일, 칭찬하거나 깎아내리는 일, 나누어 쓰거나 합쳐서 쓰는 일을 『춘추』처럼 사실대로 적었고 또한 『시경』의 시인처럼 드러내지 않으며 에두르기까지 했으니[18] 똑같이 얽어매기는 어려울 듯하다. 후세의 역

---

16 나는 이렇게 생각한다. 이 단락은 「서」와 「지」가 중시하는 것을 보존하려 해도 무방하다고 말한다. "창작은 관직이 지키는 데서 보존되었다" 구절에는 예전에 "창작[制作]"이라는 말이 빠져 있었는데 여기서는 가업당본 『장씨유서』에 의거하여 보충했다.

17 『사기』의 「서」 여덟 편 가운데 「천관서」는 있지만 「지리서」는 없다. 『한서』 「예악지」는 『사기』에서 「예서」와 「악서」이지만 『한서』 「형법지」는 군사 제도[兵制]를 아울러 서술하고 있다. 『영청현지』 「병서」는 이러하다. "사마천은 「율서」이지만 군사 제도를 논하는데 어찌 사광이 음악 곡조를 맞춘 것에서 얻어서 군대의 병법[軍數]을 알겠는가? 반고의 『한서』 「예문지」는 병가를 "형법"에 넣었는데, 아마 옛날 큰 형벌과 전쟁의 뜻을 취한 것일 뿐이리라."(가업당본 『장씨유서』 「외편」 권9)

18 「화주지열전총론」은 이러하다. "감정은 격하지만 평평한 듯하고 뜻은 풍자하는 듯하지만, 사실 칭찬해 주거나 빼앗는 저울질이 안타깝다. 반대로 증명하는 것은 비 같기도 하고 멀리서 인용하는 것은 흥 같기도 한데, 한 가지 사실이 어떤 것은 상세

사서는 분야를 분별하고 앞뒤를 가지런하게 정리하며 관직이나 공적에 얽매여서 정말 자잘한 일조차 감히 조금도 뛰어넘지 못하기 때문에 잘못하면 얽매인다. 흩어지는 것과 얽매이는 것은 저작의 일반 형식이 아니다.[19]

주와 현에서 「지」를 편찬하는 일은 옛날 제후 나라의 역사서라서 이부, 호부, 병부, 형부의 일 전체를 갖추었지만 규모만 작은 것이다.[20] 오늘날 벼슬아치는 없지만 구실아치가 있는 것도 관직이 지키는 바이니 장고가 여기 갖춰져 있지 않거나 다스리는 법도가 여기 갖춰지지 않은 것은 없다. 또한 부(府)나 사(史) 같은 관직은 『주관』이 숫자를 갖춰 적고[21] 『회전』도 그 제도를 보존하고 있기 때문에 한 현의 여러 직책이 가지고 있는 전장과 사실을 모두 포괄하여 강령이 될 수 있다. 다만 구실아치의 지위가 낮아서 벼슬아치들이 말하지 않기 때문에 「지」를 만드는 사람은 이것을 가지고 가다듬지 않는다. 그러나 국경에 들어서면 전고를 묻게 마련인데[22] 이것을 버리면 요점을 알 길이 없기 때문에 서리를 영사라고 부르고 그들의 우두머리로서 이끄는 벼슬아치를 전사라고 한다.[23] 영사와 전사라는 벼슬아치가 바로 장고의 법도와 규율을 잡는 벼

하고 어떤 것은 간단하면 다르게 적은 것을 문득 함께 편집하는 것이 품평해서 나누는 이치이다." 이른바 격하고 풍자하는 것과 비흥은 다름 아니라 역사서가 시의 어렴풋하고 은근함을 아울러 가진다는 말이다.

19 나는 이렇게 생각한다. 이 단락은 예전 역사서의 「기」와 「전」이 그것을 잃어서 얽매이고 「표」와 「지」가 그것을 잃어서 흩어졌다고 말한다.

20 예전의 이부, 호부, 예부, 병부, 형부, 공부는 조정에서 육부이고 주와 현에서는 육방(六房)이다. 육방은 전체를 갖추었기 때문에 육부에 비해 아주 작지만 내용은 한결같다.

21 「사석」의 주2를 보라.

22 『예기』「곡례 상」은 이러하다. "다른 나라에 들어가면 그 나라가 금지하는 것을 묻고 국경에 들어가면 그 나라의 풍속을 묻는다."

23 한나라 때 난대에는 영사가 있었고 문서를 주관했다. 그리고 상서 영사로 낭을 보충할 수 있었고 남북조시대까지 모두 그랬지만 수나라 이후부터 영사의 직책이 점차 어지러워지고 등급이 나날이 낮아져서 후세의 서리와 다르지 않았다. 당나라와 송나라 때 모두 여러 관청의 영사가 있었지만 명나라 때 없앴다.

슬아치라는 것을 안다면 「지」를 편찬하는 긴요한 뜻을 얻을 수 있을 것이다.[24]

오늘날 주와 현의 번거로움과 간단함의 추세가 다르기 때문에 장고와 영사가 사실을 근거로 제도를 정한다고 이부, 호부, 병부, 형부 등 육조(六曹)가 남김없이 있는 것은 아니다.[25] 그러나 어떤 현의 사실을 기록할 때는 바로 그 현의 책을 만들어서 정하고 또한 대강과 조목을 열거하기 때문에 그 현의 일이 돌아가는 추세를 볼 수 있다. 안독과 장부는 문장이 없지만 그 현의 문장은 반드시 여기에서 실마리를 헤아려야만 하는데 보통 사람들은 매일 쓰지만 모를 뿐이다. 오늘날 강령을 묶고 책을 명백하게 편찬하여 그들이 책을 근거로 법도를 지키고 법도를 근거로 직책이 관장하는 것을 밝히면 그들의 일을 닦아서 적임자에게 전수할 수 있게 된다. 옛사람이 말한 서계를 바꿔서 온갖 벼슬아치가 다스린다는 것[26]은 모두 이런 방법이다.[27]

어떤 사람은 장고의 책을 각각 전문적인 벼슬아치가 지킨다고 말하지만 이것은 침대 위에 침대를 잇고 지붕 위에 지붕을 얽는 것처럼[28] 「서」

24 나는 이렇게 생각한다. 이 단락은 방지가 전체를 갖추었지만 국사보다 아주 작다는 말이다.

25 『초학기』 11은 이러하다. "후주는 『주례』에 의거하여 육관 상서(六官尚書)라는 직책을 두었다. 수나라의 육조는 이부, 호부, 예부, 병부, 형부, 공부가 이것이다." 나는 이렇게 생각한다. 당나라 때 주와 부의 좌사(佐史)도 역시 육조(六曹)로 나누었는데 다름 아니라 공조(功曹), 창조(倉曹), 호조(戶曹), 병조(兵曹), 법조(法曹), 사조(士曹)이며 상서성의 육부를 본받았다.

26 「시교 상」의 주67을 보라.

27 나는 이렇게 생각한다. 이 단락은 정체(定體)이다.

28 『세설신어』 「문학」은 이러하다. "유천[庾仲初]이 「양도부」(揚都賦)를 지어서 완성한 뒤 유량[庾亮]에게 드렸다. 유량은 그 값어치를 크게 평가하고 이렇게 말했다. '「양경부」가 이제 「삼경부」가 되고 「삼도부」가 「사도부」가 되겠구나.' 사안[謝太傅]이 이렇게 말했다. '아니야. 이것은 지붕 아래 다시 지붕을 얹는 것일 뿐이라네.'" 『안씨가훈』 「서치」(序致)는 이러하다. "위나라와 진나라 이래로 지은 여러분의 저술은 이치와 사실이 겹쳐지고 번갈아가며 서로 베낀 것이라서 마치 지붕 아래 다시 지붕을 얹는 것이나 마루 위에 다시 마루를 까는 것일 뿐이다."

나 「지」의 형식이 포괄할 수 없는 것이기 때문에 그것을 『회전』과 『회요』에 보존하고 역사서의 「지」가 따로 탁월하고 독특한 판단력을 갖춘다. 이것도 주장을 아는 것이라고 말할 수 없다. 『주관』은 한 시대의 대강과 연관되지만 『의례』의 삼천 가지나 되는 예법에 맞는 몸가짐[29]을 「춘관」에 온전히 넣었다는 말을 듣지 못했다. 『사마법』 여섯 편[30]이 「하관」에 온전히 들어갔다는 말도 듣지 못했다. 그러나 『주례』는 종백이나 사마의 직책이 관장하는 것을 보존하고 있기 때문에 예절이나 군사의 긴요한 뜻을 손바닥 가리키듯 이야기할 수 있다. 하물며 사마천이 「천관서」를 지었더라도 태초력(太初曆)의 역상[31]이 책에 남김없이 나타나지 않는 것과 같다. 반고가 「예문지」를 지었으나 유흠의 『칠략』[32]이 그의 논설에 남김없이 남기지 않은 것과도 같다. 역사가가 장고를 요약해서 취하는 것이 학자의 요약 편집이라고 생각하는 것[33]을 전문 분야에서 책을 완성하는 일과 비교하면 으레 상세함을 구할 수 없는데 이것도 그 추세이다. 상세함도 찾지 못하고 또한 법도와 규율도 도맡아 다스리지 못한다면 어수선해서 걷잡을 수 없으며 법도도 없다. 어수선해서 걷잡을 수 없는데 법도도 없는 글로 한 시대의 전장을 분류하고 편집하려고 한다면 어려운 것이 당연하다![34]

어떤 사람은 영사에게서 장고를 구한다고 말하지만 이부, 호부, 병부, 형부 등이 강령이 되면 「기」, 「표」, 「도」, 「서」의 형식은 다시 나눌 수

29 『한서』 「예문지」는 이러하다. "『예경』이 삼백 가지, 예법에 맞는 몸가짐이 삼천 가지이다." 위소는 이렇게 말한다. "『주례』는 삼백육십 관직이다. 삼백이라 한 것은 온전한 숫자를 든 것이다." 안사고는 이렇게 말한다. "『예경』 삼백은 위소의 학설이 옳다. 예법에 맞는 몸가짐 삼천 가지는 바로 관례, 혼례, 길례, 흉례를 말하며 아마 의례일 것이다."

30 「화주지 예문서 서례」의 주22를 보라.

31 「천유」의 주10을 보라.

32 「서교 상」의 주14를 보라.

33 장고는 「방지립삼서의」의 주3을 보라. 요점을 정리하는 것은 「언공 하」의 주86을 보라.

34 나는 이렇게 생각한다. 이 단락은 해혹(解惑) 1이다.

없게 된다. 예를 들어 「선거표」는 이서(吏書)에 넣어야만 하고 「하도도」[河道之圖]는 공서(工書)에 넣어야만 하는 것처럼 종류를 남김없이 채운다면 하나의 「지」에 육조의 책만 남게 될 뿐이니[35] 어찌 다시 여러 가지 형식으로 나누겠는가? 이것도 역시 주장을 아는 것이라고 말할 수 없다. 옛사람의 저서에는 각각 뜻과 종류가 있는데 뜻과 종류가 이미 나뉘었다면 억지로 합칠 수 없다. 사마천은 『주보』에 뿌리를 두고 「표」를 지었지만[36] 「보」와 「역」이라는 책을 태사가 관장하는데 「표」의 형식으로 열거하는 형식이 육전에 뒤섞였다는 소리는 들어보지 못했다. 「도」와 「보」는 각각 전문 서적이 있지만 「서」와 「지」라는 형식은 오로지 전장 제도만 중시하기 때문에 저절로 한 시대의 관직 제도를 통일하는 규칙이 될 뿐이다. 전문 분야 이외에 따로 형식을 정하는 책이 있다는 말이 아니라 모두 그 속에 뒤섞어야 바로 정리하고 수정한 것이라고 부른다.[37] 또한 육예는 모두 주나라 벼슬아치[周官]가 관장하지만 『역』이 태복에게 실리지 않았고 『시』가 태사에게 실리지 않는 것처럼 세 가지 『역』의 이름이 태복에게 나타나지 않은 적도 없고 네 가지 『시』의 제목도 태사에게 드러나지 않은 적이 없다는 것[38]이 그 뜻이다.[39]

육경이 함께 모여 일을 의논하는 것은[40] 서로에게 효과가 있었는데 동

---

35 『영청현지』의 「서」 여섯 편은 첫째 「이서」, 둘째 「호서」, 셋째 「예서」, 넷째 「병서」, 다섯째 「형서」, 여섯째 「공서」이다.

36 「화주지 여지도 서례」의 주2를 보라.

37 「신정」의 주8을 보라.

38 세 가지 『역』은 「역교 상」의 주8을 보라. 송나라 왕질(王質) 『시총문』(詩總聞)은 「남」(南), 「풍」, 「아」, 「송」을 네 가지 『시』라고 한다. 태사는 「원도 중」의 주25를 보라. 나는 이렇게 생각한다. 『주례』 「춘관」 "태복"은 『주역』의 괘사와 효사를 인용하지 않고 다만 태복이 "세 가지 『역』의 방법을 관장한다"라고만 했다. 또한 "태사"에서는 『시』의 구절을 인용하지 않고 오히려 태사가 "육시(六詩)를 가르치는데 풍(風), 부(賦), 비(比), 흥(興), 아(雅), 송(頌)이다"라고 하고 오히려 『주보』를 태사가 관장하는데도 "태사"에서는 「보」의 글을 인용하지 않았다. 또한 "사시"(四詩)는 "육시"라고 해야만 하지 않나 의심스럽다.

39 나는 이렇게 생각한다. 이 단락은 해혹 2이다.

40 「서교 상」의 주11을 보라.

관이 『주례』의 다른 전적[五典]에 흩어져 있다고 이전 사람들이 의심했던 이유이다.[41] 주와 현은 땅을 근거로 적당함을 제정하지만 오히려 정해진 법도가 없다. 예를 들어 사람과 호구[丁口]는 호방(戶房)이 거느리는 바이지만[42] 평민의 호적을 엮은 연책(煙冊)은 바로 형방(刑房)에 속한다. 연책으로 사람에게 세금을 거두지 않지만 연책을 세운 의도는 간사함을 꾸짖으려는 것이다.[43] 무생(武生)과 무거(武擧)는 병부에 속하지만 받들어서 처리하는 일은 도리어 예방(禮房)에게 있다. 생원은 문과와 무과를 나누지 않고 모두 학교에 있지만 학교는 공생이나 거인과 통한다.[44] 나누고

---

41 『곤학기문』 권4는 이러하다. "유정춘(兪庭椿)은 『주례복고편』[復古編]을 지었는데 역시 '사공의 글이 다른 다섯 관직의 부하에 뒤섞여 나온다'라고 했다." 유정춘은 동관 대사공의 부하 벼슬아치가 천관, 지관, 춘관, 추관, 하관의 다섯 관직 안에 포함되어 있기 때문에 동관은 없어지거나 잃어버리지 않았다고 생각한다. 『사고전서총목제요』 "예류"는 이러하다. 『주례복고편』 한 권은 송나라 유정춘이 지었다. 유정춘은 자가 수옹(壽翁)이고 임천 출신이며 건도 8년 진사가 되어 고전(古田) 영 벼슬을 살았다. 이 책은 『송서』 「예문지」가 세 권이라고 했는데 현재 판본은 한 권이다. 고대를 회복하자[復古]는 이야기는 유정춘에게서 시작되었고 그 뒤 구규(邱葵)와 오징이 모두 그 잘못을 그대로 따랐기 때문에 『주례』를 이야기할 때 드디어 동관이 없어지지 않았다는 일파가 생겼다." 강영 『주례의의거요』(周禮疑義擧要)는 이러하다. "『주례』는 본래 미처 완성되지 않은 책이라서 동관이 빠져 있는데, 한나라 때 사람들이 그것을 찾다가 얻지 못하자 『고공기』로 보충했다. 아마 당시 원래 빠져 있었을 뿐이리라. 동관이 비록 빠져 있어도 여러 경전이 그것을 증명하니 대사공, 소사공(小司空), 장사(匠師), 재사(梓師), 시인(豕人), 색부(嗇夫), 사리(司里), 수사(水師), 옥인, 칠씨(漆氏), 도정(陶正), 오인(圬人), 주목(舟牧), 윤인(輪人), 거인(車人), 추인(芻人) 등 관직이 있어야만 하며 이것은 모두 동관의 글이 없어진 증거이다. 후세인은 책을 대강대강 읽고 결국 제멋대로 지었으니 유정춘과 같은 무리는 어지럽게 찢어 발겨서 땜질하고 다섯 관직이 하나도 온전한 것이 없는 지경을 초래했으니 『주례』의 죄인이다."

42 『대청회전』 권17 「호부」는 이러하다. "모든 백성 가운데 남자를 정(丁)이라 하고 여자를 구(口)라고 한다. 정구는 호(戶)에 매어있다. 직성(直省)의 백성 숫자는 총독과 독무가 소속된 부하에게 명령하여 보갑문패책(保甲門牌冊)에 정말 있는 백성 숫자를 따라 책을 만들어 호부에 보고한다."

43 『대청회전』 권17 「호부」는 이러하다. "천하의 호적을 바로잡고 각 성에 있는 모든 여러 가지 명색의 사람과 호[人戶]의 숫자를 책임자가 살펴보고 해마다 호부에 보고하는 것을 연호(煙戶)라고 한다. 구별은 모두 열두 가지인데 민호(民戶), 군호(軍戶), 장호(匠戶), 조호(竈戶), 유호(流戶), 회호(回戶), 번호(番戶), 강호(羌戶), 묘호(苗戶), 요호(猺戶), 여호(黎戶), 이호(夷戶)이다."

44 『대청회전』 권52 「병부」는 이러하다. "모든 학정은 삼년에 한 번씩 무과 시험을 치

합침, 상세함과 간단함 사이에 이유를 찾아서 헤아린다면 무엇이 학문이 아니겠는가?[45]

르는데 시험장 바깥에 무관들[武職]을 모으고 시험장에 가서 무생(武生)을 각각 정해진 인원만큼 취한다. 향시를 칠 때 총독이나 순무가 시험을 주관하는데 제진(提鎭)을 모아서 시험장 바깥에서 살피게 한다. 순천부의 외장관과 내장관[外內場官]은 가려서 파견해 달라고 요청한다. 회시도 역시 그렇게 하고 정해진 인원의 합격자에 한해서 시험 기록[試錄]을 작성하여 바친다."

45 나는 이렇게 생각한다. 이 단락은 권의(權宜)이다.

영청현지 정략 서례(永清縣志政略序例)

최근 방지를 편집하는 사람은 「인물」을 대강으로 하고 「명환」, 「향현」, 「유우」라는 여러 조목을 표시하여 제목을 다는데 이렇게 나누는 범례는 아마 원나라 때의 『대원일통지』와 명나라 때의 『대명일통지』에서 시작되었을 것이다.[1] 그러나 부, 부, 주, 현 별로 책을 만들 때도 『일통지』가 분류하고 편집하는 방법을 쓰는 것은 형식에 맞지 않는다고 할 수 있다. 「인물」을 분류해서 편집하면 안 되는 의례는 「열전」 첫 편에 상세하다. 「명환」을 「인물」에 수록해서는 안 된다면 아직 저술의 형식에 통달하지 못한 것이고 의리를 저울질하는 데 어두운 것이다. 옛날 제후를 봉건해서 대대로 다스릴 때, 모든 나라는 자기 역사서[春秋]를 갖추고 있

1 전대흔은 『원사』 「예문지」 "지리류"를 이렇게 보충했다. "『대일통지』(大一統志) 천 권은 대덕 7년 집현 대학사 패란힐(孛蘭肹)과 소문관 대학사 비서 악현(岳鉉) 등이 바쳤다." 이미 사라졌다. 『명사』 「예문지」 "지리류"는 이러하다. "『명일통지』(明一統志) 아흔 권은 천순 연간 이현(李賢) 등이 편찬했다." 현재도 남아 있다.

었고(양설힐(羊舌肸)의 『진춘추』(晉春秋)나 묵자가 인용한 『연춘추』(燕春秋)이다)[2] 봉해진 영역 안에 군림하면서 원년에 다만 왕이 정확한 달력을 바로잡는 일을 받들 뿐이었다. 봉건제를 끝내고 군현제를 시행하자 지방을 다스리는 벼슬아치가 황제의 명령서[詔條]를 받들게 되자 만리 밖에서도 경기에 있는 땅을 지키는 벼슬아치, 팥배나무 아래에서 소공을 노래하는 것,[3] 정나라 사람들이 자산을 노래하는 것,[4] 사마천과 반고의 「순리전」과 같아

---

2 『국어』 「진어 7」은 이러하다. "도공(悼公)이 덕성과 정의에 대해서 묻자 여숙제[司馬侯]는 이렇게 대답했다. '제후의 행위는 날마다 임금 옆에 있는 것과 같아야 합니다. 천자가 좋아하는 것을 시행하고 천자가 싫어하는 것을 경계해야 합니다. 이것이 덕성과 정의라고 말할 수 있습니다.' 도공은 이렇게 물었다. '누가 할 수 있소?' 이렇게 대답했다. '양설힐(羊舌肸)이 역사서[春秋]에 익숙합니다.' 이내 양설힐[叔向]을 불러서 태자 표(彪)를 가르치게 했다." 『묵자』 「명귀(明鬼) 하」는 이러하다. "해가 중천에 뜨자 연나라 간공(簡公)이 막 조도(祖塗)에서 말을 달리려고 했다. 장자의(莊子儀)는 붉은 지팡이를 메고 있다가 그를 후려치니 수레 위에서 꼬꾸라졌다. 따르는 사람 가운데 보지 못한 사람이 없고 멀리 있는 사람 가운데 듣지 못한 사람이 없었는데 연나라 『춘추』에 그것을 적었다." 두예 「춘추좌씨전서」는 이러하다. "『춘추』는 노나라 역사 기록의 이름이다. 사실 기록은 사실을 날짜에 잇고 날짜를 달로 이으며 달을 계절로 잇고 계절을 연도로 이은 것은 멀고 가까운 것을 기록하고 같고 다른 것을 구별하는 근거이다. 그러므로 역사서가 기록한 것은 반드시 연도를 표시하여 사실의 첫머리에 둔다. 연도에는 네 계절이 있기 때문에 번갈아 열거하여 기록하는 이름으로 삼는다." 공영달 『춘추좌전정의』는 이러하다. "소공 2년 한기가 노나라에 빙문할 때 노나라의 『춘추』를 보았다고 했다. 『국어』[外傳] 「진어」는 사마후가 진나라 도공에게 이렇게 말했다. '양설힐이 역사서에 익숙합니다.' 『국어』 「초어」는 신숙시가 태자를 가르치는 법을 논하여 이렇게 말한다. '태자에게 『춘추』를 가르치시오.' 『예기』 「방기」는 이렇게 말한다. '노나라 『춘추』는 진나라의 초상을 이렇게 기록하고 있다. 「그 임금의 아들 혜제(奚齊)를 죽였다.」' 또한 『예기』 「경해」는 이렇게 말한다. '같은 말이나 사물을 모아 비교하고 가치를 판단하는 것은 『춘추』의 가르침이다.' 이런 여러 글이 말한 것은 모두 공자 이전의 일이라면 공자가 『춘추』를 아직 편찬하기 전에 『춘추』라는 제목이 있은 지 오래되었다는 것을 알겠다. 주나라 때 대대로 전해지는 법도[世法]에 의거하면 모든 나라마다 사기가 있었고 『춘추』라고 똑같이 이름 지었어야만 한다."

3 「화주지 정략 서례」의 주1을 보라.

4 『춘추좌전』 「양공 30년」은 이러하다. "정나라 자피(子皮)가 자산에게 정권을 주었다. 자산은 도와 비에 차이를 두고 윗사람과 아랫사람이 다른 옷을 입으며 농토에 도랑으로 경계를 짓고 집과 마을을 다섯 집씩 묶었으며 대부 가운데 충성스럽고 검약한 사람은 그 정도에 따라 상을 주고 교만한 사람은 그 정도에 의거하여 벌을 주었다. 자산이 정사를 맡은 지 일 년이 지나자 사람들은 그를 이렇게 노래했다. '우리 옷과

졌기 때문에 시절 따라 오르내리게 되었다. 정사 이외에 주와 군[郡]의 전문 서적은 고대에 지은 것이 있었기 때문에 의례의 실마리를 풀어낼 수 있었다. 양나라 원제에게는 『단양윤전』(丹陽尹傳)이 있고(『수서』「경적지」는 모두 열 권이라고 한다) 하씨(賀氏)에게는 『회계태수찬』(會稽太守贊)이 있으며(『신당서』「예문지」는 모두 두 권이라고 한다) 당나라 때 사람에게는 『성도막부기』(成都幕府記)가 있는데(『신당서』「예문지」는 모두 두 권이라고 하는데 정원 연간에 시작해서 함통 연간까지이다)[5] 모두 그 지방을 가지고 군림한 사람이라서 그들의 이름난 자취를 적었다. 그 책들은 따로 나왔기 때문에 애초에 『광릉열사전』(廣陵烈士傳)(화격(華隔)이 지었다. 『수서』「경적지」를 보라), 『회계선현전』(會稽先賢傳)(사승(謝承)이 지었다. 『수서』「경적지」를 보라), 『익부기구전』(진수가 지었다. 『수서』「경적지」를 보라)[6]과 뒤섞어 기록하지 않았다. 그러면 좋은 정사를 베푼 지방 행정 책임자와 지역의 유명 인사들[7]은 애초에 구름이 용을 좇는 것처럼 종류대로 귀속되지 않으며 본디 마소의 수컷과 암컷이 소리를 내어 짝을 찾는 것과 같은 일이다.[8] 명환의 순서를 매길 때

모자를 가져다가 쌓아두고 우리 밭을 가져다가 다시 편제했네. 누가 자산을 죽일까? 내가 가서 거들겠네.' 삼년이 되자 또 이렇게 노래했다. '내게 아들과 아우가 있는데 자산이 가르쳤네. 내게 밭이 있는데 자산이 불려주었네. 자산이 죽으면 누가 그 뒤를 이을까!'" 이것은 정나라 사람들이 자산을 노래하고 찬송하는 것으로 법을 잘 지키고 일을 잘하는 벼슬아치를 비겼다.

5 『수서』「경적지」 "잡전류"는 이러하다. "『단양윤전』 열 권은 양나라 원제가 지었다." 『신당서』「예문지」 "잡전기류"는 이러하다. "하씨 『회계태수상찬』(會稽太守像讚)은 두 권이다." 『통지』「예문략」 "전기류"는 이러하다. "『성도막부석당기』(成都幕府石幢記) 두 권은 빈좌(賓佐)의 성명을 기록하고 있는데 정원 연간에 시작해서 함통 연간에 마친다." 나는 이렇게 생각한다. 『구당서』와 『신당서』「예문지」는 모두 수록하고 있지 않다. 이것은 모두 법을 잘 지키고 일을 잘 하는 지방의 벼슬아치를 기록한 책을 가리킨다.

6 『신당서』「예문지」 "잡전기류"는 이러하다. "화격(華隔) 『광릉열사전』(廣陵烈士傳)은 한 권이다." 나는 이렇게 생각한다. 『수서』「경적지」는 수록하고 있지 않은데 원래 주가 잘못되었다. 『수서』「경적지」 "잡전류"는 이러하다. "『회계선현전』 일곱 권은 사승이 지었다." 또한 "『익도기구전』 열네 권은 진수가 지었다."

7 지방의 행정 책임자는 「화주지 정략 서례」의 주1을 보라. 지역의 유명인사는 「화주지 씨족표 서례 중」의 주5를 보라.

향현과 함께 「열전」을 지을 수 없는 이유는 보조적인 것과 주요한 것의 형태가 다를 뿐 아니라 상세함과 간단함의 형식이 다르기 때문이다. 지방 행정 책임자는 이 땅에서 벼슬아치 노릇을 할 때 한 지방에서 이익을 일으키고 폐단을 제거하여 남긴 덕이 백성에게 돌아가게 만들 수 있는 방법이 있으면 그를 모시고 기도해야만 할 것이다.[9] 그렇지 않다면 학문이 안자와 증자를 닮고 행실이 사혜련이나 유하혜와 같아도[10] 「지」를 쓰는 사람이 현에 보탬이 되지 않는 것에 대해서 경계를 넘어서 쓰지 못하는 것도 그런 이치이다. 가령 아직 벼슬살이를 하기 이전에 지방의 평가가 그 사람을 칭찬하지 않았어도 나중의 절개는 끝나지 않는 법이니 그가 벼슬자리를 떠난 뒤에 당시 법도를 지키고 당시 어질게 정사를 베풀었다면 바로 한 지방의 착한 정사를 기록한다. 오기(吳起)가 아내를 죽였지만 서하(西河)에서 뚜렷한 업적을 세운 일은 적은 것처럼[11] 「지」는 이미 지나간 일을 좇지 않아야만 한다. 황패(黃霸)가 승상이 되었지만 명예가 영천(潁川)에 있을 때보다 줄어든 일을 적은 것처럼[12] 「지」는 미래의

---

8 구름이 용을 좇는 것은 「언공 하」의 주18을 보라. 마소의 수컷과 암컷이 소리를 내어 짝을 찾는 것은 「역교 하」의 주10을 보라. 가업당본 『장씨유서』에 따르면 이것 다음에 따로 줄을 바꿨다.

9 『장자』 「소요유」는 이러하다. "숙수가 비록 음식을 잘 만들지 못한다고 시동이나 신주[尸祝]가 술 단지와 고기 그릇을 들고 그를 대신하지는 않지요." 성현영 소는 이러하다. "시(尸)는 태묘에 있는 신주(神主)이다. 축(祝)은 오늘날의 태상이나 태축이 이것이다. 제판(祭版)을 쥐고 시를 마주하여 그것에 대해 주문을 외우기 때문에 시축(尸祝)이라고 한다." 『경전석문』은 이러하다. "귀신의 말을 전하는 것을 축이라 한다."

10 안증(顏曾)은 안회와 증삼이다. 연혜(連惠)는 노중련과 유하혜이다.

11 『사기』 「오기전」(吳起傳)은 이러하다. "오기는 위나라 출신이다. 제나라가 노나라를 공격했다. 노나라는 오기를 장군으로 삼고자 했지만 오기는 제나라 여자를 아내로 맞았기 때문에 노나라가 그를 의심스러워했다. 오기는 그래서 명성을 얻고자 결국 자기 아내를 죽이고 제나라 편을 들지 않을 것이라는 점을 분명하게 했다. 노나라가 마침내 그를 장군으로 삼았고 병사들을 이끌고 제나라를 공격하여 크게 무찔렀다. 노나라 사람 가운데 오기를 미워해서 이렇게 말한 사람이 있었다. '오기의 사람됨은 남을 시기하고 잔인하다.' 노나라 임금이 그를 의심하여 오기를 멀리했다. 오기는 이때 위나라 문후가 훌륭하다는 말을 듣고 그를 섬겼다. 문후는 오기를 서하(西河) 태수로 기용했는데 대단한 명성을 떨쳤다."

일을 미리 써서는 안 된다. 정사를 중시하고 다른 일을 모두 가볍게 여긴다면 일생의 모든 일을 찾아서 「열전」으로 편집한 그곳 사람들과 비교하더라도 어찌 같은 체제를 쓸 수 있겠는가?[13]

예전의 「지」는 「직관」 조목 다음에 정사의 자취[政跡]를 갖추어 썼지만 「명환」은 겨우 허투루 분량만 차지하고 오로지 성명 다음에 '사실이 이미 앞에 상세하다'라고 주를 달았을 뿐이다. 이것은 보조적인 것과 주요한 것이 뒤집어진 것일 뿐만 아니라 그것이 아니라도 포폄이나 버리고 취하는 방법을 미처 변별하지 않았기 때문에 사실대로 바로 쓰는 『춘추』의 방법을 완전히 잃었다. 「선거」가 「인물」의 강령과 세목인 것은 마치 「직관」이 「명환」의 강령과 세목인 것과 같다. 「선거」와 「직관」이 훌륭한지 훌륭하지 않은지 헤아리지 않는 것은 마치 「명환」과 「인물」이 지위의 높낮이를 헤아리지 않는 것과 같아서 범례가 서로 대등하지 않지만 뜻은 사실 서로 바탕이 된다. 「선거표」에는 이름이 있지만 「열전」에는 이름이 없는 것은 「직관표」에는 이름이 있지만 「정략」에는 기록이 없는 것과 같아서 살피는 사람이 앞뒤를 검사하고 이름을 따라 내용을 따진다면 말에는 포폄이 없을 지라도 의도에는 오르내림이 갖춰질 텐데 어찌 나중에 일어날 사람을 위해 권하지 않을 수 있겠는가?[14]

「열전」이라는 형식은 꾸미지만 아름답고 「정략」이라는 형식은 바르지만 간단한데 붓을 들어 글을 짓는 일에 다른 느낌이 있는 것은 아니고

---

12 『한서』 「순리전」은 이러하다. "황패(黃霸)는 자가 차공(次公)이고 회양(淮陽) 양하 출신이다. 영천 태수가 되었는데 백성들이 신령님이라고 불렀고 앞뒤로 여덟 해 동안 군은 더욱 잘 다스려졌다. 오봉 3년 병길을 대신하여 재상이 되었다. 황패의 재능은 백성을 다스리는 일을 잘하는 것인데 승상이 되자 법도와 규율, 호령을 총괄하자 의젓한 겉모양이 병길, 위상, 우정국(于定國)만 못했기 때문에 군을 다스릴 때보다 업적을 세워 이룬 명성이 훼손되었다." 이것은 법을 잘 지키고 일을 잘 하는 벼슬아치가 군을 다스릴 때 제한을 받는다는 말이다.

13 나는 이렇게 생각한다. 이 단락은 명환을 향현(鄕賢)과 구별해야만 한다고 말한다.

14 나는 이렇게 생각한다. 이 단락은 「표」와 「약」이 서로 이어지는 것을 말하고 예전 『영청현지』의 잘못을 밝힌다.

아마 그래야 마땅한 사리가 있기 때문일 것이다. 「열전」은 거대하고 세밀한 것을 아울러 모았기 때문에 인물을 품평할 때 혈족처럼 종류대로 따르고 정전제처럼 반듯하게 종류를 나눈다. 변화에 얽매이지 않는 것은 『역』의 형상이고 도를 펼치고 계획을 베푸는 일을 말하는 것은 『서』의 내용이며 가락이 오르내리고 길게 읊고 감탄하는 것은 『시』의 뜻이고 구석구석 번거롭지만 주도면밀한 것은 『예』의 조리이며 같은 말이나 사물을 모아 비교하고 가치를 판단하는 것은 『춘추』의 본뜻이다. 인륜의 거울을 갖추고 사물의 이치를 남김없이 다하며 영원한 의지를 품고 경전의 풍요로움을 캐고 문장으로 밝혀야지 상상해서는 안 된다. 그러므로 사마천과 반고의 자질은 「본기」, 「표」, 「지」에 모두 쓴 것이 아니라 「열전」에 모두 쓴 것이다.[15] 「정략」의 형식은 근엄한 뜻을 취하고 보충해서 구제하려는 의도를 보존하여 당시 세상을 앞뒤로 얽어매고 기술할 때 경륜으로 요약하는 것이다. 형식을 엄숙하고 깨끗하게 하여 지방 사람을 다스리려고 한다면 「열전」을 첫머리에 넣을 수 있을 것이다. 주요한 것과 보조적인 것이 가로세로 얽힌 근본은 지도리에 있지만 이것은 본디 문학을 지망하는 선비가 말하기 어려울 것이다.[16]

주요한 것은 있어도 보조적인 것은 없는 옛사람의 책은 대체로 약(略)이라고 이름 짓는다. 배자야(裴子野)가 심약의 『송서』를 연대별로 편집한 뒤 「약」이라고 부른 것도 역시 그 범례이다. 그러나 유지기는 배자야의 책을 「약」이라고 이름 지은 일을 나무랐지만 글이 번잡스러워지는 일은

---

15 유함흔 『문사통의지어』는 이러하다. "「열전」은 역사서의 보조적인 것이기 때문에 형식이 포함하지 않는 것이 없으며, 한 시대의 모든 것을 합쳐서 많은 편으로 나누는 것이기 때문에 육예의 형식은 갖춰진다. 「열전」의 시작은 바로 합친 것으로부터 나누는 것이다. 후세의 관청에서 편찬한 「전」처럼 다만 어떤 사람의 일생을 갖출 때 나눈 것으로부터 합치지 않는다. 사물의 이치를 남김없이 다하기 때문에 사람을 대강으로 삼지 않으며, 영원한 의지를 품었기 때문에 어떤 단락의 성공과 실패나 어떤 사람의 옳고 그름을 대강으로 삼지 않는다. 이것이 바로 이른바 오래된 과거를 소통시켜서 알게 해주는 것이다."

16 나는 이렇게 생각한다. 이 단락은 명체(明體)이다.

피하지 못했는데[17] 이것도 옛사람의 뜻에 통달하지 못한 것이다. 『황석공삼략』[黃石]과 『회남자』(『황석공삼략』(黃石公三略)과 『회남자』 「요략훈」[要略]은 제자백가의 글이다)[18]나 장온(張溫)과 어환(魚豢)(장온의 『삼사략』과 어환의 『전략』이다)[19]은 역사서의 글이다. 그중에도 역시 『상서』[謨略]의 의도가 있는데 어찌 글이나 구절을 남김없이 따려는 의도가 있었겠는가?[20]

법을 잘 지키며 열심히 일하는 벼슬아치의 자취는 향현을 기록하는 것보다 어렵다. 다스림에는 상과 벌이 있고 상과 벌이 시행되면 은혜와 원한도 생기고 사람들이 그것을 말할 때 공평하지도 않은데 이것이 첫 번째 어려움이다. 일에는 잘될 때와 잘 안될 때가 있고 잘될 때와 잘 안될 때가 다르면 쉽고 어려움이 다른데 현재와 과거를 서로 비교하는 것이 두 번째 어려움이다. 벼슬아치에게 벼슬을 버리거나 머물 때가 있는 것은 지방 사람의 자손이 모두 있는 것과 달라서 자취가 오래되면 묻히기 쉬운 것이 세 번째 어려움이다. 법을 잘 지키며 열심히 일하는 벼슬아치는 성실하며 겉만 화려하지 않지만[21] 교활한 벼슬아치는 잘못한 일을 잘 꾸미기 때문에[22] 송덕비[去思之碑]의 절반은 부끄러운 말이고[23] 칭

17 『송략』은 「화주지 정략 서례」의 주2를 보라. 『사통』 외편 「잡설 중」은 이러하다. "배자야[裴幾原]는 『송사』를 편집하여 덜어내서 스무 편으로 정했는데 번거로운 것을 깎아버리고 요긴한 것만 모았으니 참으로 힘이 있는 것이다. 그러나 수록한 문장은 대단히 상해서 우거진 풀처럼 어지럽다. 문제 「제서전관조」(除徐傳官詔), 안연년(顔延年) 「원후애책문」(元后哀冊文), 안준(顔峻) 「토이흉격」(討二凶檄), 무제 「의이부인부」(擬李夫人賦), 배송지 「상주국지표」(上注國志表), 공희선(孔熙先) 「죄허요사」(罪許曜詞) 같은 여러 글들은 더구나 마땅히 수록하지 말았어야 하는 것들이다."

18 「화주지 정략 서례」의 주9를 보라.

19 「화주지 정략 서례」의 주10을 보라.

20 나는 이렇게 생각한다. 이 단락은 원명(原名)이다.

21 『후한서』 「장제기」는 이러하다. "정신이 편안하고 고요한 구실아치는 대단히 성실하면서 겉만 화려하지 않고 하루하루 헤아리면 부족하지만 다달이 헤아리면 여유가 있다." 주는 이러하다. "『설문해자』는 이렇게 말한다. 곤핍(悃愊)은 지극히 정성스럽다는 뜻이다."

22 『한서』 「공손홍전」(公孫弘傳)은 이러하다. "가장자리를 꾸미듯 유술로 꾸민다." 주는 이러하다. "그것을 저고리에 비유하자면 검은 비단을 가장자리에 더한 것이다."

23 『한서』 「순리전」은 이러하다. "왕성(王成), 황패, 주읍(朱邑), 공수(龔遂), 정홍(鄭弘),

송하고 축복하는 말은 실제 자취를 증명하기 어려운 것이 네 번째 어려움이다. 영향력 있는 자리에 발탁하여 맡기면 붓을 들어 글을 지을 때 감히 바른 말을 할 수가 없고 이웃 지방으로 옮겨서 다스리는 사람은 앞뒤를 살피는 법이니 어찌 무정할 수 있겠는가? 이것이 다섯 번째 어려움이다. 집안끼리 교제가 대대로 이어지면 본래 돌아보고 꺼리는 일이 많기 마련이고 인정은 성공과 실패로 자질을 논하게 마련인데 우연히 잘못에 걸려 탄핵을 받게 되면[24] 바로 그 사람됨이 좋지 않다고 하는 것이 여섯 번째 어려움이다. 예전 「지」의 기재는 법도가 없어서 세상의 바람과 먼지 속에 금석문이 묻히기 쉽고 설령 큰 줄거리를 대략 제시하더라도 세월을 시작부터 끝까지 헤아리지 못하는 것이 일곱 번째 어려움이다. 어려움을 알지만 감히 견문에 의거하여 일생의 줄거리를 남기지 않을 수 없기 때문에 어찌 할 수 없는 상황에서 곤란하지만 더욱 조심스럽게 해야만 한다.[25]

「열전」이 먼저 성명을 제목으로 달고 벼슬과 공로를 편집하여 서술하

소신신 등이 있으면 백성들이 부유해지고 떠나면 백성들이 그리워했다." 『집고록』에 「우성이령거사송」(虞城李令去思頌)이 있는데 이백이 글을 지었고 왕휼(王遹)이 글씨를 썼다. 이것은 다름 아니라 오늘날 거사비(去思碑)의 시작이다. 『세설신어』 「덕행」 주는 『속한서』를 인용하고 있다. "임종(林宗) 곽태가 죽자 채옹[蔡伯喈]이 그를 위해 「비」를 지으면서 이렇게 말했다. '내가 남을 위해 「명」을 지으면 부끄럽게 생각하지 않은 적이 없었는데 오로지 곽태[郭有道]를 위해 「비송」(碑頌)을 지으니 부끄럽지 않다.'" 『곤학기문』 13은 이러하다. "채옹의 글은 현재 아흔 편이 남아 있는데 「묘지명」[銘墓]이 반을 차지한다. 「비」니 「명」이니 「신고」(神誥)니 「애찬」(哀讚)이니 하는 것은 사실 같은 것이다. '곽태를 위해 「비」를 지은 것만 유달리 부끄러운 말이 없다'라고 스스로 말한다면 나머지는 알 만하다. 그가 호광(胡廣)과 황경을 기릴 때 거의 노자나 한비자와 같은 「전」에 쓸 것처럼 말하더니, 만약 한나라 역사서를 이어서 완성한다면 어찌 남사나 동호 같은 사람이 있을 수 있겠는가?"(옹원기 『곤학기문주』는 이렇게 말한다. "황경은 호광이 거의 비슷하게 될 수 있는 사람이 아닌데 채옹은 「송」을 지으면서 높낮이를 가늠하지 않았기 때문에 왕응린이 그를 비난한 것이다.") 이것은 법을 잘 지키고 일을 잘 하는 벼슬아치를 기록한 거사비의 절반은 사실이 아니라는 말이다.

24 본래 괘오(詿誤)라고 썼다. 괘는 소리가 괘(卦)이고 속인다는 뜻이다. 『한서』 「왕망전」은 이러하다. "신 왕망은 임금을 속이고 조정을 잘못 이끈 죄를 받아야만 합니다."

25 나는 이렇게 생각한다. 이 단락은 신난(愼難)이다.

는 것은 역사서에 정해진 범례이다. 「정략」이 벼슬을 첫머리에 제목으로 다는 것은 오로지 손님과 주인의 이치만 이래야 하는 것이 아니고 명예를 더럽히는 일이 아닌지 돌아보고 의리에 어긋나지 않는지 생각하는 뜻이기도 하니[26] 소홀히 할 수 없다. 예전의 「지」는 지현이나 현승(縣丞)의 무리를 종류대로 나누고 편집할 때, 역대의 벼슬아치를 앞뒤 순서대로 편집하지 않은 것은 「정략」의 의도가 아니므로 꾸짖을 필요도 없다.[27]

26 「힐루」의 주9를 보라.
27 나는 이렇게 생각한다. 이 단락은 저례이다.

영청현지 열전 서례(永淸縣志列傳序例)

「전」은 경에 대한 이름인데 경에 대한 풀이를 세대를 거듭하여 전수하고 뜻을 품은 내용을 풀어 어쩔 수 없이 책으로 쓴 것이다.[1] 좌구명은 보배로운 책들을 모아서 『춘추』를 시작부터 끝까지 상세하게 갖추었지만[2] 사마천은 사람을 기준으로 따로 편을 만들었기 때문에 「전」의 제목

1 『문심조룡』 「사전」은 이러하다. "『춘추』의 슬기로운 뜻은 그윽하고 드러나지 않으며 경의 글은 은근하고 간단하다. 좌구명은 공자와 같은 시대에 살면서 참으로 미언을 얻었다. 그래서 역사 사실을 시작부터 끝까지 철저히 탐구하여 「전」의 형식을 창조했다. 「전」이라는 것은 전(轉)이다. 경의 뜻을 굴리고 굴리듯 대대로 전수받아서 후세에 전수한다는 것이다." 『춘추경전집해』[左傳集解] 소는 이러하다. "「전」은 전(傳)이다. 경의 뜻을 넓게 풀어서 후세인에게 전하여 보여주는 것이다." 따로 「경해 상」의 주4에 상세하다. 이것은 경을 풀이하는 「전」을 가리키며 사람을 기록하는 「전」과 다르다.

2 모든 나라가 가진 보배로운 책은 「서교 상」의 주21을 보라. 『사통』 「채찬」은 이러하다. "좌구명이 경을 전수받아서 「전」을 지을 때 여러 나라를 널리 포괄한 것을 보면 아마 당시에 주나라의 『지』(志), 진나라의 『승』, 정나라의 『서』(書), 초나라의 『도올』 등의 글이 있었기 때문에 드디어 이내 모아서 그것을 엮어 뒤섞어 하나의 기록으로

에 열(列)이라고 이름 붙인 것[3]이 여기서 유래했다. 경의 뜻은 간단하고 엄격하지만 「전」의 글은 화려하고 아름답기 때문에 문인은 흐름을 따라서 근원을 잊고 계속 좇아서 경이 없는 「전」을 지어서 당나라와 송나라 때 문집 가운데 「전」의 형식이 어지럽게 많아졌다. 문인은 사관이 아니기 때문에 분수에 따라 「전」을 지어서는 안 된다고 말하는 사람이 요즘 있다.[4] 경의 제목을 풀면서 보잘 것 없는 것을 뒤쫓고 근본을 버리는데 법도로 꺾는다면 그들은 사실 할 말이 없으면서도 오히려 사관을 들먹이면서 문인이 직책을 넘었다고 비난한다. 설령 그들이 입을 삐죽이며 비난한다 하더라도[5] 공양고와 곡량적은 노나라의 태사가 아닌데[6] 어찌 그들에게도 「전」이 있는지 묻는다면 그들은 자신을 변명할 만한 말이 없을 것이다. 또한 설령 자신이 사관이라 하더라도 「본기」가 아직 없는데 어찌 「열전」을 지을 수 있겠는가? 이것은 「전」의 범례를 명확하게 하지 않으면 안 되는 것이다.[7]

경이 없는 「전」은 문인의 「집」이고 전이 없는 경은 지방의 「지」이다.

완성한 것이리라."

3 『사기』 「백이열전」에 대한 『사기색은』은 이러하다. "「열전」은 신하의 사적을 서술하여 열거하여 후세에 전할 만하다고 명령하는 것을 말한다. 그러므로 「열전」이라고 한다." 『사통』 「열전」은 이러하다. "기전체가 일어난 것은 『사기』와 『한서』에서 시작되었다. 「기」는 연도에 따라 엮는 것[編年]이다. 「전」은 일을 열거하는 것[列事]이다. 편년은 제왕의 세월을 거치는 것이다. 마치 『춘추』의 경과 같다. 열사는 신하의 행장을 기록하는 것이다. 마치 『춘추』의 「전」과 같다. 『춘추』는 「전」으로 경을 풀이한다. 『사기』와 『한서』는 「전」으로 「기」를 풀이한다. 이런 범례의 시초를 찾는다면 사마천으로부터 시작되었다." 따로 「경해 하」의 주33에 상세하다. 여기서 좌구명의 『춘추좌전』과 사마천의 『사기』 「열전」을 서로 비교하는 것은 『사통』에 뿌리를 두고 있다. 사실 『춘추좌전』은 사실을 서술하는 것에 중점을 두고 있고 사마천은 사람을 기록하는 것에 중점을 두고 있다. 사마천이 인물의 전기를 창조한 한 것은 『춘추좌전』의 사실 기록과 다르다.

4 「전기」의 주13을 보라.

5 직책을 넘었다는 것은 앞 편의 주9를 보라. 입술을 삐죽이며 비난한다는 것은 「답객문 상」의 주16을 보라.

6 「언공 상」의 주57을 보라.

7 나는 이렇게 생각한다. 이 단락은 원체(原體)이다.

문집은 잘못하면 실속 없이 겉만 화려하고 거짓되며 방지는 잘못하면 짤막하고 상스럽다. 기린을 잡았다는 기록으로 『춘추』를 끝맺은 이후,[8] 사관은 모든 나라가 가진 보배로운 책의 뜻을 모르고 주와 군의 장고를 도경이라고 한다.[9] 대대로 이어진 세월이 이미 오래되었고 「도」가 없어지는 바람에 경이 외로워졌으며 「전」의 형식이 상세하지 않게 되었기 때문에 그 책은 결국 겉보기만 크지 소용이 없게 되었다.[10] 악사의 『태평환우기』는 『원화군현지』의 형식을 그대로 이었지만[11] 명승과 고적은 이것저것 이어 붙여서 대략 보존하고 있다. 그 뒤 원나라의 『대원일통지』와 명나라의 『대명일통지』[12]는 「인물」, 「열녀」, 「명환」, 「유우」 등 여러 가지 제목으로 산천이나 사당과 무덤을 종류대로 나눠서 편집했다. 이것은 지리라는 전문 분야인데 분류하고 편집하는 의도를 대략 갖추고 사장 따위나 짓는 문학가[詞章家]가 때에 따라 가져다 쓰는 일에 이바지할 뿐이지 애초에 이것을 중요하다거나 가볍다고 여기지 않았다.(염약거는 『일통지』의 「인물문」(人物門)을 없애고자 했는데[13] 이 주장은 옳은 듯하다. 사실 이

8 「주륙」의 주31을 보라.

9 「경해 중」의 주20을 보라. 장학성 「고숙비고서후」(姑孰備考書後)는 이러하다. "진나라와 당나라 때 사람들이 『춘추좌전』의 주소를 지었고 더불어 당나라 때 사람이 『사기정의』를 지었다. 그들이 도경이라고 한 것은 바로 당시 현재 시행하는 주와 군의 도경이다."(가업당본 『장씨유서』 권14)

10 『장자』 「소요유」에 대한 『경전석문』은 이러하다. "간문은 이렇게 말한다. 호락은 곽락과 같다."

11 『태평환우기』는 「화주지 정략 서례」의 주2를 보라. 『원화군현도지』는 「영청현지 여지도 서례」의 주16을 보라.

12 앞 편의 주1을 보라.

13 『곤학기문』 권10 「지리」의 옹원기 주는 염약거를 인용하여 이렇게 말한다. "계야 만사동이 접때 내게 이렇게 말했다. '『일통지』를 지을 때 왜 반드시 인물을 언급해야 하는가? 인물에 대해서는 본래 역사서에 여러 가지 책들이 있다.' 나는 처음에 그 학설에 놀랐지만 최근에 『원화군현도지』와 『태평환우기』를 훑어보니 과연 여기에 중점을 충분히 두지 않고 있다는 것을 알았다. 어떤 주 안에 인물이 없는 경우도 있고 있더라도 겨우 성명과 본관[貫址]만 있으며 바로 평생을 들더라도 역시 매우 적은 몇 마디 말뿐이라서 『명일통지』처럼 지나치게 넘칠 정도로 뽐내는 것이 많아 읽기 싫게 만들지 않는다는 것을 알았다. 그래서 책을 깨달으면 저절로 핵심이 생기고,

런 것들도 본래 해롭지는 않아서 옛사람도 남김없이 없애지 않았다. 아마 이런 곳들은 원래 정사의 형식과 상관이 없을 것이다) 주와 현의 「지」는 본래 한 나라의 역사서 형식을 갖추고 있지만 찬술한 사람은 도리어 『일통지』가 분류하고 편집한 목록을 바꿔 쓰고 있으니 어찌 널리 수록해서 국사가 간단하게 취하는 일을 대비한다고 할 수 있겠는가?[14]

「열전」에 제목이 있는 것은 아마 사실을 사람보다 중시하기 때문일 것이다. 「유림」이나 「순리」 같은 편들은 애초에 시수, 맹희, 양구하, 공수, 황패, 탁무, 노공 등 여러 사람을 위해서 베푼 것이 아니다.[15] 나머지 사람의 종류도 다르니 어찌 열 배, 백배에서 천 배, 만 배에 그치겠는가? 꼭 남김없이 두 글자로 표제를 삼고자 한다면 '남과 비교하는데 나는 남과 비교할 짬이 없더라'라고 공자도 말한 적이 있다.[16] 구양수의 『오대사』는 사람의 이름을 남김없이 제목에 적었는데[17] 이것이 어찌 『춘

만약 그 사실이나 그 사람이 지리와 상관없으면 함부로 마구 뛰어드는 것을 허용하지 않는다." 이것은 『일통지』도 역시 「인물문」을 붙일 수 있다는 말이니 염약거의 학설과 다르다.

14 나는 이 단락이 쓰임새를 밝힌 것이라고 생각한다.

15 시수, 맹희, 양구하는 동시에 『한서』 「유림전」을 보라. 공수와 황패는 모두 『한서』 「순리전」을 보라. 탁무(卓茂)와 노공(魯恭)은 모두 『후한서』 「탁무전」과 「노공전」을 보라. 유함흔 『문사통의지어』는 이렇게 말한다. "사물의 종류대로 「전」이라는 이름을 세우는 것은 사마천이나 반고에게 대단히 적다. 아마 이로써 기풍의 원류를 밝히려는 것이지 올바른 것과 올바르지 않은 것의 항목은 아닌 것이다. 반고의 『한서』 「왕길공우등전」은 「일민전」[逸民]이라고 부르지 않는데 범엽은 이내 그 제목을 명확하게 표시했다. 「문원전」이나 「열녀전」도 역시 범엽이 더한 것이다. 그러나 반고에게 문원에 관한 것이 없지 않은데 범엽이 특별히 사람을 많이 넣어서 따로 세웠다. 「열녀전」을 세운 것은 마황후와 등태후가 조정에서 직접 정사를 돌본 고사에 의거하여 시절을 도와서 형식을 세운 것이니 이른바 사실이 사람보다 중요하다는 것이다. 후세의 사관들 사이에 이런 의도가 있는데 『송사』가 「도학전」을 세운 의도는 『후한서』 「당고전」과 같다. 『명사』가 「유구전」[流寇]과 「토사전」[土司]을 창조하여 세운 것은 모두 어쩔 수 없이 세운 것이지 높고 낮은 항목을 미리 세우지 않았다. 용과 뱀이 깃드는 늪이라고 생각하지만 칸에 따라서 채워 넣는다. 어환 『위략』이 「순고전」[純固]이나 「청개전」[淸介] 같은 여러 가지 항목을 표시한 때부터 이미 반고와 사마천을 잘못 배웠던 것이고 후세에 그것을 이은 것은 더욱 논할 필요가 없다."

16 『논어』 「헌문」은 이러하다. "자공이 남과 비교했다. 선생님은 이렇게 말씀하셨다. '너는 훌륭하잖아? 나는 남과 비교할 겨를이 짬이 없더라.'"

추』가 기록한 세상을 경륜하는 일이나 성인이 논의하지만 판단하지 않는 것이라고 말할 수 있겠는가?[18] 지방의 「지」는 사실의 줄거리를 자른 뒤 분류해서 편집했으니 살펴보는 사람이 쓸쓸하기가 귀신의 명부를 살피고 조사하는 것 같다.[19] 유명하고 훌륭한 사람이나 열녀는 따로 장, 지, 전, 명이 있는데도 편장을 갈라서 「예문」 다음에 따로 적었다. 그래서 어쩔 수 없이 주에 주를 달았을 뿐인데 이것은 어떤 권에 상세하게 보인다는 둥, 저것은 어떤 조에 이미 나열했다는 둥 하는 말이 거듭 나타나기 때문에 펼쳐 보는 사람을 힘들게 만들고 무슨 까닭인지도 모르고 스스로 어지럽히기 좋아한다. 그래서 역시 방지를 편집하는 사람의 「열전」을 깊이, 오랫동안 생각하지 않으면 안 된다.[20]

최근 사람들은 보고 들은 것에 근거하여 「열전」을 편집하는데 본디 그렇게 하는 것이 적당하다. 옛날 사람이 이미 이전의 역사서에 상세하면 정사의 「전」의 본문을 수록하고 고쳐서 바꾸지 않은 것은 아마 사마천과 반고가 번갈아가며 계속 편집했지만 저만 잘났다고 하는 뜻을 제멋대로 휘두르려 하지 않은 것이리라. 비록 그렇지만 여러 역사서가

---

17 『직재서록해제』 「정사류」는 이러하다. "『신오대사』 일흔네 권은 구양수가 지었다. 그는 「설」을 지어서 이렇게 말한다. '옛날 공자가 『춘추』를 지은 것은 어지러운 세상에 의거하여 법도를 세운 것이다. 나는 「본기」를 지어서 법도를 다스리고 어지러운 임금을 바로잡는다.' 논하려고 할 때는 반드시 '아!'라고 하면서 이렇게 말한다. '이 것은 어지러운 세상의 책이다.' 여러 신하가 한 왕조를 섬기는 데 그쳤다면 '아무개 신하의 「전」'[某臣傳]이라고 하고 그가 여러 왕조를 바꿔 섬겼다면 「잡전」(雜傳)이라고 하니 더욱 세상의 교훈이 되기에 충분하다." 나는 이렇게 생각한다. 「주신전」(周臣傳) 이후부터 「사절전」[死節], 「사사전」[死事], 「일행전」[一行], 「당육신전」[唐六臣], 「의아전」[義兒], 「영관전」[伶官], 「환자전」[宦者] 등이 생겼기 때문에 모든 사람이 남김없이 모두 자기 종류를 알리는 이름을 적게 된 것이라고 한다.

18 「경해 하」의 주30을 보라.

19 『옥천자』(玉泉子)는 이러하다. "왕발, 양형, 노조린, 낙빈왕은 글을 잘 짓는다는 명성이 있는데 사람들은 흠을 논의하여 이렇게 말한다. 양형은 옛사람의 성명을 쓰기 좋아하여 점귀부(點鬼簿)라고 부른다. 낙빈왕은 숫자로 짝을 맞추기 좋아하여 산박사(算博士)라고 한다." 이것은 방지가 인물을 기록할 때 지나치게 간단한 못마땅한 점을 말한다.

20 나는 이렇게 생각한다. 이 단락은 유전(類傳)을 논한다.

「전」을 지을 때 같은 책 안에도 상세한 것과 간단한 것이 있기 마련인데 살펴보는 사람이 두루 훑어보면 알 수 있다. 그래서 「진여전」에 동시에 장이의 자취가 상세하고[21] 관중과 안영의 정사가 사마천의 『사기』에 갖춰져 있는 것[22]이 명백한 증명이다. 오늘날 이미 역사서를 가다듬어 「지」에 넣는 것을 마치 「열전」의 원문을 잇는 것처럼 하지만 역사서의 글에 서로 드러내는 방법을 채택하지 않는데 이것이 어찌 배에 자국을 내서 내가 잃어버린 원래 칼을 찾으려고 하는 것과 다르겠는가?[23]

역사서의 글에 잘못이 있어서 방지를 편집하는 사람이 고쳐서 바로잡는다면 반드시 증명하고 까닭을 밝혀서 자신이 고친 것이 애초에 어쩔 수 없이 나왔다는 것을 드러내야 한다. 이것도 시대의 추세가 그렇게 만든 것이다. 그러므로 사마광의 『자치통감고이』[24]는 사마천이나 반고가 스스로 고대를 만든 일과 같을 수 없다.[25] 역사서의 글에 포폄이 있다는 사실은 『춘추』 이래로 바뀐 적이 없다. 그러나 「지」를 짓는 사람이 역사서의 장점은 가지고 오고 단점은 꺼리는 일이 잦은데 그렇다면 그 글을

---

21 장이와 진여는 『사기』와 『한서』가 동시에 두 사람을 합전에 썼다. 따로 「서교 하」의 주18 및 「고문십폐」의 주58에 상세하다. 여기서 "「진여전」 가운데 아울러 장이의 자취가 상세하다"라는 말은 두 사람을 합전에 쓰지 않았다는 것이므로 명확하지 않다.

22 「고문십폐」의 주57을 보라.

23 『여씨춘추』 「찰금」(察今)은 이러하다. "초나라 사람 가운데 강을 건너던 사람이 있었는데 자기 칼이 배에서 물에 떨어지자 급히 배에다 새겨놓고 이렇게 말했다. '여기가 내 칼이 떨어진 곳이다.' 배가 멈추자 그는 떨어졌다는 곳으로부터 물에 들어가 칼을 찾았다. 배는 이미 움직였지만 칼은 움직이지 않았는데도 칼을 여기서 찾는 일은 역시 미혹된 것이 아니겠는가!" 이것은 방지가 인물을 기록하면서 정사의 전기를 인용할 때 상세함과 간단함에 주의해야만 한다고 말한다. 다름 아니라 인물은 방지와 관련된 부분에 대해서 상세해야만 하지만 방지와 상관없는 부분에 대해서는 간단해야만 한다는 것이다. 나는 이렇게 생각한다. 이 단락은 호주(互注)를 논한다.

24 「사주」의 주35를 보라.

25 『국어』 「노어 상」은 이러하다. "애강이 노나라에 오자 장공은 대부 및 종부(宗婦)들에게 만나라고 하면서 폐백을 바치게 했다. 종백[宗人] 하보전(夏父展)은 이렇게 말했다. '전고[故]가 아닙니다.' 장공은 이렇게 대답했다. '임금은 전고를 만들 수 있소.'" 위소 주는 이러하다. "임금이 만든다는 것은 고사를 만든다는 말이다." 『사통』 「신좌」(申左)는 이러하다. "나 스스로 전고를 만들면 기준이 없어진다."

쓰지 말고 오히려 깨닫지 못하는 사이 둘을 잊어버리는 것이 낫다. 방지를 편집하는 사람은 정사의 「전」을 가려서 「예문」에 넣고 어떤 역사서 어떤 사람의 열전이라는 제목을 단다. 「전」의 글이 역사서의 의도가 아니라는 것을 살펴서 삭제한 것과 요약한 것의 까닭을 찾지만 또한 증명할 수 없으니 이것은 단점을 꺼리지만 마침 그것을 폭로한다는 것을 모른다.[26]

정사의 「전」은 대체로 시대 순서대로 앞뒤에 배열하는데 만약 그렇지 않다면 「굴원가의열전」이나 「노장신한열전」처럼 따로 의도를 둔다.[27] 같은 말이나 사물을 모아 비교하고 가치를 판단하는 것은 『춘추』의 가르침이니 『시』의 비흥이 여기서 보존될 뿐이다.[28] 정사에 통달하여 오래된 옛날 일도 아는 것이 『서』의 가르침이니 『주역』의 형상과 변화도 역시 여기서 만날 뿐이다.[29] 「열전」을 짓고도 신명이 사람에게 보존되어 있음

---

26 나는 이렇게 생각한다. 이 단락은 예전 역사서를 간추리고 바로잡는 일을 논한다.

27 굴원과 가의의 합전은 「서교 하」의 주16을 보라. 노자, 장자, 신불해, 한비자의 합전은 「석통」의 주58을 보라. 이것은 방지의 전기를 배열하는 것은 시대의 선후 순서여야만 하며 만일 따로 의도가 있다면 역시 형편에 따라 융통성 있게 할 수 있다는 것을 말한다.

28 「사덕」은 이러하다. "정호는 일찍이 이렇게 말했다. '"관저"와 "인지"의 뜻이 있은 이후에야 『주관』의 법도를 실행할 수 있다.' 나라면 정호의 말을 '『시경』의 여섯 가지 뜻과 비흥의 뜻에 통달한 이후에야 「봄, 왕이 정확한 달력을 바로잡다」로 시작되는 『춘추』를 강의할 수 있다'고 말하겠다." 「화주지 열전총론 서례」는 이러하다. "반대로 증명하는 것은 비 같기도 하고 멀리서 인용하는 것은 흥 같기도 한데, 한 가지 사실이 어떤 것은 상세하고 어떤 것은 간단하면 다르게 적은 것을 문득 함께 편집한다." 이것은 같은 말이나 사물을 모아 비교하고 가치를 판단하는 것 가운데 비흥이 보존되어 있다는 것을 아울러 말한다.

29 「서교 하」는 이러하다. "역사서는 사실을 기록한 책이다. 사실이란 무한히 변화하며 고르지 않다. 역사서의 글은 구석구석의 사실과 딱 맞아떨어진다. 반드시 사실에 근거하여 각각 편명을 정하고 일반적 범례에 의해 사로잡히지 않아야 한다. 그런 뒤라야 시작될 때부터 끝날 때까지 어떤 일이 있더라도 보통 때처럼 아무렇지도 않을 수 있고, 한 마디의 말도 남거나 넘치는 경우가 없다. 이것이 바로 천지신명과 같은 변화를 무엇과 같다고 느끼게 할 수 없다고 말한 『상서』의 근거이다." 이것은 『서』의 가르침이 오래된 과거를 소통시켜서 알게 해주는 것이지만 그 형식이 뒤섞여 모이고 변화하는 것은 『주역』의 형상과 서로 통하는 것이라고 본다.

을 모른다면[30] 이것은 남을 위해 해마다 무슨 일을 했는지 늘어놓는 「장」을 지어주는 것일 뿐이다.[31]

30 「폄속」의 주8을 보라.

31 나는 이렇게 생각한다. 이 단락은 전차(傳次)를 논한다.

영청현지 열녀열전 서례(永清縣志列女列傳序例)

열녀의 「전」은 그들의 행운을 전한다.[1] 역사가가 제목을 단 「전」에는 유림, 문원, 충의, 순량 및 열녀가 있고 종류대로 편집하지 않은 것이 없는데 범엽과 위수 이래로[2] 대략 고치지 않은 것이다. 다만 유림과 문원

1 사마천은 '행실을 갈고 닦아 명성을 세우려는 선비가 높은 지위나 벼슬에 붙지 않는다면 어찌 후세에 명성을 전하겠는가?'라고 말했다. 그러나 드러나지 않는 덕성과 그윽한 빛이 역사서가 세상에 드러내 알려서 칭찬하게 된다면 다행스러운 일이 아니겠는가?

2 범엽은 자가 울종이라는 것은 「시교 하」의 주37을 보라. 『후한서』에는 「열녀전」이 있는데, 정사에 열녀들의 「전」을 지은 것은 범엽에게서 시작되었다. 『후한서』 「열녀전서」는 이렇게 말한다. "『시』와 『서』가 여자의 덕성을 말하는 것은 숭상하기 때문이다. 훌륭한 왕비가 임금의 정사를 돕는 것, 슬기로운 며느리가 집안사람들의 도를 높이는 것, 고결한 선비가 맑디맑은 바람을 높이는 것, 절개가 있는 여자가 뚜렷한 절개를 밝히는 것의 아름다움은 다르지 않다. 그러나 대대로 전해진 전범이 모두 새어 없어져버렸다. 그러므로 중흥 이후부터 그 이루어진 일을 모아서 「열녀」편을 기술한다. 마황후, 등태후, 양태후[梁后] 같은 사람은 이전의 「기」에 따로 보이고 양닉(梁嫕)과 이희(李姬) 같은 사람은 각자 가전에 붙어 있다. 이와 같은 부류는 동시에 겸해서 쓰지 않는다. 나머지는 다만 순서대로 찾아서 자질과 행실이 더욱 높고 빼어

은 「전」을 쓰는 사람이 있고 충의와 순량은 금석문에 이름을 새기는데 설령 그런 사람이 세상에 자주 나타나지 않더라도 나타나는 일이 한쪽에 있는 것이 아니라면 태사가 찾아서 빠짐없이 모으기 때문에 기록하기 쉽다. 절개가 굳은 여자와 절개를 지킨 여자는 지위가 낮으면 자취가 드러나지 않지만 큰 뜻을 지킨 것은 인륜의 으뜸이다. 지방에 이런 사람이 없지 않고 이런 사람에게 이런 사실이 없지 않으나 조정의 사신은 멀리 있기 때문에 고르기 어렵고[3] 여론은 익숙하기 때문에 당연하다고 생각한다. 불행하게도 때를 만나지 못하거나 때를 만났어도 맡긴 사람이 적임자가 아니라면 비록 뛰어난 행실과 절개가 있더라도 풀이나 나무와 마찬가지로 시들어 버리니 어찌 안타깝지 않은가! 예전의 『영청현지』에는 열녀의 성씨가 드문데 글을 조사해도 사실을 헤아리지 못한 것은 맡긴 사람이 적임자가 아니기 때문이다. 예전의 「지」가 원고를 완성한 때부터 새로운 「지」가 아직 편집되기 전까지 수십 년 동안 대략 기록할 만한 것이 없다면 때를 만나지 못했기 때문이다. 이제 여기서 널리 고르고 널리 물어 행실을 상세하게 갖춰서 「열전」에 함께 할 수 있다면, 이것은 그들의 행운이 아니겠는가? 그들이 때를 만난 것을 기뻐하기 때문에 때를 만나지 못한 사람들을 깊이 슬퍼한다![4]

열녀라는 이름은 유향을 본뜬 것이지[5] 절개가 굳은 열녀(烈女)를 뜻하는 것이 아니다. 반소가 중시한 것은 학인데[6] 그가 만약 남자였다면 「유림전」에 뽑혔을 것이다. 채염이 보여준 것은 자질인데[7] 그가 만약 남자였다면 「문원전」의 인재가 되었을 것이다. 유지기는 범엽의 『후한서』가

난 사람은 꼭 한 가지 조촐한 행실과 마음에 맡길 필요가 없을 뿐이다." 위수는 자가 백기라는 것은 「사덕」의 주10을 보라. 『위서』에는 「열녀전」이 있다.

3 「화주지 예문서 서례」의 주65를 보라.

4 나는 이렇게 생각한다. 이 단락은 열녀들의 「전」을 지어서 사람들에게 알려지는 것이 다행이라고 말한다.

5 「고문십폐」의 주43을 보라.

6 「경해 하」의 주20을 보라.

7 「부학」의 주24를 보라.

채염의 「전」을 지은 것을 나무랐는데[8] 그의 주장은 대단히 잘못되었다. 그러나 후세의 역사서는 정해진 법칙으로 받들고 「절열문」[節烈一門]을 전문적으로 썼다. 그래서 그런 의례를 넓힌다면 역사서는 남자에게 「충신전」만 갖추면 충분할 것이다. 이것은 분류를 모르는 것이다. 영청현의 열녀 가운데 본디 문원이나 유림에 뽑힌 사람은 없지만 서른 살이 되기 전에 지아비가 죽고 나이 쉰을 먹도록 그 사이에 홀어미로 살았다면 꼭 삼십 년을 채운 셈이다. 홀어미가 불행하게 젊은 나이에 죽었어도 역시 십오 년 이상 홀어미로 살았거나 마흔을 넘긴 사람은 율령이 이와 같아서는 안 된다.[9] 여자의 덕성이 훌륭한지 훌륭하지 않은지는 나이로 한정 지을 수 없다. 공보목백[穆伯]이 죽었을 때가 꼭 경강(敬姜)이 서른 살 이전이었던 것도 아니고[10] 기량의 아내가 죽은 때[11]가 꼭 거나라와 싸운

8 『사통』 「인물」은 이러하다. "동한이라는 시대를 살펴보면 진가(秦嘉)의 아내 서씨(徐氏)처럼 훌륭한 여자들은 행동이 예의에 부합하고 말이 법도에 맞는데 자기 몸을 훼손하여 재가하지 않고 슬프고 가슴 아파하면서 지아비 없는 삶을 가슴 아파하니, 이것은 자질과 덕성이 모두 아름다운 것이다. 동사의 아내 채염은 오랑캐 자식을 낳고 오랑캐 마을에서 욕을 보았다. 문사는 여유가 있지만 절개는 부족하니, 이것은 언행이 서로 어그러지는 것이다. 범엽 『후한서』의 「전」 가운데 「열녀전」이라고 표시한 곳에서는 서씨의 깨끗함은 열거하지 않았지만 채염은 글에 나타나니 붉은빛 붓[彤管]을 든 여사에게 수록하라고 시킬 때 장차 어찌 기준이나 본보기로 삼을 수 있겠는가?"

9 『대청회전』 권30 「예부」는 이러하다. "절개를 지킨 여자는 아내든 첩이든 막론하고 서른 살 이전부터 절개를 지켜 쉰 살이 되었거나 또는 나이 쉰이 되지 않았어도 절개를 지킨 지 이미 십오 년이 되었는데 만약 효행과 절의를 갖추어 완전하고 운이 나빠 괴로워하면서도 근심을 견뎌낸 사람은 모두 정표(旌表)를 허용한다." 『대청회전사례』(大淸會典事例) 권404는 이러하다. "가경 6년 절부(節婦)의 정표를 허용할 것인지 논의했다. 기존의 방안은 '나이가 마흔을 넘고 죽은'이라는 말에 얽매여 스무 살 이전에 절개를 지키기 시작해서 마흔 살 이전에 병으로 죽은 여자는 자격에 맞는 사람처럼 정전(旌典)을 받을 수 없다고 구실아치들[係屬]이 『대청회전사례』의 의도를 오해하는 일을 초래했다. 이후 팔기(八旗) 및 각 성의 주방(駐防)은 만약 이처럼 절개를 지키고 있지만 나이가 아직 마흔이 되지 않은 여자가 있거나, 절개를 지킨 지가 십오 년이 지나고 죽은 사람을 조사하여 밝히고 일체의 모든 것을 예부에 묻고 결정해 달라고 문서로 물어서 청구하라."

10 「부학」의 주18을 보라.

11 『열녀전』 4는 이러하다. "기량의 아내는 제나라 기량식(杞梁殖)의 아내이다. 장공이

지 십오 년 이상이 지날 필요도 없다. 이것을 근거로 헤아리고 찾아야만 참과 거짓을 조사할 때 다시 나이에 얽매이지 않는다. 주와 현의 책은 가깝기 때문에 가릴 때 내용을 증명하기 쉽고 율령처럼 포괄하는 것이 많아서 제한하지 않을 수 없는 것도 아니다.[12]

사마천과 반고의 책은 열녀를 적지 않았지만 적지 않은 것도 아니다. 파청(巴淸)은 『사기』 「화식열전」에 서술했고[13] 탁문군은 「사마상여열전」에 덧붙였으며[14] 당산부인[唐山]은 『한서』 「예문지」에 들어가고[15] 제영(緹縈)은 「형법지」[刑志]에 보이는데[16] 절개도 있고 효성스럽기도 하며 배운

거나라를 습격할 때 기량식은 싸우다가 죽었다. 기량의 아내는 아들이 없고 시댁과 친정에 모두 다섯 가지 상복을 입을 친척도 없었다. 지아비를 장사 지낸 뒤 결국 치수로 달려가 죽었다." 따로 「부학」의 주21을 보라.

12 나는 이렇게 생각한다. 이 단락은 열녀가 절개를 굳세게 지키는 여자에 한정되지 않는다는 것을 말한다.

13 『사기』 「화식열전」은 이러하다. "파촉에는 청(淸)이라는 홀어미가 있었는데 그 선조가 단사를 캐는 동굴[丹穴]을 얻어서 대대로 이익을 독점했으며 집안도 역시 헐뜯음을 당하지 않았다. 청은 홀어미였지만 자신의 가업을 잘 지키고 재물을 써서 자신을 지키고 남에게 침범당하지 않았다. 진나라 시황제[秦皇帝]는 그를 곧은 여자[貞婦]라고 생각해서 손님으로 대우하고 그를 위해 여회청대(女懷淸臺)를 지어 주었다."

14 『사기』 「사마상여열전」은 이러하다. "임공(臨邛)의 부자인 탁왕손(卓王孫)에게 문군(文君)이라는 딸이 있었는데 홀어미가 된 지 얼마 되지 않았다. 사마상여가 임공에 갈 때 수레와 기병을 따르게 했는데 한가롭고 우아한 모습이 대단히 도시적이었다. 사마상여가 탁왕손 집에서 술을 마실 때 거문고를 탔는데 탁문군이 몰래 지게문 뒤에서 그를 훔쳐보았고 마음이 즐거워져서 그를 좋아하게 되었는데 사마상여를 맞지 못할 것을 두려워하게 되었다. 술자리가 끝나고 사마상여는 이내 사람을 시켜서 탁문군을 모시는 사람에게 후한 선물을 주고 은근한 마음을 전하게 했다. 탁문군은 밤에 사라져 사마상여에게 도망쳤다."

15 『한서』 「예악지」 "방중사악은 고조의 당산부인이 지은 것이다." 주는 복건을 인용하여 이렇게 말한다. "고조의 후궁이다." 위소는 이렇게 말한다. "당산은 성이다." 여기서 「예문지」라고 말한 것은 잘못되었다.

16 『한서』 「형법지」는 이러하다. "문제가 즉위한 지 십삼 년이 지나고 제나라 태창 영 순우의[淳于公]가 죄를 지어 형벌을 받게 되었는데 황제가 직접 챙기는 사건[詔獄]이라서 장안으로 끌려 왔다. 순우의는 아들이 없고 딸만 다섯이 있었다. 체포되어 끌려갈 때가 되어 딸들을 이렇게 욕했다. '자식을 낳아도 아들을 낳지 못하니 위급한 때가 되어도 보태주는 것이 없구나!' 작은 딸 제영(緹縈)은 마음이 상해서 슬퍼 울다가 이내 아버지를 따라 장안으로 가서 글을 바쳐 이렇게 말했다. '제 아버지가 구실아치를 할 때 제나라 사람들은 모두 청렴하고 공평하다고 칭찬했는데 이제 법

것도 있고 문학적 재능도 있는 사람이 많아서 끊이지 않는다. 양창에게만 지혜로운 아내가 있거나[17] 주매신에게만 어리석은 아내가 있는 것도 아니다.[18] 사마천과 반고의 방법은 간단하여 아직 『춘추좌전』과 『국어』가 남긴 기풍을 보존하고 있기 때문에[19] 자질구레하게 사람을 구분하

에 걸려서 형벌을 받게 되었습니다. 죽은 사람은 다시 살아나지 못하고 형벌을 받은 사람은 다시 벼슬을 하지 못하는 것이 마음 아픕니다. 나중에 비록 잘못을 고치고 자기를 새롭게 하고자 해도 근거로 삼을 길이 없습니다. 저는 관청의 계집종으로 몰수되어 들어가 아버지의 형벌과 죄를 대신하고 아버지 자신은 새로워질 수 있도록 해주시길 바랍니다.' 글을 천자에게 아뢰었다. 천자는 그 의도를 가엽게 여기고 슬퍼하여 드디어 신체형[肉刑]은 없애라는 명령을 내렸다."

17 『한서』「양창전」(楊敞傳)은 이러하다. "소제가 세상을 뜨고 창읍왕(昌邑王)이 뽑혀서 즉위했는데 음탕하고 난잡했다. 대장군 곽광은 거기장군 장안세와 창읍왕을 폐위시키고 다른 황제를 바꿔서 세우고자 모의했다. 논의가 정해진 뒤에 대사농 전연년(田延年)을 시켜 양창에게 알렸다. 양창은 놀라고 두려워서 무슨 말을 해야 할지 모르고 땀이 흘러 등을 흠뻑 적신 채 그저 예, 예 할 뿐이었다. 전연년이 일어나서 옷을 갈아입으러 갔다. 양창의 아내가 갑자기 동쪽 골방[東廂]에서 양창에게 이렇게 말했다. '이것은 나라의 큰일입니다. 지금 대장군의 논의가 이미 정해졌고 구경을 보내 그대에게 알리게 했습니다. 그대가 빨리 응해서 대장군과 한마음이라고 하지 않는다면 우물쭈물하는 것과 같으니 일을 벌이기 전에 그대부터 죽일 것입니다!' 전연년이 뒤따라 옷을 갈아입고 돌아왔다. 양창의 아내는 전연년과 자리를 함께 하여 이야기하고 허락하면서 대장군의 가르침과 명령을 받들기를 청했다. 드디어 함께 창읍왕을 폐위시키고 선제를 세웠다." 나는 이렇게 생각한다. 양창의 아내는 사마천의 딸이고 양운의 어머니이다.

18 『한서』「주매신전」(朱買臣傳)은 이러하다. "주매신은 자가 옹자(翁子)이고 오 출신이다. 집안이 가난했지만 책을 읽기 좋아하고 생업은 돌보지 않았다. 늘 땔나무를 베어다 팔면서 먹고 살았다. 묶은 땔나무를 짊어지고 걸어가면서도 책을 외웠다. 그 아내도 역시 등에 지거나 머리에 이고 따라가면서 주매신에게 길에서 노래하지 말라고 여러 번 그만두게 했다. 주매신은 더욱 큰 소리로 노래를 불렀다. 아내가 그를 부끄러워하여 떠나게 해달라고 했다. 주매신은 웃으면서 이렇게 말했다. '나는 나이 쉰이 되어야 부귀해질 것인데 이제 겨우 마흔이 넘었을 뿐이오. 당신이 고생한 지 오래되었는데 내가 부귀해지길 기다리면 당신 공에 보답하겠소.' 아내는 성을 내며 이렇게 말했다. '당신 같은 사람이야 끝내 도랑 속에서 굶어죽을 뿐이라오! 어찌 부귀할 수 있겠소?' 주매신은 머무르게 할 수 없어서 바로 떠나겠다는 말을 들어주었다. 그 뒤 주매신이 회계 태수에 제수되어 오의 경계에 들어설 때 자기 옛 아내를 보았다. 전처와 그 남편은 길을 닦고 있었다. 주매신은 수레를 멈추게 하고 그들을 불러 뒤의 수레에 남편과 전처를 태우라고 명령했다. 태수의 관사에 도착하자 뒤쪽 밭에 두고 그들을 먹여 살렸다. 한 달 만에 전처는 스스로 목을 매 죽었다."

19 유함흔 『문사통의지어』는 이러하다. "어떤 왕조의 풍속이나 비슷한 일을 취하여 갖

고 분류하지 않았을 것이다. 이것은 마치 상산사호나 엄군평에게 「은일」이라는 제목을 달지 않고[20] 추양, 매승, 엄안, 서락을 「문원」에 적지 않는 것과도 같다.[21] 이연수의 『남사』와 『북사』는 한 사람에게서 같이 나왔는데 『북사』는 『위서』와 『수서』의 제목을 그대로 따라서 특별히 「열녀전」을 지었고 『남사』는 근거로 삼은 책에 「열녀」라는 원래 제목이 없어서 소교의 아내 양씨 이하를 「효의전」에 뒤섞어서 편집했다.[22] 결국 같은 권에서 남녀가 구별되지 않게 만들어 놓고도 따로 뜻을 취하지도 않았으니 이것은 잘못되고 어지럽다고 말할 뿐인 셈이며 사마천과 반고의 범례를 함부로 맡길 수도 없다. 같은 부류의 혈족[類族]도 「세가」가 남긴 의도이다. 왕씨, 사씨, 최씨, 노씨의 자손, 증손, 갈라진 혈족 따위[23]는 시대를 뛰어넘어 같은 편 안에 있는데(왕씨, 사씨, 최씨, 노씨는 본래 역사서가 각각 조대를 나누었지만 이씨는 한 군데로 합쳤다) 설령 이씨에게 손톱만큼이라도 나은 점이 있더라도[24] 한 가지 흠으로 다른 장점을 가릴 수 없다. 지

출 때는 어떤 사람의 평생을 갖출 필요가 없는데 널리 나타나고 곁에 나오는 것은 『춘추좌전』이나 『국어』가 남긴 기풍이다." 이것은 『사기』와 『한서』가 종류대로 구분하지 않는 것을 말한다.

20 상산사호는 「화주지열전총론」의 주2를 보라. 『한서』 「왕공양공포전」(王貢兩龔鮑傳)은 이러하다. "촉 땅에 엄준[嚴君平]이 있었는데 성도의 저자에서 점을 쳤다. 사람들은 점치는 것이 낮고 천한 직업이라고 생각했지만 많은 사람들에게 혜택을 줄 수 있었다. 도리에 어긋나고 악독하며 올바르지 못한 것을 묻는 사람이 있으면 시초와 거북 껍질에 의거하여 이익과 손해를 말해주고 남의 자식에게는 효도에 의거하여 말해주며 남의 아우에게는 순종하는 것에 의거하여 말해주고 남의 아랫사람에게는 충성에 의거하여 말해주었다. 각자 추세에 의거하여 그들을 착하게 이끌었고 말을 따르는 사람이 이미 절반도 넘는다. 하루에 몇 사람만 살펴보고 하루에 백전만 벌면 자급자족했기 때문에, 점방을 닫고 발을 드리운 뒤 『노자』를 가르쳤다. 책을 두루 읽어서 통달하지 않은 것이 없었고 노자와 엄주(嚴周, 다름 아니라 장주(莊周)이다)의 뜻에 의거하여 십만여 자의 책을 지었다. 나이 아흔이 넘은 뒤에 자기 학업을 마쳤다."

21 「서교 중」의 주19 및 주20을 보라.

22 『북사』에는 「열녀전」이 있다. 『남사』 「효의전」(孝義傳) 끄트머리에 소예명(蕭叡明)의 누나 소문영[文英]과 소교의 아내 양씨 등의 「전」이 붙어 있다. 『남사』와 『북사』는 「석통」의 주37을 보라.

23 「영청현지 사족표 서례」의 주15를 보라.

금 「열녀」라는 편은 스스로 의례를 세웠다. 거기 서로 얽혀서 관련된 것 가운데는 시어머니 연세가 높지만 아름다운 덕이 있는 경우도 있고[25] 며느리가 어리지만 향기로운 모범을 드러내는 경우도 있기 때문에 모두 유향의 범례를 끌어와서(유향의 범례는 열녀가 여자의 행실을 벌여 배열하는 것이지 절개를 굳게 지키는 여자에게만 얽매이지 않는 것이다. 시어머니와 며느리를 함께 붙이는 것도 또한 「세가」의 일반적인 의도이다) 모두 합치고 엮는 것은 이른바 남이 버린 것을 내가 가지는 것이다.[26] 어떤 일은 삼종지도와 연결되고[27] 행실은 같은 혈족이 잘 알며 비록 이것이 절개 굳은 올바른 글이라도 역시 분야를 따로 내서(유씨가 절개를 지킨 것을 「의문열전」(義門列傳)에 귀속시킨 일 따위이다) 사실이 두루 꿰뚫고 뜻이 흩어지지 않으며 표제가 기준이 되는 일에 얽매이지 않기를 바란다면 오히려 『춘추』의 가법을 얻을 수 있을 것이니 이것은 또한 남들이 합쳐도 나는 나눈다는 것이다.[28]

범엽 『후한서』의 「열전」 형식은 사람마다 각각 편이 되고 편마다 각각 「논」이 있기 때문에 사마천과 반고의 합전이 같은 말이나 사물을 모아 비교하고 가치를 판단하는 『춘추』를 스승으로 본받은 뜻을 완전히 잃었다.[29](사마천과 반고가 각 편을 나누거나 합친 데는 깊은 의도를 갖추고 있어서 범엽 『후한서』가 한 권을 완성할 수 있을 정도로 충분히 모으는 것과 다르다. 그러므로 『한서』는 분량이 대단히 많으면 차라리 상중하로 나누더라도 여전히 한 편으로 만들지언정 한 편을 나누어 일이삼으로 만들지 않는다) 「열녀전」이라는 편은 서례에서

---

24 「화주지 선거표 서례」의 주18을 보라.

25 『광아』 「석친」은 이러하다. "고(姑)는 위(威)라고 한다." 왕념손 『광아소증』은 이렇게 말한다. "『설문해자』의 '위(威)는 고(姑)이다'라는 것은 『한율』(漢律) 「부고위고」(婦告威姑)를 인용하고 있다. 위고는 다름 아니라 『이아』가 말한 군고(君姑)이다. 군과 위는 고대 성운이 서로 가깝다. 『설문해자』는 이러하다. '군(莙)은 초(艸)로 구성되어 있고 군(君)이 소리를 표시하는 부분이다. 위(威)처럼 읽는다.' 이것이 그 사례이다."

26 「설림」의 주32를 보라.

27 「부학」의 주64를 보라.

28 나는 이렇게 생각한다. 이 단락은 나누고 합치는 것을 논하며 저례 1이다.

29 「서교 상」의 주20을 보라.

명확하게 한 가지 태도만 전문으로 하지 않는다고 말하고(「자서」는 "그들의 높고 빼어남을 수록하지 한 가지 태도만 전문으로 하지 않는다"라고 말한다)[30] 오히려 순서를 뒤섞어 편집하며 사람마다 분별해서 논하지 않았는데(다른 「전」에는 가끔 한 사람의 일이 끝나면 바로 논단(論斷)을 세워 형식을 파괴한다. 여기서 나눠야만 하는데 반대로 논단이 없다) 어찌 반대로 각자 자기 잘못을 만드는가? 현재의 「지」 가운데 「열전」은 감히 함부로 나누거나 합칠 수 없어도 형식을 깨트리고 논찬을 짓지만 여기 「열녀전」이라는 편만 유향이 남긴 의도를 비교해서 쓰고 있다.(「열전」은 한 가지 태도에만 얽매이지 않고 사람마다 각각 찬을 짓는다) 각각 논하고 열거한 것은 아마 마찬가지로 『시경』의 시인이 길게 읊고 감탄한 뜻일 것이다. 사실이 일상적인 것에 속하고 뜻이 특별히 드러나지 않는 것은 다시 엮어서 서술하지 않는다.[31] 사마천이 표시한 제목이 정해진 기준에 얽매이지 않은 것(「전」의 첫머리는 바로 장정위(張廷尉)나 이장군(李將軍) 같은 부류를 칭찬한다)은 아마 춘추시대 제자백가가 의도를 가지고 편명을 지은 뜻의 유산일 것이다. 반고의 「열전」은 명칭을 빌리지 않았다. 범엽 『후한서』의 「열전」은 전부 반고 『한서』의 「열전」이 제목을 적는 방법을 쓰고 있지만 「열녀전」이라는 편은 장의 첫머리마다 모두 군망이나 지아비 이름을 쓰고 있다. 「지리지」도 아닌데 왜 지명을 첫머리에 넣는가? 또한 남자의 글도 아닌데 왜 꼭 지아비의 이름을 먼저 내놓는가? 이것은 이미 열녀라는 이름으로 부른 편의 뜻을 잃은 것이다.(아무개 씨는 아무개 군의 아무개의 아내 아무개라고 해야 맞지 아무개 군의 아무개 아내 아무개라고 말해서는 안 된다) 설령 효녀라는 칭호가 그들 앞에 걸렸다 해도 조아(曹娥)와 숙선웅(叔先雄) 두 여자에 대해[32] 범엽은 어찌 너

---

30 "그중 높고 빼어난 사람을 수록한다"라는 두 마디 말은 「열녀전서」를 보라.

31 가업당본 『장씨유서』에 따르면 이것 다음에 따로 줄을 바꿨다.

32 『후한서』 「열녀전」은 이러하다. "효녀 조아는 회계 상우 출신이다. 아버지 조우[盱]는 현악기를 잘 타고 노래를 잘 해서 무축이 되었다. 한안(漢安) 2년 오월 초닷새 상우현의 강물을 거슬러 올라가면서 파사신(婆娑神)을 맞이하다가 물에 빠져 죽었는데 주검을 찾지 못했다. 조아는 나이 열네 살이었는데 강을 따라 가면서 울부짖고

저분한 사람이 아니겠는가? 글의 첫머리에 이미 「열녀」라는 제목을 달았지만 반소를 훌륭한 어머니라고 적었다는 소리를 듣지 못했고 채염을 재주 있는 여자라고 적었다는 소리를 듣지 못했으며 황보규[皇甫]의 아내가 절개가 굳은 아내라는 칭찬을 듣지 못했고 방씨(龐氏)의 아내가 효성스러운 며느리라는 칭찬을 듣지 못했다.[33] 그래서 조아와 숙선웅에게 아

곡을 하면서 밤낮으로 그만두지 않아서 귀가 먹을 지경이었다. 열이레가 지난 뒤 결국 강에 뛰어들어 죽었다. 원가 원년에 이르러 상우현의 우두머리 도상(度尙)이 조아를 강의 남쪽 길옆에 고쳐서 장사지내고 그를 위해 비석을 세웠다." 주는 이러하다. "『회계전록』은 이렇게 말한다. 도상 아우의 아들인 한단 출신 도순[淳]이 비문을 지었다. 나중에 채옹이 '황견유부외손제구'(黃絹幼婦外孫齏臼)라는 여덟 글자를 적었다." 또한 "효녀 숙선웅(叔先雄)은 건위(犍爲) 출신이다. 아버지 숙선이화[泥和]는 영건 연간 초에 현 공조가 되었다. 현의 우두머리는 격(檄)을 바치고 파군 태수에게 아뢰라고 숙선이화를 보냈다. 배를 타고 가다가 소용돌이치는 급류에 떨어져 죽었는데 주검이 없이 불귀의 객이 되었다. 숙선웅은 분하고 억울하다고 느끼고 늘 생각하며 밤낮으로 울부짖다가 더 이상 못 살겠다는 마음이 들어서 물에 빠져 자살하려고 늘 생각하고 있었다. 자기 아들딸 두 명과 나란히 여러 해를 살았는데 숙선웅은 이내 각자 주머니를 만들어서 구슬을 채운 뒤 아이들에게 묶어주고 영원히 헤어진다는 말을 자주 했다. 집안사람들은 늘 그를 말려서 못하게 했지만 백여 일이 지난 뒤 조금 느슨해졌다. 숙선웅은 그래서 작은 배를 타고 가다가 아버지가 물에 떨어진 곳에서 통곡하고 결국 스스로 물에 뛰어들어 죽었다. 아우 숙선현[賢]은 그날 저녁 숙선웅이 엿새가 지난 뒤 아버지와 함께 나올 것이라고 알려주는 꿈을 꾸었다. 때가 되어서 살피고 있는데 과연 아버지와 서로 손을 잡고 강 위로 떠올랐다. 군과 현에서 세상에 널리 알려 드러내고 숙선웅을 위해 비석을 세웠으며 그 모습을 그림으로 그렸다." 이것은 효녀라는 이름을 붙이는 것이 맞지 않다는 것을 가리킨다.

역주_ 黃絹幼婦外孫齏臼는 두 글자씩 끊어서 파자해야 읽을 수 있는 수수께끼이다. 黃絹은 물들인 비단, 곧 색사(色糸)이니 합치면 절(絶)이고 幼婦는 소녀(少女)이니 합치면 묘(妙)이며 外孫은 딸의 아들이니 합치면 호(好)이고 齏臼는 매운 양념을 빻는[受辛] 절구이니 합치면 사(辭)이다. 파자해서 합친 글자를 더하면 절묘호사(絶妙好辭), 곧 절묘하게 좋은 말이란 뜻이다.

33 『후한서』「열녀전」은 이러하다. "안정 황보규(皇甫規)의 아내는 어느 집안 딸인지 모른다. 황보규는 처음에 본부인[室家]을 여의고 나중에 다시 그에게 장가들었다. 아내는 글을 잘 짓고 초서를 잘 써서 때때로 황보규를 위해 서기 역할도 했는데 많은 사람들이 그 정교함을 괴이쩍게 여겼다. 황보규가 죽을 당시 아내는 나이가 여전히 한창이고 용모와 안색이 아름다웠다. 나중에 동탁이 상국이 되자 그 명성을 받들어서 장식한 큰 수레[軿輜] 백 대, 말 스무 필을 보내서 불러들이고 사내종과 계집종, 돈과 비단으로 길을 메웠다. 황보규의 아내는 이내 가벼운 옷차림으로 동탁의 대문 앞에 가서 꿇어 앉아 자신의 사정을 아뢰고 부탁했는데 가슴이 시큰거릴 정도

름다운 말을 더하여 꾸민 것이 또한 어찌 사실에 따라 곧장 쓰더라도 좋고 나쁜 것이 저절로 드러나는 『춘추』와 같겠는가? 세상의 보잘 것 없는 글짓기에는 열녀가 행한 일의 순서를 매기면서 성씨조차 쓰지 않은 경우도 있는 지경이니 바로 절개가 굳은 여자니 절개를 지킨 여자라는 말로 성명을 대신하는 것이 어찌 과거 시험의 제의에서 파제(破題)할 때 사람의 이름을 부르지 않고[34] 성인, 대현(大賢), 현자, 시인(時人)이라고 부르는 범례와 다르겠는가? 차츰 이렇게 만든 화근이 사실 범엽이다.[35] 이제 여자의 성씨를 모든 장의 처음에 놓고 지아비의 이름과 아버지의 혈족을 다음에 편집하며 또한 그의 촌락을 상세하게 쓴 다음에 향이나 현을 가르고 헤아려 증명한다. 절개가 굳고 잘 지키며 효성스러운 사실은 글을 살펴보면 저절로 알게 될 테고 다시 제목을 억지로 찢지 않아도 살펴

로 말이 대단히 슬펐다. 동탁은 전노(傳奴)와 시자(侍者)에게 모두 칼을 뽑아들고 에워싸라고 하고 이렇게 말했다. '내 위엄 있는 가르침은 바람에 풀이 쓰러지듯 천하를 호령하고자 하는데 어찌 일개 아녀자에게 시행하지 못할쏘냐?' 황보규의 아내는 피하지 못할 것을 알고 이내 일어서서 동탁을 이렇게 욕했다. '너, 오랑캐 종자[羌胡之種]야, 천하를 망치고 해를 끼치고도 오히려 부족하냐? 돌아가신 내 남편은 맑은 덕이 대대로 전해진 훌륭한 집안사람이다. 황보씨는 문무에 뛰어난 자질을 가진 사람들이고 한나라의 충신이다. 네 아비가 황보씨 집안에서 뛰어다니고 부리던 구실아치 아니더냐? 감히 예의에 어긋나는 짓을 그런 집안의 부인에게 행하려고 하는 게냐?' 동탁이 이내 수레를 뜰 안으로 끌어들이고 목에다 멍에를 씌운 뒤 채찍으로 내려치기를 번갈아가며 했다. 황보규의 아내는 몽둥이를 쥔 사람에게 이렇게 말한다. '어찌 세게 치지 않느냐? 빨리 죽이는 것이 은혜를 베푸는 것이다.' 결국 수레 아래에서 죽었다. 후세인들이 그림을 그리고 예의 으뜸[禮宗]이라고 불렀다 한다." 방씨의 아내는 『삼국지』에도 역시 나타나고 「전기」의 주17에 상세하다.

34 『일지록』 16은 이러하다. "경의라는 글은 세상에 널리 퍼진 풍속이 팔고라고 부른다. 처음 시작할 때 두 구절이나 서너 구절을 파제(破題)라고 한다. 대체로 짝을 이룬 구절이 많은데 이것은 송나라 때 사람들이 계속 전한 격식이다." 원주는 이러하다. "당나라 때 사람들의 부격(賦格)에 뿌리를 둔다."

역주_ 파제는 과거 시험을 볼 때 답안으로 쓰는 시의 첫머리에 시험 문제의 뜻을 들추어 내는 것이다.

35 『시』 「대아」 "첨앙"(瞻卬)은 이러하다. "여자가 혀가 길면 재앙의 사다리가 된다네." 정현 「전」은 이러하다. "장설(長舌)은 말이 많은 것을 비유하고 이것은 왕이 큰 재앙을 내리는 사다리이다. 계(階)는 오르내릴 때 말미암는 것이다." 이것은 범엽이 시작한 잘못을 가리킨다.

보는 사람이 상세하게 알 수 있을 것이다.[36](여자가 성을 부를 때는 장(張)이라고 해도 되고 이(李)라고 해도 된다. 요즘 사람들은 절개를 지킨 여자나 절개가 굳은 여자라고 부르지 않고 바로 '씨'라고 부르지만 옛사람에게 이런 범례는 없다. 절개를 지킨 여자와 절개가 굳은 여자라고 부르는 것은 파제이고 그를 씨라고 부르는 것은 소송을 위한 고소장[呈狀]의 형식이다)

앞뒤는 대략 시대에 따라 순서를 정한다. 그가 같은 혈족 출신이라면 한 곳에 합치고 시대를 상세하게 알 수 없어도 대략 그 안에 붙인다.[37]

서술할 만한 사실이 없어도 그가 혼인한 세월 및 지금 살아 있다면 나이를 꼭 상세하게 말하는데 그가 다른 사람을 서술할 때와 여기서 조금 다를 뿐이다. 아! 어떤 사람은 이것을 너저분하게 여기지 않는다.[38](나이를 싣지 않은 것은 그것을 물어도 알 수 없기 때문일 뿐이다)

---

36 나는 이렇게 생각한다. 이 단락은 전찬과 표제를 논하며 저례 2이다.

37 나는 이렇게 생각한다. 이 단락은 전차를 논하며 저례 3이다.

38 나는 이렇게 생각한다. 이 단락은 계년(係年)을 논하며 저례 4이다.

영청현지 궐방열전 서례(永清縣志闕訪列傳序例)

역사가가 글을 비워두는 뜻은 『춘추』에 갖춰져 있다.[1] 서한과 동한 이래로 복생과 정현이 경을 전수하고[2] 사마천과 반고가 역사서를 지었는데 경사는 스승의 학설을 지키고[3] 역사가는 탁월한 판단력을 취했기 때문에 육예에는 내용이 빠진 글이 있지만 『춘추』의 세 가지 「전」에는 서로 남기는 범례가 없다.(『춘추공양전』이나 『춘추곡량전』이 달리 들은 것을 『춘추좌전』은 적지 않았다. 『춘추좌전』이 따로 본 것을 『춘추공양전』이나 『춘추곡량전』은 보

---

1 비워둔 글은 「언공 중」의 주21을 보라. 『춘추』의 곽공과 하오에 대해 두예가 빠진 글이라고 말한 것은 「화주지 궐방열전 서례」의 주3을 보라. 이것은 이른바 그 뜻이 『춘추』에 갖춰져 있다는 말이다.

2 복생은 이름이 승이라는 것은 「언공 상」의 주62를 보라. 정현은 「역교 중」의 주5를 보라.

3 『후한서』 「유림전서」는 이러하다. "만약 스승과 제자가 이어진다면 마땅히 이름을 표시하여 증명해야 하는 것은 이내 그것을 적으라고 했다." 한나라 때 유학자들이 경을 전수할 때 경에는 각각 학설이 있고 경사와 경사가 계속 이어졌으며 지켜서 잃지 않았다. 이것이 이른바 경은 경사의 학설을 지킨다는 것이다.

존하지 않았다) 「전」은 경의 귀한 글과 구별되기 때문에 거기에 속하면 주인처럼 떠받들고 나오면 종놈처럼 욕하는데 형식에 근거하여 동시에 실어도 무방할 것이다. 역사서가 올바르고 말이 하나로 통일되면 삭제할 것은 삭제해 버림으로써 기록할 것은 기록하는 일을 명확하게 만들 수 있고 범례에 근거하여 동시에 보존할 수 없는 것은 본디 그런 추세이다. 사마천은 『춘추』를 본받기 시작하여 기전체를 창조했고 전해들은 다른 말들에 대해 버리고 취하는 일을 절충했으니[4] 조심스럽다고 말할 수 있다. 그러나 나라의 책을 소장하는 석실이나 금궤에는 목독과 죽간을 남겨 놓았고[5] 명산대천을 돌아본 뒤 견문을 더하고 늘렸다.[6] 사마천의 서례 가운데 이른바 '의심스러운 것은 비워둔다'거나 '고문과 서로 어긋나고 다르다'거나 '책에 빠져서 틈이 벌어졌지만 없어진 것은 때때로 다른 이야기에 나타난다'라고 운운한 것[7]은 다만 취한 것만 드러내고 취한 근거는 밝히지 않은 것이니, 자기가 비웠다고 하면서도 그것을 비운 이유를 남기지 않았다. 이것은 발 디딘 곳이 황천까지 이른다고 발 디딘 곳 이외에는 모두 버리는 물건이 된 것이다.[8] 공자는 이렇게 말한다. "많이

4 전해들은 다른 말은 「경해 상」의 주13을 보라. 절충은 「역교 하」의 주50을 보라.

5 『사기』 「태사공자서」는 이러하다. "사기(史記), 석실, 금궤의 책을 뽑았다." 『사기색은』은 이러하다. "나는 이렇게 생각한다. 석실과 금궤는 모두 국가가 책을 소장하는 곳이다." 『예기』 「중용」은 이러하다. "문왕과 무왕의 정사는 목판과 죽간에 기록되어 있다."

6 소철 「상한태위서」(上韓太尉書)는 이러하다. "사마천은 천하를 다니며 천하의 유명한 산과 큰 강물을 두루 살펴보았습니다. 연나라와 조나라 사이의 재주와 지혜가 뛰어난 호걸이나 준걸과 사귀었기 때문에 그 글은 수더분하고 호탕하여 대단히 기이한 기운이 있습니다."

7 '의심스러운 것은 비워둔다' 구절은 「고조후공신년표서」(高祖侯功臣年表序)의 글이다. '고문과 서로 어긋나고 다르다' 구절은 「삼대세표서」의 글이다. '책에 빠져서 틈이 벌어졌지만 없어진 것은 때때로 다른 이야기에 나타난다' 구절은 「오제본기찬」의 글이다. 여러 가지 말은 의심스러운 것은 비워둔다는 『사기』의 의례를 보라.

8 『장자』 「외물」은 이러하다. "혜자가 장자에게 이렇게 말했다. '그대 말은 쓸모가 없소.' 장자는 대답했다. '쓸모가 없다는 것을 알고 나서 비로소 쓸모 있는 것을 말할 수 있소. 저 땅은 턱없이 넓고 크지만 사람에게 소용이 있는 것은 발이 닿는 정도면 될 뿐이오. 그렇다고 발이 닿은 곳만 재서 그것을 파내려가 황천에 이른다면 사람들

듣고서 의심스러운 것은 빼놓고 나머지를 조심스럽게 말한다."[9] 듣는 것은 많이 들으려고 하지만 의심스러운 것은 비워둔 채 남긴다면 지극히 조심스러운 것이다. 사마천과 반고 이후로 믿음직스러운 것은 보존하지만 의심스러운 것은 기록하지 않고 기다렸다가 찾고 이것이 이른바 의심스러운 것은 삭제할 뿐이라는 것인데 무슨 비워두는 일이 또 있겠는가?[10]

의심스러운 것을 비워두는 범례에는 세 가지가 있다. 한 가지 사실에 대해 두 가지 「전」이 있지만 하나로 절충하기 어려운 것이 있는데 『춘추』가 진나라 제후 포(鮑)가 죽었다고 쓰면서 동시에 갑술과 기축이라는 글을 남긴 것이 이것이다.[11] 예전에 글을 지었지만 지금 주장이 없어진 것이 있는데 『춘추』가 하오(夏五)와 곽공(郭公)을 적은 법도가 이것이다.[12] 보고 들은 것을 조심해서 쓰고 스스로 풀이하지 않는 것이 있는데 항성이 보이지 않았다고 『춘추』가 썼지만 항성이 떨어졌다고 말하지 않은 것이 이것이다.[13] 한비자의 「저설」은 춘추시대의 사실을 늘어놓고 편집

에게 아직 쓸모가 있겠소?' 혜자는 이렇게 대답했다. '쓸모가 없소.' 장자는 이렇게 말했다. '그렇다면 쓸모없는 것이 쓸모가 있다는 것도 역시 분명한 것이오.'"

9 『논어』「위정」은 이러하다. "선생님은 이렇게 말씀하셨다. '많이 듣고서 의심스러운 것은 빼놓고 그 나머지를 조심스럽게 말하면 허물이 적다.'"

10 나는 이렇게 생각한다. 이 단락은 역사서가 의심스러운 것은 비워두고 찾을 때까지 기다려야만 한다고 말한다.

11 『춘추좌전』「환공 5년」은 이러하다. "봄 정월 갑술일과 기축일에 진나라 제후가 세상을 떠났다고 두 번 썼다. 다시 부고를 알렸기 때문이다. 이때 진나라는 어지러워서 문공의 아들 타(佗)가 태자 면(免)을 죽이고 그를 대신했다. 진나라 환공이 병이 들고 난리가 나자 진나라 사람들이 흩어졌기 때문에 다시 부고를 알린 것이다." 두예 주는 이러하다. "갑술일은 지난해 섣달 이십일 일이다. 기축일은 올해 정월 초엿새이다. 진나라가 어지러웠기 때문에 두 번 부고를 알렸다. 부고를 알린 날짜가 비록 다르지만 모두 정월이라고 글을 시작했기 때문에 다만 정월이라고 썼다. 조심스럽고 의심하여 일을 살피기 때문에 부고가 온 것을 따라서 두 번 쓴 것이다." 『춘추곡량전』은 이러하다. "『춘추』의 뜻은 믿음직스러운 것을 믿음직스럽게 전하고 의심스러운 것을 의심스럽게 전한다. 진나라 제후는 갑술일에 나가고 기축일에 받았기 때문에 죽은 날짜를 모른다. 그러므로 두 날짜를 들어서 포함시켰다."

12 「화주지 궐방열전 서례」의 주3을 보라.

하다가 다른 점이 있으면 반드시 누구는 이러쿵저러쿵 말했다는 말을 보태서 본문 다음에 드러내는데[14] 이것은 『춘추』의 갑술과 기축의 범례일 것이다. 맹자는 맹헌자의 친구 다섯 명을 말하면서 겨우 두 사람만 드러낸 것[15]은 『춘추』의 곽공과 하오의 범례일 것이다. 『예기』 「단궁」이 말이 놀라는 바람에 크게 졌다고 썼지만 말이 빗나간 화살에 맞았다고 쓰지 않은 것[16]은 항성이 보이지 않았다는 『춘추』의 범례일 것이다. 사마천과 반고 이후로 보고 들은 것을 써서 의도를 보이는 일이 아마 생겼을 테지만 한 가지 일에 대해 두 가지로 쓰는 것이나 사실의 목록을 비워두었다는 소리는 결코 들어본 적이 없다. 경의 글이 「전」을 얻어야 명백해진다면 역사서를 쓰는 방법은 자기가 쓰고 자기가 풀이하는 것이 불편하기 때문에 따로 편명을 남겨둔 채 의심스러운 것은 비워두고 기

---

13 『춘추』 「장공 7년」은 이러하다. "여름 사월 신묘일 밤에 항성이 보이지 않았다. 한밤중에 별이 비 오듯 떨어졌다." 『춘추좌전』은 이러하다. "항성이 보이지 않은 것은 밤이 밝았기 때문이다. 별이 비 오듯 떨어진 것은 비와 함께 떨어졌기 때문이다."

14 『한비자』 「외저설」 제34는 이러하다. "관중이 제나라 재상이 되어 이렇게 말했다. '제 신분이 높아졌지만 저는 가난합니다.' 환공은 이렇게 말했다. '그대에게 삼귀(三歸)의 집안을 주겠소.' 관중은 이렇게 말했다. '저는 부유해지겠지만 신분은 여전히 낮습니다.' 환공은 그를 고씨와 국씨 위에 세웠다. 관중은 이렇게 말했다. '제 신분은 이제 존귀해졌습니다만 저는 임금의 집안과 서먹합니다.' 그래서 그를 중부(仲父)로 세워 아버지처럼 받들었다. 공자는 듣고서 그를 이렇게 비난했다. '오만불손하고 임금을 넘볼 정도이다.' 어떤 사람은 이렇게 말했다. '관중[管仲父]이 외출할 때 붉은빛 덮개를 수레 위에 씌우고 푸른 옷을 입힌 부하를 거느렸으며 음악 연주를 들으면서 밥을 먹고 뜰에는 청동기를 늘어놓았으며 집에는 삼귀(三歸)가 있습니다.' 공자는 이렇게 말했다. '훌륭한 대부이지만 사치스러움은 임금을 넘볼 정도이다.'"

15 『맹자』 「만장 하」는 이러하다. "맹헌자(孟獻子)는 전차 백 승을 가진 집안인데 벗이 다섯 사람 있었다. 악정구(樂正裘)와 목중(牧仲)인데 그 세 사람은 내가 잊어버렸다."

16 『예기』 「단궁 상」은 이러하다. "노나라 장공이 송나라와 승구에서 싸웠다. 현분보가 장공의 전차를 몰고 복국이 거우였다. 말이 놀라 수레가 쓰러지니 장공이 수레에서 떨어졌다. 좌거가 말고삐를 주었다. 장공은 이렇게 말했다. '하찮은 놈이로구나, 복국은.' 현분보가 이렇게 말했다. '다른 날엔 말이 쓰러지지 않았는데 지금 쓰러진 것은 용기가 없기 때문입니다.' 드디어 전투 중에 죽었다. 어인이 말을 씻기다 보니 빗나간 화살이 말의 다리 사이에 꽂혀 있었다. 장공은 이렇게 말했다. '그들의 죄가 아니었다.' 드디어 그들의 업적을 뇌문으로 지었다. 사에게 뇌문이 있게 된 것은 여기서부터 시작된 것이다."

다렸다가 찾아서 명백하게 적는 일이 형식을 해치는 것은 보지 못했다.[17]

역사서에 비워두었다가 찾는 글이 없으면 폐단이 열 가지이다. 한갓 개인적인 견해로 모든 주장을 절충했는데 조금 맞지 않게 되면 후세인이 변별하여 바로잡을 근거가 없다. 이것이 첫 번째 폐단이다. 재능 있는 선비의 의도는 기이한 것을 좋아하고 문인의 뜻은 잘라주기 어려워하므로 그들이 분수에 맞지 않게 뒤섞어 기록한 것이 역사서의 형식에 방해가 된다고 꺼려서 삭제하고 기록하지 않으면 또한 감정과 글이 빠지게 된다. 이것이 두 번째 폐단이다. 전해들은 것은 꼭 차이가 나는 법이고 추세는 자취를 남김없이 없애기 어렵기 때문에 큰 줄거리를 서술하여 배열하지 않는다면 소설[稗說]이나 갖가지 말들이 일어나서 뒤죽박죽 어지러워질 것이다. 이것이 세 번째 폐단이다. 처음에는 사실이 아직 상세하지 않았기 때문에 잠시 기록하지 않은 채 놔두었다가 나중에 결국 사실의 목록을 빠트리는 것은 진흙으로 빚은 소를 바닷물에 넣는 것과 대등하다.[18] 이것이 네 번째 폐단이다. 문헌[載籍]은 흩어지기는 쉽고 모으기는 어렵기 때문에 책의 줄거리를 남겨서 증명하지 않으면[19] 한 시대의 책이 결국 편명과 함께 없어지고 후세인이 비록 헤아려서 찾으려고 해도 연원에 유래가 없어진다. 이것이 다섯 번째 폐단이다. 일시적으로 보고 들은 것을 가지면 남겨서 기록하기 쉽지만 후세에 구석구석 보충하여 엮으려면 말은 번거롭고 마음은 수고스러우며 또한 사실도 얻기 어렵다. 이것이 여섯 번째 폐단이다. 『춘추』에는 입에서 귀로 전수하는 것이 있고[20] 사마천과 반고에게는 전문가의 학이 있으나 역사서의 근본은 잃어버린 지 오래되어 사마천의 외손자[21]나 반고의 누이[22] 같은 사람이

17 나는 이렇게 생각한다. 이 단락은 의심스러운 것은 비워두는 세 가지 범례를 밝힌다.

18 「주현청립지과의」의 주4를 보라.

19 『장자』 「지북유」는 이러하다. "도는 으슥하게 멀고 깊어 말로 나타낼 수 없소. 이제 그대를 위해 그 대강을 말해보겠소." 『설문해자』는 이러하다. "애(崖)는 높은 쪽이다." 『박아』(博雅)는 이러하다. "약(略)은 요(要)이다."

20 「사주」의 주3을 보라.

나타나기를 기대하기 어렵기 때문에 비워두고 찾을 것이 남지 않는다면 결국 마음에 생각하는 일이 밝혀지기 어려운 지경에 이른다.[23] 이것이 일곱 번째 폐단이다. 정사의 「열전」이 의도를 세워서 편명을 붙이는 것은 「노장신한열전」이나 「굴가열전」 따위이고[24] 제목을 표시하고 종류대로 서술하는 것은 「순리열전」이나 「유림열전」 따위이다.[25] 사법에 모두 정해진 형식이 있어서 엮을 수 있는 보조적인 글이 결코 남지 않고 간단하지만 상세하지 않고 의심스럽지만 결정하기 어려운 일도 비워두었다가 찾을 글에 남지 않기 때문에 어쩔 수 없이 본문에 붙여야 하는데 종류대로 모으는 범례가 맑지 못하게 되어 문사가 순수하고 깨끗하다고 하기 어렵다. 이것이 여덟 번째 폐단이다. 역사를 편찬하는 관청을 열어 책을 편찬하면[26] 옳고 그름을 따지는 일이 시끄럽게 일어나고 아들과 손

---

21 양운을 말한다. 『한서』 「양운전」(楊惲傳)은 이러하다. "양운은 자가 자유(子幼)이다. 양운의 어머니는 사마천의 딸이다. 양운이 처음 외할아버지의 『태사공기』(太史公記)를 읽고 『춘추』라고 생각했는데 재능이 있다는 칭찬을 들었다." 『사기』가 양운으로 말미암아 널리 퍼졌다는 것은 「사주」의 주7을 보라.

22 반소를 말한다. 반소가 이어서 『한서』를 완성한 일은 「사주」의 주8을 보라.

23 유함흔 『문사통의지어』는 이러하다. "마음에 담은 일은 알기 어렵다는 조목은 다름 아니라 기록할 것은 기록하는 일에 의거하여 삭제할 것은 삭제하는 뜻을 밝힌 것이다. 반고의 『한서』 「동방삭전」은 기록할 것은 기록하는 일에 의거하여 삭제할 것은 삭제하는 뜻을 밝히고(나는 이렇게 생각한다. 안사고 주는 이렇게 말한다. '「동방삭전」이 동방삭의 말을 상세하게 기록한 이유는 세속적인 사람들이 기이한 것을 동방삭에게 함부로 붙이기 때문일 뿐이다. 「전」이 기록하지 않은 것이 모두 사실이 아니라는 것을 밝히고자 하기 때문이다.') 다만 한 사람에게 베풀기는 쉽지만 적은 것을 취하고 많은 것을 버린다면 취한 것을 온전하게 수록하기가 그다지 힘들지 않다. 드문드문 흩어져 나타나는 일이나 의심스러워 결정할 수 없는 일 따위는 꼭 갖추어 쓸 수는 없지만 「궐방」을 따로 가다듬는 일은 그래서 더욱 요긴하다."

24 「석통」의 주58을 보라.

25 『사통』 「제목」은 이러하다. "역사서의 뒤섞인 글은 구분하여 종류대로 모으고 사실에 따라 이름을 세우는데 참으로 일정한 규칙이 없다."

26 당나라 정관 연간 초에 『수서』를 편찬할 것을 황제가 명령했다. 정관 3년 오대 때의 기전체 역사서를 편찬할 것을 황제가 명령하여 사관(史館)을 새로 마련하여 열고 재상이 편찬을 감독했는데, 이것이 역사 편찬 기구를 설치하여 책을 편찬하는 일의 시작이다. 「설림」의 주77을 보라.

자는 자신의 할아버지와 아버지를 세상에 드러내고자 하며 붕당은 각자 자신의 사사로움을 만족시키려고 한다. 만약 금석문이 증명하지 못하고 전해들은 것이 믿기 어렵다고 비워두었다가 찾을 일을 세우지 않으면서 청탁을 막는다는 것(예를 들어 사실은 여전히 빠져있지만 말은 이미 이와 같은 일이 있을 경우, 그 줄거리를 조심스럽게 보존하고 나중에 찾아보는 일을 허용한다면 설령 마음이 좁은 사람이라도 역시 뒤좇아 싸움의 실마리를 일으키지 않는다)은 한쪽으로 치우친 주장을 사양하여 물리칠 도리가 없다. 이것이 아홉 번째 폐단이다. 역사서에 탁월하고 독특한 판단력이 없는 것은 바로 관청 문서[文案]를 맡은 벼슬아치인 공목과 같다. 만약 탁월하고 독특한 판단력을 갖췄지만 비워두었다가 찾아서 구제할 일을 남기지 않는다면 자질이 공자[素王]의 자질이 아니기 때문에[27] 기록할 것은 기록하고 삭제할 것은 삭제하는 일에 틀림없이 공평함을 잃는 경우가 많을 것이다. 이것이 열 번째 폐단이다.[28]

어떤 사람이 이렇게 물었다. "역사서가 사마천과 반고에 이르러 극치에 이르렀다고 하지만 이와 같은 말이 넉넉하다는 소리는 듣지 못했습니다.[29] 오늘날 꼭 먼 옛날의 『춘추』를 범례로 삼고 가까운 시대의 『사기』와 『한서』를 받들지 않는데 후세의 역사가 가운데도 여기에 통달한

27 두예 「춘추좌씨전서」는 이러하다. "공자가 위나라로부터 노나라로 돌아온 뒤에 『춘추』를 편찬하여 임금의 덕은 있지만 임금의 자리는 없는 소왕에 즉위했고 좌구명은 소왕의 신하[素臣]가 되었다는 이야기가 있다." 공영달 소는 이러하다. "공자가 스스로 자신이 소왕이 되었기 때문에 『춘추』를 지어 소왕의 법도를 세웠다고 한다. 좌구명은 스스로 자신이 소왕의 신하가 되었기 때문에 소왕을 위해서 『춘추좌전』이라는 「전」을 지었다고 한다." 『장자』 「천도」는 이러하다. "이로써 아래 자리에 있는 것이 현성(玄聖)이나 소왕(素王)의 도이다." 주는 이러하다. "도가 있어 천하를 도로 돌아가게 하지만 작위는 없는 것이 이른바 소왕이 자신을 소중하게 여긴다는 것이다."

28 기록할 것은 기록하고 삭제할 것은 삭제하는 일은 「역교 하」의 주26을 보라. 나는 이렇게 생각한다. 이 단락은 역사서에 비워두었다가 찾는 일이 없어서 생긴 열 가지 폐단을 열거한다.

29 「화주지열전총론」의 주23을 보라.

견해를 가진 사람이 있을까요?”

나는 이렇게 대답했다. “후세의 역사가들은 모두 『사기』와 『한서』가 으뜸이라 여기지만 『사기』와 『한서』가 갖추지 못한 방법은 후세인이 자기 의도대로 만들었는데 대체로 종류대로 모은 책에 가깝기 때문에 모두 사마천과 반고가 뱉어버리고 취하지 않은 것들이라네. 사마천과 반고를 재빨리 좇거나 달려간다 하더라도 오히려 미치지 못할까 두려운 판에 하물며 새로 의견을 생각해서 사마천과 반고의 실수를 구제할 수 있겠는가? 그러나 하나둘 엿본 것이 있고 자기 의도를 조금이라도 보존한 사람의 공도 남김없이 없앨 수는 없지. 진수의 『삼국지』 「촉서」는 제갈량이 사관을 세우지 않았기 때문에 촉나라의 사실은 찾아가 볼 수 없다고 생각했기 때문에 열다섯 편의 「열전」 끄트머리에 양희의 『계한보신찬』(季漢輔臣贊)과 『익부기구잡기』(益部耆舊雜記)만 취하여 보충했다네.[30] 상거 『화양국지』는 한중(漢中) 지방의 사녀 가운데 유명하고 훌륭한 사람과 절개가 굳은 사람이 있어 대대로 이어지며 오랫동안 계속 전하지만 없어진 말과 세상에 드러나지 않은 사실을 비교해볼 수 없다고 생각해서 「서지」(序志)라는 편에 모두 이름을 나열하고 기록할 것은 기록하고 삭제할 것은 삭제한 곳이 없지.[31] 이것은 많이 듣고 의심스러운 것은 비워둔

30 촉나라는 사관을 두지 않았다는 것은 「화주지 궐방열전 서례」의 주12를 보라. 「계한보신찬」은 「화주지 씨족표 서례 하」의 주2를 보라. 『삼국지』 「촉서」 “양희전”은 이러하다. “『익도기구잡기』(益都耆舊雜記)는 왕사(王嗣), 상파(常播), 위계(衛繼) 세 사람을 수록했는데 모두 유씨가 촉 땅에서 임금 노릇할 때 사람이므로 글에 수록했다.” 이것은 진수[承祚]가 촉나라 역사서에 빠진 것을 보충한 근거이다. 『사통』 「사관건치」는 이러하다. “『삼국지』 「촉서」에 따르면 왕숭(王崇)이 『동관한기』[東觀]를 보충하고 허개(許蓋)가 예의를 관장했으며 또한 극정(郤正)이 비서랑이 되어 익주의 서적을 널리 찾았다고 한다. 그렇다면 교정하는 일을 빠트리지 않았으며 글을 지은 적도 있다. 그러나 진수가 촉나라가 사관을 두지 않았다고 평한 것은 제갈량을 매우 모함하려고 한 것이 아니겠는가?” 그래서 촉나라에 사관을 두지 않았다는 학설을 유지기는 깊이 그렇지 않다고 생각했다.

31 『화양국지』 「서지」가 한중(漢中)의 사녀를 열거한 것은 「화주지 씨족표 서례 하」의 주3을 보라.

다는 뜻에 부합하는 듯하네. 안타깝게 그것이 요지와 범례를 보여주지 못했기 때문에 특별히 전문 서적을 지었지만 후세인은 뜻을 품은 내용을 찾을 짬이 없었고 그래서 결국 독립 판단의 학에 의해 지은 역사서와 종류대로 늘어놓은 역사서가 세상에 뒤를 잇지만 『춘추』의 뜻은 드러나지 않게 되었지.[32]

최근 부와 현의 방지는 으레 「인물문」이라는 것을 편집하는데 산천이나 사당과 무덤, 지방의 산물 사이에 있지만 이전 역사서의 「열전」 형식에 대해서는 다시 생각하지 않네. 풍부한 공적과 위대한 업적이나 드러나지 않는 덕행과 그윽한 빛[33]을 모두 한 치 정도 되는 제한된 줄거리에 묶어서 비율에 따라 배열하고 편집하니 대체로 종류대로 편집한 책과 같은데 형식이 이미 변변치 못해졌고 거둬들인 것도 역시 분수에 넘치고 법도가 없지. 예전의 「지」가 싣고 있는 인물은 드물지만 칭찬하고 인정하는 사이에 완전히 구별이 없으니 학문은 모두 복생이나 정현 같고 자질은 반고나 양웅과 같으며 구실아치라면 꼭 공수나 황패 같고 행실은 오로지 증삼과 사추 같다고 하네.[34] 또한 문자의 형식은 특히 통달할

---

32 나는 이렇게 생각한다. 이 단락은 비워두었다가 찾아서 「전」을 세우는 것은 『춘추』의 뜻을 뒤따르는 것이라는 말이다.

33 「힐루」의 주46을 보라.

34 복생과 정현은 앞의 주를 보라. 반고는 「서교 상」의 주22를 보라. 양웅은 「역교 상」의 주31을 보라. 『한서』 「순리전」은 이러하다. "공수는 자가 소경(少卿)이고 산양 남평양(南平陽) 출신이다. 명경으로 벼슬을 하게 되었다. 선제가 즉위하자 그를 발해(勃海) 태수로 삼았다. 공수는 나이 일흔이 넘었는데 단출한 수레로 발해의 관청에 도착하자 사람들이 대단히 집중해서 공수의 가르침과 명령을 들으려고 했으며 도적이 모두 가라앉았다. 공수가 몸소 검약을 이끌고 백성들이 농사일과 길쌈에 힘쓰라고 가르쳤다. 백성들 가운데 작은 칼이나 큰 칼을 차거나 지니고 다니는 사람은 큰 칼을 팔아서 소를 사고 작은 칼을 팔아서 송아지를 사게 했다. 구실아치와 백성들이 모두 부유하게 되었다. 몇 년이 지나고 뽑아서 수형도위에 제수했는데 벼슬에 있을 때 천수를 누리다가 죽었다." 황패는 「영청현지 정략 서례」의 주12를 보라. 『장자』 「변무」는 이러하다. "지나치게 인을 내세우는 사람은 덕성을 뽑아 버리고 본성을 막아서 유명하다는 소리를 거두려 한다. 천하의 모든 사람들이 피리 불고 북 치게 만들어서 급하지도 않은 법을 받들게 하는 짓은 잘못된 것이겠지? 그러나 증삼과 사추가 바로 그런 사람이다." 『경전석문』은 이러하다. "증사(曾史)는 증삼과 사추이다.

수 없는데 상대방이 한 말에 대응하는 인사치레 같기도 하고 안독과 공문서 같기도 하며 허투루 채워서 짝 지운 대구에는 틈틈이 시험문제집의 구절도 뒤섞여 있기 때문에 이름을 따라 내용을 따지려고[35] 책을 펼치면 아득해지지. 이와 같은 것에는 지방 사람들이 평범한 행실을 마구잡이로 수록해달라고 청탁한 것도 있고 당시 유명 인사의 사실을 전하지 못한 것도 있을 것이라네. 이름을 삭제하면 구천[九原]으로 돌아간 사람이 억울하게 될 테고 그것을 편집하면 「전」의 범례가 귀속되기 어렵지. 또한 한 가지 사실에 대해 설이 두 가지인 경우 들쭉날쭉하여 차이가 나게 마련인데 치우치는 주장을 하면 포폄이 동떨어지게 되고 동시에 실으면 오르내리는 일에 주장이 없어지게 되며 이름과 내용이 부합하는 일을 찾으려고 하면 유감이 없고 어느 자리에 두어야 하는지 어렵네. 최근 사람들은 사적에 관한 글을 적을 때 시시콜콜하고 보잘 것 없는 것도 전부 상세하게 묻고 남김없이 섬세하게 알아서 「열전」에 모두 편집하고 시대의 제한이 없지. 그 사이에 들어봄직한 성씨도 있지만 실제 행실이 드러나지 않은 사람도 종류대로 늘어놓은 책에 마구잡이로 수록하여 감출 수도 있기 때문에 그것을 역사가의 형식에 넣으면 서로 빌려주기 어렵네. 이제 비워두었다가 찾을 일을 따로 가다듬어 「열전」의 글을 같이 차지하지만 각각 목록을 만든다면 정식으로 수록한 여러 「전」과 서로 밝힐 수 있을 테지. 그래서 「열전」의 의례를 서술하여 나중에 올 사람이 자세히 조사하여 정하기를 기다릴 따름이라네."[36]

증삼은 인을 행했고 사추는 의를 행했다." 나는 이렇게 생각한다. 월아당총서본은 "사"(史)를 잘못해서 "자"(子)라고 적었는데 여기서 여러 판본에 따라 바로잡는다.

35 『북사』「신술전」은 이러하다. "이름에 따라 내용을 대질하고 새로운 것과 예전 것을 뒤섞어 열거한다."

36 나는 이렇게 생각한다. 이 단락은 비워두었다가 찾아서 「전」을 세우면 역사서에 도움이 있다는 것을 밝힌다.

영청현지 전지열전 서례(永清縣志前志列傳序例)

역사가의 저작이 완성되려면 반드시 이전 사람들의 찬술을 취한 다음에 그것을 모아서 남겨야만 가학의 연원을 변별하고 어디서 절충했는지 밝히게 된다.[1] 사마담이 여섯 학파의 학술을 헤아려 논한 것[2]은 마치 장자가 금활리와 묵자를 서술하고 순자가 열두 학파의 주장을 비난한 것일 뿐이다.[3] 사마천의 「십이제후표서」(十二諸侯表敍)는 여불위의 『여씨춘

1 두 구절은 가장 긴요하고 으뜸이 되는 줄거리를 명백하게 밝힌다. 가학은 「사주」의 주12를 보라. 절충은 「역교 하」의 주50을 보라.

2 「원도 중」의 주39를 보라.

3 『장자』 「천하」는 도술 전체를 묶어서 논한 다음에 각 학파의 학설을 나누어 서술한다. 묵가를 서술하여 이렇게 말한다. "후세에 사치를 가르치지 않고 만물을 꾸미지 않으며 도수[數度]를 어지럽히지 않고 정해진 기준으로 자신을 바로잡지 않으며 세상의 급한 일을 구제한다. 고대의 도술 가운데 여기에 있는 것이 있는데 묵적과 금활리는 그런 가르침을 듣고 기뻐했다." 『순자』 「비십이자」는 타효, 위모, 진중, 사추, 묵적, 송견, 신도, 전병, 혜시, 등석, 자사, 맹가 열두 사람의 학설을 열거하고 드러내놓고 그들을 비난했다. 사마담이 여섯 학파의 학술을 논했지만 저술의 종지는 언급하지 않은 것은 오히려 장자나 순자의 예전 것보다 옳다.

추』와 우경, 탁초, 좌구명 등 여러 춘추가의 주장에 대해 그들이 책을 지은 뜻을 반복해서 헤아려 밝히고 있는데[4] 이것이 바로 『사기』 백서른 편이 조술하는 근거이다.(사마천은 『춘추』를 이었는데 다름 아니라 우경, 여불위, 탁초, 좌구명의 의도이며 그가 분수에 넘치게 망령스럽다고 비난하는 사람도 있지만 그들이 그르다) 반고는 사마천의 「열전」을 짓고 범엽은 반고의 「열전」을 지었기 때문에 가학이 모두 보존되었다.[5] 심약은 범엽의 「전」을 짓고 요사렴은 심약의 「전」을 지을 때 역사 사실에 대한 전문적인 글을 중시하지 않았기 때문에[6] 역사가가 연원을 조술하는 법도를 다시는 가지지 못하게 되었다. 오늘날 「지」를 편찬하는 사람은 이전의 「지」에 의해 「전」을 짓는 것이 아니고 남이 가진 것을 빼앗아서 그들의 성명을 가라앉혀버린 셈이니 심약과 요사렴이 가학을 보존하지 않은 것보다 심하다. 주와 현의 예전 「지」는 없어지기 쉽기 때문에 범엽의 『후한서』나 심약의 『송

---

4 『사기』 「십이제후년표서」는 이러하다. "공자는 왕도를 밝히려고 일흔 명도 넘는 임금들에게 기용해 달라고 했으나 쓰이지 못했다. 그래서 서쪽으로 주나라 왕실에서 문헌을 살피고 역사 기록과 오래된 견문을 논했다. 노나라에서 일으켜 『춘추』를 편집했다. 위로는 노나라 은공부터 기록하여 아래로는 애공 때 기린을 잡은 때까지 이르렀다. 그 문사를 요약하고 번거롭거나 중복되는 것은 삭제하여 의법을 제정했다. 왕도가 갖춰지고 인사에 두루 통하게 되었다. 일흔 명의 제자들은 공자가 전한 뜻을 구술로 전수받았다. 공자가 풍자하고 비판하며 칭찬하고 꺼리며 힐난하고 깎아내린 문사가 있는데 글로는 나타낼 수 없었다. 노나라 군자 좌구명은 제자마다 다른 부분만 보고 각자 자신의 뜻만 편안하게 여기는 바람에 참 모습을 잃게 될까 두려워했다. 그래서 공자의 역사 기록을 근거로 공자의 말을 갖춰 논한 뒤 『좌씨춘추』를 완성했다. 탁초(鐸椒)는 초나라 위왕의 스승인데 위왕이 『춘추』를 남김없이 살펴볼 수가 없었기 때문에 성공과 실패를 가려 취하여 마침내 마흔 장(章)을 만들었으니 이것이 『탁씨미』이다. 조나라 효성왕 때 재상 우경은 위로 『춘추』에서 고르고 아래로 최근 세상을 살펴서 역시 여덟 편을 지으니 이것이 『우씨춘추』이다. 여불위는 진나라 장양왕의 재상인데 위로 상고시대를 보고 『춘추』를 삭제하여 모으고 전국시대의 사건을 모아 「팔람」, 「육론」, 「십이기」를 지으니 이것이 『여씨춘추』이다. 그리고 순경, 맹자, 공손고(公孫固), 한비의 무리는 각자 『춘추』의 글에 의거하여 모아서 책을 썼는데 기록할 수 없을 정도이다. 한나라 재상 장창은 오덕을 역보 형식으로 지었다. 상대부 동중서는 『춘추』의 뜻을 헤아려 글을 대단히 지었다."

5 「화주지 전지열전 서례 상」의 주8 및 주9를 보라.

6 심약의 『송서』 「범엽전」은 「화주지 전지열전 서례 상」의 주2를 보라. 요사렴 『양서』 「심약전」은 다만 사적을 서술할 뿐이고 사학의 연원에 대해 상세하지 않다.

서』가 자기 힘과 재능을 근거로 오랫동안 전해지는 것만 못하다.[7]

기술이 사관을 소중하게 여기는 것은 마치 「유림전」이 경사를 소중하게 여기거나 「문원전」이 지은이를 소중하게 여기는 것과 같다. 「유림열전」은 위대한 도가 흩어지거나 드러나는 것과 스승이 전수하는 일의 연원을 밝혀야만 하고 「문원열전」은 기풍의 변천과 문인의 유파를 밝혀야만 한다. 이것이 이른바 역사가의 글이 사실의 기록일 뿐만 아니라 도를 밝히는 근거이기도 하다는 것이다. 만약 「유림전」과 「문원전」이 도의 요점을 밝힐 수 없고 다만 배우는 사람이나 재능 있는 선비가 행한 한두 가지 일만 서술한다면 이미 옛사람이 전문적인 글의 이름을 지은 뜻을 잃어버린 것이다. 하물며 사학의 중요성이 멀리 『춘추』를 잇고 있더라도[8] 후세의 역사서가 전문 서적을 세우지 않는다면 전문가의 저술이라는 학업은 묻혀서 헤아릴 수 없게 되는데 어찌 역사가가 그것을 대단히 생각하지 않을 수 있겠는가? 모든 역사서가 보존되었다 하더라도 전전을 세우지 않는다면 폐단이 이미 이와 같은데 하물며 주와 현의 책은 자취가 희미하여 드러나지 않기 쉬우므로 전문가의 기록이 없을 수 있는가?[9]

책을 완성하지 않았다면 반드시 취하여 가다듬을 것이 있다. 예를 들어 사마천의 『사기』가 『세본』이나 『전국책』에 바탕을 둔 것이나 반고의 『한서』가 풍상이나 유흠에 바탕을 둔 것과 같다.[10] 책을 완성하면 반드시 그것을 전하고 조술하기 마련이다. 예를 들면 양운이 사마천의 『사기』를 퍼뜨리고 마융이 『한서』를 전수받은 것과 같다.[11] 글이 학파를 이

---

7 나는 이렇게 생각한다. 이 단락은 「전」을 세울 때 근원을 밝혀야 하는 이유를 말한다.

8 장학성은 역사서를 논할 때 이치를 사실에 깃들일 수 있는 것, 고금의 변화에 통달할 수 있는 것, 일가의 주장을 이룰 수 있는 것, 공안국이 『춘추』의 대의를 몰래 훔쳐 가지려 한 뜻을 스승으로 삼는 일을 멀리할 수 있는 것을 소중하게 생각했다.

9 나는 이렇게 생각한다. 이 단락은 「전」을 세울 때 종지를 밝혀야 하는 이유를 말한다.

10 「설림」의 주14 및 「언공 상」의 주49를 보라.

11 「사주」의 주7 및 주8을 보라.

루면 반드시 그것을 연구하고 익히기 마련이다. 예를 들면 서창(徐廠)과 배인이 사마천 『사기』에 주를 달고 복건과 응소가 반고 『한서』를 풀이한 것과 같다.[12] 이것은 가학의 연원이 반드시 전문적인 「열전」을 기다려야 밝혀지는 것이다.[13]

사마천과 반고 이후 가학은 점점 쇠락했지만(대대로 이어서 전해진 가학이다) 넓은 마음과 높은 기상을 가진 선비는 홀로 일가를 이룬 학을 일으켰다. 예를 들어 『후한서』에 사마표, 화교, 사승, 범엽 등 여러 사람이 있고[14] 『진서』에 하법성 등 열여덟 사람이 있는 것과 같다.[15] 한 왕조의 자취를 같이 기록하지만 역사를 기록하는 신하가 전문적인 벼슬아치를 거느리지 않으면 사람들은 스스로 책을 엮고 학파마다 각자 주장을 만드는데 이런 서술과 토론을 한 편에 모아서 합치지 않는다면 어찌 절충할 수 있겠는가? 이것은 여러 학파가 반드시 전문적인 「열전」을 기다려야만 밝혀지는 것이다.[16]

육조시대 이래로 홀로 일가를 이룬 사람들이 다시 사라졌지만(아버지와 아들이 대대로 전하는 것이 가학이고 한 사람이 혼자 짓는 일이 일가를 이루는 것이다) 사람들을 모아 책을 편찬하는 방법이 시행된 것은 예를 들어 당나라 때 사람들이 『진서』를 편찬하고[17] 원나라 때 사람들이 『송사』, 『요사』, 『금사』 세 가지 역사서를 편찬한 것과 같다.[18] 편찬을 감독한 대신들은 책

---

12 「사주」의 주9 및 주10을 보라.

13 나는 이렇게 생각한다. 이 단락은 「전」을 세울 때 가학을 중요하게 생각하는 이유를 말한다.

14 「화주지 전지열전 서례 상」의 주24를 보라.

15 「언공 하」의 주30을 보라.

16 나는 이렇게 생각한다. 이 단락은 「전」을 세울 때 유파를 밝혀야 하는 이유를 말한다.

17 「화주지 전지열전 서례 상」의 주12를 보라.

18 『송사』는 「사주」의 주19를 보라. 『요사』와 『금사』는 「영청현지 선거표 서례」의 주8을 보라. 원나라 순제 지정 3년 삼월 우승상 탁극탈탈[脫脫]이 기구를 설치하여 세 가지 역사서를 거듭 편찬할 것을 아뢰어 청했다. 지정 4년 삼월 『요사』가 완성되었다. 같은 해 동짓달 『금사』가 완성되었다. 지정 5년 시월 『송사』가 이어서 완성되었다. 탁극탈탈로부터 시작하여 이어서 책임을 맡은 우승상 아로도(阿魯圖)가 순서대

앞에 이름을 적었고 편찬하고 교감한 벼슬아치를 적는 경우와 적지 않는 경우가 한결같지 않았다. 설령 우연히 그 사람이 역사 사실을 편찬하는 일에 참여했다고 적는 경우라도 어느 「기」와 어느 「표」를 어느 분이 편집하고 어느 「지」와 어느 「전」을 어느 사람이 모았으며 누가 규칙의 조목을 처음 일으켜 시작했고 누가 문사를 윤색했는지 가지런하게 정리하고 엮어서 합치지 않는다면 각자 근거로 삼은 것을 거슬러 올라갈 때 같은 책에 나은 것과 못한 것이 함께 나타나는 일을 피하지 못하고 공로와 잘못을 알기 어렵다. 이것은 어떤 책의 공력이 반드시 전문적인 「열전」을 기다려야 밝혀지는 것이다.[19]

일력(日曆)과 기거주[起居]의 방법,[20] 궁중 도서관의 소장,[21] 보첩을 던져

로 표를 바쳤다. 『송사』는 왕칭(王偁) 『동도사략』(東都事略), 이도 『속통감장편』 및 원나라 군대가 임안에 들어왔을 때 동문병이 얻은 『송사』와 여러 기주에 의거했다. 『요사』는 야율엄 『황조실록』, 소영기(蕭永祺) 『요사』 및 진대임(陳大任)이 거듭 편찬한 『요사』에 의거했다. 『금사』는 유기 『귀잠지』, 원호문 『중주집』과 『임진잡편』(壬辰雜編) 및 장유(張柔)가 바친 『금실록』(金實錄), 왕악(王鶚)이 모은 『금사』에 의거했다. 세 가지 역사서가 빨리 완성된 것도 역시 저본이 있었기 때문이다.

19 나는 이렇게 생각한다. 이 단락은 「전」을 세울 때 공력이 드러나는 이유를 말한다.

20 송나라 오증(吳曾) 『능개재만록』(能改齋漫錄) 권1은 이러하다. "당나라 순종 때 재상 위집의(韋執誼)가 국사 편찬을 감독하면서 사관이 일력(日曆)을 짓도록 명령하라고 황제에게 상주했다. 이것이 일력의 시작이다." 일력이 사실을 날짜에 잇고 날짜를 달로 이으며 달을 계절로 잇고 계절을 연도로 잇는 것에는 『춘추』가 남긴 의도가 있다. 송나라 때 역사 사실을 극도로 중시했기 때문에 일력의 편찬은 여러 관청에서 반드시 관계하여 의견을 말해야 하고 또한 황제의 명령서는 삼성(三省)에서 반드시 써야 한다. 전쟁의 기략[兵機]이나 변방의 업무[邊務]는 추사(樞司)가 반드시 보고하고, 온갖 벼슬아치가 자리에 머무르거나 물러나는 일, 형벌과 상을 주고 빼앗는 일, 대간(臺諫)이 상주문을 올려 탄핵하는 일, 급사중과 중서사인[給舍]의 반박, 경연에서 묻고 답한 일, 신하들이 정사의 성공과 실패를 돌아가며 말하는 일, 시종하는 신하가 황제 바로 앞에서 요구하는 것을 설명하는 일, 국내외의 밀봉해서 올린 의견서[囊封]와 상자에 넣어 밀봉해서 올린 상주문[匭奏], 아래로는 전곡, 갑병(甲兵), 옥송의 운영까지 정사의 근본과 관련된 모든 것은 날짜에 따라서 기록하지 않는 것이 없다. 나중에 『회요』를 편찬할 때 여기서 취했고 『실록』을 편찬할 때 여기서 취했으며 백 년 뒤에는 「기」, 「지」, 「열전」을 여기서 취했는데, 이것은 『송사』가 정확한 이유이다.(『명사』 「문원전」 및 주이존 『폭서정집』 「서일기전」(徐一夔傳)) 기거주는 「부학」의 주3을 보라.

21 『초학기』 12는 유흠 『칠략』을 인용하여 이렇게 말한다. "무제가 책을 바치는 길을

서 시호를 논의하는 제도,[22] 소설[稗官]과 야사를 거두는 방법[23]은 「전」 첫머리의 서례에 제도를 상세하게 밝힌 경우도 있고 「전」 끄트머리의 논술에 근거를 헤아려 말한 경우도 있지만 어떻게 베풀던 간에 안 되는 것이 없는 것도 「유림전서」가 학의 제도를 거듭 밝히거나 학을 관장하는 벼슬아치가 남긴 의도를 표시하는 것과 같다.[24] 참으로 이런 의도를 얻어서 저작에 통달한 사람이 사학이 일어나지 못하고 역사가의 도가 밝혀지지 않은 것을 근심했다는 말은 들어본 적이 없다.[25]

지방지는 한 현의 책이라서 바로 옛날 한 나라의 역사서와 같지만 가학이 서지 않고 사법이 전해지지 않으며 글이 우아하지도 점잖지도 않아서 전범의 규칙을 전하기 어렵기 때문에 세상 사람들이 그것을 소홀하게 여긴다. 새로운 편집이 완성을 알리자마자 항아리 뚜껑 덮듯 예전의 책을 덮는 것[26]은 꼭 새로운 책이 모두 낫고 예전의 「지」가 몽땅 못하기 때문이 아니다. 예전의 「지」에 있는 것을 새로운 「지」가 중복해서

넓히자 백 년 사이에 책이 언덕이나 산처럼 쌓였다. 그러므로 궁궐 바깥에는 태상, 태사, 박사가 소장한 것이 있고 궁궐 안에는 연각(延閣), 광내(廣內), 비실에 소장한 것이 있었다."연각과 광내는 모두 궁중에서 책을 소장하던 곳이다.

22 『예기』 「단궁」은 이러하다. "죽고 시호를 받는 것은 주나라의 도이다." 『급총주서』는 이러하다. "주공 단과 태공 망이 왕업을 새로 이으면서 목야 가운데서 공격했다. 전쟁이 끝나고 죽은 자들을 장사지냈다. 이에 시호를 제정하고 법도를 서술했다. 큰 공이 있으면 큰 이름을 받고 조그만 공이 있으면 조그만 이름을 받는다. 공은 자신에게서 나오고 이름은 남에게서 생긴다." 방옹 『문장연기보주』는 이러하다. "선현은 시호를 드러내는 동시에 「행장」이 있다. 죽은 사람의 세계, 이름, 작위와 살았던 곳, 행실과 공적, 수명과 말을 보첩에 상세하게 갖춰서 공로를 헤아린 것을 태상에게 보고하여 시호를 논의하게 한다."

23 소설[稗官]은 「시화」의 주22를 보라. 야사는 개인의 기록이며 역시 패사라고도 부른다. 『신당서』 「예문지」 "잡사류"에는 공사중목(公沙仲穆)의 『태화야사』(太和野史) 열 권이 있다.

24 『사기』와 『한서』의 「유림전서」가 무제가 공손홍의 논의를 써서 오경박사를 세우고 제자원을 두고 과(科)를 설치하여 사책을 내린 과정을 상세하게 서술한 것은 학교 제도를 거듭 밝히고 학관을 세상에 드러내서 세웠기 때문이다.

25 나는 이렇게 생각한다. 이 단락은 「전」을 세울 때 사학을 밝히는 이유를 말하는 것인데 변례(辨例) 1이다.

26 복옹(覆甕)은 다름 아니라 복부(覆瓿)이다. 「변사」의 주37을 보라.

싣기 때문에 기록할 것은 기록하고 삭제할 것은 삭제하는 일의 좋고 나쁨은 애초에 미처 변별할 짬이 없다. 그러나 예전의 「지」가 미처 싣지 못한 것을 새로운 「지」가 꼭 보탠다면 예전의 「지」를 싫어하여 물리치기 쉽다. 이것이 첫 번째 이유이다. 찬술하는 사람은 자신의 장점을 자랑하기 좋아하며 나중에 시작한 책은 공격하거나 표절하기 쉽다. 「지」를 편찬하는 사람들은 범례를 처음 정할 때 예전의 책이 거칠고 변변치 않다고 말하지 않으면 이전 사람들이 황당무계하다고 한다. 나중 사람이 다시 이전 사람을 공격하기 때문에 더욱 끝도 없다. 사실 저공의 조삼모사는 본래 서로 큰 차이가 없다.[27] 다만 이전 사람들은 이미 죽었기 때문에 대질해서 증명할 수 없어서 예전의 「지」를 싫어하고 물리치기 쉬워진다. 이것이 두 번째 이유이다. 주와 현의 책은 대략 거칠고 변변치 못한 것이 많기 때문에 문인과 학문을 지망하는 선비는 묶어놓고 보지 않는다. 만약 특별한 사실을 찾고 모아서 조사와 검색에 두루 바탕을 삼는 것은 이것을 근거로 저것을 증명하는 것에 지나지 않기 때문에 본래 책을 좋아하지 않는 것이다. 새로운 책과 예전의 책을 앞에 뒤섞어서 늘어놓고 뒤적이며 살펴보는 사람은 마치 과거 시험장의 선비가 정묵(程墨)을 사거나[28] 음양가[陰陽之家]가 헌서(憲書)를 찾아보는 것[29]과 같아서 새로운 것을 취하고 옛 것을 버리는데 이세가 본래 이런 것이고 본래 무슨 특별한 의도가 있는 것이 아니기 때문에 예전의 「지」를 싫어하여 물리치기 쉽다. 이것이 세 번째 이유이다. 색수(索綏)의 『양국춘추』(색수는 『전량춘추』(前涼春秋)를 지었다)는 사실 변류(邊瀏)를 이었고[30](변류는 장준(張駿)의 명령

27 저공의 조삼모사는 「화주지 전지열전 서례 하」의 주26을 보라. 경정(徑庭)은 「화주지 여지도 서례」의 주9를 보라.

28 과거는 「서교 하」의 주23을 보라. 정묵(程墨)은 시험에 응시할 때 일정한 표준 방식이 있는 글이다.

29 다름 아니라 역서(曆書)인데 청나라 고종의 이름을 피하여 고쳤다.

30 『사통』 「고금정사」는 이러하다. "전량(前涼) 장준(張駿) 15년 서조(西曹) 변류(邊瀏)에게 국내외의 일을 모으라고 명령하여 수재 색수(索綏)에게 맡겨 『양국춘추』(涼國春秋) 쉰 권을 지었다." 안정 출신 전량 장씨의 역사서이다.

을 받들어 양나라 국내외의 일을 모았다) 상거의 『화양국지』[國志](『화양국지』이다)는 초주를 절반 정도 표절했다.[31](『화양국지』는 이씨를 시작부터 끝까지 기록했다. 유씨를 기록한 두 가지 「지」는 대체로 초주의 『촉본기』(蜀本紀)를 거의 베꼈다) 그러면 한 지방의 책은 한 지방의 기재에 기대지 않을 수 없지만 방지를 편집하는 사람이 이전 사람들의 「전」를 보존하지 않는 것이 어찌 고기를 잡고 나서 통발을 잊어버리는 것이 아니고[32] 익숙하다고 살피지 않는 것이 아니겠는가? 또한 방지가 놓쳐 버려서 헤아리기 어려운 일을 왜 괴이쩍게 여기는가?[33]

편찬을 주관하는 벼슬아치와 붓을 들어 글을 짓는 선비[34]는 문사를 지을 때 이름과 내용을 구분하지 않는다. 이것이 이전의 「지」에 대해 「전」을 짓기 어려운 첫 번째 이유이다. 「서」와 「발」을 허투루 베풀고 책에 대해 밝히지 못한다. 이것이 이전의 「지」에 대해 「전」을 짓기 어려운 두 번째 이유이다.(만약 밝힌 것이 있다면 사마천과 반고가 「자서」를 기록한 것처럼 「전」을 지을 수 있다) 「지」를 짓는 사람이 행실과 학업을 상세하게 모른다. 이것이 이전의 「지」에 대해 「전」을 짓기 어려운 세 번째 이유이다. 책에서 자료를 취하여 가다듬을 때 제목을 달지 않는다. 이것이 이전의 「지」

---

31 『사통』「정사」는 이러하다.“촉은 애초에 성(成)이라는 이름을 쓰다가 나중에 한으로 고쳐 불렀다. 이세(李勢)의 산기상시 상거가 『한서』 열 권을 지었는데 나중에 진나라 비각에 들어갔고 『촉리서』(蜀李書)로 고쳤다. 상거는 또한 『화양국지』를 지었는데 이씨가 일어났다 멸망한 것을 갖추어 수록했다.” 『화양국지』는 「사주」의 주40을 보라. 『삼국지』「촉서」 “초주전”은 이러하다. “초주는 자가 윤남(允南)이고 파서군[巴西] 서충국(西充國) 출신이다. 건흥(建興) 연간에 권학종사(勸學從事)가 되었다가 나중에 광록대부로 옮겼다. 등애가 음평(陰平)으로 들어오자 유선은 초주의 건의를 좇아 위나라에 항복하자 양성정후(陽城亭侯)에 봉해졌다. 진나라 태시 6년 죽었다. 저술하거나 지어서 정한 것은 『법훈』(法訓), 『오경론』(五經論), 『고사고』(古史考) 등 백여 편이 있다.” 『삼국지』 배송지 주가 인용한 책에는 초주 『촉본기』(蜀本紀)가 있는데 상거 『화양국지』가 골라 받아들였다.

32 「답객문 하」의 주31을 보라.

33 나는 이렇게 생각한다. 이 단락은 「전」을 세울 때 성공과 실패를 상세하게 하는 이유를 말하는 것인데 변례 2이다.

34 『예기』「곡례 상」은 이러하다. “사는 기록한다.”

에 대해 「전」을 짓기 어려운 네 번째 이유이다. 「지」는 번갈아 이어야만 하고 정말 어쩔 수 없는 경우가 아니라면 번갈아 고쳐서는 안 된다. 번갈아 고친 책을 동시에 보존하고자 한다면 번거롭고 중복되는 일을 견디기 어렵다. 이것이 이전의 「지」에 대해 「전」을 짓기 어려운 다섯 번째 이유이다. 「전」을 쓰기 어렵지만 이전의 「지」를 위해 「전」을 짓는 일은 아마 어쩔 수 없이 그것을 보존하고 그 까닭을 헤아리고 밝혀서 후세인의 범례로 삼으려고 하기 때문일 것이다.[35]

---

35 나는 이렇게 생각한다. 이 단락은 「전」을 세울 때 다섯 가지 어려움이 있으며 뜻을 펼친다는 말이다.

영청현지 문징 서례(永淸縣志文徵序例)

『영청현지』가 완성되고[1] 「기」, 「표」, 「도」, 「서」, 「정략」, 「열전」의 여섯 가지 형식으로 구분했으며 스물다섯 편을 정해서 저술했는데 편마다 각각 서례가 있다. 또한 한 때 거둬 모은 고사와 문장을 가지고 영청현과 상관있지만 『영청현지』 본문에 수록해 넣을 수 없는 것을 가려서 또한 각각 종류대로 「주의」, 「징실」, 「논설」, 「시부」를 따로 만들었는데 각각 한 권씩, 모두 네 권이다. 권마다 다음처럼 서록을 지어 대강의 뜻을 모두 서술하여 책 앞에 두었다.

서술하자면 이렇다. 옛사람들에게 전문적인 벼슬아치가 있는 것은 전문적으로 관장하는 장고가 있는 것이고 전문가의 학이 있는 것은 전문가의 주장이 있는 것이다. 후세에 글을 고르는 것처럼 여러 사람의 글을 널리 모으거나 많은 형식을 같은 것끼리 모으지 않는다. 관직이 지키지

1 「영청현지 황언기 서례」의 주1을 보라.

않거나 학이 없어지면 문사는 더욱 번거로워진다. 의도가 좋아하는 것을 높이 쳐서 재능 있고 유명한 사람을 골라 모으는 일은 소통의 『문선』, 요현의 『당문수』 따위[2] 같은 것이다. 흐름을 따라서 근원으로 거슬러 올라가고 헤아려 다스리는 방법에 도달한 것은 『송문감』[3] 같은 것이다. 내용을 비교하고 형식을 들춰내 나아가 역사서를 보조할 수 있기 바란 것은 『원문류』[4] 같은 것이다. 이런 분들의 마음 씀씀이는 지극하다고 말할 수 있다. 그러나 옛날 춘추시대 열다섯 나라의 국풍과 전국시대 여덟 나라의 『국어』 및 진나라의 『승』과 초나라의 『도올』과 춘추시대 각국의 역사서의 뜻을 푼다면 모든 나라의 역사서, 문서와 포고문, 음악에 맞춰 읊는 시는 서로 도와서 시행한다.[5] 옛날에도 그런 범례가 없지 않았던 것을 알 수 있다. 당나라 때의 유지기는 역사서의 형식에 있는 재언(載言)이 번거롭고 자질구레한 것을 근심한 적이 있기 때문에 임금의 명령서와 포고문이나 신하의 상주문[章疏] 형식을 취하여 종류대로 따르게 만들고 따로 하나의 형식을 만들어서 기전체 역사서에 넣으려고 했다.[6] 이것은 옛사람들이 각자 책을 완성하여 서로 도와 더욱 빛나게 하는 뜻이 있다는 것을 살피지 못했다. 만일 옛사람의 책을 살펴본다면 『국어』의 재언이 틀림없이 사실을 시작부터 끝까지 서술하고 있고 『춘추』의 대의가

---

2 「서교 중」의 주30 및 주31을 보라.

3 『송문감』은 「서교 중」의 주32를 보라.

4 『원문류』는 「서교 중」의 주33을 보라.

5 『시』 「국풍」 열다섯 편은 「화주문징 서례」의 주8을 보라. 『국어』는 「서교 하」의 주26을 보라. 각국의 『춘추』는 「방지립삼서의」의 주8을 보라. 음악에 맞춰 읊는 시는 「부학」의 주35를 보라. 「화주문징 서례」는 이렇게 말한다. "역사가의 역사서는 의례가 대단히 광범위하다. 『시』와 『서』의 형식은 『춘추』와 다르다. 『국어』 열두 편(여덟 가지라고 해야만 한다)과 『시』 「국풍」 열다섯 편 따위는 이른바 전범, 교훈, 풍시, 노래이니 각각 마땅한 바가 있다. 그래서 태사도 시를 조사하고 외사도 또한 사방의 「지」를 관장하지 홀로 한 가지 종류의 책에서만 취해서 대비한다는 것은 들어보지 못했다." 이것은 이른바 국사가 문서와 포고문이나 음악에 맞춰 읊는 시를 서로 도와서 시행한다는 것이다.

6 「서교 중」의 주17을 보라.

좌구명에게 전수되었으며 『시』에 국사의 서술이 있기 때문에[7] 고사가 천 년을 지나더라도 읽는 사람이 툭 트이고 밝아서 의심하지 않는다. 후세의 글을 가리는 사람들은 문사를 주워 모아 취하지 다시 시작부터 끝까지 과정 전체를 갖추지 않는다. 예를 들어 「주의」가 볼만 해도 보고하거나 허락하는 말을 싣지 않고 말을 깃들여도 당시 세상을 서술하지 않으며 시와 노래에 의도를 깃들여도 일의 까닭을 쓰지 않는다. 그래서 읽는 사람이 판단하고 결정할 길이 없는데 역사 사실에 대해 다시 무슨 도움이 되겠는가? 『문선』과 『당문수』는 본디 꾸짖기도 부족하지만[8] 『송문감』과 『원문류』의 견해가 이마저도 미치지 못했으니 어찌 장점 안에 단점이 있는 것이 아니겠는가?[9] 요즘 사람들이 「지」를 편찬할 때 「예문」에 서목을 싣지 않고 시와 글의 어수선한 형식을 마구 집어넣는 잘못은 본디 말할 필요도 없다. 마찬가지로 「지」를 짓는 일을 시작할 때 먼저 한 나라의 역사서의 형식을 변별하지 않고 변변치 않고 잡스럽게 마구 적으니 없는 것이 없게 만드는 일도 무슨 괴이쩍게 여길 만한 것이 있으랴? 이제 그것을 조금 고치고 바로잡아 『문징』에 따로 갖추었으며 거듭

7 「힐루」의 주35를 보라. 진계원 『모시계고편』은 이렇게 말한다. "모든 기록하는 글은 말로 시대를 기록하고 논의하는 글은 말로 의도를 표현하기 때문에 그 말을 살피면 시대와 의도를 뚜렷하게 알 수 있다. 유독 『시』만 그렇지 않다. "문왕"(文王), "청묘"(淸廟), "생민"(生民) 몇 편을 제외하면 자신의 의도가 말에 나타나는 것은 보잘 것 없고 알려진 것이 드물다. 또한 의도를 깃들인 말은 깊고 멀어서 드러나지 않는 말과 아득한 뜻이 많다. 아름답게 칭송하는 듯하나 사실 풍자하고, 풍자하는 듯하나 사실 아름답게 칭송하여 자신의 의도를 남김없이 말하지 않으니 의도를 헤아려 알기가 더욱 어렵다. 시대를 논하면 장차 『시』를 읊을 수 있지만 『시』는 자신의 시대를 스스로 드러내지 않으며, 의도를 얻으면 장차 『시』를 말할 수 있지만 『시』는 또한 스스로 자신의 의도를 말하지 않는다. 후세에 『시』를 배우는 사람은 어디에서부터 들어가라는 말인가? 고대의 국사라는 관직은 일찍이 이것까지 생각했을 것이기 때문에 『시』에 실리지 않았다면 「서」(敍)에 수록했을 것이다." 이것은 『시』에 반드시 「서」가 있어야 하는 이유이다.

8 유함흔 『문사통의지어』는 이러하다. "『문선』은 글의 유래를 많이 남겼으니 『당문수』와 동시에 비난할 수 없다."

9 「화주지 선거표 서례」의 주18을 보라.

시와 글 뒤에 시작부터 끝까지 대략 갖춰 살펴보기 편하게 했으니 의심스러운 사람은 그것을 살펴보라. 애오라지 서례에서 그 뜻을 거듭 밝혀서 말할 따름이다.[10]

주의 서록(敍錄)[11]

「주의」라는 책은 일을 처리하고 사물을 모으며 다스리는 방법을 펼쳐 베푸는 것이다. 문장의 쓰임새에서 이것보다 중요한 것이 없다. 그러나 소통이 글을 가릴 때 부를 첫머리에 넣자 짓고 모으는 후세 사람들은 이것을 일정하게 정해진 법칙으로 받들면서도 무겁고 가벼움을 재는 뜻을 잃었다. 만약 그것이 본디 사장 따위나 짓는 문학가의 주장이고 본디 역사서의 범례에 맞지 않는다고 말한다면 『시경』의 여섯 가지 뜻에 딸린 보잘 것 없는 부를 시 앞에 배열한 것이나 또한 「이소」가 부의 시조라도 시 뒤에 따로 있는데[12] 마음대로 순서를 뒤집은 것도 나는 이해하기 어렵다. 그러나 『문원』이나 『송문감』[13]이 뒤좇아 그것을 으뜸으로 치는 것은 또한 무슨 주장이란 말인가? 이제 「주의」를 첫머리에 두는 것이 글을 모으는 일반적 범례라고 생각하며 이것은 모든 역사서의 첫머리에 「본기」를 넣는 것에 비길 만하다고 나는 생각할 뿐이다.[14]

역사가가 주의를 취하는 것은 『상서』가 훈이나 고를 수록하는 것과 같은데 그중 한 시대의 제도와 관련된 것은 「서」나 「지」에 가다듬어 넣고 그중 한 사람이 세운 업적과 관련된 것은 「열전」 안에 편집해 넣는다. 그러나 「기」와 「전」의 분량에는 각각 한계가 있고 한 시대의 상주문

---

10 나는 이렇게 생각한다. 이 단락은 『문징』이 역사서의 형식에 도움이 된다고 말하며 이 글의 총서(總敍)이다.

11 「화주문징」의 주18을 보라.

12 『시경』의 여섯 가지 뜻에 딸린 보잘 것 없는 것은 「시교 하」의 주29를 보라. 부가 시 뒤에 따로 있다는 것은 「시교 하」의 주52를 보라.

13 「시교 상」의 주39를 보라.

14 나는 이렇게 생각한다. 이 단락은 「주의」를 첫머리에 두는 것은 글을 모으는 저례라고 말한다.

에는 문자가 번거롭게 많기 때문에 널리 수록하면 역사서의 형식과 비슷하지 않고 아쉬움을 무릅쓰고 나눠주면 빠트리거나 없어진 글이 생긴다. 반고의 『한서』를 살펴보면 문서로 상주한 것을 상세하게 갖추고 있지만, 「예문지」에 있는 석거각 주의 따위를 다시 조사해보면[15] 『고조전』이나 『효문전』이 논하고 서술하는 것과 임금이 내린 명령서[冊詔]의 「전」[16]은 정사 이외에 따로 전문 서적이 없었던 적이 없다. 그래서 「주의」라는 책은 본디 실록이나 기거주와 함께 표리 관계가 되는 것이다.[17] 이전 사람들이 『한위상서』를 편집한 일과 최근에 『명신장주』(名臣章奏)를 편집한 일[18]은 모두 근본 바탕이 엄격하고 쓰임새가 거대하기 때문에 문

15 『한서』 「선제기」는 이러하다. "감로 3년 여러 유학자들에게 오경의 차이를 강의하라고 황제가 명령하자 태자태부 소망지 등이 그 논의를 정하여 아뢰었고 임금이 몸소 황제의 말을 일컬으며 직접 결정했다." 전대소 『한서변의』(漢書辨疑)는 이렇게 말한다. "당시 석거각에서 함께 논의한 사람은 다음과 같다. 『역』을 연구하는 사람은 패군 출신 박사 시수, 동래 출신 황문랑 양구림(梁丘臨)이고 『서』를 연구하는 사람은 천승(千乘) 출신 박사 구양지여(歐陽地餘), 제남 출신 박사 임준(林尊), 영제(令齊) 출신 역관(譯官) 주감(周堪), 부풍 출신 박사 장산부(張山拊), 진류 출신 알자 가창(假倉)이며 『시』를 연구하는 사람은 노나라 출신 회양 중위 위현성, 산양 출신 박사 장장안(張長安), 패군 출신 설광덕(薛廣德)이고 『예』를 연구하는 사람은 양나라 대성, 태자사인 패군 출신 문인통한(聞人通漢)이며 『춘추공양전』을 연구하는 사람은 박사 엄팽조, 시랑 신만(申輓), 이추(伊推), 송현(宋顯), 허광(許廣)이고 『춘추곡량전』을 연구하는 사람은 여남 출신 의랑 윤갱시, 대조 유향, 양주경(梁周慶), 정성(丁姓), 중랑(中郎) 왕해(王亥)인데, 헤아릴 수 있는 사람이 모두 스물세 명이다. 논의하고 아뢴 것 가운데 「예문지」에 나타나는 것은 『서』 마흔두 편, 『예』 서른여덟 편, 『춘추』 서른아홉 편, 『논어』 열여덟 편, 『오경잡의』(五經雜議) 열여덟 편이며 모두 백예순다섯 편이다. 『역경』과 『시경』은 유독 논의하고 아뢴 것이 없는데 아마 반고가 그것을 잃어버려 수록하지 않았을 뿐일 것이다."

16 「언공 상」의 주47을 보라.

17 실록은 오로지 한 황제의 사적만 기록하는 것이다. 『수서』 「경적지」 "잡사류"는 『양황제실록』(梁皇帝實錄) 세 권이 무제의 일을 기록했고, 사오(謝吳, 『신당서』 「예문지」는 호(昊)라고 했다)의 『양황제실록』 다섯 권은 원제의 일을 기록했다고 수록하고 있는데, 모두 관청에서 지은 책이지만 자료를 취할 때는 기주에 한정되지 않았다. 당나라에 이후에 이르러 모든 황제가 죽은 뒤에 반드시 후사를 이은 임금으로부터 실록을 편찬하라는 명령을 내렸고 계속 정해진 범례가 되었다. 기거주는 「부학」의 주3을 보라.

18 『한위상서』는 「서교 중」의 주15를 보라. 『사고전서총목제요』 "조령주의류"(詔令奏

학을 지망하는 선비가 글을 고르는 범례와 다르지만 모르는 사람은 자주 소홀하게 여기고 살피지 않으니 정말 안타깝다.[19]

두우는 『통전』을 지어[20] 여러 왕조의 제도 이외에 따로 『예의』(禮議) 이십여 권을 만들었는데 그 주장이 쓰이게 될지 아닐지 확실하지 않지만 이야기에 맞는 구석이 있고 개념의 이치를 보존하고 있다. 이것은 저서의 독립 판단이고 편집의 일반적 형식이기 때문에 그 뜻은 의도에 따라 깨달을 수 있지만 그 주장은 얻을 수 없어서 진흙탕에 빠진 것처럼 얽매이게 된다. 그러나 전문 서적은 스스로 제도를 가다듬기 때문에 삭제하거나 요약해도 본디 안 될 것이 없다. 역사서의 「지」의 형식에는 각각 적당한 것이 있기 때문에[21] 글을 거둬서 「서」나 「지」에 빠진 것을 채운다면 기록하지만 서술하지 않고 예전 전장을 따르는 것이 된다. 이제 「주의」 네 편을 가려서 얻고 「자」(咨), 「상」(詳), 「품첩」(稟帖) 세 편도 붙여서 수록한 것[22]은 관청의 문서가 주의에 가깝기 때문에 종류대로 넣었다. 그것 앞뒤에는 으레 연도와 달을 순서로 하기 때문에 사실을 시작부

議類)는 이러하다. "『역대명신주의』(歷代名臣奏議) 삼백쉰 권은 명나라 영락 14년 황회(黃淮)와 양사기 등이 황제의 명령을 받들어 엮었다."

19 나는 이렇게 생각한다. 이 단락은 저편(著編)의 뜻이다.

20 『군재독서지』「유서류」는 이러하다. "『통전』 이백 권은 당나라 재상 두우가 지었다. 먼저 유질이 경부와 사부에서 골라서 황제부터 당나라 천보 연간 말까지 제도의 연혁, 폐지와 설치, 논의, 성공과 실패에 대해 『주례』 육관의 법도를 본떠서 『정전』 서른다섯 편을 썼다. 방관은 유질의 재능이 유향보다 낫다고 칭찬했다. 두우는 유질의 작업이 충분하지 못하다고 생각하여 이어서 『정전』을 확충하고 새로운 예를 참고하여 이백 편을 지었다. 「식화」, 「선거」, 「직관」, 「예」, 「악」, 「병형」, 「주군」, 「변방」의 여덟 분야로 분류하여 서술하고 수록했는데 세상 사람들이 모두 포괄하여 다스렸다고 받들었다. 모두 삼십육 년 만에 책을 완성하여 덕종 때 그것을 바쳤다." 「서교 중」의 주23을 참조하라.

21 직책을 안다는 말은 한유 「번소술묘지명」에서 나왔다. 「문리」의 주13을 보라.

22 『영청현지』「문징」은 조지부(趙之符)의 「경진민곤소」(敬陳民困疏), 복건포정사사[福建司]의 「정전과주안」(井田科奏案), 「경진둔장사의주소」(敬陳屯莊事宜奏疏), 「조종공분관지자문」(租種空分官地咨文), 「회속기지주의」(回贖旗地奏議), 「하탄조식귀입양국상문」(河灘租息歸入養局詳文), 「쌍영양국경비품첩」(雙營養局經費稟帖) 일곱 편을 수록하고 있다.(가업당본 『장씨유서』「외편」 13)

터 끝까지 갖추고 있을 뿐이다.[23]

징실 서록

「징실」이라는 책은 사부의 「전」과 「기」의 갈래이다. 옛날에 사법은 근엄했고 기술의 형식은 각각 전문가가 있었다. 그래서 위나라와 진나라 이래로 문인들은 대개 별집이 있지만 여러 역사서의 「열전」은 그들의 평생 저술을 실을 때 시, 부, 잠, 명, 송, 뇌의 형식이 약간 편이라고 말할 뿐이지[24] 그의 기가 약간 수(首), 전이 약간 장(章), 지가 약간 조(條), 술이 약간 종(種)이라고 적었다는 일은 미처 들은 적이 없다. 이것을 근거로 살펴보면 기, 전, 지, 술이라는 형식은 옛사람이 각자 전문 서적을 만들면서 애초에 문집에 흩어 놓고 드러내지 않은 것은 대체로 알 수 있다. 당나라와 송나라 이래로 문집의 기풍은 나날이 불타올랐지만 전문가의 학은 어두워졌다. 그래서 하나의 「집」에 시부와 경에 대한 풀이[經解]를 동시에 남기고 논설과 기술을 함께 실었기 때문에 「집」을 모아서 이룬 책에서 그들의 가학이 어디 있는지 정하기 어려워지기 시작했다. 가려 모은 책 가운데 소통의 『문선』은 전기를 수록하지 않았으나[25] 『문원』이나 『송문감』은 점차 상세하게 만들기 시작한 것은 아마 시대의 추세가 그렇기 때문일 것이다. 문인의 「집」으로부터 역사서의 형식을 증명할 수 있는 것은 학에 대해 전문가가 아니고 사실에 갈려나간 것이 많기 때문이니 어찌 확실하지 않겠는가?[26]

징실이라는 형식에는 사실 기록 이외에 또한 전고를 헤아리는 글도 있으니[27] 비교하고 검토해서 증거를 찾는 사람[考據之家]이 서술하는 글과

---

23 나는 이렇게 생각한다. 이 단락은 편례(編例)를 밝힌다.

24 「시교 하」의 주44를 보라.

25 「문선서」는 이러하다. "사실을 기록한 역사서와 연대를 이은 역사서는 옳고 그름을 판단하여 결정하고 같은 것과 다른 것을 구별하여 기록하는 근거이다. 그러나 감정을 표현한 글을 비교하면 역시 벌써 다르다."

26 나는 이렇게 생각한다. 이 단락은 사실 기록의 글이다.

구별한다. 사법과 비교하면 사실 기록은 기전체의 여파이고 전고를 헤아리는 것은 「서」나 「지」의 후손이니 이것이 이른바 근원은 같지만 흐름은 다른 것이다. 사실 기록의 근원은 『춘추』에서 나왔고 전고를 헤아리는 근원은 주나라의 공식적 제도에 뿌리를 두고 있는데 이것이 큰 측면일 것이다. 전고를 헤아리는 글은 옛날부터 전문가가 있고 『대대예기』와 『소대예기』 이후로 반고의 『백호통의』, 응소의 『풍속통의』, 채옹의 『독단』 같은 종류[28]는 일일이 헤아릴 수 없다. 그러나 문인이 「집」에 넣었어도 수나라와 당나라 이전에 이런 형식은 미처 본 적이 없다. 전문가의 학이 쇠락하는 지경에 이르자 문학을 지망하는 선비가 어쩌다가 스스로 얻은 것을 가지고 고변(考辨)을 쓰고 술의(述議)를 지었는데 글을 하나 완성하는 것도 부족하게 생각하고 삭제하는 것도 안타깝게 생각해서 문집에 편집해 넣고 시, 부, 서, 표의 형식과 다른 형식을 나누어 차지했으니 이것이 후세에 글을 가릴 때 수록하지 않을 수 없는 이유이다.[29]

「징실」이라는 책은 더구나 본래 책의 사실 기록과 표리 관계이기 때문에 채록이 다른 형식보다 많다. 전이나 장 같은 글에 본래 「지」의 「열전」과 서로 비슷한 것이 있는 이유는 바로 상세함과 간단함을 서로 보존하기 때문이고 또한 이것으로 「열전」이 가려 모은 자료의 근거를 보았기 때문이다. 기록할 것은 기록하고 삭제할 것은 삭제하는 일의 좋고 나쁨과 교묘하고 졸렬함은 후세인이 따로 가려서 자세히 조사하고 내린 결정을 들어야지 감히 제멋대로 차지할 수 없는 것이다. 비석에 새긴 글 가운데 금석문에 넣지 않고 글 전체를 수록할 때가 있는데 중시하는 것은 사실을 증명하여 실제 내용을 얻는 것이고 이어서 글 뒤에 비석에 음각과 양각으로 새긴 글을 써서 금석문과 서로 비교해 보았다.[30]

---

27 「시교 상」의 주50을 보라.

28 『대기』(戴記)는 다름 아니라 『대대예기』 및 『예기』이다. 「전기」의 주3을 보라. 『백호통의』와 『풍속통의』는 「석통」의 주14 및 주15를 보라. 『독단』은 「석통」의 주39를 보라.

29 나는 이렇게 생각한다. 이 단락은 전고를 헤아리는 글이다.

논설 서록

「논설」이라는 책은 근원이 『논어』에서 나왔다.[31] 정현의 『주역정씨주』는 이렇게 말한다. "구름과 우레가 준이니 군자는 이로써 천하를 다스린다. 이렇게 말하는 것은 예악의 글을 짓고 정사를 시행하는 일을 논의하는 것이다."[32] 아마 군자가 기용될 때는 『상서』의 전, 모, 훈, 고 같은 글을 짓고 군자가 미처 기용되지 못할 때는 논, 찬, 설, 의 같은 글을 짓는다는 것이리라. 성인의 제도 창조는 쓰임새가 비록 다르지만 근본은 동일한 데서 나온다. 주나라 때부터 진나라 때까지 제자백가는 각자 전문가를 지키기 때문에 비록 그들의 학이 순수한 것도 있고 순수하지 못한 것도 있고 말이 평온한 것도 있고 기울어진 것도 있지만 본래 의도를 헤아려보면 모두 시행하고자 해도 시행하지 못한 것을 취하여 책에 적은 것이지 고의로 문장의 화려하고 아름다운 겉모습을 꾸민 것이 아니다. 이것이 논설의 본래 형식이다. 학이 전문적이지 않아지면서부터 글은 곱고 아름다움을 추구하게 되었고 문인이 「집」을 지을 때 주장이나 논의가 번거롭고 많아졌다. 그중 조금이라도 얻은 견해와 우연히 맞는 주장은 가끔 옛사람과 부합하는 곳이 있다. 그러나 근본이 깊지 않고 마음먹은 뜻이 뛰어나지 않기 때문에 여러 가지 형식이 뒤섞여 나와 저절로 들쭉날쭉함을 초래하기도 하고 앞뒤로 모아서 살펴보다가 결국 겹겹이 쌓이기도 한다. 이것은 문집의 논설이나 제자백가의 특정 학파와 주장이 다른 이유이다. 당나라 마총(馬總)이 『의림』(意林)을 지어[33] 제자백가

30 나는 이렇게 생각한다. 이 단락은 전장과 비문에 대한 글이다.

31 「화주문징 서례」의 주25를 보라.

32 「경해 상」의 주8을 보라. 월아당총서본에 따르면 "찬"(撰)을 잘못하여 "선"(選)이라고 썼다. 여기서는 가업당본 『장씨유서』에 의거하여 바로잡았다.

33 『신당서』 「예문지」 "잡가류"는 이러하다. "마총(馬總) 『의림』(意林)은 한 권이다." 현재는 다섯 권이다. 『사고간명목록』 은 이러하다. "애초에 양나라 유중용(庾仲容)은 주나라와 진나라 이래의 잡기 백일곱 가지를 취하여 긴요한 말을 딴 뒤 『자초』(子鈔)라고 이름 지었다. 모두 번거롭고 간단함이 짐짓 사실과 달랐기 때문에 다시 보태고 덜어서 완성했다. 책 원본은 온전하지 않고 깎이거나 덜려서 겨우 일흔한 가지

를 가다듬어 요약하고 그들의 뛰어나고 유명한 글을 표시한 것도 단점을 버리고 장점을 취하려는 의도이다. 오늘날 글을 가릴 때 그런 논설에서 옛사람과 부합하는 것을 보존하는 것도 찬술의 일반적인 뜻이다.[34]

「과진론」이나 「변망론」처럼 『문선』의 여러 「논」[35]은 가락이 오르내리고 길게 읊고 감탄한 뜻[義]을 취하지 숨겨진 것을 찾아서 밝히려는 뜻[旨]이 아니다. 이것이 역사가의 논찬이라는 부류이고 근원은 『시경』 시인의 비흥이라는 유파인데[36] 당나라와 송나라 때의 여러 논과 이름은 같아도 내용은 다른 것에 가깝다. 그러나 「양생론」[養生]이나 「박혁론」[博弈] 같은 여러 글[37]은 이미 자신이 결정한 의도가 있다. 이것은 본디 문집이

만 남아 있는데, 하나하나 수록한 것이 몇 조목에 지나지 않지만 요즘 사람이 미처 보지 못한 것이 열에 일고여덟이다."

34 나는 이렇게 생각한다. 이 단락은 논설체(論說體)의 기원이다.

35 「시교 하」의 주62 및 주63을 보라.

36 장학성 「논과몽학문법」은 이러하다. "논찬이라는 글은 누르고 올리며 잘 읊조려야 한다."(가업당본 『장씨유서』 보유) 또한 「여교천안명부론초학과몽삼간」(與喬遷安明府論初學課蒙三簡)은 이러하다. "사마천과 반고 여러 사람의 논찬은 비록 『춘추』의 학이지만 그러나 『춘추좌전』에서 군자가 헤아려 논하는 의도를 빌려서 말하는 것에 뿌리를 두고 있다. 그 말은 가까운 듯하지만 사실 멀고, 올바른 듯하지만 사실 반대이며, 감정이 격하지만 말은 도리어 평평하고, 의도는 엄격하지만 이야기는 도리어 부드럽다. 분량이 많지 않지만 누르고 올리며 잘 읊조리고, 왔다 갔다 하지만 다른 곳으로 새버린다. 글줄을 찾아 맛보게 만들고 말한 것 이외에 마음에 들게 만들며 온화하고 부드러우며 돈독하고 두텁게 만드니 『시』의 가르침이 깊어진다."(가업당본 『장씨유서』 권9) 가의 「과진론」은 한나라를 풍자하려는 의도가 있고 육기 「변망론」은 진나라를 바로잡으려는 뜻이 절실하다. 이것이 이른바 비흥이라는 유파이다.

역주_ 「논과몽학문법」의 논찬은 「시교 상」의 주6이 인용한 글에서는 전찬(傳贊)이라고 한다. 문맥이나 여기 있는 여러 증거를 볼 때 논찬이 맞는 것 같다.

37 『문선』 혜강 「양생론」(養生論) 주는 혜희(嵇喜)가 지은 「혜강전」[康傳]을 인용하여 이렇게 말한다. "혜강은 성품이 불사약을 먹기[服食] 좋아하여 늘 좋은 약[上藥]을 캐서 묶고, 신선은 본래 저절로 타고나는 것이지 학을 쌓는다고 이루는 것이 아니라고 생각했다. 도인과 양생술[導養]에 대해 이치를 얻어서 성명을 다했으니 안기(安期)나 팽조(彭祖)와 같은 무리와 친하게 지내자고 해서 얻을 수 있었다. 「양생론」(養生論)을 지었다." 위요 「박혁론」 주는 『오지』를 인용하여 이렇게 말한다. "위요는 자가 홍사(弘嗣)이고 오군 출신이며 태자 중서자가 되었다. 당시 채영(蔡穎)도 역시 동궁에 있었는데 성품이 박혁을 좋아하여 태자 화(和)가 무익하다고 생각하여 위요에게 그것을 논하라고 명령했다." 두 편은 모두 스스로 의도를 이름 지었으니 제자백

성행하자 제자백가의 기풍이 쇠락한 때이다. 소통이 살피지 않고 같은 종류를 함께 편집한 일은 그 실질적 내용이 아니다.[38]

제자백가가 처음 변하여 문집의 논과 의가 되고 다시 변하여 설부의 차기(箚記)가 되었을 때는 송나라 사람들이 학에 뜻을 두고 순박한 기풍으로 되돌아가려는 때였다. 그러나 좋아하는 측면이 많아서 문학을 지망하는 선비의 나쁜 버릇을 없앨 수도 없었고 너무 가볍게 지었기 때문에 깊이 연구하여 근원을 만나는 경지도 얻을 수 없었다.[39] 지은이들을 두루 살펴 일을 시작부터 끝까지 탐구하면 대체로 문집에 싣고 남은 나머지를 거둬 모으다가 우연하게 얻기도 하고 잠시 글을 엮다가 이루지 못한 것을 취해 차기를 짓기도 해서 조금씩 쌓아서 많아지면 책으로 모아서 완성할 뿐이다. 그러므로 뜻과 이치는 대체로 볼만한 것이 많지만 종지는 끝내 찾기 어렵다.[40]

영청의 문헌은 황폐하고 논설의 글은 뽑아서 고를 만한 것이 없으니 대략 한 수를 보존해서 애오라지 형식만 갖추지 감히 옛사람과 부합한다고 생각할 수 없다.[41]

시부 서록

시부라는 것은 육경을 널리 선전하는 것이자 문장을 퍼트리거나 조절하는 것이다.[42] 옛날에는 음악에 맞춰 읊는 시로 가르침을 세우고 음악

가로부터 멀지 않다.

38 나는 이렇게 생각한다. 이 단락은 논설체의 유파이다.

39 『맹자』「이루 하」는 이러하다. "맹자는 이렇게 말한다. '군자는 깊이 나아갈 때 도를 근거로 하는 것은 자기 스스로 얻고자 하는 것이다. 스스로 얻으면 삶이 편안하고 삶이 편안하면 바탕으로 삼는 것이 깊고 바탕으로 삼는 것이 깊으면 주변에서 취할 때마다 근원을 만날 것이다. 그러므로 군자는 자기 스스로 얻고자 하는 것이다.'"

40 나는 이렇게 생각한다. 이 단락은 논설체가 거듭 변한 것이다.

41 『영청현지』「문징」의 "논설"은 「당절도사장공사당변」(唐節度使張公祠堂辨) 한 수를 수록하고 있다.(가업당본 『장씨유서』「외편」 15) 나는 이렇게 생각한다. 이 단락은 문체를 갖춘 것이다. 월아당총서본은 "일"(一)을 "이"(二)라고 잘못 적었는데 여기서 가업당본 『장씨유서』에 의거하여 바로잡았다.

곡조[鏗鏘]는 사악에게 배우며 시는 태사에게 서술했다.[43] 배우는 일은 전문적인 벼슬아치가 이끌고 학업은 배우는 사람이 전한다. 음악 곡조의 도에 통하려고 교육과 정사에 의한 교화가 베푼 것을 탐구하기도 하고 장고에게 묻기도 하는 것은 본말이 틀림없이 확실하고[44] 대략 모두 보존하고 있기 때문이다. 시와 음악이 나뉘면서부터 상스러운 악공[俗工]은 오로지 악보[工尺]만 익히고[45] 문학을 지망하는 선비는 겨우 경치를 묘사하는 일[月露]만 연구할 뿐이다.[46] 그래서 음악에 맞춰 읊는 시의 도는 정사와 서로 통하지 않게 되었고 학업을 지키는 것은 전문적인 벼슬아치에게 있으나 장고에게 남긴 학업이 대체로 아득해서 다시 뒤좇을 수 없게 되었다. 그러나 한나라와 위나라 이후로 가행(歌行)과 악부[47]가 일을 설명하고 감정을 표현했기 때문에 지극한 작품을 가지고 문사를 비교하

---

42 『세설신어』「문학」은 이러하다. 손작[孫興公]이 이렇게 말했다. "「삼도부」와 「양경부」는 오경을 나발 부는 것이다." 『이아』「석악」(釋樂)은 이러하다. "음악이 조화를 이루는 것을 절(節)이라 한다." 왕포 「동소부」(洞簫賦)는 이러하다. "조리가 밝아 막힘없이 통하고, 절개와 지조에 맞는구나." 시의 음절은 가장 빽빽하기 때문에 문장을 펼치고 절제한다고 한다.

43 음악에 맞춰 읊는 시는 「시교 하」의 주8을 보라. 『한서』「형법지」는 이러하다. "다만 그 곡조와 북춤을 기록할 수 있다." 주는 이러하다. "갱장(鏗鏘)은 종과 경쇠[金石]의 소리이다." 사악은 「원도 중」의 주27을 보라. 『예기』「왕제」는 이러하다. "태사에게 백성들의 시를 올리게 하여 이로써 백성의 기풍을 살핀다."

44 『장자』「산목」은 이러하다. "나무 소리와 사람의 노래 소리는 시원하게 사람 마음에 꼭 맞는 것이 있다." 선영은 이렇게 말한다. "이연(犁然)은 석연(釋然)이며 밭을 쟁기질할 때 그 흙이 풀리는 것과 같다."

45 『명사』「악지」는 이러하다. "옛사람이 음악을 주관한 방법을 이미 잃어버리고 태상은 다섯 가지를 쓰는 데 그친다. 모두 일(一), 사(四), 육(六), 구(勾), 합(合)이라는 공척(工尺) 위의 눈금에 박힌 것을 쓰는데 고대로부터 더욱 멀어졌다." 또한 "심거경(沈居敬)이 악장을 다시 조화시키면서 척을 쓰고 합을 쓰며 사를 쓰고 일을 쓰며 공을 쓰고 육을 썼다. 합은 황종(黃鍾)이다. 사는 태족의 올바른 소리이다. 일은 고세(姑洗)의 올바른 소리이다. 육은 황종의 반성[子聲]이다."

46 수나라 개황 연간에 이악(李諤)이 글을 올려 동진 이후 글의 폐단을 이렇게 말했다. "이어지는 글과 쌓이는 문서는 달과 이슬의 꼴을 벗어나지 않았고, 책상에 쌓이고 상자에 차는 글은 오로지 바람과 구름의 모습이었습니다."

47 『문심조룡』「악부」는 이러하다. "음악을 붙인 가사를 시라고 하고, 시가의 곡조를 노래라고 한다." 악부는 「언공 하」의 주76을 보라.

거나 당시 일을 증명할 수도 있다. 당나라와 송나라 이후로 비록 문학을 지망하는 선비가 일삼는 것이라 하지만 지은이가 이어서 일어나서 드러나지 않은 것을 밝히고 정교를 펼쳐 베풀었는데 뛰어난 것을 고른 것이 옛사람에게 부끄럽지 않을 수도 있다. 그러므로 글을 가리다가 시부에 이르러 문인의 고운 말의 버릇에 빠지지 않을 수 있다면 거의 괜찮은 것이다.[48]

유흠의 『칠략』은 봉선의 의례에 대한 기록들을 '예류'[禮經]에 넣고 진나라 벼슬아치의 주의와 『태사공서』를 '춘추류'에 넣었다.[49] 그런데 독자적으로 「시부략」[詩賦一略]을 만든 것은 '시류'에 속하지 않는 것의 분량이 대단히 많아서 따로 분류하고 편집하지 않을 수 없기 때문이다. 안타깝게 서례는 시작부터 끝까지 밝힐 수 없어서 후세에 시부와 문집이 하나로 뒤섞여 틀림없이 확실하지 못하게 된 실마리를 여는 지경에 이르렀다. 부는 『시경』의 여섯 가지 뜻 가운데 하나인데 그 형식은 읊는 것이지 노래하는 것이 아니다.[50] 그러나 유흠의 『칠략』에 수록된 편의 숫자가 시보다 여러 배나 많기 때문에 부를 앞에 넣고 시가의 어수선한 형식은 도리어 뒤에 붙였는데[51] 소통의 『문선』 이후로 정해진 규정으로 받드는 지경이 되었으니 가볍고 무거움을 저울질하는 기준을 잃었다고

---

48 나는 이렇게 생각한다. 이 단락은 시를 서술한 것이다.

49 『한서』 「예문지」 "육예략" '예류'는 이러하다. 『고봉선군사』(古封禪群祀)는 스물두 편이다. 『봉선의대』(封禪議對)는 열아홉 편이다. 『한봉선군사』(漢封禪群祀)는 서른여섯 편이다." 또한 '춘추류'는 이러하다. "『주사』(奏事) 스무 편은 진나라 때 대신이 상주한 일 및 유명한 산에 새긴 글이다." 또한 "『태사공』은 백서른 편이다." 여기서 『칠략』이라고 부르는 것은 그것이 『한서』 「예문지」가 뿌리로 둔 것이라고 생각한다. 『칠략』은 「서교 상」의 주14를 보라.

50 「시교 하」의 주27을 보라.

51 『한서』 「예문지」 "시부략"은 이러하다. 『굴원부』[屈賦]가 스무 가지, 삼백예순한 편이다. 『육가부』[陸賦]가 스물한 가지, 이백일흔네 편이다. 『순황부』[荀賦]가 스물다섯 가지, 백서른여섯 편이다. '잡부류'[雜賦]가 열두 가지, 이백서른세 편이다. '가시류'[歌詩]가 스물여덟 가지, 삼백열네 편이다. 나는 이렇게 생각한다. 여러 부들은 모두 천네 편인데 '가시류'와 비교하면 육백아흔 편이 많으니 약 세 배 조금 넘는다.

말할 수 있다. 또한『칠략』이 시부를 다섯 가지로 구별했더라도[52]「잡부문」[雜賦一門]은 지은이의 성명이 모두 없기 때문에 후세의 총집이 별집과 다른 것처럼 형식이 다르다.「시가문」[詩歌一門]은 독자적인 종류를 이루고 비록 서례가 없어도 살펴보는 사람은 오히려 의도에 따라 변별할 수 있고 분류한 이유를 안다. 굴원 이후 스무 가지, 육가 이후 스물한 가지, 손경 이후 스물다섯 가지는 분야가 이미 셋으로 나뉘었는데 당시 틀림없이 그런 주장이 있었을 테지만 서례가 빠트린 듯하고[53](예를 들어 제자백가의 목록 다음에 어떤 학파를 서술하면서 그 근원이 옛날의 어떤 관직에서 나왔다고 운운하는 것이 이것이다) 제자백가의 책과 마찬가지로 시작부터 끝까지 설명하지 않는다. 이것은「시부략」에 대해 후세인이 만든 것이 없어진 글을 탐구하려고 하지만 종지를 모르게 된 까닭이다.[54]

주와 현의『문징』이 시부를 가려 모으는 일은 옛날『시』「국풍」이 남긴 의도이다. 예전「지」에 있는 여덟 가지 경치에 대한 시들[55]은 문학을 지망하는 선비의 나쁜 버릇에 단단히 물들었기 때문에 남김없이 삭제해서 역사서의 범례를 엄격하게 한다. 문천상[文丞相]의 사[56]와「제탑하문」

52 「시교 하」의 주35를 보라.

53 나는 이렇게 생각한다. "시부략"은 '가시류'라는 분야 이외에 부를 네 가지 부류로 나눈다.『굴원부』에 속하는 것은 아마 서정을 위주로 하는 것이리라.『육가부』에 속하는 것은 아마 말을 이야기하는 것을 위주로 하는 것이리라.『순황부』에 속하는 것은 아마 사물을 묘사하는 것을 위주로 하는 것이리라. '잡부류'에 속하는 것은 아마 해학을 뒤섞거나 우언으로 뒤섞은 것이 많으리라.(고실『한서예문지강소』) 이것은 당시 틀림없이 그런 학설이 있었던 것이고 반고가 적어서 기록할 때 서례가 빠졌으니 특히 안타까울 따름이다.

54 나는 이렇게 생각한다. 이 단락은 부를 서술한 것이다.

55 「영청현지 건치도 서례」의 주13을 보라.

56 『영청현지』「여지고적류」(輿地古蹟類)는 이러하다. "예전『영청현지』는 신안진(信安鎭)에 문천상[文丞相]이 묵은 객사[館次]가 있다고 한다. 송나라 우상(右相) 문천상이 북쪽으로 올라가면서 신안에 묵었다. 객사를 지키는 사람은 대단히 성대하게 장막을 쳤는데 문천상은 동이 틀 때까지 잠들지 않고 벽에다「여한사」(旅恨詞)를 썼다." (가업당본『장씨유서』「외편」권8)「여한사」는 이렇게 노래한다. "비가 지난 물에 밝은 아침노을, 밀물이 든 평평한 기슭은 모래를 띠었고, 잎사귀 소리 차갑게 날리며 창문에 바른 비단을 뚫네. 뉘우치고 한탄하는 서풍 불어 세상이 바뀌고, 또 나를

(祭漯河文)[57]이 시부가 아니지만 함께 수록한 이유는 명, 잠, 송, 뇌처럼 운율이 있는 글이며 모두 고대 시의 유산이기 때문이다.[58]

불어 날려 하늘 끝에 떨어트리네. 고요하고 쓸쓸한 고대의 사치스러움과 화려함이여, 까마귀처럼 검은 옷엔 또 해가 비끼네. 흥하고 망하는 일을 말하자면 제비는 누구 집에 들어올까? 다만 남쪽으로 날아온 숱한 기러기뿐이니, 밝은 달을 짝하여 노래하다가 갈대꽃 핀 갈대밭에 잠드네."(가업당본 『장씨유서』 「외편」 권15)

57 탑하(漯河)는 다름 아니라 상건하이다. 「제탑하문」(祭漯河文)은 명나라 순천 순무 왕일악(王一鶚)이 지었다. 그 가사는 이렇게 말한다. "높은 산과 공로가 같다 하나 큰 강이 으뜸일세. 수재를 막으려면 축전을 벌여 높이 기려야 하리. 아! 영청이 물바다가 되고 세찬 강물이 안으로 터졌네. 꺾이고 꺾여도 돌이키지 않고 고립된 성을 겨냥해 갉아먹으려 하네. 우리에게 물고기와 자라가 쏟아지고 용과 뱀이 뭍으로 다니는 소리가 들리네. 더께 앉은 굳은살이 닳도록 노력했건만 장차 누구를 의지하고 누구를 믿어야 하나? 갑자기 저녁 먹구름이 일어나고 어른거리는 빈 배만 가로지르네. 얼마만큼 초조한 순간이 지나야 이 땅이 평안해지려나. 어찌 신선이 타는 배를 흔들고 태을신[太乙]의 연잎을 우러르겠는가. 하백[馮夷]을 춤추게 하려고 상앗대를 치고 현명[元冥]을 움직이려고 노를 휘두르네. 크게 지으신 세상을 나눈 보잘 것 없는 백성들이 어찌 신의 솜씨를 헤아릴 수 있을까? 늙은 농부에게 재앙을 내리고 들판과 친해지니 물에 젖은 땅을 행복의 나라로 바꾸네. 어찌 사마귀 팔뚝처럼 보잘 것 없는 지방 수령이 하백[翁河]의 넋이 강림하도록 부르겠는가. 우리 거룩하고 밝은 임금님께 의지하면 하늘은 개고 땅은 평안해지리라. 공물을 바치러 멀리서 오는 것을 살펴보니 비록 바다의 파도라도 잠잠해지겠네. 어찌 세상의 남쪽 신령스런 이 땅을 큰 고래가 곧추세운 비늘에 맡기겠는가. 넋이 크게 드러난 것을 늘 기리고 해마다 제사를 지내 영원히 사모하고자 하네. 대대로 사당에 제수를 바쳐 보답하리니 서리와 이슬로 신의 보살핌을 대답해주소서. 만약 백성에게 이롭다면 장차 부모에게 받은 머리카락과 살갗도 아낄 게 없네. 하물며 명백하게 내려주시고 명백하게 받았으니 감히 제사를 맡은 제주가 때를 놓칠 수 있으리까! 물줄기에 제대로 격식을 차린 악기를 갖추고 남녀와 함께 겨울제사와 가을제사를 드리오. 이제부터 나라의 의식으로 지낸 제사를 흠향하소서. 우임금의 자취를 지키고 고치지 않았으니 잠시 노하셨더라도 세찬 물결 날리지 마소서. 전당강[錢塘]에 쇠뇌를 쏜 일을 더럽게 여기고 호자구[瓠子]에 선방궁[宣房] 지은 일을 따르오리다. 오호, 강원의 사당 비궁(閟宮)은 맑고 고요한데 제사 그릇은 성대하네. 좋은 술은 대단히 넉넉하고 희생은 향기롭네. 오호, 강림하소서. 저희 생각대로 이뤄주소서! 밝은 세상에는 예악이 있고 어두운 세상에는 귀신이 있소. 바다와 강물이 잘 다스려져 평안함이여, 이 땅이 바로 영청이라오."(가업당본 『장씨유서』 「외편」 권15)

58 나는 이렇게 생각한다. 이 단락은 저례이다. 가업당본 『장씨유서』에는 이것 다음에 「금석서록」(金石敍錄)이 더 있는데 여기서 다음과 같이 수록한다. "금석문은 옛사람이 오래토록 가르침을 내리는 근거이다. 삼대 이전에는 청동기에 새기고 그림을 그렸으며 문헌[載籍]에 적었다. 삼대 이후에는 청동기[庸器]가 점점 적어지고 돌에 새긴 것이 드디어 많아졌다. 그러나 드러내 적고 남은 것 가운데 유적을 헤아려 모아

보아도 없어지거나 빠져버려 열에 두셋도 남지 않았다. 그래서 쇠와 돌이 비록 굳세다 하지만 흔적도 없이 사라지는 때가 있게 마련이고 드러내 적은 것과 순서대로 엮은 것은 죽간과 백서가 대신 일어나니 그 공로는 헤아리지 못한다. 그러나 언덕과 골짜기가 변천하고 뽕밭과 바다가 번갈아 바뀌는 엄청난 세월이 지난 뒤, 사람의 발자취가 이르는 곳에는 비바람을 견디고 오래토록 남은 비석[殘碑]이나 고대의 청동기[古鼎]가 있게 마련이다. 산초나무[山椒]와 물가 사이에서 우연히 얻는다면 앞 시대의 기록인지 거듭 잘 조사하여 빠지고 없어진 것을 교정하고 사발에 감춘 것을 뒤집듯 명백하게 드러낸다면 옛사람이 문자로 짓고 기물에 깃들인 것은 천지 사이에서 저절로 장수하기 때문에 그 뜻은 참으로 깊고 오래 가는 것이다. 그러나 남겨서 드러난 것도 이미 많고 취하여 쓰는 것도 역시 다르지만, 그것을 간단하게 헤아려보면 대략 세 가지 분야가 있다. 그중 『삼자석경』(三字石經)이나 『일자석경』(一字石經) 같은 것들처럼 글자를 정해서 쓰고 법식을 내려주었다. 이것은 경학의 정해진 법식이다. 구양수의 『집고록』이나 조명성의 『금석록』처럼 여러 사람이 기록한 것과 홍매의 『용재수필』이나 조공무의 『군재독서지』처럼 여러 사람이 변별하여 고친 것은 성명이나 관직의 등급[官閥]을 비교하여 조사하고 연월과 간지를 변별했다. 이것은 사부를 돕는 것이다. 글씨를 아주 잘 쓰는 사람[書家]이 법첩(法帖)을 평하고 예술품을 감식하여 음미하는 사람[賞鑑家]이 고금을 논하는 일에 대해서 『선화박고도』[宣和博古之圖]나 『청하서화방』[淸河書畫之舫]은 또한 풍류를 아는 소인묵객[韻人墨客]이 만든 것이지만 보충하는 것도 없지 않다. 이것은 지승의 나머지에서 「문징」을 편집하여 취한 것인데 이미 「지」와 서로 표리 관계가 된다. 금석문을 수집하여 망라하는 것은 고금을 뒤섞어 엉키게 하는 것이 아니라 가학을 정돈하여 완성하는 것이다. 오로지 연월, 성명, 관직의 등급[官階], 과거 급제 가운데 「지」의 글에서 미처 갖추지 못한 것을 보충할 수 있기 때문에 상세하고 조심스럽게 그것을 기록하여 후세인이 채록할 일에 대비할 뿐이지 애초에 그 글이 좋고 나쁜 것이나 글씨를 쓴 기교가 능하고 서투른 것은 헤아리지 않았다. 글 전체에서 고를 만한 것은 「징실」에 보존하지 이 범례에 두지 않는다. 정초는 역대의 「예문」이 드러내 적을 때 빠트린 것이 많았기 때문에 떨쳐 일어나 「도보략」과 「금석략」 두 가지를 지어서 이전 역사서에 빠졌거나 없어진 것을 대비하고 이로써 「예문」과 비슷한 범례를 거듭 밝혔지만 책의 허물이 된다는 것을 별로 모른다. 그러나 정초가 다투더라도 그 공은 요컨대 본래 빼앗을 수 없다. 금석이 글을 기록하지 않고 겨우 제목만 적었다면 본래 「예문」이라는 글에 예속시켜 넣어야만 하고 드러내 적은 것에 딸려 있으면 될 뿐이지 어찌 「문징」 안에 순서대로 엮겠는가? 아마 『영청현지』에 「예문」이 없기 때문일 것이다. 그러나 태사가 『시』의 의도를 서술한 것을 헤아려 보면, 내 생각에는 『문선』에 실려 있는 "화서"와 "유경"이 그 뜻을 보존하고 있는 것에 비길 뿐이고 애초에 이것이 기존의 법도라고 생각하지 않는다."(가업당본 『장씨유서』 「외편」 권15)

박주지 인물표 예의(亳州志人物表例議)

상·중·하

1. 박주지 인물표 예의(상)[1]

반고의 「고금인표」(古今人表)가 세상 사람들에게 욕을 먹은 지는 오래 되었다.[2] 오늘날 그것을 살펴보자면, 단대사[斷代之書]에는 어떤 왕조의 「인표」(人表)가 필요 없는 경우도 있지만 고대까지 포함한 통사[通古之史]에는 「인표」가 없어서는 안 된다. 반고는 단대를 역사서로 만들어 사마천을 이었고 사마천의 『사기』가 빠트린 분야를 보충했다. 「기」와 「전」이 제시한 임금과 신하의 사적처럼 서한 때를 경계로 구분하지 않았기 때문에 『한서』 「지리지」는 『상서』 「우공」이나 『주관』까지 거슬러 올라가고 「오행지」는 춘추시대와 전국시대를 나열했다.[3] 「인표」의 범례는 미

1 박주는 당나라 때 설치했고 청나라 때는 안휘성 영주부(潁州府)에 속했다가 중화민국 때 박현(亳縣)으로 고쳤다. 『장실재연보』에 따르면 건륭 54년 가을부터 겨울까지

루어 짐작할 수 있다. 「인표」의 잘못은 아홉 칸으로 사람을 판정해서는 안 되는데도 억지로 형식을 나누고 성(聖), 인(仁), 지(智), 우(愚)로 함부로 품평해서 『춘추』의 근엄한 뜻을 얻지 못한 것이다.[4] 또한 「인표」에 고대

장학성은 박주에 있었는데 당시 지주 배진(裴振)을 위해서 『박주지』를 편찬해서(「하군가전」(何君家傳)) 책은 이듬해 이월 무렵 완성되었다. 「여주영청논문서」(與周永清論文書)는 이렇게 말하고 있다. "최근에 『박주지』를 지었는데 새로 얻은 것이 대단히 많아서 『화주지』와 『영청현지』를 살펴보니 절반은 쓰레기입니다. 주인이 우아하게 도우며 믿고 일을 맡겨서 한 마디도 옆에서 참견하지 않은 것은 그대도 마찬가지입니다. 그러나 땅은 넓고 길은 먼데다가 저는 또한 호북으로 떠나야 할[楚行] 날짜에 쫓겨서 사방의 이름난 유적을 남김없이 다녀보지 못한 것과 청상과부[孀婦] 가운데 현재 살아있는 사람을 만나서 곡절을 직접 물어보지 못한 것은 『영청현지』만 못하다고 생각합니다. 그래도 문헌이 증명하기에 충분한 것은 또한 『영청현지』와 비교해도 낫습니다. 『박주지』를 역사서에 비기자면 진수의 『삼국지』나 범엽의 『후한서』와 걸맞아서 견줄 만하고, 의례의 정밀함은 또한 『문사통의』 가운데 가장 높은 경지[最上乘]입니다. 세상 사람들이 최근을 대수롭지 않게 여기고 오래된 것을 소중하게 생각하는 것은 자신을 살피지 못한 것일 뿐이니, 후세의 옳으니 그르니 하는 말다툼은 저절로 정평이 생길 것입니다. 만약 훌륭한 자질을 가진 사람이 나와서 『박주지』를 읽는다면, 다만 새로운 종파[開山之祖]로 방지를 받드는 것이 아니라는 제 의도를 진심으로 알 것입니다. 다름 아니라 역사가가 그중에서 한두 가지 정밀한 의도만 얻어도 역시 후세에 움직일 수 없는 으뜸으로 존경받을 것입니다. 『박주지』에서 제가 믿는 것은 대단히 참되기 때문에 떠벌리는 말 같아도 사실 뻐기는 것이 아닙니다."(가업당본 『장씨유서』 권9) 이 말을 보면 『박주지』라는 작품을 장학성이 굉장히 만족스럽게 생각한다는 것을 알 수 있다. 안타깝게도 배진은 이 해에 바로 직책을 떠나서 책은 어쩌면 미처 간행하여 판각되지 못한 채 이미 없어져 버린 것이 틀림없다.

2 『한서』에는 「고금인표」가 있다. 『사통』 「표력」은 이러하다. "기이하구나, 반고의 「고금인표」는. 아홉 등급으로 구별하고 천 년 세월을 망라했다. 왕조를 논하지만 시대가 다르고 성을 말하지만 혈족이 다르더라도 같은 방향을 종류대로 모으고 만물을 무리로 나누는 것, 좋고 나쁜 것을 서로 어울리게 만드는 것, 앞과 뒤에 순서가 생기게 만드는 것은 본래 가능한 것인데 왜 「표」를 만든 것인가? 설령 그 글이 위로 복희씨로부터 시작해서 아래로 진나라[嬴氏]까지 다했다 하더라도 한나라 때 일을 말하지 않는데 『한서』에 엮여 들어갔으니 어찌 한 왕조로 끊어서 한정했다고 하겠는가?"

3 「석통」의 주22를 보라.

4 『한서』 「고금인표」는 상중하를 다시 셋으로 나눠 아홉 등급이고 상상은 성인, 상중은 어진 사람[仁人], 상하는 지혜로운 사람[智人], 하하는 어리석은 사람[愚人]이다. 「고금인표서」는 이렇게 말한다. "비유하자면 이러하다. 요임금, 순임금, 우임금, 후직, 설(卨)은 그들과 더불어 착해지면 같이 행하고 곤과 환두(讙兜)는 그들과 더불어

는 있는데 현재는 없고 이름과 내용이 어긋난다고 지적한 유지기 말[5]은 참된 주장이다. 지어서는 안 되는 것을 어지럽게 논의한 「인표」의 나머지는 모두 반고의 못마땅한 점으로 여기기에 부족하다. 가령 아홉 등급의 높낮이나 인, 성, 우, 지라는 이름을 제거한다면 신분의 높낮이나 지위의 높낮이를 가지고 등급을 구분하거나 또는 도시나 나라로 구별하고 표제를 달리하여 가로로 배열한 것을 주요한 것으로 하고 연대의 앞뒤를 위쪽에 표시한 것을 보조적인 것으로 한다. 또한 자신의 주장을 이렇게 명백하게 적는다. '사마천의 『사기』를 취하고 보충하여 「열전」을 조사하고 검색한다.' 그래서 그가 세운 범례는 후세에 통사를 지을 때 일정하게 정해진 법칙이 되어야만 하는데 어찌 도리어 남들 욕을 먹는 지경에 이르렀는가? 심하구나, 영원토록 좋은 방법이 숱한 헐뜯음에 가라앉고 도리어 역사서의 형식에 정밀한 사람이 없어서 그것에 의해 폐단을 구제하여 잘 쓰지 못하는구나![6] 최근 사람 마숙의 『역사』(繹史)[7]는 그

도 나빠지려고 하니 죽인다. 함께 할 수 있으면 착해지고 함께 할 수 없으면 나빠진다. 이것을 상지(上智)라 한다. 걸왕, 주왕, 관룡봉[龍逢], 비간은 그들과 함께 해서 착해지려고 하면 죽이고 간신(干莘)과 숭후는 그들과 함께 해서 나빠지면 같이 행한다. 더불어 나빠질 수는 있어도 더불어 좋아질 수는 없으니 이것을 하우(下愚)라 한다. 제나라 환공은 관중이 그를 도와 패자가 되었고 수조(豎刁)가 그를 도와 어지러워졌으니 더불어 좋아질 수도 있고 더불어 나빠질 수도 있다. 이것을 중인(中人)이라 한다. 이것에 의거하여 아홉 등급의 순서를 열거하고 경전을 끝까지 찾아서 왕조를 이어 서로 순서를 매겨 고금에서 필요 없는 것은 빼고 필요한 것만 골라 뽑은 것을 모두 갖추었다."

5 이미 앞의 주2에 보인다.

6 장학성 「신척」은 이러하다. "『화양국지』에는 양주, 익주, 영주[三州]의 사녀 목록이 있고 『강표지』(江表志)에는 여러 임금과 대신의 이름이 표시되어 있지만 사실은 없다. 이것은 모두 「고금인표」가 남긴 수레바퀴 자국처럼 똑같은 자취이다. 역사가가 전승을 잃었지만 한쪽 귀퉁이의 별사(別史)는 당시 의도를 나타냈는데, 안타깝지만 지은이도 역시 정사가 남긴 기풍이라는 것을 모르고 살펴보는 사람은 더욱 그 유래에 어둡다. 예를 잃으면 들판에서 구한다는 것도 역시 마음이 있는 사람에게나 해당되는 말이로구나!"(가업당본 『장씨유서』 「외편」 1)

7 마숙은 자가 총경(驄卿)이고 다른 자가 완사인데 청나라 추평 출신이다. 순치 16년 진사가 되었고 영벽현 지사 벼슬을 살았는데 은혜로 베푸는 정사가 있었다. 강희 계축년에 죽었는데 나이 쉰넷이다. 『역사』 백예순 권을 지었다. 천지개벽부터 진나라

범례를 쓴 적이 있다. 그러나 마숙의 책은 본디 분류해서 편집한 책에 속하지 저작이 아니다. 그가 먹은 마음을 헤아리면 삼대가 현재로부터 멀고 사실과 글이 뒤섞여 나타나기 때문에 아득하니 실마리가 없고 「인표」로 배열한 것이 일개 경전의 성명고(姓名考)에 지나지 않는다. 마숙이 설령 반고의 「고금인표」를 낮춘들 사마천의 『사기』에 의해 틈을 채울 수 있다는 것을 이해하지 못하고 또한 그 뜻과 종류를 늘리면 역사가의 일반적 형식이 될 수 있다는 것도 이해하지 못한다. 도리어 「인표」가 『역사』를 위해 지었다는 것처럼 말한다면 역시 미루어 짐작할 줄 아는 사람이 아니다.[8]

고대까지 포함한 통사가 기록한 사적은 간단하게 편집한 고실을 많이 취하는데 이것은 당시 기록처럼 눈으로 보고 귀로 들어서 참과 거짓을 서로 비교할 수 있는 것이 아니다. 그리고 이미 저작을 짓고 자기가 전문가라고 생각한다면 「열전」에서 버리고 취할 때 틀림없이 탁월하고 독특한 판단력이 있어서 일가의 주장을 이룰 테지만 똑같은 종류의 사람을 남김없이 수록해서 배열하고 편찬하지 못하는 것도 마찬가지 추세이다.(다름 아니라 『춘추좌전』에 있는 사실을 『사기』에 수록해 넣지만 자산이나 숙향(叔向) 등 여러 사람을 모두 「열전」에 편집할 수 없는 것과 같다. 그런데 어떻게 「인표」를

말까지의 사실을 편찬하여 수록하고 고대 서적을 널리 인용하여 막히지 않고 통하게 만들었으며 변별하여 증명했는데, 비록 틈틈이 모순되는 것은 피하지 못했지만 말은 반드시 사실을 증명하고 있어서 나비의 『노사』나 호굉의 『황왕대기』(皇王大紀)가 견줄 수 있는 것이 아니다. 그리고 역사서의 범례 여섯 가지 가운데 격식이 독창적이기 때문에 참으로 일가의 형식을 스스로 완성한 것이다. 고염무[顧亭林]는 이 책을 읽고서 이렇게 탄식했다. "반드시 전해질 작품이다." 『역사』는 「석통」의 주34를 보라.

8 『역사』는 뒤에 「고금인표」 한 권을 수록하고 있는데 「자발」(自跋)은 이렇게 말한다. "반고의 「고금인표」는 후세인들이 제멋대로인 작품이라고 비난하면서 첫째 아무개와 아무개가 어지럽게 뒤섞여 있고, 둘째 기록을 남김없이 갖추지 않았으며, 셋째 앞 시대의 인물들은 한나라 때 사실과 관련이 없다고 한다. 나는 『역사』에 그것을 취할 때 끝내 어떻게 했는가? 이렇게 말하련다. 위로는 복희씨부터 아래로는 진나라가 망할 때까지 기록한 시대는 『역사』의 시대이고, 수록한 사람은 『역사』의 사람이다. 그러므로 「고금인표」는 마치 『역사』를 위해서 지은 것 같다."(『역사』 권160)

세우지 않을 수 있겠는가?) 이전 사람들이 행한 일은 전기에 뒤섞여 나타나고 성명이 드러나거나 드러나지 않는 것은 상세함과 간단함의 차이가 없지 않다. 「열전」이 가다듬어 잘라낸 뒤에 남은 것은 「인표」로 대강 추려낸 줄거리를 수록하지 않는다면 간단한 것은 남겨두거나 새버린 것이 있다는 비난을 초래할 것이고 상세한 것은 치우쳤다는 비방을 받을 것이다. 다름 아니라 후세인이 내 책을 읽어도 역시 빠트린 듯하고 법도가 적다고 생각할 것이다. 그러므로 반고의 『한서』 「고금인표」는 고대에서 전수받은 것이 있으므로 가볍게 논의해서는 안 된다.[9]

2. 박주지 인물표 예의(중)

어떤 사람이 물었다. "통사에 「인표」가 필요하다는 것은 믿음직합니다. 그대는 단대사에 「인표」가 필요 없는 경우도 있다고 하셨는데 그 말씀이 확정적이지는 않은 느낌입니다. 단대사는 고대를 증명할 필요도 없는데 왜 「인표」가 있어야만 하는지요?"

나는 이렇게 대답했다. "단대사는 한 종류가 아니고 대충 헤아려도 세 가지 분야가 있는데 모두 「인표」가 없을 수는 없네. 통사와 비교하면 저절로 조금 느슨할 뿐이고 그것이 있어야 아름답지. 역사서에 「열전」이 있는 것은 마치 『춘추』에 『춘추좌전』이 있는 것과 같네. 『춘추좌전』은 『춘추』 경을 따라서 연도와 달의 순서를 매기고 「열전」은 사람을 나눠서 표제를 드러내기 때문에 근본 바탕이 조금 다르지만 쓰임새는 모두 취하여 경(『춘추』이다)이나 「기」(「본기」이다)의 본말을 대비하기에 충분하

9 나는 이렇게 생각한다. 이 글은 통사에 「인표」가 없을 수 없다는 것을 말한다.

지.[1] 『춘추좌전』을 연구한 사람은 모든 나라의 『공자보』(公子譜)를 가지고 있었다네.[2] 기전체 단대사의 글을 연구한 사람은 반고의 『한서』 「고금인표」만 가지고 있었지. 「인표」를 막 적자마자 도리어 숱한 꾸지람이 빗발치니 누가 감히 일일이 인물의 조리 있는 항목들을 더 논의하겠는가? 『춘추』에는 『공자보』나 『시족보』[諡族] 같은 여러 가지 「보」[3](두예 등이다)와 『명자이동록』[名字異同] 같은 여러 「녹」[4](풍계선(馮繼先) 등이다)이 있는데 편년체를 연구한 것은 저렇게 상세하다네. 그러나 기전체 역사서에는 겨우 「열전」의 목록 한 편이 있지만 「열전」의 숫자에는 제한이 있지. 다름 아니라 「연표」와 「세표」도 겨우 임금, 제후, 장군, 재상만 드러낼 뿐이라서 추세는 저절로 인물들을 모두 포괄해서 분류하고 구분할 수 없네. 그래서 학자가 세상을 논하고 사람을 아는 일이나 정사의 「열전」을 검색하고 찾아서 의례를 버리고 취하는 일은 대체로 아득해서 알기 어렵지. 그래서 「인표」가 없어서는 안 된다는 말은 믿음직하다네.

고염무는 이렇게 말했지. '역사서에 「연표」가 없으면 「열전」은 많아지지 않을 수 없다. 열전이 이미 많아졌다면 글은 번거로워지지만 사실은 도리어 새어 없어진다.' 그 잘못이 진수에게서 시작되었다고 하지만 범엽, 심약, 요사렴, 이백약 등 여러 사람은 모두 이것에 대해 잘못이 있지.[5] 고염무의 주장은 하나는 알고 둘은 모른다고 말할 수 있네. 「연표」

---

1 「영청현지 열전 서례」의 주3을 보라.

2 『통지』 「예문략」 1은 이러하다. "『춘추공자보』(春秋公子譜) 한 권은 오나라 양온(楊蘊)이 지었다. 『소공자보』(小公子譜) 여섯 권은 두예가 지었다."

3 『송사』 「예문지」 "보첩류"는 이러하다. 『춘추씨족보』(春秋氏族譜)는 한 권, 『춘추종족명시보』(春秋宗族名諡譜)는 한 권이다." 지은 사람의 성명을 적지 않았다.

4 『통지』 「예문략」 1은 이러하다. "『춘추명자이동록』(春秋名字異同錄) 다섯 권은 풍계선(馮繼先)이 지었다."

5 『일지록』 권26 「작사불립표지」는 이러하다. "아마 「표」를 세우는 근거가 주나라의 보첩을 본뜬 것이라서 기전체와 서로 드나드는 것이 있다. 모든 열후, 장군과 재상, 삼공, 구경 가운데 공명을 「표」에 적은 사람은 이미 「전」으로 이었다. 이밖에 대신 가운데 쌓인 공로가 없거나 역시 드러난 허물이 없는 사람은 「전」에 쓰는 것을 견디지 못하지만 성명, 작위, 출신지, 생몰, 성하고 쇠락함의 자취는 요컨대 갑자기 없

는 본래 폐기할 수 없는 것이지만 임금, 제후, 장군, 재상이 범엽, 심약, 요사렴, 이백약의 여러 역사서에서 차지하는 분량은 얼마나 되는가? 『당서』나 『송사』 같은 역사서는 다시 「연표」를 세웠지만[6] 「열전」의 번거로움은 범엽과 심약의 여러 역사서보다 여러 배나 되니 「연표」가 어찌 열전의 번거로움을 구제한다는 말인가? 「인표」를 세우지 않으면 「열전」은 많아질 수밖에 없고 「연표」는 도리어 다음 문제일 뿐이라네.[7] 그러나 「인표」가 역사가의 비웃음을 받고 있기 때문에 감히 다시 건드리지 않고, 그들이 어지럽게 「전」을 짓는 것이 호적[戶版]을 채우는 일 같지만 결단하기 어렵고 버릴 것과 취할 것을 정하기 어려운 것은 당연하지.

애는 것을 허용하지 않으면 「표」에 의거해서 그것을 수록했다. 또한 그들의 잘한 일과 못한 일의 사실을 「전」에서 미처 상세하게 갖추지 못한 것도 역시 「표」에 그것을 수록했다. 연도가 주요한 것이 되고 달이 보조적인 것이 되어 한 번 훑어보면 분명하고 명백하여 역사서를 짓는 형식은 이것보다 큰 것이 없다. 그러나 범엽의 『후한서』가 빼버리는 바람에 후세의 학자들이 이백 년 동안 사람을 기용하여 정사를 시행한 낱낱의 항목을 헤아려 본보기로 삼을 수 있는 근거를 없애버렸으니 정말 한탄스럽다. 그것을 잃어버린 것은 진수 『삼국지』에서 시작되었고 범엽이 그것을 뒤따랐다. 그 뒤 지은이들이 또한 범엽 『후한서』를 범례로 끌어다 쓸 때 「연표」는 모두 생략하는 것에 들어 있었다.(원주는 이러하다. 요사렴 『양서』와 『진서』, 이백약 『북제서』, 영호덕분 『주서』, 이연수 『남사』와 『북사』에는 모두 「표」와 「지」가 없다.) 역사서를 지으면서 「표」가 없으면 「전」을 세워야 하는 것이 많아지지 않을 수 없고 「전」이 더욱 많아지면 글이 더욱 번거로워져서 사적이 도리어 없어지고 새어버려 열거하지 못한다는 것을 몰랐다. 구양수는 그것을 알았기 때문에 그가 지은 『신당서』에 「재상표」(宰相表)가 있고 「방진표」(方鎭表)가 있으며 「종실세계표」(宗室世系表)와 「재상세계표」가 있어서 비로소 반고와 사마천의 예전 규칙을 회복했다."

6 『신당서』「연표」는 앞의 주를 보라. 『송사』에는 「표」 서른두 권이 있는데 「재보표」(宰輔表)가 다섯 권이고 「종실세계표」가 스물일곱 권이다.

7 장학성 「여사여촌서」는 이러하다. "『신당서』부터 『송사』나 『원사』 같은 여러 역사에 이르기까지 「열전」은 분수에 넘친다네. 이것은 본디 문학자가 맡지 않지만 「표」의 범례를 이해하지 못하는 것은 역시 사마천과 반고의 여러 「연표」를 지목한 고염무[顧寧人] 같은 사람만이 아니라네. 반고의 「고금인표」는 역사가들이 욕하고 매도하여 거의 비난의 화살을 받는 과녁과 같다네. 나는 그것을 자세히 살펴보았는데 어찌 되었건 가벼이 헐뜯을 수 없으며 바로 크게 관계가 있는 작품이기 때문에 역사가는 반드시 후세에 옮길 수 없는 으뜸가는 조상으로 이것을 받들어야만 하네. 이런 범례가 자꾸 반복되면 「열전」은 저절로 어지럽고 변변치 못한 것을 맑게 만들 수 있겠지."(마이추(馬夷初)가 베낀 산음 하씨 초본에 의거했다)

고대까지 포함한 통사에는 고대의 기재에서 취한 역사서[簡冊]가 모두 보존되어 있고 「인표」를 세우지 않은 것도 아마 사마천의 『사기』가 반고의 『한서』를 기다렸다가 채워진 것처럼 늦지 않았다네. 단대사는 장부와 기거주에서 취하여 가다듬기도 하고 눈으로 보고 귀로 들은 것에서 얻기도 하는데 추세가 반드시 같은 사람들을 남김없이 쓸 수도 없지만 또한 반드시 그런 사실이 없었다고 할 수도 없기 때문에 한 덩어리로 묶어서 언급하지. 그래서 사람 이름을 널리 끌어다가 분류해서 「표」를 만드는 것도 범례를 보여주기 충분하고 또한 「열전」의 일반적 형식을 엄격하게 만들기 충분하니 어찌 다시 후세인을 기다릴 수 있겠는가? 단대사 가운데 윗길인 것은 반고나 진수처럼 전문가로 이름난 사람이고[8] 다음가는 것은 『진서』나 『당서』처럼 많은 역사서의 장점을 모은 것이며[9]

---

8 전문가로 이름난 사람은 「원도 하」의 주5를 보라. 반고의 『한서』는 가학을 이어서 전한 것이다. 진수의 『삼국지』는 당시 좋은 역사서라고 칭찬받았다. 『군재독서지』는 이러하다. "왕통은 평소 진수의 책[壽書]이라고 불렀는데, 이제 자세히 살펴보면 사실 고상하고 간단하면서 법도가 있다. 만약 조조가 본래 누구 자식인지 말하지 않아도 하후돈(夏侯惇) 및 하후연[淵]을 「제하후조전」[諸曹傳]에 수록했기 때문에 조숭[嵩]이 본래 하후씨의 아들이라는 것을 안다. 조모[高貴鄕公]에 관한 글을 끝맺으면서 사마소의 상주문을 실었기 때문에 조모가 제대로 죽지 못할 것을 안다. 다른 것도 모두 이와 비슷하다."

9 『진서』는 「시교 하」의 주44를 보라. 문징명(文徵明) 「중간당서서」(重刊唐書序)는 이러하다. "당나라가 일어나자 영호덕분 등이 비로소 무덕 연간과 정원 연간 두 조정의 국사 여든 권을 지었고 오긍에 이르러 앞뒤 백 권의 책으로 합쳤는데 유방(柳芳)과 위술이 그것을 이어서 모았다. 의녕 연간에 시작하여 개원 연간에 이르기까지 겨우 백여 년 동안 우휴열(于休烈)과 영호환(令狐峘)이 순서대로 더해서 모았고 건중 연간에 이르러 마쳤다. 그리고 대력 연간과 원화 연간 이후는 최구종(崔龜從)에게서 완성되었다. 그 뒤 위오(韋澳) 등 여러 사람이 다시 그것을 더해서 모아서 모두 백마흔여섯 권의 책을 만들었고 유방 등에게는 다시 『당력』(唐歷) 마흔 권, 『속력』(續歷) 스물두 편이 있는데 모두 임시로 기록한 말이지 기존의 책은 아니다. 후진[晉]이 후당 왕조를 뒤집자 유구 등이 비로소 예전 역사서의 실마리에 의거하여 이 책을 완성했다." 『사고전서총목제요』는 『구당서』 권132에 「양조성전」(楊朝晟傳)이 있는데 권144에 다시 「전」을 세웠다고 한다. 소영사는 이미 권102에 붙어서 보이는데 권190 「문원전」에 다시 나타난다. 이것은 「인표」가 없는 것과 관련이 있다. 『이십이사차기』 권16은 이러하다. "송나라 인종은 유구 등이 지은 『당서』가 비천하고 약하며 천박하고 변변치 않기 때문에 한림학사 구양수와 단명전 학사 송기가 간행하여 편찬하고

아랫길인 것은 『송사』나 『원사』처럼 억지로 나누고 눌러서 짝지은 것이리라.[10] 전문가로 이름난 사람의 역사서는 「인표」가 아니면 독립 판단과 탁월한 것을 밝히기에 충분하지 않지. 많은 역사서의 장점을 모은 역사서는 「인표」가 아니면 들쭉날쭉함과 차이를 막기에 충분하지 않네. 억지로 나누거나 억지로 짝 지운 역사서는 「인표」가 아니면 어지럽고 분수

증공량(曾公亮)이 그 일을 이끌어 시행하라고 명령했는데 열일곱 해가 걸려서 완성했고 모두 이백스물다섯 권이다." 증공량의 「진신당서표」[進書表]에 의거하면 구양수나 송기와 함께 책을 편찬한 사람에는 범진, 왕주, 송민구, 여하경, 유희수 같은 여러 사람이 있다. 여하경은 당나라 때 사실에 익숙하고 「전기」와 「잡설」 수백 가지를 널리 고르고 또한 보학에도 통달하여 「세계표」 같은 여러 가지 「표」를 창조하여 『신당서』에 대해 공이 가장 크다. 송민구도 역시 당나라 때 사실에 익숙하고 만당 때 여섯 황제의 실록을 보충한 적이 있다. 왕요신은 『당서』를 편찬하여 편수관으로 상주했다. 그래서 편찬하는 여러 사람들과 함께 모두 당시 뛰어난 사람을 선발한 것이며 구양수와 송기 두 사람도 또한 문학에 대해 오랜 경험을 가지고 익숙했다. 그들에 의해 기록할 것은 기록하고 삭제할 것은 삭제하여 편집하고 완성했으니 논하는 사람들은 『신당서』가 사실은 이전보다 늘었는데 글은 예전보다 줄었다고 말해야 마땅할 것이다. 『사고전서총목제요』가 "모순되고 들쭉날쭉한 것은 모두 피하지 못할 것"이라고 한 말도 확실히 이런 잘못이 있다.

10 『이십이사차기』 권23은 이러하다. "대체로 송나라 도종 이전의 역사서는 모두 송나라의 예전 역사서이다. 송나라 덕우, 경염(景炎), 상홍(祥興) 연간의 역사서는 원나라 때 중통(中統), 지원 및 연우, 천력(天曆) 연간에 모은 것이다. 그것이 미처 책을 완성하지 못한 이유는 『원사』「탁극탁전」(托克托傳)은 이렇게 말한다. 의례가 미처 정해지지 않았기 때문에 어떤 사람은 송나라를 「세기」(世紀)로 만들고 요나라와 금나라를 「재기」로 만들고 싶어 했고, 어떤 사람은 요나라가 나라를 세운 것이 송나라보다 앞이기 때문에 요나라와 금나라를 『북사』로 만들고 송나라 태조 때부터 정강 연간까지를 『송사』, 건염 연간 이후부터를 『남송사』(南宋史)로 만들고 싶어 했기 때문에 각자 의견을 가지고 결정이 나지 않았을 뿐이다. 순제 때 이르러 송나라, 요나라, 금나라를 각각 별도의 역사서로 지으라고 명령했다. 이것에 대해 의거하여 편집하고 배치했지만 「기」, 「전」, 「표」, 「지」가 본래 이미 완전히 갖춰져 있었기 때문에 삼년도 되지 않아 드디어 일을 완성했다." 또한 『이십이사차기』 권29는 이러하다. "명나라 홍무 2년 원나라 황제 열세 명의 실록을 얻어서 『원사』를 편찬하라고 명령하고 송렴과 왕의(王禕)가 총재가 되어 이월에 기구를 열어 팔월에 책을 완성했다. 순제의 조정은 역사서가 오히려 미처 갖춰지지 않아서 유신들에게 북쪽에 가서 남아 있는 사실을 수집하라고 명령하여 이듬해 이월 사국(史局)을 다시 열고 유월에 책이 완성되었다." 그래서 송나라와 원나라의 여러 역사서는 예전 역사서에 의거하여 배열하여 편찬한 뒤 책을 완성했고 시일이 촉박했기 때문에 이른바 억지로 나누고 강제로 징수한다고 말한다.

에 맞지 않고 자잘하게 어지러운 것을 제지하기에 충분하지 않지. 그러므로 단대사는 대략 세 가지 분야를 헤아리며 모두 「인표」가 없어서는 안 된다네."[11]

3. 박주지 인물표 예의(하)

"방지가 인물을 가지고 「표」를 만드는 것은 무엇을 본뜬 것입니까?"

나는 이렇게 대답했다. "그것으로 방지의 폐단을 구제하려고 한 것이고 꼭 역사서를 본뜨려고 하는 생각도 아니지만 역사서의 형식이 여기에도 갖춰져 있을 뿐이라네. 오늘날 방지를 편찬하는 사람은 인물을 「지」에 기록하여 남이 「표」에 넣을 수 없게 하지. 또한 그들이 인물을 기록하는 「지」는 「인물표」(人物表)와 비슷하면서도 도리어 이른바 「인물지」(人物志)라는 것은 없으니, 「표」도 「표」가 아니라네. 방지의 폐단은 아마 오래되었겠지! 역사서는 사마천 이래로 「열전」이라는 형식을 바꾸지 않았네. 방지는 국사가 취하여 가다듬으면 인물을 배열하여 「전」을 짓는데 국사에 비해 상세하게 해야 마땅하지. 그러나 오늘날 인물을 기록한 「지」를 지을 때, 사실은 덜어내서 간단하게 만들고 큰 뜻은 총괄해서 따며 글은 간단하게 요약하고 분야는 구분하네. 그 글은 서술하는 것도 아니고 논하는 것도 아닌데 산문인 듯도 하고 운문인 듯도 하지. 추운지 더운지 묻는 편지의 인사말이나 조사하고 대조하는 관청 문서의 말은 분수에 맞지 않아도 수록할 뿐이고 다시 잘라내서 가다듬지 않네. 품행은 모두 증삼이나 사추 같고[1] 다스리는 일은 남김없이 공수나 황패 같으

11 나는 이렇게 생각한다. 이 글은 단대사에 「인표」가 없을 수 없다는 것을 말한다.

1 「영청현지 궐방열전 서례」의 주34를 보라.

며[2] 학문은 반드시 한나라 때 유학자 같고 절개는 모두 강녀(姜女)와 같다고[3] 똑같은 얼굴을 가진 것처럼 만드니 그들의 성정이 다르다는 것을 찾기 어렵지. 이것은 본래 『시』 「회풍」 다음부터는 나무랄 만한 가치도 없는 것과 대등하니[4] 보존하고 논의하지 않으면 되네.[5] 설령 한두 가지 뛰어난 점이 있다면 탁월한 것을 우러르지만 또한 말을 간단하게 요약하여 고상하고 예스러움에 엉뚱하게 깃들이기도 하는데 『죽서기년』을 본뜨기도 하고[6] 비석에 새긴 제명을 본뜨기도 하지.[7] 비록 평범한 말이나 나쁜 말이나 얕은 말이 없더라도 사실 일반적 형식과 통달한 판단력이 무엇인지 뚜렷이 모르는 것이 이른바 「표」와 비슷하지만 「표」가 아니고 주와 비슷하지만 주가 아닌 것이네. 그것이 고질병이 된 지 오래되었지. 그래서 국사가 가승을 취할지언정 방지를 수록하지 않는 것은 모두 이것 때문이라네.

지는 기록한다는 뜻이지. 인물의 「열전」은 반드시 탁월하고 독특한 판단력을 취하고 『춘추』의 근엄함을 본받으며 『시경』 시인의 비흥을 머

---

2 공수는 앞과 같다. 황패는 「영청현지 정략 서례」의 주12를 보라.

3 『열녀전』 1은 이러하다. "주나라 선왕의 왕후 강후(姜后)는 제나라 임금의 딸인데 훌륭하고 덕성이 있었다. 선왕은 일찍 자리에 눕고 늦게 일어나는 버릇이 있었다. 강후[后夫人]도 방에서 나오지 않았다. 강후는 비녀와 귀고리를 풀고 영항(永巷)에서 죄를 받고자 청하면서 자기 보모[傳母]를 시켜 왕에게 이렇게 말을 넣었다. '제가 모자라 제 음탕한 마음이 드러났습니다. 임금[君王]이 예를 잃고 조회에 늦게 만들어 임금이 색을 즐기고 덕성을 잊게 만드는 지경까지 되었습니다. 만약 색을 즐기면 호사스럽고 욕망을 끝까지 파고드니 정치적 불안정이 일어나게 됩니다. 정치적 불안정의 근원을 찾으면 저[婢子]에게서 일어난 것이니 감히 제 죄에 벌을 청하고자 합니다!' 왕은 이렇게 대답했다. '과인이 덕성스럽지 못한 것이니 사실 내게 허물이 있지 부인의 죄가 아니오.' 결국 강후를 제 자리로 돌려보내고 정사에 부지런했다. 일찍 조회하고 늦게 물러나 마침내 주나라를 중흥시켰다는 명성을 이루었다.'"

4 『춘추좌전』 「양공 29년」은 이러하다. "오나라 공자 찰(札)이 노나라에 와서 빙문하고 주나라 음악을 보게 해달라고 청했는데 「회풍」[鄶] 이후부터는 비평하지 않았다."

5 『장자』 「제물론」은 이러하다. "천지의 바깥을 성인은 그대로 두고 논하지 않는다."

6 「서교 하」의 주48을 보라.

7 『신론』은 이러하다. "태산의 돌에 새긴 것이 모두 천팔백여 군데나 되지만 판독해서 알 수 있는 것은 일흔두 군데이다."

금어야 하네.[8] 나누고 모으는 일이나 쓸 것은 쓰고 버릴 것은 버리는 일이 이로써 자기 학파의 주장을 이루게 될 테지. 비록 한 지방의 「지」라고 하지만 이것도 국사의 전체를 갖추고 규모만 작은 것이라네.[9] 지금 인물을 열거한 「표」를 만든다면 장점은 대체로 세 가지일 테지. 이전 왕조의 제왕과 후비의 고향이 여전히 남아 있고 방지를 편집하는 사람이 이것을 「인물」에 수록한다면 뜻에 대해 타당하지 않게 되네. 삭제해서 싣지 않는다면 또한 글이 빠진 전적과 비슷해지지. 그래서 방지가 이런 것을 만나면 서로 옳고 그름을 따지는 일이 끝도 없지만[10] 보잘 것 없는 개인적인 생각으로 견강부회하는 무리[11]는 가끔 「본기」를 요약하고 기록하면서도 교묘하게 명목을 바꾸고 형식을 빙글빙글 돌리기 때문에 끝내 적당한 것이 없네. 이제 「전」에서 인물을 삭제하고 「표」에 제왕을 열거하는데 버리고 취하는 것이 모두 적당하다면 영원히 정해진 방식이 되지. 이것이 첫 번째 좋은 점이라네. 정사 「열전」의 인물은 본래 상세한데 방지를 편집하는 사람이 도리어 큰 줄거리를 간단하게 요약한다면 이것은 유서처럼 가려서 늘어놓는 일에 뿌리를 둔 것이지[12] 사실 역사가의 일반적 형식이 아니지. 그러나 이미 사실과 글을 들어서 그런 뜻에 귀속시켰다면 역사서[簡冊]가 성명을 갖춘 것도 틀림없이 함께 수록할 수 없는 것을 분류해서 편집하는 것과 같네. 이제 옛사람의 이름이 역사서[史策]에 나타나지만 「전」의 범례에 따라 만약 기록할 수 없다면 「인물표」에 이름을 제시한 것은 세밀하지만 분수에 맞지 않음이 없고 듬성하지만 새지 않는 것과 거의 같아질 수 있지. 이것이 두 번째 좋은 점이라

8 『춘추』가 근엄하다는 것은 「역교 하」의 주5를 보라. 비흥은 「시교 상」의 주31을 보라.

9 「영청현지 육서예의」의 주20을 보라.

10 『후한서』 「조포전」(曹褒傳)은 이러하다. "예법을 연구하는 사람들을 모으면 서로 옳고 그름을 따지는 송사[聚訟]라고 할 만하다."

11 『맹자』 「이루 하」는 이러하다. "지혜로운 것을 미워하는 이유는 자신이 천착하기 때문이다."

12 적비(摘比)는 유서가 고실을 인용할 때 원래 글을 따서 수록하고 게다가 배열하여 늘어놓는 것이다.

네. 역사가가 사적을 기록할 때, 눈으로 직접 본 것이 귀로 들은 것보다 상세하고[13] 현재에 대해 관대하고 고대에 대해 엄격한 것은 추세가 그렇게 만든 것이지. 고향 마을에서 자신을 잘 간수하고[14] 집안의 자그마한 선행은 정의로운 행실에 대해서는 표제만 보존하고 절개와 지조가 있는 사람에 대해서는 연대만 열거하는 데 그치네. 사법은 이것을 수록하지 않으나 방지를 편집하는 사람은 갖춰야 마땅하지. 「전」에 적을 만한 내용이 없다면 글은 번거롭거나 분수를 넘지 않을 것이고 「표」에 특히 적을 만한 이름이 있다면 뜻은 억누름이 없네. 이것이 세 번째 좋은 점이지. 이런 세 가지는 모두 최근의 「지」의 일반적 못마땅한 점이지만 지은이가 말하기 어려운 것이네. 그러므로 방지가 인물을 「표」로 만드는 것은 이로써 방지의 폐단을 구제하려는 것이라고 말한 것이지."[15]

13 눈으로 보는 것이 귀로 듣는 것보다 상세하다는 것은 보는 것이 상세하고 듣는 것이 간단하다는 뜻이다. 다름 아니라 현대가 상세하고 고대가 간단하다는 말이다. 『춘추공양전』 「은공 원년」 주가 직접 본 시대[所見世], 직접 들은 시대[所聞世], 전해들은 시대[所傳聞世]로 나누는 것도 역시 이런 뜻이다.

14 『맹자』 「만장 상」은 이러하다. "자기를 팔아 임금에게 벼슬을 얻으려는 일은 시골 마을에 사는 자기만 사랑하는 사람도 하지 않는다."

15 나는 이렇게 생각한다. 이 글은 인물을 「표」로 만드는 것이 방지의 폐단을 구제하는 이유를 말한다.

박주지 장고 예의(亳州志掌故例議)

상·중·하

1. 박주지 장고 예의(상)[1]

선왕의 제도 창조가 육예에 남아 있으니[2] 그것의 조리를 이해한다면 천하는 손바닥 가리키듯 펼칠 수 있겠지?[3] 『서』에서 정사를 말하는 것[4]은 전, 모, 공, 범이니[5] 다스리는 요점이 될 수 있지만 『주관』의 기수(器

1 「방지립삼서의」의 주3을 보라.

2 육예는 육경을 가리킨다. 「역교 상」은 이렇게 말한다. "육경은 선왕의 정전이다."

3 『논어』「팔일」은 이러하다. "어떤 사람이 체 제사에 대한 이야기를 물었다. 선생님이 말씀하셨다. '모른다. 그 이야기를 아는 사람은 천하를 여기서 보는 것과 같을 것이다!' 자기 손바닥을 가리키셨다."

4 『장자』「천하」는 이러하다. "『서』는 사업을 말한다." 『사기』「태사공자서」는 이러하다. "『서』는 선왕의 사실을 기록한 것이기 때문에 정사에 대해서 뛰어나다."

5 『상서』에는 「요전」과 「순전」[二典], 「대우모」, 「고요모」, 「익직」[三謨], 「우공」, 「홍범」이 있다.

數)는 『상서』[四代之書]에 수록되지 않았다.[6] 하나라의 예와 은나라의 예는 공자가 말할 수 있었지만[7] 지금 그 책이 남아 있지 않다. 아마 정교와 경전이 위대하기 때문에 따로 전문 서적이 되었을 테지만 벼슬아치의 능력과 만물의 성능은 자세하게[8] 그 책에 따로 남아 있다. 그 뜻에 각각 적당한 것이 있기 때문에 주공과 공자가 다스렸어도 하나로 합치지 못했을 것이다. 사마천은 『춘추』를 본받아 열두 편의 「본기」를 지었고 『사기』의 「연표」와 「열전」은 순서대로 편을 만들어서 사실을 시작부터 끝까지 갖출 수 있었다.[9] 그리고 인륜을 가로세로 규정하고 온 세상을 이어 매는 도구로서 따로 여덟 편의 「서」를 만들고 전장 제도에 대해서 토론했다. 반고는 「지」 열 편으로 넓혔는데[10] 후세의 역사서가 그것을 근거로 계속 덜고 보태 드디어 역사가의 정해진 방법이 되었다. 옛날에 한선자는 『역상』과 『춘추』를 보고 주나라의 『예』가 노나라에 있다고 생각했다. 좌구명은 『춘추』를 통틀어 기록할 때 『예경』을 칭찬한 적이 많다.[11] 「서」나 「지」의 근원은 아마 주나라의 공식적 제도에서 나왔을 것

---

6 『상서』에는 "우서", "하서", "상서", "주서"가 있다.

7 「역교 상」의 주16을 보라.

8 「서교 하」의 주5를 보라.

9 「경해 하」는 이러하다. "사마천과 반고의 「본기」가 본래 『춘추』를 연구한 사람들의 학문이라는 것을 모른다. 마치 『춘추좌전』과 『국어』가 『춘추』의 안팎을 이루는 것처럼, 사마천과 반고의 「서」, 「지」, 「표」, 「전」이 「본기」와 더불어 처음부터 끝까지 뜻을 깨달아 밝히고 있다는 것을 그들은 모른다."

10 여덟 편의 「서」는 「방지립삼서의」의 주50을 보라. 열 편의 「지」는 「영청현지 육서예의」의 주4를 보라.

11 「역교 상」의 주21을 보라. 『춘추좌전』 「은공 7년」은 이러하다. "봄, 등나라 임금이 죽었는데 『춘추』가 이름을 쓰지 않은 것은 동맹을 맺지 않았기 때문이다. 모든 제후가 동맹을 맺으면 바로 그때 신령에게 이름을 부른다. 그러므로 세상을 떠나게 되면 그의 이름으로 부고하고 임금의 최후와 후계자를 알린다. 이것은 우호 관계를 잇고 백성들을 쉬게 하기 위해서인데 예의 큰 법도[禮經]라고 한다." 두예 주는 이러하다. "이것은 범례가 바로 주공이 제정한 『예경』이라는 말이다. 「은공 11년」에는 알리지 않는 범례가 있는데 또한 '죽간에 쓰지 않는다'라고 한다. 예의 큰 법도에 밝다면 모두 죽간에 써야만 하고, 공자가 『춘추』를 편집한 것은 모두 이런 죽간을 경으로 이은 것이다. 좌구명의 「전」은 많은 기록을 널리 골랐기 때문에 비로소 범례를 열었고

이다.[12] 『사기』 「천관서」를 아직 「천문지」라고 고쳐 부르지 않고 「평준서」를 아직 「식화지」라고 고쳐 부르지 않았어도 『한서』가 이런 한두 가지 명의를 보존한 이유는 생각해 볼 수 있다.[13] 정초가 그래서 "「지」의 큰 원칙은 『이아』에서 나왔다"라고 말한 것[14]은 공식적 제도의 내용이 아니리라. 그러나 사마천과 반고의 「서」나 「지」는 공식적 제도의 강령을 골라서 큰 줄거리를 토론했기 때문에 외우고 익히는 사람이 한 왕조의 큰 줄거리를 헤아려 검증하게 할 수 있어서 「기」나 「전」과 서로 밝힐 수 있다면 충분할 것이다. 명물과 기수는 따로 전문 서적이 있기 때문에 온전히 대비하는 일을 추구하지 않는다는 것은 『춘추좌전』이 전고를 헤아리고 기존의 글을 증명하는 것과 같아서[15] 『주관』처럼 섬세하고 상세하게 갖출 필요가 없다는 것이다. 사마천은 『사기』 「예서」 끄트머리에서 이렇게 말한다. "제사 그릇을 다루는 일은 책임자가 있는 법이다."[16] 나머지는 알 수 있다.

특별히 여기 두 구절을 드러냈으며 다른 것은 모두 이것을 본떴다."

12 「영청현지 육서예의」의 주2를 보라.

13 『사기』 「천관서」는 『한서』에서는 「천문지」이다. 『사기』 「평준서」는 『한서』에서는 「식화지」이다. 나중의 역사서 「지」는 반고 『한서』를 의거하여 「천관서」와 「평준서」의 명의가 오히려 주나라의 공식적 제도에 뿌리를 두고 있다.

14 「영청현지 육서예의」의 주6을 보라.

15 예를 들면, 「환공 2년」에는 장애백[臧孫達]이 송나라가 바친 고나라 정[郜鼎]을 취한 일에 대해 간언하면서 떳떳한 덕이 환히 빛나는 선왕의 제도를 펼쳤다. 「희공 24년」에는 부진(富辰)이 이민족[狄]으로 정나라를 정벌할 것을 간언하면서 종갓집인 주나라[宗周]가 혈족끼리 친하게 지내며 서로 도와주는 뜻을 펼쳤다. 이것이 『춘추좌전』의 여러 가지 전범이다. 「문공 18년」에는 계문자(季文子)가 거나라 태자 복(僕)을 내쫓으면서 주공이 『예』를 제정하면서 한 말과 「서명」(誓命)의 글을 인용하고 있다. 「소공 12년」에는 자혁(子革)이 초나라 영왕에게 간언하면서 제공(祭公) 모보(謀父)의 「기초」(祈招)라는 시를 읊고 있다. 이것은 『춘추좌전』이 거둔 글이다.

16 『사기』 「봉선서찬」(封禪書贊)은 이러하다. "그래서 물러나서 예부터 지금까지 귀신에게 제사지낸 사실을 순서대로 논하고 안팎에 대해 갖춰서 드러냈다. 후세의 군자는 이것을 근거로 살펴볼 수 있을 것이다. 제사 그릇[俎豆], 옥과 비단[珪幣]에 대한 상세한 것이나 술을 바치는 예절은 책임자가 보존하고 있다." 여기서 「예서」라고 말한 것은 잘못이다.

심약과 범엽 이후부터 토론의 뜻이 점점 희미해지자 기수는 점점 더 넓어지게 되었다. 구양수 『신당서』의 「지」는 열세 가지 명목으로 완성한 책이 쉰 권에 이르지만[17] 관청의 장부와 화폐의 기록은 분야를 나누고 종류대로 구별해서 상세하지 않을까 두려워한다. 『송사』, 『금사』, 『원사』는 번거롭고 분수에 맞지 않음이 더욱 심하여 책을 얹는 시렁을 채우고 책상에 겹겹이 쌓인 지경이니 모든 요점을 살피기 어렵다. 이것은 아마 『주관』의 관직이 하는 일이나 두루 지키는 예절의 몸가짐과 예의를 남김없이 『춘추』에 넣어야 전체라고 부를 수 있다고 하는 말이리라. 그래서 공자는 『예』, 『악』, 『시』, 『서』를 편집할 때, 경을 꼭 여섯 가지로 나누지 않았다. 사마천과 반고의 「서」나 「지」는 새로 만들었을 때 제자백가의 유산을 대략 남겼다. 『관자』, 『여씨춘추』, 『회남자』 등 여러 사람이 서술한 천문, 지원(地圓), 관도(官圖), 악제(樂制)라는 편[18]은 제도를 가려 뽑고 탁월하고 독특한 판단력을 부렸는데 특정 학파의 주장을 정리하고 완성한 것은 이것을 본뜬 것이다. 사마천과 반고가 어찌 예의 제도나 기수와 명물을 소홀하게 생각했겠는가? 아마 기존의 책이 각각 있었고 특정 학파의 주장에서 시시콜콜 갖추려고 추구하는 것을 허용하지 않았을 뿐이리라. 만약 시시콜콜 갖추려고 추구한다면 글은 반드시 풀처럼 무성해지고 범례는 반드시 어지럽게 뒤섞일 테지만 사실은 어쩌면 도리어 어두워지고 드러나지 않게 될 것이다. 경생들이 과거 시험을 대비하기 위한 참고서[19]나 유서를 만드는 사람들이 요점을 편찬한 책은 본래 저작이 아니고 다만 사물을 아울러 포괄하여 찾아서 검색하기 편리

17 『신당서』를 살펴보면 「예악지」, 「의위지」(儀衛志), 「거복지」(車服志), 「역지」, 「천문지」, 「오행지」, 「지리지」, 「선거지」, 「백관지」, 「병지」(兵志), 「식화지」, 「형법지」, 「예문지」 모두 열세 가지 항목, 쉰 권이 있다.

18 나는 이렇게 생각한다. 『회남자』에는 「천문훈」과 「지형훈」(墜形訓)이 있다. 『관자』에는 「지원」편과 「유관도」편이 있다. 『여씨춘추』 「중하기」(仲夏紀)에는 「대악」(大樂), 「치악」(侈樂), 「적음」(適音), 「고악」(古樂) 등의 제목이 있다.

19 「박약 상」의 주7을 보라.

하게 만들려고 할 뿐인데 이것은 분수에 맞지 않고 변변치 않다고 꾸짖을 가치도 없다. 역사가가 모든 주장의 법도와 규율을 잡아서 장차 영원히 전해질만한 책을 정리하려고 하지만 기수에 대한 규정만 경망스럽게 좋아하고 그것을 모으는 데만 급급하니, 이것은 『춘추』와 주나라의 공식적 제도를 모르는 채 계속 찾으려고 해도 범례에 뒤섞어 합칠 수 없는 것이다.

2. 박주지 장고 예의(중)

"장부가 섬세하고 상세하다고 역사서의 「지」를 어지럽혀서도 안 되지만[1] 옛사람의 이런저런 근거도 후세에 알 도리가 없으니 고대의 제도를 비교하여 상세하게 아는 방법은 어디에서 옵니까?"

나는 이렇게 대답했다. "숙손통의 장정, 한신의 군법, 소하의 율령[2]은 모두 다스리는 요점이 되는 한나라 초의 중요한 책이라서 『주관』의 육전과 같은 것이라네. 『한서』 「예악지」와 「형법지」가 그것을 갖춰서 보존하지 못한 것도 그 책이 본래 관청에 속하기 때문이고[3] 사람들은 현직 벼슬아치에게 물어서 얻을 수 있었지. 관직을 잃고 책이 없어진 것은 형식이 번거롭게 중복되기 때문이고 추세가 본래 오랫동안 지속할 수 없는 것은 고대부터 그런 것이지 한나라 때만 그런 것은 아니라네. 구양수

---

1 『초사』 「이소」"세상이 혼탁하여 나뉘지 않음이여"에 대한 『초사주』는 이러하다. "혼(溷)은 어지럽다는 뜻이다." 『초사보주』는 이렇게 말한다. "혼(溷)은 호곤(胡困)의 반절이다."

2 「서교 상」의 주15를 보라.

3 『교수통의』 「원도」는 이러하다. "관직이 있으면 법도가 있기 때문에 법도는 관직에 갖춰져 있다. 법도가 있으면 책이 있기 때문에 관직은 그 책을 지킨다."

와 송기 같은 사람들은 그런 까닭을 이해하지 못했기 때문에 역사서의 힘을 빌려서 그것을 전하고자 했지.[4] 문장은 전해지기 쉽지만 도수는 오랫동안 지속하기 어려운 법이므로 『예』는 절반 이상 없어졌고[5] 『악경』은 전부 사라졌다네.[6] 육예도 이런 지경인데 하물며 역사서의 글이야? 또한 『구당서』나 『신당서』의 분량은 『한서』의 두 배로 불고 『송사』의 분량은 다시 『구당서』나 『신당서』의 두 배로 불어난 지경이니[7] 이미 견딜 수 없는 듯하네. 만물의 사정과 상황은 각자 극도의 상황이 있는 법이니 만일 후세인들이 『당서』와 『송사』의 두 배 분량으로 책을 완성한다면 침대 위에 침대를 잇고 지붕 위에 지붕을 얽는 꼴이 되고[8]

---

4 『신당서』는 구양수와 송기가 합쳐서 편찬한 것이고 「지」와 「서」가 쉰 권에 이를 정도로 많다. 아마 역사가의 힘을 빌려서 도수를 남기려고 한 것이리라.

5 『한서』 「예문지」는 이러하다. "제왕의 내용과 형식이 대대로 덜고 보탬이 있지만 주나라 때 이르러 구석구석 그것에 의해 틀어막고 일마다 그것에 의해 제어했다. 그러므로 '『예경』이 삼백 가지, 예법에 맞는 몸가짐이 삼천 가지'라고 한다. 주나라가 쇠락할 때 제후들은 장차 법도를 넘으려고 하면서 그것이 자기를 해칠까 싫어해서 모두 그 서적을 없애버렸다. 공자 때부터 갖춰지지 않았다. 진나라 때 이르러 크게 무너졌다. 한나라가 일어나자 노나라 고당생이 『사례』 열일곱 편을 전했다. 선제 때까지 후창이 가장 잘 이해하고 있었는데 대덕, 대성, 경보가 모두 자기 제자였고 세 사람은 학관에 세워졌다. 『예고경』(禮古經)은 노나라 엄중(淹中, 소림(蘇林)은 마을 이름이라고 한다) 및 공씨에게서 나왔는데 『사례』 열일곱 편의 글과 서로 비슷했지만(유창의 학설에 따라 교정했다) 서른아홉 편이 많았으며 아울러 『명당음양』과 『왕사씨기』(王史氏記)에 나타나는 것은 천자, 제후, 경대부의 제도가 많았다. 비록 갖출 수 없다 하더라도 오히려 후창 등이 『사례』를 헤아려서 천자까지 적용하려는 학설보다 낫다." 『수서』 「경적지」는 이러하다. "현재 『주관』 여섯 편, 『고경』 열일곱 편, 『소대예기』 마흔아홉 편인데 모두 세 가지이다." 이로부터 『예』가 절반 넘게 사라졌다는 것을 알겠다.

6 『한서』 「예문지」는 이러하다. "황제 이후부터 삼대까지 악에는 각각 이름이 있었다. 공자는 이렇게 말한다. '윗사람을 편안하게 하고 백성을 다스리는 데는 예보다 좋은 것이 없다. 풍속을 옮겨서 바꾸는 데는 악보다 좋은 것이 없다.' 두 가지는 서로 더불어 동시에 시행하는 것인데 주나라가 쇠락하면서 모두 무너지고 악은 더구나 희미해지고 행방을 알 길이 없어져서 음악의 곡조를 마디라고 생각하여(안사고는 이렇게 말한다. 그 도가 정밀하고 자세하며 마디가 음악의 곡조에 있기 때문에 책에 갖출 수가 없다는 말이다) 또한 정나라와 위나라가 어지럽혔기 때문에 남은 법도가 없었다."

7 『당서』는 「사주」의 주18을 보라. 『송사』는 「사주」의 주19를 보라.

사람이 평생토록 귀와 눈의 힘을 들여도 반드시 두루 알 수는 없을 텐데 하물며 더디고 또한 오래 지속된다면 끝내 이것도 틀림없이 없어질 테지. 이렇게 도수가 번거롭게 중복되면 도리어 역사서의 글과 함께 사라질 텐데 또한 무슨 역사서의 힘이 도수를 보존할 수 있겠는가?"

"그렇다면 앞 시대의 장정과 고사는 그것들이 없어지는 것을 따라서 없어지겠습니까?"

나는 이렇게 대답했다. "사학이 당나라 때 없어지자 사법도 당나라 때 갖춰지지 않았지. 구양수 『신당서』의 「지」가 아직 나오지 않았을 때, 당나라 사람들은 이미 전장 제도를 살피고 있었지만 역사서의 「지」에서 온전한 것을 찾지 못했네. 유질에겐 『정전』이 있고 두우에겐 『통전』이 있는데[9] 모두 『주관』의 육전을 본떠 전장을 모으고 크고 작은 것을 함께 수록하여 책이 백 권을 채우지. 임금과 신하의 사적은 「기」나 「전」이 상세하게 기록할 수 있으나 예의 제도는 「서」나 「지」가 넉넉하게 갖추기 어렵기 때문에 편찬하는 일이 지극히 급하다고 생각하지 않은 적이 없다네.[10] 송나라 초에는 왕부에게 『당회요』와 『오대회요』가 있었고[11] 그

8 「영청현지 육서예의」의 주28을 보라.

9 『정전』은 「석통」의 주26을 보라. 『통전』은 「서교 중」의 주23을 보라.

10 「문헌통고서」(文獻通考序)는 이러하다. "사마천은 「기」, 「전」, 「서」, 「표」로 지었는데 「기」와 「전」으로 정치적 안정과 불안정, 흥망성쇠를 기술하고 여덟 편의 「서」로 전장과 큰 법도가 되는 제도를 기술했다. 반고[班孟堅] 이후부터 시대를 끊어서 역사서를 만들어서 여러 시대를 모아서 통하게 하거나 앞을 계기로 뒤를 잇는 도가 없기 때문에 읽는 사람이 그것을 못마땅한 점으로 여겼다. 사마광[司馬溫公]에 이르러 『자치통감』을 지었는데 천삼백여 년의 사적과 십칠사의 기록과 기술을 취하여 하나의 책으로 모았다. 그런 뒤 학자들이 책을 펼치기만 하면 고금이 모두 있었다. 그러나 사마광의 책은 정치적 안정과 불안정, 흥망성쇠에 대해서 상세하지만 전장과 큰 법도가 되는 제도에 대해서 간단하다. 나는 정치적 안정과 불안정, 흥망성쇠가 계속 이어지지 않기 때문에 왕조마다 각각 역사서가 있으면 저절로 어떤 왕조의 내력을 포용하기 충분하다고 생각한 적이 있다. 전장과 큰 법도가 되는 제도는 사실 계속 이어지기 때문에, 형편과 경우에 따라 일을 막힘없이 잘 처리하는 것이나 팽팽하게 켕기는 것과 늦추는 것의 전고를 녹여서 하나로 모으고 여러 가지를

뒤 서천린이 다시 『양한회요』(兩漢會要)를 지어[12] 이전의 고대를 보충하여 모으고 한 시대를 포괄해서 책을 만들었지. 비록 유질의 『정전』이나 두우의 『통전』은 근원은 같아도 흐름이 다르기 때문에 요컨대 전장을 속속들이 뒤지고 밝혀서 역사서의 「지」와 구별하면 의례를 밝혀서 바꿀 수 없네. 당나라와 송나라 때 지은 『정전』이나 『통전』 등 「전」과 『당회요』, 『오대회요』, 『양한회요』 등 「요」는 이미 저것과 같지. 후세인이 당나라와 송나라의 역사서를 편찬할 때 그런 방법으로 당나라와 송나라의 제도를 정리했기 때문에 기전체 역사서와 함께 서로 도와서 시행하도록 하면 『춘추』나 『주례』와 동시에 원류로 이어지고 대대로 좇아서 시행하니 역시 좋지 아니한가? 구양수가 『신당서』를 서술하고 원나라 때 사람

뒤섞은 뒤, 사물의 내력을 찾아서 밝히고 헤아려 찾지 않으면 본디 쉽게 말하지 못한다. 계속 이어지지 않는 것은 오히려 사마광이 완성한 책이 있지만 본래 계속 이어지는 것은 도리어 책이 없으니 후학에게 연구하려는 마음이 있어야 마땅한 것 아니겠는가?"

11 『당회요』는 「방지립삼서의」의 주54를 보라. 『직재서록해제』 「전고류」는 이러하다. "『오대회요』 서른 권은 왕부가 지었다." 『사고간명목록』 "정서류"는 이러하다. "오대 때 움직임이 시끄럽고 온갖 법률과 제도가 망해서 없어졌기 때문에, 법도와 전장은 겨우 각 왕조의 실록에만 보인다. 왕부는 예전 서적을 조사하고 찾는 것에 의거하여 조목을 나누어 사물을 거기 이어서 이 책을 완성했다. 나중에 구양수는 『오대사』를 지을 때 오로지 『춘추』를 새겨넣고 『사기』를 그대로 본뜨는 데만 힘쓰고 여러 조정의 장고에 대해서는 자취도 없이 내던져 버렸다. 다행히 이 책에는 큰 줄거리가 아직 남아 있다."

12 『직재서록해제』 「전고류」는 이러하다. "『서한회요』(西漢會要) 일흔 권과 『동한회요』(東漢會要) 마흔 권은 청강(淸江)출신 중상(仲祥) 서천린(徐天麟)이 지었다. 두 가지 역사서가 수록하고 있는 한나라 때의 제도와 전장 가운데 「기」, 「전」, 「표」, 「지」에 흩어져 있는 것을 당나라 이래의 『회요』 형식을 본떠서 분야를 나누고 편찬했는데 힘쓴 것이 부지런하다. 서천린은 을축년에 진사가 되었고 대대로 사학이 있었다. 큰아버지[世父] 상로(商老) 서몽신[夢莘]은 『삼조북맹회편』[北盟會編]을 지었고 아버지 사숙(思叔) 서득지[得之]는 『좌씨국기』(左氏國紀)를 지었으며 형 맹견(孟堅) 서균[筠]은 『한궁고』(漢宮考)를 지었는데 모두 세상에 유행하고 있다." 『사고간명목록』 "정서류"는 이러하다. "『서한회요』는 모두 삼백예순일곱 가지 일인데 종류대로 서로 따르며 열다섯 분야로 나뉜다. 그중 붙일 수 없는 것은 「잡록」(雜錄)으로 포괄했다. 『동한회요』는 모두 삼백여든네 가지 일인데 문목(門目)이 『서한회요』와 같다. 오로지 『서한회요』는 다만 사적을 기록했는데 이 책은 틈틈이 논하여 결론을 내린 것이 있어서 범례가 조금 다르다.

들이 『송사』를 편찬한 일은 도리어 이전의 역사서가 수록하지 않은 기수를 취했지만 분수에 맞지 않게 더하고 배열했기 때문에 시대를 헤아리는 일을 잘하지 못하네. 어떤 사람은 『통전』과 『회요』 같은 책이 사마천과 반고의 「서」나 「지」의 형식보다 상세할 뿐이고 기수와 명물이나 예의 제도도 밝히고 모았지만 넉넉하게 갖추지 못했기 때문에 고대를 헤아리는 사람은 다른 책을 참조하여 대질하지 않을 수 없다고 말하지. 이것도 또한 주장을 아는 말이 아니라네. 옛날 물건이 만약 지금까지 보존되어 있다면 설령 호적의 문서나 저자거리 장사치가 돈을 적은 장부라 할지라도 고증에 대비할 수 없었던 적이 없네. 만약 모두 보존하지만 가다듬어 제정하려고 하지 않으면 태산[岱嶽]은 후세를 위해 책을 숨기는 일에 이바지할 수 없고 넓은 바다[滄海]는 먹물을 감당할 수 없지.[13] 그러므로 사학을 위해 좋은 계책을 헤아려 「기」, 「표」, 「지」, 「전」이 모두 예전 제도를 따르게 하거나 주나라 전적이 남긴 의도를 다시 헤아려 관청의 장부와 문서를 가지고 명물과 기수를 삭제하고 취하게 한다면 대체로 조리가 생겨서 한 시대의 장고를 보존하게 되고 역사서와 서로 돕지만 서로 침범하지 않게 될 테니 설령 영원히 바꾸지 못할 규칙이라고 해도 되네."

3. 박주지 장고 예의(하)

"장고의 근원은 주나라의 공식적 제도에서 시작했습니다. 온갖 관직

13 『노학암필기』(老學庵筆記)는 이러하다. "조열지[晁以道]는 벼루를 소장할 때 반드시 북두칠성[玉斗] 모양으로 생긴 것을 취했는데 그것이 먹물을 많이 받아들이는 것을 좋아했다."

이 조정에 갖춰져야 국사의 「서」나 「지」는 거기서 요점을 뽑고 국가의 『회전』이나 『회요』 같은 책[1]은 거기서 사물과 숫자를 갖춥니다. 방지를 짓는 사람은 「지」와 장고를 어떻게 나눌 수 있습니까?"

나는 이렇게 대답한다. "부(部), 시(寺), 경(卿), 감(監)의 「지」[2]가 바로 장고라네. 『주관』에 견주어 본다면 마치 하관에게 『사마법』이 있고[3] 동관에게 『고공기』가 있는 것과 같지.[4] 부, 부, 주, 현의 「지」는 국사에게서 나뉜 형식이라네. 주나라 제도에 견주어 본다면 마치 진나라의 『승』, 초나라의 『도올』과 노나라의 『춘추』와 같지.[5] 군현제와 봉건제가 다르지만 장고는 모두 조정의 제도에서 나왔다네. 육조의 직책[6]은 위에 있는 사람이 반포해서 시행하고 아래에 있는 사람이 이어서 받들고 국사에 견주어 본다면 전체를 갖추고 규모만 작은 것이지. 「지」와 장고는 각각 바꿀 수 없고 뒤섞을 수 없는 것이라네.

오늘날의 방지는 분수에 맞지 않게 자질구레하고 평범하고 촌스러우며 역사가의 의례에서 구한다면 「지」와 비슷하지만 「지」가 아니고 장고와 비슷하지만 또한 장고가 아니기 때문에 대체로 나무랄 만한 가치도 없다네. 그러나 장부와 문서, 안독은 법령으로 반포하고 이전이 지키며[7] 본래 일정하게 정해진 법칙이 있기 때문에 설령 기이한 재주가 있는 사

---

1 한 왕조의 전장 제도를 기록한 책을 당나라와 송나라 때는 회요(會要)라고 했고, 명나라와 청나라 때는 회전(會典)이라고 했다.

2 『광운』은 이러하다. "부(部)는 서(署)이다. 육경의 서를 육부(六部)라 한다." 『당서』 「백관표」는 이러하다. "한나라는 태상, 광록훈, 위위, 태복, 정위, 대홍로, 종정, 사농(司農), 소부를 구경이라고 했다. 북위[後魏] 이래로 경이라는 이름이 비록 오래되었지만 그들이 임한 기구를 시(寺)라고 부르기 때문에 구사(九寺)라고 이름 지었다." 또한 "관청의 구별은 시(寺)라고도 하고 감(監)이라고도 한다."

3 「화주지 예문서 서례」의 주22를 보라.

4 「화주지 예문서 서례」의 주19를 보라.

5 「서교 상」의 주29 및 「방지립삼서의」의 주8을 보라.

6 「영청현지 육서예의」의 주25를 보라.

7 법령은 「경해 중」의 주16을 보라. 이전(吏典)은 다름 아니라 서판(書辦)인데 현에서 문서를 다스리는 일을 관장한다.

람이라 하더라도 더할 수 없으며 어리석고 못난 사람이라 하더라도 덜 수 없지. 유명한 큰 지방과 먼 두메의 변변치 못한 고을은 차이가 없네. 그러므로 오늘날의 「지」를 찾으면 옛사람의 역사서의 형식을 볼 수 없고 오늘날의 안독을 찾으면 사실 그것을 근거로 옛사람의 장정과 제도를 볼 수 있지. 그러므로 예를 잃어버리면 들판에서 구한다고 말한다네.[8] 국사를 연구하는 사람은 국사를 헤아리고 장고를 연구하는 일에 의지하지. 사법이 아직 없어지지 않았지만 장고의 뜻은 명확하지 않기 때문에 역사서를 병들게 한다네. 방지를 연구하는 사람은 도리어 장고에 따라 방지를 바로잡지. 「지」의 뜻이 사라진지 오래되었지만 장고를 지키는 일은 아직 땅에 떨어지지 않았기 때문에 장고를 편찬하면 도리어 「지」의 뜻을 밝힐 수 있다네. 『역』은 이렇게 말한다네. '막히면 변하고 변하면 통하며 통하면 오래 지속한다.'[9] 「지」의 뜻은 그것을 간단명료하게 만들려고 하기 때문에 사실을 갖추지 않을 수 없지. 장고는 그것을 정리하려고 하기 때문에 요점을 들지 않을 수 없네. 다만 간단하게 요약해서 「지」를 만들려 한다면 이것은 『조읍지』나 『무공지』의 변변치 못한 판단력이지.[10] 다만 상세하게 갖추는 방식으로 장고를 짓는다고 알고 있다면 보잘 것 없는 구실아치가 뛰어나게 할 테지만[11] 시행할 수 없다는 것은 모른다네. 지는 기록한다는 말이지. 그 일과 그 글 이외에 그 뜻도 있다네.[12] 이른바 간단한 요점을 잡는다는 것이 이것이지. 그러나 어떤 사람이 사적을 합쳐서 생략하거나 문자를 덜어내고 삭제하는 것이 간단한

---

8 「횡통」의 주5를 보라.

9 『주역』 「계사전 하」를 보라.

10 『조읍지』(朝邑志) 두 권은 한방정(韓邦靖)이 지었다. 『무공지』(武功志) 세 권은 강해(康海)가 지었다. 모두 간단함을 얻으려고 애썼지만 꼼꼼하지 못하고 거칠다는 잘못이 있다. 뒤에 있는 장학성의 「서조읍지후」와 「서무공지후」를 보라.

11 『주례』 「천관」 "총재"는 이러하다. "사(史) 열두 명, 서(胥) 열두 명이다." 정현 주는 이러하다. "사는 문서를 관장하는 사람이다. 서는 재주와 지혜가 있어서 열 명의 부하를 거느리는 우두머리[什長]이다."

12 「서교 상」의 주29를 보라.

것이라고 잘못 생각하네.[13] 이것은 옛사람과 거리가 역시 멀지 않은가? 일가를 이룬 사람이 찬술할 때 의도가 있는 곳에는 반드시 탁월한 것이 있게 마련이니 남이 간단하게 적은 곳을 상세하게 적기도 하고 남이 취한 곳을 버리기도 하여 애초에 정해진 방법이 없네. 요컨대 그것을 읽는 사람이 아름답게 여기고[14] 아껴서 오랫동안 전해졌지만 갑작스럽게 사실과 글 사이에서 본다면 이것은 명교와 관련된 것이지. 그러나 장고를 가지런하게 정돈하지 않고 따로 전문 서적을 만든다면 「지」도 자기 의도를 드러낼 수 없네."

---

13 증공량 「진신당서표」(進新唐書表)는 이러하다. "사실은 이전보다 늘었는데 글은 예전보다 줄었다." 『일지록』 권26은 이러하다. "『신당서』의 「지」는 구양수[歐陽永叔]가 지은 것인데 대단히 잘 마름질했고 글도 역시 명백하게 표현했다. 그러나 「열전」 가운데 송기[宋子京]의 손에서 나온 것은 간단하거나 명백하지 않다."

14 주돈이 『통서』는 이러하다. "문사는 기예이다. 도덕은 실제이다. 실제에 도타우면서 기예가 있는 것은 기록하기 마련이고 아름다우면 아끼고 아끼면 전해진다."

권 8
외편 3

답견수재논수지 제일서(答甄秀才論修志第一書)

답견수재논수지 제이서(答甄秀才論修志第二書)

여견수재논문선의례서(與甄秀才論文選義例書) 2

수지십의(修志十議)

천문현지 예문고 서(天門縣志藝文考序)

천문현지 오행고 서(天門縣志五行考序)

천문현지 학교고 서(天門縣志學校考序)

여석수왕명부론지례(與石首王明府論志例)

기여대동원론수지(記與戴東原論修志)

보광제황대윤론수지서(報廣濟黃大尹論修志書)

복최형주서(覆崔荊州書)

위장길보사마찬대명현지서(爲張吉甫司馬撰大名縣志序)

위필추범제부찬상덕부지서(爲畢秋帆制府撰常德府志序)

위필추범제부찬형주부지서(爲畢秋帆制府撰荊州府志序)

위필추범제부찬석수현지서(爲畢秋帆制府撰石首縣志序)

서무공지후(書武功志後)

서조읍지후(書朝邑志後)

서오군지후(書吳郡志後)

서고소지후(書姑蘇志後)

서난지후(書灤志後)

서영수현지후(書靈壽縣志後)

답견수재논수지 제일서(答甄秀才論修志第一書)[1]

문안현의 지현[文安宰]이 「지」를 편찬하는 일에 초빙하는 이번 일[2]을 역사 사실에 대해 오랫동안 마음에 두고 있으면서 조금도 시험해볼 기회를 이제껏 얻지 못한[3] 형은 뛸 듯이 기뻐해야 마땅합니다. 제가 아는 것이 뭐가 있겠습니까만 도리어 황공스럽게 하문을 받게 되었습니다. 그렇지 않아도 두터운 인정에 답장하지 않을 수 없는데 감히 평소에 유의하고 있었던 것에 대해 몇 조목을 간단하게 제시하여 고명하신 형께서 헤아려 고르시길 바랍니다. 옳지 않은 곳이 있으면 제게 다시 알려 주십시오.

---

1 나는 이렇게 생각한다. 「수지십의자발」(修志十議自跋)은 이러하다. "갑신년 겨울 끝무렵, 천문현 호 명부(胡明府)가 『천문현지』를 편찬할 일을 논의하여 이 글을 지어서 상의했습니다. 그중 기록할 것은 기록하고 삭제할 것은 삭제하는 의례를 논했는데 큰 뜻은 예전에 차례로 보낸 「답견수재서」[答甄秀才] 두 통과 서로 드나듦이 있습니다." 그래서 두 통의 편지를 「수지십의」 이전에 지었다는 것을 알 수 있으니, 건륭 28년 계미와 건륭 29년 갑신 사이여야만 한다. 또한 「경신지간망우열전」(庚辛之

하나, 주와 군은 모두 직방에 속하기 때문에[4] 본래 봉건제의 나라처럼 따로 역사서를 만들 수 없지만 의례는 밝히지 않을 수 없습니다. 예를 들어 「전」과 「지」는 본래 두 가지 형식입니다. 오늘날 「지」를 편찬할 때 이미 인물과 전장 제도를 열거하고 「지」라고 부른다면 명환이나 향현 같은 종류는 따로 「전」의 명목을 세울 수가 없습니다. 「전」이 따로 명목을 나눈다면 예, 악, 병, 형 같은 형식은 「지」라는 공적인 호칭을 그대로 따르지 못합니다. 제 생각에는 「지」가 책 전체를 총괄하는 이름인데 황제의 은덕이나 경사스러운 전례는 「외기」(外紀)로 기록해야만 하고 관사를 뽑고 제수하는 일은 「연보」로 구분해야만 하며 전적과 법률 제도는 「고」(考)를 만들어서 적고[5] 인물과 명환은 「전」을 지어서 제시해야 합니

間亡友列傳)은 이러하다. "내가 건륭 임오년 겨울부터 국자감 내사에서 학업을 익힐 때, 제생은 엄청나게 많았지만 참으로 서로 알아주고 맞는 사람은 덕양(德陽) 출신 증 군(曾君)과 신녕(新寧) 출신 견송년[甄君松年] 두 사람이었을 뿐이다. 견송년은 처음에는 서먹했다가 끝내 친밀해졌고 이제까지도 계속 의지하고 있다."(가업당본 『장씨유서』 권19) 「견홍재선생전」(甄鴻齋先生傳)은 이러하다. "건륭 28년 계미년 제[學誠]가 국자감에서 학업을 익힐 때, 신녕 견송년도 역시 국자감에 있었는데 저와 의지와 뜻이 서로 잘 맞았습니다."(『장씨유서』 권17) 「견청포육십서」(甄青圃六十序)는 이러하다. "애초에 내가 태학에서 견송년[青圃]을 알게 되었을 때, 여섯 기숙사[六館] 안팎의 제생 삼백 명 중에 견송년을 아끼고 사모하지 않는 사람이 없었지만 나는 쓰레기 취급당했다. 좨주가 다달이 제생의 문예(文藝)를 비교했는데 견송년은 꼭 첫머리에 뽑혔지만 내 시험지는 시커멓게 개칠을 하여 장차 견디지 못할 듯했다. 공고가 아직 걸리지 않았을 때 다른 사람은 알 수 없었지만 나와 견송년의 이름은 비록 서리나 말단 구실아치[皂隸]라 할지라도 누가 일등이고 누가 꼴등인지 먼저 알 수 있었다. 그러나 견송년은 이내 나와 사귀었다. 견송년은 나보다 십이 년 먼저 향시에서 거인이 되었지만 나보다 십일 년 뒤에 진사가 되었으니 도중에 만나거나 헤어지는 일과 곤궁하거나 영달하는 일을 겪었고 세상에 나가고 나가지 않는 것이 조금 달라서 그렇지 발자취는 그다지 서로 멀지 않다."(『장씨유서』 권23) 장학성과 견송년이 사귀어 친해진 감정이 또한 어떠했는지 알 만하다.

역주_ **명부**는 명부군(明府君)의 줄임말이다. 명부군은 한나라 때 태수에 대한 존칭이니, 명부란 고을의 우두머리를 가리킨다.

2 문안은 현재 하북성 문안현(文安縣)이다. 재(宰)는 읍재이다.

3 『사기』 「손자열전」(孫子列傳)은 이러하다. "합려는 이렇게 말했다. '그대가 지은 열세 편은 내가 남김없이 살펴보았는데 조금 시험 삼아 군대를 지휘할 수 있겠소?'"

4 「주현청립지과의」의 주18을 보라.

5 유함흔 『문사통의지어』는 이러하다. "외기(外紀)의 외는 국사의 「본기」에 상대해서

다. 명목을 바꾸는 일은 분수에 넘치게 역사서를 쓴다는 혐의가 없고 그물 하나를 들면 모든 그물눈이 펼쳐지는 것처럼[6] 또한 새어 없어지는 근심이 없습니다. 나머지는 대체로 종류대로 붙입니다. 사실에 어울리지 않는 것이 있으면 범례는 뜻을 근거로 일으키고 따로 제도를 창조해도 됩니다. 자질구레하고 번거롭게 쪼개는 일이 징계하여 가다듬는 일과 상관이 없다면 삭제해서 남기지 않아도 됩니다. 상세하고 넉넉하며 명백하게 갖춰지고 정리해서 일치해야만 국사가 자료를 취할 수 있을 것입니다. 그렇지 않다면 설령 아주 뛰어나다고 해도 특정 학파의 보잘 것 없는 주장에 지나지 않을 뿐이니 또한 무슨 도움이 되겠습니까?

하나, 요즘 「예문지」를 짓는 사람은 대부분 지방의 행정 책임자 및 고을의 벼슬아치가 지은 시, 부, 기, 서 같은 잡문을 취하여 종류대로 계속 붙이고 심지어 바람과 구름, 달과 이슬처럼 징계하는 일과 무관한 것이나[7] 생사(生祠)나 비송(碑頌)처럼 확실한 증명이 전혀 없는 것도 모두 넣습니다. 이것이 옳은지 그른지는 잠시 따지지 않겠습니다. 설령 글이 법도를 갖추고 시가 반드시 우아하고 점잖다 하더라도 순서대로 가리고 종류대로 기록하여 여러 가지 형식을 모으려고 힘쓰는 것도 글을 가리는 형식이지 더 이상 지방지의 형식이 아닙니다. 이왕 「예문지」를 짓는다면 삼통(三通)과 『칠략』의 의도를 본떠서[8] 이 지방의 학문을 지망하는 선비가 짓고 가린 책을 취하고 분야를 나눈 뒤, 첫머리에 목록을 표시하고 다음에 시작부터 끝까지 서술하며 어지러운 것을 삭제하고 빼어난 것을 따며 큰 뜻을 가려 모아 취하고 성공과 실패를 논하며 종류대로 늘어놓

부르는 말이다. 연보는 다름 아니라 「표」이다. 「고」(考)는 구양수 『오대사』의 이름이며 「지」를 피한 것이다. 『화주지』와 『영청현지』는 「서」라고 부른다."

6 「영청현지 황언기 서례」의 주4를 보라.

7 「영청현지 문징 서례」의 주46을 보라.

8 『통전』은 「서교 중」의 주23을 보라. 『통지』는 「문집」의 주30을 보라. 『문헌통고』는 「신정」의 주18을 보라. 『칠략』은 「서교 상」의 주14를 보라.

아 편집을 완성하여 후세인이 이에 따라 비교하고 검토해서 증거를 찾을 수 있게 만들거나 국가의 편찬 기구가 교수할 때 취할 수 있을 것입니다. 이것은 지방지의 형식이라고 할 수 있습니다. 제단과 사당의 비석에 새긴 글, 성과 둑을 기술한 것, 이익과 폐단의 논저, 지방 생산물을 읊은 것은 「물산고」[物産], 「전부고」, 「풍속고」, 「지리고」 같은 여러 「고」에 붙여 넣어서 성공과 실패의 이유와 연혁의 까닭을 볼 수 있습니다. 반고의 『한서』가 전연년[延年]과 가양의 여러 상소문을 취하여 「하거지」에 넣고 가의와 조조의 여러 상소문을 취하여 「식화지」에 넣은 범례[9]는 좋습니다. 학문을 지망하는 선비의 논저에 그가 평생 품고 있던 바람을 볼 수 있는 것이 있다면 그의 「전」에 전부 기록합니다. 반고의 『한서』가 「천인삼책」을 「동중서전」에 수록하고 「치안책」의 여러 상소문을 「가의열전」에 수록한 범례[10]는 좋습니다. 「묘지」(墓志)나 「전찬」 같은 종류는 실제를 조사하니 거짓이 없고 이미 정해진 논의가 있다면 바로 「전」의 글로 취합니다. 반고의 『한서』가 『사기』 「태사공자서」를 그대로 따라서 「사마천전」을 지은 것이나 양웅의 「자서」를 그대로 따라서 「양웅전」을 지은 범례[11]는 좋습니다. 이것은 정해진 범례이고 의심하거나 걱정할 만한 것이 없지만 계속 이어서 고치지 않는다면 역사가의 판단력을 갖추기가 대단히 어렵겠지요!

하나, 비용을 내서 「지」를 편찬하는 모든 경우에 역사를 편찬하는 관청을 열고 유학자를 초빙하고도 실학을 듣지 못하고 먼저 범례를 넓혀

9 『한서』 「구혁지」에 따르면 무제 때 제나라 사람 전연년[延年]이 상주문을 바치고 황하[大河]의 상령(上領)을 열어 그것을 호중(胡中)으로 내보내자고 주장했다. 애제 연간 초에 가양(賈讓)이 황하를 다스리는 상책, 중책, 하책을 내놓았다. 여기서 「하거서」라고 말한 것은 잘못되었다. 또한 『한서』 「식화지」는 가의 「논적저소」와 조조 「논귀속소」(論貴粟疏)를 싣고 있다. 조조의 소는 「화주지 전부서 서례」의 주23을 보라.

10 「서교 중」의 주45를 보라.

11 「화주지 전지열전 서례 상」의 주8을 보라.

눈과 귀를 새롭게 하는 데만 힘쓰고 예전의 책을 갑자기 바꿀 뿐입니다. 사실 조삼모사 하는 저공[12]에게 무슨 참된 견해가 있겠습니까? 주와 군이 「지」를 세울 때 과거의 명나라를 본뜹니다. 당시 「지」를 시작할 초기에는[13] 비록 의례가 그다지 가지런히 정리되어 있지 않아도 문사가 진실을 소중하게 여기며 가다듬은 것은 자신에게서 나온 것이 많습니다. 예전 것을 관습적으로 계속 잇는 경솔한 소인배가 역사서의 글자도 온전히 인식하지 못하면서 모두 붓을 휘둘러 망령스럽게 편찬하고 일도 제대로 하지 못하면서 삯을 탐내는 것과 이것은 다릅니다.[14] 그러나 그런 책은 백분의 일도 남지 않았습니다. 이것은 모두 나중에 오는 것들이 속임수로 이전 것들을 대체한 것이기 때문에 새로운 「지」를 편찬하는 사람은 예전 「지」의 기재를 답습하고서도 지은이의 성명을 없앱니다. 모자라는 뜻과 종류를 채웠다고 설마 반고의 『한서』가 나온 뒤에 『사기』를 불살라 버린다거나[15] 구양수와 송기가 『신당서』를 완성하자 장독을 덮는 일에 『구당서』를 쓸 수 있겠습니까?[16] 「지」를 편찬하는 사람은 이전 사람들의 기재를 이어야지 이전 사람이 책을 완성한 일을 헐뜯어서는 안 된다고 저는 생각합니다. 설령 이전의 「지」의 의례가 명백하지 않고 문사가 어긋나더라도 내가 따로 제도를 창조하고 기존의 책을 고치는

---

12 「화주지 전지열전 서례 하」의 주26을 보라.

13 『논어』 「헌문」은 이러하다. "선생님이 말씀하셨다. '외교 사령[命]을 지을 때 비침(裨諶)이 초고를 만들었다." 주희 주는 이러하다. "초(草)는 약(略)이다. 창(創)은 조(造)이다. 초고를 만들었다는 말이다."

14 『주례』 「지관」 "사도"는 이러하다. "늠인(廩人)은 희(餼)를 바친다." 정현 주는 이러하다. "밭벼에서 난 쌀이다." 『설문해자』는 이러하다. "포(脯)는 말린 고기이다."

15 『사기』 「진시황본기」는 이러하다. "36년 가을에 사자가 관동(關東)으로부터 밤중에 화음(華陰)과 평서(平舒) 길을 지나는데 어떤 사람이 벽옥을 쥐고 사자를 막으며 이렇게 말했다. '나를 대신하여 호지군(滈池君)에게 가져다주게.' 이어서 이렇게 말했다. '올해 조룡(祖龍)이 죽을 걸세.'" 『사기집해』는 소림을 인용하여 이렇게 말한다. "조는 시(始)이다. 용은 임금의 형상이니 시황제[始皇]를 말한다." 나는 이렇게 생각한다. 시황제가 책을 불사른 것을 조룡에 붙인다고 하는데 뜻은 불을 싸지른다는 말일 뿐이다.

16 다름 아니라 복부(覆瓿)이다. 「변사」편의 주37을 보라.

일 역시 그것을 따라서 동시에 시행해야만 하고 새로운 것과 새로운 것이 계속 이어져야지 멋대로 헐뜯어서는 안 됩니다. 양쪽의 성공과 실패는 살피는 사람들에게 본래 공정한 논의가 생기기 마련입니다. 이전 책의 분량과 목록이나 지은이의 성씨를 여전히 취하여 새로운 「지」의 「예문고」 안에 적어 넣어 잃어버리거나 없어질 일에 대비한다면 매우 공평하고 사사로움이 없는 의도를 얻을 것이며 또한 나도 역시 후세인의 헐뜯음을 초래하지 않을 것입니다.

하나, 「지」의 형식은 역사서보다 상세해야 하지만 오늘날 지방지가 싣고 있는 것은 백분의 일에도 미치지 못합니다. 이것은 다른 이유가 아니라 찾아서 빠짐없이 가려 모으는 일을 일시적으로 보고 들어서는 두루 하기 어렵기 때문이고 장고가 갖추어 소장하는 일을 평소 도맡아 주관하는 사람이 없기 때문입니다. 저는 일과 직접 관련된 사람이 「지」에 누락되거나 없어지는 일이 없도록 하려면 평상시에 지승과방(志乘科房)을 하나 만들어서 모든 구실아치 가운데 조금이라도 문사를 아는 사람을 지명해서 담당하도록 해야 한다고 생각한 적이 있습니다. 정교의 전고, 관청에서 시행한 사실, 육조의 안독[17] 일체는 모두 문서를 시행하여 알리고 목록의 실제 자취[眞跡]는 모아서 책을 만들어 창고에 보존합니다. 앞으로 언젠가 역사를 편찬하는 관청을 열고 편찬할 때 취하여 가다듬을 것이 대단히 풍부하면 비록 모든 나라의 사관의 전례에 따라 적용해서는 안 된다 하더라도 지방의 구실아치가 문서를 관장하는 의도를 거의 얻을 것입니다.[18] 지금 이미 늦었다 하더라도 장래의 방법으로 삼을 주장을 세워야만 합니다.

---

17 「영청현지 육서예의」의 주25를 보라.

18 소사는 「주현청립지과의」의 주11을 보라. 지방의 구실아치[闆胥]는 같은 편의 주9를 보라.

하나, 「지」는 역사서의 형식이고 원래 천하의 공적인 물건에 속하지 특정 학파의 「묘지」나 「수문」(壽文)처럼 함부로 높이 추켜세우고 사람의 눈과 귀를 즐겁게 하는 것이 아닙니다. 요즈음의 편찬은 자주 뇌물을 주고받는 일이 공공연하고 청탁해서 「전」을 짓기 때문에 온전하게 사실을 증명하려 하지 않는다고 들었습니다. 이것이 비록 못나고 경박한 문인의 짓일 지라도 착하고 나쁜 것에 대한 징계는 본래 없앨 수 없습니다. 오늘날의 방지에 이제껏 좋지 않다고 기록된 것이 없었던 이유 가운데 하나는 착한 것을 착하다고 칭찬해주면 내 자손에게 장점이 될 것이라는 익숙한 견해 때문이고[19] 하나는 후환을 입을까 두려워하는 겁쟁이 마음 때문일 뿐입니다.[20] 나는 비난하고 얕보는 것이 원래 「지」의 형식이 될 수 없고 사실대로 바로 적으면 착하고 착하지 않음이 저절로 나타나며[21] 솔직하거나 관대한 것, 드러내지 않거나 드러내는 의도가 같다고 생각합니다. 겉치레 하고 실속이 없는 글에만 매달려서 허투루 추켜세우는 짓을 일삼을 수 없습니다.

하나, 역사서의 「지」가 교육과 정사에 의한 교화에 도움이 되는 이유는 원래 충성스럽거나 효성스러운 사람과 절개가 있거나 의리가 있는 사람을 전하고 조술하여 그들의 늠름함과 열렬함, 소리와 빛깔이 백 개의 왕조 이후에도 겁쟁이에게 용기를 생기게 하고 탐욕스러운 사람에게 청렴함을 세우게 하기 때문입니다.[22] 『사기』가 협객을 좋아하기 때문에

---

19 『춘추공양전』 「소공 20년」은 이러하다. "군자가 좋은 것을 좋다고 하는 것은 오래 가고 나쁜 것을 나쁘다 하는 것은 짧게 간다. 나쁜 것을 나쁘다 하는 것은 자기 자신에게 그치지만 좋은 것을 좋다고 하는 것은 자손에게까지 미친다."

20 한유 「답유수재논사서」(答劉秀才論史書)는 이러하다. "역사서를 만드는 것은 사람의 재앙이 없으면 천벌이 있다. 어찌 무서워하고 두려워하지 않은 채 가볍게 짓는가?" (『창려외집』(昌黎外集) 권2)

21 한유 「논사서」(論史書)는 이러하다. "나는 모든 역사가의 포폄이라는 큰 법도가 『춘추』에 이미 갖춰져 있다고 생각한다. 후세의 지은이가 사적의 실록에 의거한다면 좋고 나쁜 것은 저절로 나타난다." 장학성의 견해와 꼭 같다.

자객이나 기이한 무리를 많이 적은 것은 사람들이 삶을 아끼지 않고 기상을 북돋우도록 만들기 충분합니다. 하물며 하늘과 땅 사이의 큰 절개와 큰 의리 가운데 사람이 지켜야 할 도리가 이것에 기대 배겨내고 세상의 교화가 이것에 기대 넘어지지 않고 버틸 테니 말입니다! 문인은 「지」를 편찬할 때 사시사철 좋은 경치에 미련을 가지는 일이 문학적 글쓰기를 펼칠 수 있는 곳에서나 전고를 헤아려 바로잡는 일이 박식함과 우아함을 뽐낼 수 있는 곳에서 매우 재미있어 하면서 여러 편의 글을 쓰지 않는 경우가 없습니다. 그러나 일단 효성스러운 자식과 충성스러운 신하, 정의로운 지아비와 절개를 지킨 지어미에 대해서는 드물게 몇 마디 뿐이고 심하면 성씨만 허투루 남기며 「행술」에서 상세하게 말하지 않기 때문에 살펴보는 사람에게 현령이 관청에서 부리는 구실아치의 명부[署役卯簿]를 살펴보게 하는 것이나 같으니 거기서 무엇을 취하겠습니까? 저는 「현지」[邑志]가 자료를 찾고 모으는 일도 수십 년을 넘지 않고 골라서 찾아간 일도 수십 리나 수백 리를 넘지 않으며 견문도 본래 참된 근거를 가지고 있기 때문에 가려 모으고 널리 전하여 기술하는 일에 특히 주의해야만 한다고 생각합니다. 그래야 살펴보는 사람이 신바람이 나서 일어서게 만들 수 있고 묵은 풀이 무성한 가을 벌판 아래[23]에 역사가의 글이 고마워 절하는 넋이나 가을 빗속에 우는 넋이 틀림없이 있을 것이라고 생각합니다.[24] 더구나 후미지고 으슥한 시골의 기이한 행실이나 뛰어난 절개를 가진 사람 가운데 아들과 손자가 힘이 없어 곤란한 지경에 빠졌거나 이미 완성된 범례에 걸려서 세상에 드러내 칭찬하고 상을 받지 못

22 『맹자』 「만장 하」는 이러하다. "그러므로 백이의 소문을 들은 사람은 무지한 사람도 분별이 생기고 나약한 사람도 의지를 세우게 된다."

23 『예기』 「단궁 상」은 이러하다. "친구의 무덤에 지난해와 마찬가지로 풀이 우거지면 곡하지 않는다." 정현 주는 이러하다. "숙초(宿草)는 묵은 뿌리를 말한다."

24 『후한서』 「황후기」는 이러하다. "여사의 동관(彤管)은 공을 기록하고 허물을 적는다." 장회태자 주는 이러하다. "동관은 붉은빛 붓대로 된 붓이다. 『시』는 이렇게 말한다. '나에게 붉은빛 부을 주는구나.' 주는 이러하다. '옛날 왕후와 부인에게는 반드시 여사의 동관이라는 법도가 있었다.'"

한 사람을 취하고 그들의 자취에 따라 사실을 찾은 뒤에 「전」을 세우는 일에 힘쓰며 풍속을 가리는 사람이 살펴보는 일을 대비한다면[25] 착한 것을 착하다고 칭찬해줘서 내 자손에게 장점이 될 의도가 생길 것입니다.

이상 여섯 조목은 제 견해에 따른 것이라서 꼭 그렇다고 감히 말할 수 없습니다. 그러나 지금 세상에 판각되어 유행하는 여러 가지 「지」에서 괜찮은 것을 참으로 보지 못했습니다. 대장부로 태어나 역사를 기록하는 신하가 되지 못하면 유명하고 높은 벼슬하는 사람을 좇아 붓을 쥐고 서기 노릇이라도 담당해야만 합니다. 따라서 당시 세상을 논의하여 문장으로 당시 기용되는 것은 지방지를 편찬하는 일처럼 그중 한 가지입니다. 오늘날 이른바 「지」를 편찬할 때 지방의 우두머리는 겨우 헛된 이름에만 힘쓸 뿐이고 지은이도 또한 지식이나 판단력이 드물기 때문에 제일 낫다는 사람도 겨우 열심히 일하는 고과 성적을 기록하려는 데 지나지 않고 좀 못한 사람은 떳떳하지 못하게 편찬하는 기구에서 받는 보수나 녹봉의 이익을 얻으려는 데 지나지 않습니다. 심지어 고을의 벼슬아치가 그것을 근거로 바삐 경쟁하거나 문학을 지망하는 선비가 그런 지위를 얻어 사실을 왜곡하는 붓을 휘두릅니다. 주요한 것과 보조적인 것이 각자 기존의 견해를 믿고 의지하여 역사를 편찬하는 같은 관청 사람 사이에 모순이라도 생긴다면 그들은 「지」를 편찬하는 일에 대해 설령 하지 않는다고 해도 괜찮습니다. 그래서 그대처럼 역사가의 자질을 지닌 사람이 소 잡는 칼을 조금 써보려고 해도 쓰지 못하는 것이 늘 한스럽습니다.[26] 지난 번 저와 편지를 주고받으며 상의할 때, 형의 마음 밑바닥에 담고 있는 생각을 살피니 마음대로 이런 일을 해서는 안 됩니다. 문안현

25 『한서』「예문지」는 이러하다. "고대에는 시를 고르는 관직이 있었는데 임금다운 왕이 풍속을 살피고 성공과 실패를 알며 자신을 헤아려 바로잡는 근거였다."

26 『논어』「양화」는 이러하다. "선생님이 무성에 가셨을 때 현악기 소리에 맞춰 노래 부르는 곡조를 들었다. 선생님은 빙그레 웃으면서 이렇게 말씀하셨다. '닭을 잡는데 어찌 소 잡는 칼을 쓰느냐.'"

의 지현은 또한 마음을 비워 거리끼지 않고 존경하면서 가르침을 받으려고 하고 폐백을 보내서 도탑게 청하기 때문에 틀림없이 종전의 해묵은 관습을 타파할 것입니다. 책이 미처 끝나지 않았어도[27] 살펴보는 사람이 놀라 독창적이라고 생각하지만 이것이 천하의 책이지 한 지방의 책이겠습니까? 저는 이 일에 대해 할 수 있는 능력도 없는데 황공스럽게 상의하는 말을 남기셨습니다. 고집 세고 융통성이 없는 제 마음을 말씀드린 것은 반딧불이나 촛불이 햇빛이나 달빛보다 약해도 빛을 보태려는 뜻에 가깝습니다만[28] 형이 저를 나아지게 만들어주신 것이겠지요?

27 「화주지 전지열전 서례 상」의 주31을 보라.

28 『삼국지』「위서」 "진사왕식전"(陳思王植傳)은 이러하다. "반딧불이나 촛불처럼 보잘 것 없는 빛으로 햇빛과 달빛을 더욱 빛나게 한다."

답견수재논수지 제이서(答甄秀才論修志第二書)

며칠 전 보잘 것 없는 논의를 공경스럽게 계획했지만[1] 얕고 변변치 못한 제 생각을 형편없이 세우는 바람에 정해진 견해도 없는데다가 높고 깊은 견해에 보탬이 되리라 바라지도 못하고 애오라지 이로써 제 책임을 겨우 틀어막았을 뿐입니다. 황공스럽게도 답장을 보내셔서 가르침을 주시고 게다가 크게 칭찬하여 높이 추켜 세워주시고 멀리 이끌어 주시니 감사한 마음이 참으로 간절합니다만 답장을 읽으니 제 자신 정말 부끄럽고 두렵습니다! 그대는 좋은 역사가의 자질을 품고 있기 때문에 박식하고 결단할 수 있는데다가 고대를 굽어보기 때문에 그대의 의도와 의지가 바로 범엽을 능가하고 진수를 뛰어넘습니다. 보잘 것 없는 군읍의 지방지는 대단한 자질을 가진 그대에게 소 잡는 칼로 닭을 잡는 일에 지나지 않을 텐데,[2] 보잘 것 없는 저와 거리낌 없이 편지를 주고받으시

1 사마천 「보임안서」는 이러하다. "저도 역시 하대부의 줄에 끼여 외정(外庭)에서 보잘 것 없는 논의에 모시고 받든 적이 있습니다."

면서 하문하심을 부끄러워하지 않으시니[3] 저처럼 촌스럽고 변변치 않은 사람이 어찌 골짜기처럼 넓은 마음에 부합하겠습니까?[4] 앞서 보낸 편지는 큰 줄거리를 대략 말씀드렸는데 황공스럽게도 허투루 추켜세우시고 또한 자잘한 것까지 남김없이 물으셨습니다. 제가 비록 적임자는 아니지만 고상한 감정과 참된 마음이 깊으시니[5] 감히 한 마디 대답하지 않을 수 없고 헤아려 보시고 골라 주신다면 다행이겠습니다.[6]

하나, 형식은 사법을 얻어야만 마땅합니다. 주와 현의 지방지는 뒤섞이고 순서가 없기 때문에 올바른 형식도 아니고 「기」와 「표」를 엮고 나눈 것도 역시 분수에 넘치고 망령스럽습니다. 그러므로 앞서 보낸 편지는 방법을 절충하여 세울 때 「외기」, 「연보」, 「고」, 「전」 네 가지 형식을 위주로 해서 역사서를 일부러 어기는 일을 피하고 기재의 실제 내용을 찾았습니다. 그러나 형식의 허튼 이름이 국사와 같아지는 일을 피해야 하지만 실제 의도는 옛사람을 본받아야만 합니다. 「외기」와 「연보」라는 형식은 오늘날의 지방지에서 백분의 일이나 이 정도만 보일 뿐입니다. 오늘날 비록 「지」와 「전」이라고 뒤섞어 부르지만 사실 「고」와 「전」이라는 두 가지 형식의 실제 내용은 오늘날 지방지에 실리지 않은 적이 없고 다만 고대 역사서의 좋은 방법에 부합하지 못하는 이유는 「고」라는 형식을 대부분 잘못해서 번거롭게 쪼개고 「전」이라는 형식을 대부분 잘못

2 소 잡는 칼은 앞 편의 주26을 보라. 『장자』 「제물론」 주에서 사마표는 이렇게 말한다. "구(鷇)는 새 새끼가 나오려는 것이다."

3 『논어』 「공야장」은 이러하다. "아랫사람에게 묻는 것을 부끄러워하지 않는다."

4 『노자』 제24장은 이러하다. "영화로움을 알고 욕됨을 지키면 천하의 골짜기가 된다." 자주 하는 말에 '골짜기처럼 텅 빈 마음'이 있다.

역주_ 『노자』의 말은 24장이 아니라 28장에 나온다.

5 『예기』 「중용」은 이러하다. "간곡하고 간곡한 어짊이여." 주는 이러하다. "순(肫)은 간곡하고 성실한 모양이다." 『시』 「주남」 "관저" 정현 「전」은 이러하다. "지(摯)라는 말은 도달한다는 뜻이다."

6 나는 이렇게 생각한다. 이상은 편지를 보낸 의도를 서술했다.

해서 뒤섞어 하나로 만들기 때문입니다. 「고」가 형식이 되는 이유는 「서」나 「지」를 본떠서 지었기 때문입니다. 사마천의 여덟 편의 「서」와 반고의 열 편의 「지」[7]는 전장을 속속들이 뒤지고 밝혔기 때문에 포함한 것이 대단히 광범위합니다. 범엽의 『후한서』가 「지」를 서른 편으로 나누고 『신당서』가 오십 편으로 넓혀서 이미 점점 광범위해졌습니다.[8] 원나라 때 『송사』를 편찬하면서 「지」는 백육십 여 편으로 나눴기 때문에[9] 논의하는 사람들은 각 분과의 구실아치가 가진 문서를 묶은 책[檔冊]이라고 나무랍니다. 그러나 이것도 다만 그대로 잘라 붙이는 바람에 끝도 없이 퍼지게 만든 일을 초래한 것에 지나지 않지[10] 오늘날 주와 현의 방지가 제목을 많이 나누는 바람에 묶을 수도 없이 광범위한 것과 다릅니다. 성야(星野), 강역, 연혁, 산천, 물산은 모두 「지리지」 안의 일이고 호구, 부역, 세금 징수와 전매[徵榷], 양식 수매[市糴]는 모두 「식화고」(食貨考) 안의 일이며 길흉의 징조에 대한 노래, 변고와 재이, 홍수와 가뭄은 모두 「오행지」 안의 일이고 조정에 나가 임금에게 하례를 드리는 것, 제단과 사당, 제사 전례, 향음주례[11]는 모두 「예의지」(禮儀志) 안의 일입니다. 크고 작은 모든 일은 종류에 따라 미뤄 헤아릴 수 있습니다. 글의 첫머리에 총괄하는 이름을 넣고 아래에 세세하게 나누어 일일이 서술한 뒤 모으

---

7 여덟 편의 「서」는 「방지립삼서의」의 주50을 보라. 열 편의 「지」는 「영청현지 육서예의」의 주4를 보라.

8 『후한서』는 「지」가 서른 편인데 「율력지」 세 편, 「예의지」(禮儀志) 세 편, 「제사지」(祭祀志) 세 편, 「천문지」 세 편, 「오행지」 여섯 편, 「군국지」 다섯 편, 「백관지」 다섯 편, 「여복지」(輿服志) 두 편을 헤아린다. 『신당서』의 「지」 쉰 편은 「박주지 장고 예의 상」의 주17을 보라.

9 『송사』는 「지」가 백예순두 편인데 「천문지」 열세 편, 「오행지」 일곱 편, 「율력지」 열일곱 편, 「지리지」 여섯 편, 「하거지」 일곱 편, 「예지」(禮志) 스물여덟 편, 「악지」 열일곱 편, 「의위지」 여섯 편, 「여복지」 여섯 편, 「선거지」 여섯 편, 「직관지」 열두 편, 「식화지」 열네 편, 「병지」 열두 편, 「형법지」 세 편, 「예문지」 여덟 편을 헤아린다.

10 『회남자』 「도응훈」은 이러하다. "나는 한만(汗漫)과 구천[九垓] 바깥에서 만나기로 약속했다." 고유 주는 이러하다. "한만은 알 수 없는 것이다."

11 「주현청립지과의」의 주35를 보라.

고 배열하여 편집을 완성하는 것은 모두 모아서 쉽게 살펴볼 수 있어야 할뿐 아니라 역시 근엄해야 마땅합니다. 이런 항목들은 바로 한번 바꿔 둘 따름입니다. 그러나 오늘날의 「지」는 분수에 맞지 않게 자질구레하고 번거롭게 쪼개기 때문에 저자거리 장사치가 돈을 적어둔 장부에 쌀과 소금이 뒤섞여 있는 것 같을 뿐이니 또한 무엇을 살펴보겠습니까? 어떤 사람은 반고의 「식화지」나 사마천의 「평준서」처럼[12] 길고 큰 편장을 엮기가 대단히 어렵다고 생각합니다. 글의 형식이 이미 역사서의 범례에 부합하면 설령 산가지를 늘어놓은 것처럼 글자를 골라서 배열하더라도 조리가 볼만하고 절실하며 쓸모가 있기 때문에 문자는 딱히 꼭 얽매여서 헤아리거나 자질구레하게 만들기를 좋아할 필요가 없다는 것을 어찌 알겠습니까?

하나, 기존의 글에는 지은이를 표시해야만 합니다. 반고는 사마천의 『사기』를 베끼고 한나라 무제[孝武] 이전에는 사마천의 원문을 그대로 쓰면서도 자기 글이 다르다면서 구별하지 않았습니다.[13] 『사기』와 『한서』가 동일한 일을 기재했지만 사마천의 『사기』가 먼저 오랫동안 통용되고 있었기 때문에 의심이 없습니다. 임금이 내린 명령서와 명령, 「서」, 「표」처럼 다른 것은 본인과 본래 일에 근거해서 명백하게 서술했기 때문에 마찬가지로 베껴 써서 글을 완성해도 의심이 없습니다. 『사기』가 진나라를 평가할 때, 가의 「과진론」 세 편을 전부 이용하면서 "가의가 헤아려 말한 것은 좋은 것 같다"라는 구절로 인용하고 있습니다. 『한서』 「사마천전」은 『사기』의 「태사공자서」를 전부 이용하면서 "사마천의 「자서」는 이렇게 말한다"라는 구절로 거두었습니다.[14] 비록 기존의 글을 썼

12 『한서』에는 「식화지」가 있고 『사기』에는 「평준서」가 있다.

13 「언공 상」의 주45를 보라.

14 『사기』 「진시황본기」는 이러하다. "사마천은 이렇게 말했다. '좋구나! 가의가 그것을 헤아려 말한 것은." 다음에 「과진론」 세 수를 수록했다. 『한서』 「사마천전」은 "후세의 성인과 군자를 기다리는 것이 일흔 번째 글이다" 다음에서 이렇게 말한다.

지만 보조적인 것과 주요한 것이 분명해서 남의 좋은 것을 표절하는 것과 다릅니다. 「지」는 역사서의 형식이고 그중에 기존의 글을 인용하지 않은 것이 없는데 만약 세속의 예문 선집과 같다면 지은이의 본래 이름을 제목 다음에 표시하기 마련입니다. 이제 만약 싣고 있는 문사를 삭제해 버리고 「고」나 「전」의 여러 가지 형식을 종류대로 나눠서 수록한다면 지은이의 본래 이름은 잃어버리기 쉬우니 반드시 『사기』와 『한서』의 범례처럼 다시 표시할 필요가 있습니다. 글이 퍼지고 길기 때문에 삭제하거나 요약할 필요가 있으면 "그 줄거리는 다음과 같다"라는 말로 시작해서 반고가 가의의 여러 상소문을 기록한 범례처럼 하면[15] 됩니다. 예전 글을 원용하여 스스로 논의하기에 충분하다면 『사기』 「백이열전」이 "그 「전」은 다음과 같다"라고 운운한 한 단락의 문자를 넣은 범례처럼 하면[16] 됩니다. 오늘날 편찬하는 사람은 앞에 서인(序引)을 엮고 뒤에 논찬을 붙일 때 '아사씨가 말하길'이라고 하는 경우가 많고 '외사씨가 말하길'이라고 하는 경우도 있습니다.[17] 이치로 헤아리자면 이것은 모두 참으로 적당하지 않으니 동한 역사가의 범례를 본떠 '다음과 같이 논한다'라거나 '서술해서 말한다'라는 형식으로 표시해야 마땅할 것입니다.[18] 반복해서 변별하고 바로잡으며 의심스러운 것을 보존하고 다른 것을 붙여서 '다음과 같이 살펴서 말한다'라는 것도 괜찮고 그렇지 않다면 본문에 바로 넣고 제목을 더하지 않아야 합니다. 시절을 어림잡아 헤아리는 것은 모두 몸을 보고 옷을 마름질 하는 데 있을 뿐입니다.

"사마천이 스스로 서술하여 말한 것일 따름이다."

15 『한서』 「가의전」은 이러하다. "가의는 자주 상주하여 정사에 대해 아뢰었고 바로잡아 세우고자 하는 것이 많았는데 큰 줄거리는 이러하다"라고 말하고 있다.

16 『사기』 「백이열전」은 이러하다. "그들에 관한 「전」은 이렇게 말한다. '백이와 숙제는 고죽국 임금[孤竹君]의 두 아들이다.'"

17 『우초신지』 같은 것이 그렇다.

18 『사통』 「논찬」은 이러하다. "이미 이런데도 반고는 「찬」이라 하고 순열은 「논」이라 하며 『동관한기』는 「서」(序)라 한다."

하나, 「전」의 형식은 일치하는 것을 지향해야만 합니다. 「열전」이나 「행술」을 「예문지」에 넣는 일이 잘못되었다는 것은 앞서 보낸 편지에서 이미 변별했습니다. 그러나 국사가 「현지」에서 자료를 취할 때 「인물」은 더구나 꼭 필요한 것입니다. 전장과 법령은 나라에 『회전』이 있고 관청에 안독이 있어서 그 사실이 위에서 아래로 내려오고 천하가 모두 같이 가지기 때문에 설령 우연히 빠지는 경우가 있더라도 고증할 방법이 없을까 근심하지 않습니다. 만약 벼슬자리가 두루 통하고 드러나거나 태상이 시호를 논의하거나 역사를 기록하는 신하가 「전」를 세우지 않는다면[19] 「인물」에 실린 성명이 서울까지 전달될 길이 없습니다. 그윽하게 홀로 있는 선비나 절개 있고 깨끗한 여자가 다행히 세상에 드러나 칭찬을 받을 때 문서책을 살피는 일은 바로 여러 사람의 이름을 적은 명부를 살피는 것과 같을 뿐입니다.[20] 반드시 편찬하라는 임금의 명령서가 내려오길 기다렸다가 편찬 기구를 열고 글을 바쳐야만 조사할 수 있기 때문에[21] 그 사실은 아래에서 위로 올라갑니다. 「현지」가 상세하게 갖추지 않으면 나중에 무엇을 근거로 증명하겠습니까? 「전」은 다름 아니라 역사서의 「열전」 형식일 뿐입니다. 「유림열전」과 「유협열전」은 사마천 『사기』의 전체 목록에 처음으로 나오고 「문원전」과 「도학전」은 『송사』가 다시 세 가지 분야를 구분했습니다. 『송사』가 깃발을 내걸자 다툼을 일으키기 시작했다고 나무라는 선유들도[22] 역시 제목을 표시할 때 충

---

19 청나라 제도에서 태상시(太常寺)는 시법을 관장하는데 모든 일품과 이품 대신은 죽은 뒤에 시호를 하사한다. 공덕이나 공로[勳業]가 있는 사람은 황제가 역사를 편찬하는 기관에서 「전」을 세우도록 말한다.

20 인구의 이름은 들쭉날쭉해서 한결같지 않다. 그러므로 화명(花名)이라고 한다. 묘책은 「화주지 관사표 서례」의 주12를 보라.

21 『광운』은 이러하다. "서판(書版)을 첩(牒)이라고 한다." 예전에 기구를 열고 책을 편찬할 때는 사삿집에서 보첩을 던지기를 기다렸다가 가려서 고르는 일에 대비했다.

22 『사기』는 처음으로 「유림전」을 세웠고 반고 『한서』가 그것을 이었다. 범엽 『후한서』는 「유림전」 이외에 따로 「문원전」을 세웠는데 『진서』 이후부터 그것을 이었다. 『송사』는 또한 「도학전」 셋, 「유림전」 여덟, 「문원전」 일곱을 보태서 세웠다. 장학성 『지비일찰』(知非日札)은 이러하다. "『수서』 「경적지」에는 「도학전」 스무 권이 있

분히 살피고 조심스럽지 못했을 뿐입니다. 후세의 지방지는 전, 술, 비, 판(版)을 「예문지」에 전부 제시하지 않으면서 인물의 「열전」을 지을 때 충신, 효자, 명현, 문원 같은 명목을 꼭 전문적으로 표시하고 차례대로 종류를 배열하여 편집합니다. 그러나 사람마다 많아야 여덟아홉 줄을 넘지 않고 적으면 한두 줄인 경우도 있으면서도 전략(傳略)이라고 이름 짓습니다. 「지」는 조정의 사신이 찾는 실록이고[23] 역사서보다 상세해야 마땅한데 도리어 「약」이라는 형식으로 시행한다니, 이것은 무슨 주장입니까? 목록이 포괄할 수 없는 것은 종류가 다른데 동시에 붙인 것이며 동선(董宣)을 「혹리전」에 넣은 것과 다르고[24] 한통을 「주신전」에서 비워둔 것과 같습니다.[25] 『사기』의 「열전」 일흔 편을 살펴보면 「순리열전」과 「유림열전」 이하 아홉 편에만 전체 목록을 표시했습니다.[26] 『한서』를 살펴보면 「외척전」, 「영행전」 이상 일곱 편에만 전체 목록을 표시했습니다.[27] 「동중서열전」[江都傳]에 「천인삼책」을 열거했기 때문에 「유림열전」에 열거할 필요가 없고[28] 동방삭이 특히 해학을 좋아한다고 꼭 「골계전」

는데 바로 불교[釋教]의 근원이다. 원나라가 『송사』를 편찬할 때 이 말로 유학을 부른 것도 어쩌면 도학이라는 두 글자가 바로 간사한 무리가 군자를 내세우는 근거가 되어 모두 내용을 잃어버렸기 때문이리라."(가업당본 『장씨유서』 「외편」 권4) 『사고전서총목제요』는 "유가류"에서 이렇게 서술하고 있다. "탁극탁 등이 『송사』를 편찬하면서 「도학전」과 「유림전」을 둘로 나눴는데 당시 이른바 도학이라는 것도 또한 본래 두 파로 나뉘어 글이나 말로 서로 공격하고 있었다. 이때 이후부터 천하에는 오로지 주희 파와 육구연 파가 다투게 되었고 문호를 구별하고 붕당이 일어났으며 은혜와 원수를 보복하는 일이 널리 번져 퍼진 것이 몇 백 년이나 된다." 이것은 장학성과 동시대의 학설이다. 선유는 누구인지 상세하지 않다.

23 조정의 사신[輶軒]은 「화주지 예문서 서례」의 주65를 보라.

24 「고문십폐」의 주46을 보라.

25 「석통」의 주60을 보라.

26 『사기』는 「순리열전」(循吏列傳), 「유림열전」 다음부터 「혹리열전」(酷吏列傳), 「유협열전」, 「영행열전」(佞幸列傳), 「골계열전」, 「일자열전」, 「귀책열전」, 「화식열전」인데 합쳐서 아홉 편이다.

27 『한서』는 「영행전」(佞幸傳), 「외척전」 앞까지 「유림전」, 「순리전」, 「혹리전」, 「화식전」, 「유협전」(遊俠傳)인데 합쳐서 일곱 편이다.

28 『한서』 「동중서전」은 「천인삼책」을 수록하고 있고 「유림전」에 열거하여 넣은 적이

에 열거할 필요가 없습니다.[29] 「전」의 범례가 이미 관대하기 때문에 법도를 기이한 몸가짐을 법도에 맞는 것 이외에 실을 수 있습니다.[30] 행실이 서로 비슷한 사람은 나란히 늘어놓고 붙이고 문장이 많아도 수록해 넣습니다. 다만 평범하거나 분수에 넘치거나 개인적 감정을 따르는 일을 경계하지 글의 분량이 많고 적음에 사로잡히지 않는 것이 좋은 것 중에 좋은 것입니다.

하나, 논단은 근엄함을 지켜야 마땅합니다. 사마천의 서인의 논단은 모두 '태사공은 이렇게 말했다'[31] 운운하기 때문에 사실을 서술하는 글과 따로 구별하는 동시에 명목을 전문적으로 표시하지 않았습니다. 반고가 찬을 짓고 범엽의 『후한서』가 논을 지으면서부터 이미 조금 치우치기 시작했습니다. 남조의 여러 역사서는 「전」과 「지」의 끄트머리에 산문으로 논을 짓기도 하고 또한 반고의 「자서」 형식을 본떠 운율이 붙은 말[韻語]로 찬을 짓고 논 뒤에 엮는 바람에[32] 지붕 아래 지붕을 얽는 것처럼

없다. 동중서는 강도의 상이 되었던 적이 있다.

29 『한서』는 동방삭을 위해 「전」을 세우면서 「골계전」이라고 표시하지 않았다.

30 『회남자』 「전언훈」(詮言訓)은 이러하다. "성인은 맞지 않는 옷이나 괴이한 행실이 없다."

31 『사기』 「오제본기찬」은 이러하다. "태사공은 이렇게 말한다." 『사기정의』는 이러하다. "태사공은 사마천이 자신을 말한 것이다. 「자서전」은 '태사공은 이렇게 말했다. 선인이 말하길'이라고 한다. 또한 '태사공은 이렇게 말했다. 나는 동중서에게 그것을 들었다'라고 한다. 또한 '태사공이 이릉의 재앙을 당하여'라고 한다. 태사공이 사마천 자신의 이름이라는 것이 명백하다. 사마천이 태사공 벼슬이므로 제찬(題贊)이 첫머리에 있는 것이다."

32 『사통』 「논찬」은 이러하다. "사마천 「자서전」은 나중에 여러 편을 분명하게 써서 각각 자신의 의도를 서술했다. 이미 이런데도 반고는 시의 형식으로 변형시켜 그것을 「술」(述)이라고 이름 지었다. 범엽이 「술」이라는 이름을 고쳐서 그것을 「찬」이라고 불렀다. 곧 「술」과 「찬」이 범례가 되어 글에 한 장(章)이 생겼다. 사실이 많은 것을 간단하게 해서 적어지게 만들었고 이치가 적은 것을 펼쳐서 크게 만들었기 때문에 이름과 내용이 많이 망가졌으며 상세함과 간단함이 다르게 되었다. 설령 어떤 사람이 좋고 나쁜 것이나 역사서의 포폄을 살펴보려고 해도 아마 여기에서 빌릴 것이 없을 것이다. 그러나 반고가 모아서 기술한 것을 한 편의 글에 합치고 그 체계가 질

되었고[33] 쓸데없이 글이 많아지게 되었습니다. 그 뒤로 계속 이어져 형식을 만드는 일이 달라졌습니다. 명나라 태조 때 『원사』를 편찬하면서 송렴 등에게 사실에 따라서 그대로 쓰지 논찬을 더하지 말라고 명령했습니다.[34] 비록 근엄함의 뜻을 깃들였지만 역시 옳고 그름을 공인하는 길은 아닙니다. 옳고 그름과 포폄은 다만 공평해야 하지만 논찬은 붙여 넣어도 무방하며 다만 마음대로 낮추고 가볍게 여기거나 고의로 이상한 논조를 제멋대로 붙여서는 안 된다고 저는 생각합니다.[35] 옳고 그름이 뚜렷하게 나타나서 헤아려 논의할 필요가 없는 것이나 「전」이 이미 지극히 평가한데다가 더구나 남김없이 감정을 표현한 것은 억지로 지어서 그 숫자를 채우는 일에 대비할 필요가 없습니다.

하나, 전장은 상세한 것을 지향해야만 합니다. 전장이 위에서 아래로 내려오는 것이 인물의 「약」을 기록하는 것에 비길 수 있다고 저는 생각합니다. 그러나 이것은 「전」이 더욱 상세해야 마땅하다는 점을 최대한 말한 것일 뿐입니다. 학교와 제사에 대해 『회전』에 수록된 모든 것[36]을

서정연하게 만들어 뚜렷하게 살펴볼 만하다. 범엽 『후한서』[後書]는 사실 반고와 같다. 그래서 각각 본래 사실에 붙여서 권의 끄트머리에 쓰자 글의 제목은 서로 헤어지고 끊기며 사이가 떠서 순서를 잃었다. 그러나 소자현의 『남제서』나 이백약의 『북제서』처럼 후세에 태어난 지은이들은 그것이 그르다는 것을 깨닫지 못하고, 위대한 당나라[大唐]에서 새로 편찬한 『진사』는 모두 범엽 『후한서』가 잘못 뿌리를 둔 것에 의거하여 글의 끄트머리에 「찬」이 있다. 모든 권마다 「논」을 세우면 번거로움이 이미 많은데 「논」을 이어서 「찬」을 지으니 변변치 못함이 더욱 심하다."

33 「영청현지 육서예의」의 주28을 보라.

34 『원사』 「범례」는 이러하다. "역대의 역사서는 「기」, 「지」, 「표」, 「전」의 끄트머리에 각각 논찬의 말이 있었다. 이제 『원사』를 편찬하면서 논찬을 짓지 않고 다만 사실에 의거하여 곧바로 쓰며 글을 갖춰 의도를 보여서 좋고 나쁜 것이 저절로 나타나게 만들었으니 『춘추』 및 황제의 성스러운 뜻을 받든 일의 내용을 그대로 따른 것이다."

35 마음대로 낮추다[軒輊]는 「영청현지 사족표 서례」의 주16을 보라. 이상한 논조를 제멋대로 하다[弔詭]는 「번칭」의 주28을 보라.

36 『사고간명목록』 "정서류"는 이러하다. "『흠정대청회전』(欽定大清會典) 백 권은 건륭 26년 황제의 명령을 받들어 지었다. 애초에 강희 33년에 편찬했지만 옹정 5년에 거

만약 주와 현에서 늘 정한대로 시행하고 있다면 어찌 이것을 근거로 신지 않을 수 있겠습니까? 『회전』의 분량은 광범위하고 번거로워 사보기가 쉽지 않은데 만약 주와 현의 각 「지」에 흩어 놓는다면 사람들이 모두 살필 수 있을 테니 어찌 갸륵한 일이 아니겠습니까? 하물며 주와 현이 정한대로 시행하는 전범은 많아봐야 배나무나 대추나무로 만든 목판 십여 장만 쓰면 그만일 뿐입니다.[37] 오늘날의 「지」가 대부분 삭제하고 기록하지 않는다는 것이 무슨 말인지 모르겠습니다.

하나, 자주(自注)는 어림잡아 헤아림을 보태야 마땅합니다. 반고의 『한서』에 있는 자주는 「지」 열 편에 특히 많습니다. 이후 역사가의 문자는 번번이 자주를 쓰게 되었습니다.[38] 송나라 때 어떤 사람이 가짜 『소주두시』(蘇注杜詩)[39]를 판각할 때 억지로 통하게 할 수 없는 것은 또한 "공이

듭 편찬하여 이때까지 세 번 비교와 수정을 거치고 사실을 뒤좇아 상세하게 만들었으니 모든 일체의 공명정대한 큰 원리와 법칙이 펼쳐서 수록되지 않은 것이 없고 큰 줄거리와 자세한 조목은 조리가 있고 질서정연하다."

37 나기(羅頎) 『물원』(物原)은 이러하다. "오대 때 화응(和凝)이 처음으로 배나무 판목[梨板]으로 책을 간행했다." 판각하여 서적을 인쇄할 때 배나무와 대추나무를 좋은 것으로 여기기 때문에 서판을 부를 때 이조(梨棗)라고 한다.

38 안사고 「한서서례」는 이러하다. "예전 주에서 옳다고 했던 모든 것은 이의를 제기하지 않고 그것을 갖춰 남겨서 숨기지 않는다는 것을 보여준다." 그러므로 『한서』의 「표」와 「지」의 주에 있는 글 가운데 성명을 드러내지 않은 것은 모두 반고가 스스로 주를 단 것이다. 장학성 「사편별록서례」는 이러하다. "역사가의 자주(自注)라는 범례를 어떤 사람은 반고의 여러 「지」에서 시작되었다고 하지만 사실 사마천의 여러 「표」에 이미 자주(子注)가 있다. 「표」와 「지」 가운데 이름과 숫자는 있지만 글을 지어 잇지 않았기 때문에 크게 쓰고 주를 나누어 그 도가 시행되기 쉽다. 기전체는 본래 순수한 형식으로 글을 짓기 때문에 범례에 자주(自注)가 없다. 그러므로 역대 역사서의 「기」와 「전」에 있는 관련되고 서로 상세한 모든 일은 방주(旁注)의 의례로 본문에 함께 넣는다. 오래 묵은 버릇이지만 그 그릇됨을 살피지 않아서 아무도 감히 바로잡을 수 없었다."(가업당본 『장씨유서』 권7)

39 『양승암외집』(楊升庵外集) 권49 「문인작위서」(文人作僞書)는 이러하다. "송나라 때는 『벽운하』가 있는데 좋은 것을 모함하고 올바른 것을 못났다고 하는 일이 심하다. 또한 『운선산록』(雲仙散錄)과 『청이록』이 있으며 『두시주』(杜詩注)를 위조하여 짓고 소식에게 떠넘겼으니 모든 것을 불사르고 버려도 좋다." 『용재수필』 1은 이러하다. "『운선산록』, 『노두사실』(老杜事實), 『개원천보유사』(開元天寶遺事)의 무리처럼 민

스스로 주를 달았다"라는 말을 함부로 보탰습니다.[40] 후세인 가운데 그것이 가짜라는 것을 깨달은 사람도 도리어 그것을 바로잡아 이렇게 말했습니다. "옛사람의 문자에는 이제껏 자주가 없었다." 그러면 사마광의 『잠허』[41]가 스스로 「상전」을 보탠 것도 또한 범례입니까? 「지」의 형식은 이미 상세하고 넉넉하며 글을 짓는 일도 간결함을 소중하게 여기고 분류하고 편찬한 의도를 근거로 「기」와 「전」의 글을 시행하니 자주를 보태지 않으면 어떻게 밝고 시원해지겠습니까? 다만 글을 지어 수록한 사실을 시작부터 끝까지 상세하게 비교할 필요가 꼭 있으면 자주를 달아도 됩니다. 스스로 글의 뜻을 풀이한 『잠허』 따위는 「지」의 형식에 적당한 것이 아닙니다.

하나, 문선(文選)은 서로 도와야 마땅합니다. 시와 글의 어수선한 형식을 「예문지」에 넣는 것은 본디 형식에 맞지 않기 때문에 「전」과 「고」에 형식을 갖춰야 한다고 앞서 보낸 편지에서 말했습니다. 그러나 서한 때의 글이 대단히 풍부하지만 반고의 『한서』에 수록된 것 이외에 볼 수 있

간에 전해지는 천박하고 제멋대로인 책은 모두 배꼽이 빠지도록 우습다. 그러나 사대부 가운데 간혹 그것을 믿고 『노두사실』이 소식이 지은 것이라고 여기기도 하는 지경이다. 현재 촉각본[蜀本刻] 『두보시집』[杜集]은 결국 이것을 주에 넣기까지 했으니 후생을 대단히 의심스럽고 잘못되게 할 수 있다." 전겸익 「주두시약례」(注杜詩略例)는 이러하다. "세상에 전하는 위조된 소식의 주는 다름 아니라 송나라 때 사람의 『동파사실』(東坡事實)인데 주희[朱文公]는 '복건[閩中] 사람 정앙(鄭昂)이 위조해서 만들었다'라고 한다. 송나라 때 사람이 『태백시』(太白詩)에 주를 달면서 바로 가짜 두예 주를 인용하여 이백의 시에 주를 달았고 유서는 이것을 고실이라고 생각하여 잘못 인용한 것이 많다. 후생을 의심하게 하고 그르친다고 홍매[洪容齋]가 말한 것이 이것이다."

40 섭장청은 이렇게 말한다. "송나라 가태(嘉泰) 연간에 부경(傅卿) 채몽필(蔡夢弼)이 모아서 판각한 『천가주두공부시집』(千家注杜工部詩集) 권1 「용문」(龍門)은 이렇게 말한다. '금은으로 장식한 불전이 열렸네.' 채몽필 자주는 이러하다. '산에 절이 있어 금빛과 푸른빛이 빛나니 가장 경치가 좋다.' 「과송원외지문구장」(過宋員外之問舊莊)에서 채몽필 자주는 이러하다. '원외랑인 막내아우 집금오는 왕조에 알려졌기 때문에 다음 구절이 있는 것이다.'"

41 「역교 상」의 주37을 보라.

는 글이 드문 이유는 학문을 지망하는 선비가 글을 지을 때 꼭 역사서의 범례에 부합해야 수록하기 때문이지 소명태자나 이방[42] 같은 사람이 모든 시, 문, 부, 송을 먼저 나서서 가려 모으기 때문이 아닙니다. 역사서의 형식을 주요한 것으로 보고 「지」의 형식을 보조적인 것으로 보지만 그것들을 속속들이 뒤져 모아서 밝히는 것은 한결같습니다. 그러나 속속들이 뒤져 모아서 밝히면 사실이 상세해지고 이것을 근거로 글을 널리 훑을 수 있습니다. 풍토[土風]와 인사에 관련된 글은 종류가 너무 많기 때문에 역사서가 본디 남김없이 수록할 수 없습니다. 그래서 소명태자 이래로 한 시대를 총괄하여 가리니 당나라 때는 『문원』이 있고 송나라 때는 『송문감』이 있으며 원나라 때는 『원문류』가 있고 명나라 때는 『금문선』이 있습니다.[43] 광범위하게 순서대로 모으고 크고 작은 것을 모두 수록하니 역사 사실 가운데 따라잡지 못한 것을 증명할 수 있는 것이 하나에 그치지 않습니다. 그러므로 좌구명은 『국어』를 편찬하면서 속담과 노래를 인용하여 증명하지 않은 적도 없지만[44] 『시』 「국풍」 열다섯 편을 하나로 따로 엮어서 모두 태사에게 관장하게 하지 않은 적도 없습니다.[45] 이것은 문선과 지방지가 서로 돕는다는 명백한 증거입니다. 최근 호광

---

42 소통 『문선』은 「서교 중」의 주30을 보라. 이방 『문원영화』는 「전기」의 주34를 보라.

43 『문원』은 앞의 주를 보라. 『송문감』과 『원문류』는 「서교 중」의 주32 및 주33을 보라. 『사고전서총목제요』 "총집류"는 이러하다. "『금문선』(今文選) 열두 권은 명나라 손광(孫鑛)이 지었다. 이 책은 명나라 때 사람들의 글을 모아서 수록했고 나기(羅玘)부터 이유정(李維楨)까지 모두 서른한 명을 골랐으며 아울러 권 앞에 그들의 성씨, 작위, 출신지를 골라서 열거했다. 앞의 일곱 권은 『금문선』이라 부르고 뒤의 다섯 권은 『속선』(續選)이라고 부르는데, 「자서」를 살펴보면 아마 이몽양을 으뜸으로 하는 것 같다. 그러므로 명나라 초의 여러 사람은 언급하지 않은 것이 없다."

44 『국어』 「주어」에서 선양공(單襄公)은 속담을 인용하여 이렇게 말한다. "짐승들은 그물을 싫어하고 백성들은 윗사람을 싫어한다." 또한 주구(州鳩)는 주나라 경왕(景王)을 마주하고 속담을 인용하여 이렇게 말한다. "모든 사람의 마음이 모여 성을 이루고 모든 백성의 입이 쇠를 녹인다." 또한 위나라 표혜(彪傒)는 속담을 인용하여 이렇게 말한다. "착한 일을 좇기는 산을 오르는 것과 같고 나쁜 일을 좇기는 산이 무너지는 것과 같다."

45 「힐루」의 주35와 「화주문징 서례」의 주8을 보라.

순무[楚撫]는 『호광통지』(湖廣通志) 이외에[46] 또한 『삼초문헌록』(三楚文獻錄)을 골라 만들었습니다. 강소의 송무군(宋撫軍)은 소진함[邵毗陵]을 초빙하여 『명문록』(明文錄)을 편찬한 것 이외에[47] 『삼오문헌록』(三吳文獻錄) 등의 「집」을 지은 것도 역시 『강남통지』(江南通志)가 미치지 못한 것을 돕습니다.[48] 제가 아는 것이 얕고 변변치 못하며 들은 것도 적기 때문에 다른

---

46 『사고전서총목제요』 "지리류"는 이러하다. "『호광통지』(湖廣通志) 백스무 권은 호광 등지 총독 병부 상서 겸 부도어사 매주(邁柱) 등이 편찬을 감독했다. 이 책은 옹정 11년에 완성되어 이내 매주 및 호북 순무 덕령(德齡), 호남 순무 조굉은(趙宏恩)이 황제의 명령을 받들어 편찬하여 모으고 호남과 호북을 하나의 책으로 합쳤는데 대체로 강희 갑자년에 만든 예전의 『호광통지』를 저본으로 하고 종류대로 붙여서 보탰다. 목록은 더한 것도 있고 합친 것도 있어서 모두 서른한 분야이고 또한 붙여서 나타나는 것은 열세 분야인데 인물문 안에 또한 네 개의 자목(子目)으로 나누고 조목조목 상세하게 쪼갰기 때문에 서적에 따라 헤아릴 수 있다."

47 송락(宋犖)은 자가 목중(牧仲)이고 호가 만당(漫堂)이며 하남 상구 출신이다. 강희 31년 강소 순무 벼슬을 했는데 조정 신하들이 그의 청렴함이 천하에서 최고라고 칭찬했다. 강희 44년 이부 상서로 옮겼다가 강희 47년 그만두기를 빌었다. 죽었을 때 나이가 여든이다. 오중 출신 소장형(邵長蘅)은 송락과 벼슬이 없는 사람들이 사귀듯 사귀었는데 송락의 막빈으로 가장 오랫동안 있으면서 문학과 사학으로 서로 절차탁마했다. 저술에 『서피유고』(西陂類稿)와 『균랑우필』(筠廊偶筆)이 있는데 모두 마흔여섯 권이다.(『국조선정사략』 권9) 소장형은 자가 자상(子湘)이고 강소 무진 출신이다. 어려서 신동[奇童]이라 불렸는데 책을 읽으면 한눈에 여러 줄을 읽어 내렸다. 열 살에 제생이 되어 시험만 치면 높은 등급이었는데 회시[行省試]에만 응시하면 번번이 팔리지 않자 이내 과거에 응시하는 일[擧子業]을 버리고 더욱 육경과 삼사 및 당나라와 송나라 때 여러 대가의 글에 마음을 두고 골똘히 연구했다. 나중에 서울에 들어왔을 때 친구가 그를 태학에 억지로 넣어서 이부에서 시험을 보았는데 송덕의(宋德宜)가 그 글을 보고서 놀라서 이렇게 말했다. "오늘날의 귀유광이다!" 관례대로 주동(州同)에 제수되었으나 취임하지 않았다. 나중에 송락의 막빈이 되어 중승(中丞) 노릇을 가장 오랫동안 하면서 도를 이야기하고 글을 논했는데 벼슬이 없는 사람들이 형아우 하듯 우정이 도타웠다. 과거 명나라의 하경명, 이몽양, 왕세정, 이반룡 네 사람의 시를 골라 전겸익[牧齋]의 치우치고 올바르지 못한 논의를 바로잡은 적이 있다. 그리고 정가수[程孟陽]의 시가 경박하다고 생각했는데 판단력이 있는 사람들은 그것을 옳다고 했다. 죽었을 때 나이가 예순여덟이다. 저술에 『청문집』(青門集)이 있다.(『국조선정사략』 권38) 『명문록』(明文錄)은 상세하지 않다.

48 『사고전서총목제요』 "지리류"는 이러하다. 『강남통지』 이백 권은 병부 상서이자 양강 총독인 조굉은 등이 편찬을 감독했다. 먼저 강희 22년 총독 우성룡(于成龍) 등이 부격(部檄)을 받들어 『강남통지』 편찬을 시작했는데 모두 일흔여섯 권이다. 옹정 7년 양강 총독 서리 윤계선(尹繼善) 등이 황제의 명령을 받들어 거듭 편찬했다. 옹정

성도 모두 이와 같은지 모르겠습니다. 그러나 이런 측면도 역시 종류에 따라 헤아릴 수 있습니다. 『시』「국풍」이 남긴 의도를 대략 본뜨고 백성의 기풍이나 세속의 유행과 관련된 것을 취한 뒤 이것저것 뒤섞어서 대질하고 조사하여 증명하면 비교하여 바로잡을 수 있을 테고 시, 문, 기, 서의 여러 가지 형식을 나누어 배열하여 한 현의 책을 정리하여 「지」와 서로 돕게 하면 역시 보충하는 것이 없다고 할 수 없을 것입니다. 다만 이것은 그대의 힘으로 할 수 있는 것이 아닌데 틈을 엿보아 일을 주관하는 사람에게 어찌 아뢰지 않는 것입니까?

하나, 열녀는 「전」의 범례를 나눠야 마땅합니다. 열녀가 「전」의 제목이 된 것은 유향에게서 시작되었습니다.[49] 일곱 편으로 나누어 모았고 뜻은 자부에 가깝습니다. 「송」을 엮고 「아」를 서술했기 때문에 학이 『시』와 통하지만 같은 말이나 사물을 모아 비교하고 가치를 판단했기 때문에 사실 역사가의 전적입니다. 반고의 『한서』와 사마천의 『사기』에는 모두 「열녀전」이 빠져있습니다. 범엽의 『후한서』[東漢書]부터 비로소 「열녀전」을 수록하기 시작했는데[50] 나중의 역사서는 그것을 이어서 결국 정해진 규칙이 되었습니다. 그러나 후세 역사가의 열녀라는 것은 절개를 굳세게 지키는 여자라는 말이지만 유향이 말한 것은 바로 나열한다는 말입니다. 절개가 있고 열렬하다는 열(烈)로 「열녀전」을 지었기 때문에 굳은 절개를 가진 여자와 목숨을 바칠 정도로 열렬한 여자가 저절로 달라져 버렸습니다. 효녀와 의로운 며느리도 부합하지 못하는데 좋은 집안 여자, 재능 있는 여자, 여자 도사[道姑仙女]를 「전」에 넣는 범례는 영원히 없어야 합니다. 여자가 마땅히 해야 할 도리[婦道]를 이루지 못하면

9년 겨울 강녕에 기구를 열고 원래 중윤(中允)을 맡았던 황지준 등을 모아서 그 일을 맡기고 예전의 『강남통지』에 의거하여 윤색하고 빠진 것을 보충했는데 모두 오년이 걸려 건륭 원년에 이르러 책이 완성되었다."

49 「고문십폐」의 주83을 보라.

50 「영청현지 열녀전 서례」의 주2를 보라.

절개를 굳세게 지키는 여자나 효녀와 의로운 며느리 이외에는 조금 생략해도 될 것입니다. 그러나 반첩여의 아름다운 덕, 반소의 역사가로서의 자질, 채염의 문학적 재능[51]이 어찌 도리어 방기나 영관(伶官) 따위에도 미치지 못하거나 더구나 전할 만한 도리가 없겠습니까? 유향의 『열녀전』은 절개를 굳세게 지키는 여자나 효녀와 의로운 며느리 이외에도 첩정(妾婧)처럼 재능 있는 여자[52]나 노나라 여자[魯女]처럼 기이한 여자[53]도

---

51 『한서』 「외척전」은 이러하다. "성제의 반첩여는 증성사에서 살았다. 성제가 궁중의 뒤뜰에서 노닐 때 첩여가 가마를 함께 타도록 했던 적이 있지만 첩여는 사양하면서 이렇게 말했다. '고대의 그림을 살펴보니 훌륭하고 성스러운 임금은 모두 유명한 신하를 곁에 두고 있습니다. 삼대의 끄트머리 보잘 것 없는 임금이 비로소 총애하는 애첩[嬖女]을 곁에 두었습니다. 지금 함께 가마에 태우려고 하시는 것은 그것과 비슷하게 되지 않겠습니까?' 임금은 그 말을 좋게 생각하고 그만두었다. 그 뒤 조비연 언니와 아우가 교만하고 질투하자 첩여는 오랫동안 있다가는 위태롭겠다고 보고 장신궁에서 태후를 모시겠다고 청했다. 성제가 세상을 뜨자 반첩여는 능[園陵]을 받드는 일에 채워졌다. 세상을 뜨자 그대로 능 안에 장사지냈다." 반소는 「경해 하」의 주20을 보라. 채염은 「부학」의 주24를 보라.

52 『열녀전』 6은 이러하다. "첩정(妾婧)은 제나라 재상 관중의 첩이다. 영척(甯戚)이 환공을 만나려고 했지만 방법이 없었다. 그래서 남의 종이 되어 수레를 제나라 동문 밖에서 받쳐두고 자면서 기다렸다. 환공이 관중과 나오자 영척은 쇠뿔을 두드리며 구슬픈 노래[商歌]를 불렀는데 대단히 슬펐다. 환공이 그를 이상하게 여겨 관중에게 그를 맞아오라고 시켰다. 영척은 비유하여 이렇게 말했다. '가없이 넓구나, 투명하게 맑은 물이여.' 관중은 무슨 말인지 알 수 없었다. 닷새 동안 조정에 나가지 않고 근심하는 낯빛이 있었다. 첩정은 웃으면서 이렇게 말했다. '남이 한 말을 그대는 아직 이해하지 못하시는군요. 고대에 「백수」(白水)라는 시가 있습니다. 시는 이렇게 말하지 않았습니까? 「가없이 넓은 백수여, 피라미 같은 물고기도 있지. 그대가 와서 나를 부르니 내가 장차 어찌 가만있으리? 국가가 아직 안정되지 않았는데 나를 좇아 어디로 가리?」 이것은 영척이 국가에 벼슬살이를 하고 싶다는 것입니다.' 관중이 크게 기뻐하고 환공에게 보고했다. 환공은 그래서 관직을 정하고 닷새 동안 몸과 마음을 깨끗이 한 뒤 영척[甯子]을 만났다. 그리고 재상으로 삼으니 제나라가 이로써 다스려졌다."

53 『열녀전』 3은 이러하다. "칠실녀(漆室女)는 노나라 칠실읍(漆室邑)의 여자이다. 나이가 지났지만 아직 시집을 못 가고 있었다. 목공 때 임금은 늙고 태자는 어렸다. 칠실녀는 기둥을 부여잡고 소리 내 울었다. 옆에 있던 사람들이 그것을 듣고 애처로워하지 않는 사람이 없었다. 칠실녀 옆집 여자가 놀러왔다가 이렇게 말했다. '어찌 그리 슬프게 울었소! 그대가 시집가고 싶어서 그런 것이오? 내가 그대를 위해 짝을 구해 보리다.' 칠실녀는 이렇게 대답했다. '아! 전에 나는 그대가 무엇을 좀 아는 사람이라고 생각했는데 이제 보니 판단력이 없군요. 내가 어찌 시집가지 못해서 즐겁지 않

신지 않은 것이 없습니다. 설령 아래로 서시나 정단에 이르더라도[54] 모

기 때문에 슬픈 것이겠소? 나는 노나라 임금이 늙고 태자가 어린 것을 근심하는 것이오.' 옆집 여자가 웃으면서 이렇게 말했다. '이것은 노나라 대부가 근심해야 할 것이지 여자가 무슨 상관이 있소.' 칠실녀는 이렇게 대답했다. '그렇지 않소. 그대가 아는 것은 잘못되었군요. 옛날 진나라 손님이 우리 집에 묵으면서 말을 뜰에 매어 두었지요. 말이 풀려나 세차게 뛰어다니는 바람에 우리 채마밭을 짓밟아버려 내가 그 해가 끝나도록 푸성귀를 먹지 못하게 만들었소. 이웃 여자가 바람이 나서 남을 따라 도망가서 없어진 일이 있었는데 그 집에서 내 오빠에게 쫓아가서 잡아달라고 했소. 그때 장맛비가 내릴 때를 만나서 물에 떠내려가 죽었기 때문에 내가 죽을 때까지 오빠가 없게 만들었소. 나는 「황하는 백리를 적셔주지만 진창이 삼백 보」라고 들었소. 지금 노나라 임금은 늙어 망가졌고 태자는 어려서 어리석으니 어리석음과 거짓이 나날이 일어나고 있소. 노나라에 근심거리가 생기는 것은 임금과 신하, 아비와 아들이 모두 그 욕됨을 당할 것이고 재앙이 많은 서민에게 미칠 것이니 여자라고 홀로 어찌 피하겠소? 나는 그것을 대단히 근심하오. 그대는 여자가 무슨 상관이 있느냐고 한 것은 무엇이겠소?' 옆집 여자는 사죄하면서 이렇게 말했다. '그대가 염려하는 것을 제가 미처 생각하지 못했군요.' 삼년이 지나고 노나라에 과연 난리가 났다. 제나라와 초나라가 공격하는 바람에 노나라는 이어서 공격당했다. 남자들은 싸우러 나가고 여자들은 군수품을 옮겨 나르느라 쉴 수 없었다."

54 『열녀전』 7은 이러하다. "말희(末喜)는 하나라 걸왕의 왕비이다. 낯빛은 아름다웠지만 덕이 박하고 난잡하며 도가 없었다. 여자인데도 남자의 마음을 품고 칼을 차고 모자를 썼다. 걸왕은 이미 예의를 버리고 여자에게 빠져 음탕했는데 아름다운 여자들을 찾아서 후궁에 그들을 쌓아두고 배우, 광대, 신기한 놀이를 잘하는 놈들을 거둬서 곁에 모았다. 난만(爛漫)이라는 음악을 만들고 밤낮으로 말희 및 궁녀들과 술을 마시고 쉬는 때가 없었다. 말희[妺喜]를 무릎에 앉히고 무조건 말을 다 들어주었으며 혼란스럽고 도를 잃고 교만하고 사치스럽고 제멋대로였다. 술을 부은 연못 주지(酒池)를 만들었는데 배를 띄울 수 있을 정도로 컸고 한 번 북을 치면 소처럼 엎드려 술을 마시는 사람이 삼천 명이나 되었는데 머리에 굴레를 씌워 주지에서 마시게 했다. 취해서 빠져 죽은 사람이 있으면 말희는 웃으면서 즐거움을 삼았다. 용봉이 간언을 드려 이렇게 말했다. '임금이 도가 없어지면 틀림없이 망할 것입니다.' 걸왕은 이렇게 대답했다. '해가 없어지더냐? 해가 없어지면 내가 망할 것이다.' 듣지 않았고 요사스러운 말을 했다고 그를 죽였다. 옥으로 장식한 집과 다락집[瓊室瑤臺]을 만들고 여자들과 운우지정을 나누었는데 재물을 남김없이 탕진해도 마음은 여전히 흡족하지 않았다. 탕을 불러 그를 하대(夏臺)에 가두었다가 세월이 지나고 풀어주었다. 제후들이 크게 반란을 일으켜 이때 탕이 천명을 받고 그를 토벌할 때 명조(鳴條)에서 싸우는데 걸왕의 군대가 싸우려 하지 않았다. 탕왕은 걸왕과 말희, 애첩들을 쫓아내 한 배에 태워서 바다로 흘려보냈는데 남소(南巢)라는 산에서 죽었다." 또한 "달기(妲己)는 은나라 주왕의 왕비인데 주왕에게 총애를 받았다. 주왕이 새로운 음탕한 곡조, 북쪽 변방의 춤, 간드러진 음악을 만들었다. 진귀한 물건을 거둬서 후궁에 그것을 쌓아놓고 술지게미를 언덕처럼 쌓자 술이 흘러 연못이 되고 고기를 매달

두 붙여 두었습니다. 열(列)의 뜻은 광범위하다고 할 수 있습니다. 『후한서』 이후부터 여러 역사서는 나열한다는 열(列)을 목숨을 바칠 정도로 열렬하다는 열(烈)로 오해하는 바람에 법도가 있는 여자 이외에 실을 수 있는 사람도 적어지고 채염이 역사서에 들어간 것도 사람들이 논의하게 되었습니다.[55] 이제 절개가 굳은 여자의 「전」을 따로 세워서 세상에 널리 알려 칭찬받을 만한 이름을 실어야만 합니다. 정식으로 수록한 것 이외에 만약 재능이 뛰어나고 몸가짐이 남다른 여자가 있거나 또는 문사가 볼만 하고 하나라도 장점이 뛰어난 여자가 있다면 「열녀전」에 넣어서 「방기전」, 「문원전」, 「독행전」 같은 여러 「전」의 범례에 같이 붙여도 무방합니다. 여자의 덕행이 모두 절개를 굳세게 지키는 여자에게서만 나오기를 바라지 않고, 만약 기록할 만한 장점이 하나라도 있는 여자가 있다면 역시 자취도 없이 사라졌다는 탄식을 초래하지 않기를 바랄 뿐입

아 숲을 이루었는데 사람들이 홀랑 벗은 채 서로 그 사이를 좇아다니게 하고 밤새도록 술을 마시게 했다. 달기는 그것을 좋아했다. 백성들이 원망하고 제후 가운데 반기를 드는 사람도 있었다. 주왕은 그래서 포락(炮烙)이라는 법을 만들었다. 기름을 바른 구리 기둥에 숯을 더해 달구고 죄를 지은 사람이 그 위를 걷게 하면 번번이 숯불에 떨어졌는데 달기는 이내 웃었다. 비간은 간언하여 이렇게 말했다. '선왕의 법전을 닦지 않고 여자 말을 쓰다가는 재앙이 닥칠 날이 멀지 않았습니다!' 주왕이 노하여 요사스러운 말이라고 했다. 달기는 이렇게 말했다. '저는 성인의 심장에 구멍이 일곱 개 있다고 들었습니다.' 그래서 심장을 도려내서 살펴보았다. 기자를 가두고 미자는 떠났다. 무왕이 결국 천명을 받아 군대를 일으켜 주왕을 정벌할 때 목야에서 싸우는데 주왕의 군대가 창을 거꾸로 들었다. 주왕은 이내 늠대(廩臺)에 올라 보옥으로 만든 임금의 옷[寶玉衣]을 입고 스스로 죽었다. 이때 무왕은 드디어 하늘의 벌을 불러 달기의 머리를 자르고 작은 백기에 걸었다. 주왕을 망하게 한 것은 이 여자 때문이라고 생각했다." 나는 이렇게 생각한다. 『국어』 「진어」는 이렇게 말한다. "하나라 걸왕은 유시(有施)를 정벌했는데 유시[施人]는 매희(妹喜)라는 계집을 바쳤다. 은나라 주왕[殷辛]은 유소씨(有蘇氏)를 정벌했는데 유소씨는 달기라는 계집을 바쳤다." 달(妲)은 『광운』에서 소리가 단(旦)이라고 한다. 시와 단[施旦]은 다름 아니라 매희(妹喜)와 달기가 아닌지 의심스럽다. 또한 『오월춘추』는 이러하다. "월나라 임금은 이내 관상을 보는 사람에게 나라 안에서 저라산(苧蘿山)에서 땔감을 파는 여자 서시(西施)와 정단(鄭旦)을 찾게 시켰다. 삼년 동안 어떻게 해야 하는지 배우고 오나라에 바쳤다. 오나라 임금이 크게 기뻐했다." 그러나 『열녀전』은 수록하지 않았다.

55 문희는 채염의 자인데 앞을 보라. 유지기가 범엽 『후한서』가 채염의 「전」을 쓴 것을 비난한 일은 「영청현지 열녀열전 서례」의 주8을 보라.

니다.

미친놈의 소리를 택해주신다면 다행이겠습니다. 취중에 휘갈겨 쓴 것이니 너무 허물치 마십시오.

여견수재논문선의례서(與甄秀才論文選義例書) 2[1]

황공하게도 『문선』의 의례를 보여주신 데는 큰 뜻이 있으시겠지만 제가 이 일의 단맛이나 쓴맛을 잘 모르니 무엇을 근거로 알겠습니까? 다만 자그마한 의도가 있어 상의 드리려고 답장합니다. 사실을 뒤좇아 화려함을 보태면[2] 나중에 오는 사람에게 힘이 되기 쉬우니 시대를 포괄하여 총괄적으로 가릴 때는 반드시 역사서의 범례로 살펴야만 합니다. 소명태자가 처음으로 창조한 것[3]은 사마천과 대체로 같습니다. 소명태자의 『문선』에서 육조시대로부터 서한과 동한을 살핀다면 글이 간단하고 진

1 가업당본 『장씨유서』 권14의 목록 제목 다음에는 이렇게 주를 달았다. "이것과 다음 편은 비록 『문선』의 의례를 논하지만 사실 방지를 근거로 따로 「문징」을 세웠다. 이것은 『문선』을 본떠서 지었고 이전의 책에 있는 의도를 거듭 밝혔기 때문에 여기에 종류대로 열거했다." 지은 해는 헤아릴 수 없다.

2 「화주문징 서례」의 주17을 보라.

3 소명태자 『문선』은 「서교 중」의 주30을 보라. 처음으로 창조한 것은 「답견수재논수지 제일서」의 주13을 보라.

나라 이전의 글은 더 간단할 뿐입니다. 주나라 때는 자하의 『모시서』나 굴원의 『이소』 이외에 다른 작품이 없습니다.[4] 이것도 『사기』에서 한나라 무제 때인 천한 연간으로부터 진나라 이전을 살핀다면[5] 간단할 뿐이고 주나라 때는 더 간단할 뿐입니다. 오제와 삼대의 왕들[6]은 「본기」가 간단하게 실은 것 이외에 다시 상세하게 서술하지 않습니다. 소명태자는 여덟 시대[八代]를 아우르고 『사기』는 상고, 중고, 근고라는 고대의 세 시기에서 골랐지만[7] 사업을 창조하고 있었기 때문에 범례가 엉성하고 글이 간단합니다. 『문원영화』와 『송문감』은 모두 한 시대를 포괄하지만 『한서』나 『당서』는 모두 한 왕조만 기록하고 있고[8] 이전의 규칙을 근거로 했기 때문에 조목이 빽빽하고 글이 상세합니다. 『문원영화』는 진나라와 수나라 때의 글을 보충하여 실어서 소명태자의 『문선』이 미처 갖추지 못한 것을 이었고 『송문감』은 황제가 몸소 보이는 과거 시험 답안지까지 동시에 수록하여 소명태자의 『문선』이 미처 수록하지 못한 것을 넓혔습니다.[9] 이것도 반고의 『한서』 「지리지」가 『주례』 「직방씨」와 『상서』 「우공」을 아울러 고르고[10] 『수서』의 여러 「지」가 양나라, 진나라,

4 『시서』는 「경해 중」의 주29를 보라. 굴원과 송옥의 작품은 『문선』이 수록한 것과 한결같지 않지만, 여기서 『이소』만 들고 있는 것은 아마 『이소』를 취하여 책 전체를 가리키려는 것이리라. 이야기는 「경해 하」의 주27을 보라. 이것은 오로지 『문선』만 가리켜 말하고 있지만 『문선』은 주나라에 대해 다만 『초사』 및 자하[卜子夏]의 「모시서」를 골랐을 뿐이고 이밖에 고를 만한 것이 없는 것도 아니며 소통이 글을 고른 기준에도 부합하지 않을 뿐이다.

5 천한은 한나라 무제의 연호이다.

6 「역교 상」의 주11을 보라.

7 소명태자 「문선서」는 이러하다. "멀리 주나라 때[周室]부터 양나라[聖代]에 이르기까지 모두 서른 권을 만들었다." 다름 아니라 주나라, 진나라, 한나라, 위나라, 진나라, 송나라, 제나라, 양나라 여덟 왕조이다. 상고, 중고, 근고라는 고대의 세 시기[三古]는 「사주」의 주23을 보라.

8 『문원영화』는 「전기」의 주34를 보라. 『송문감』은 「서교 중」의 주32를 보라. 『한서』는 「서교 상」의 주34를 보라. 『당서』는 「사주」의 주18을 보라.

9 『문원영화』가 고른 글은 양나라 말, 진나라, 수나라부터 당나라까지인데 장학성은 당나라 때 글을 위주로 골랐고 나머지는 다만 보충하여 수록한 것이라고 생각한다. 『송문감』이 과거 시험 답안지[制科]를 수록한 것은 「서교 중」의 주32를 보라.

주나라, 제나라의 전장 제도를 보충하여 서술한 것과 마찬가지입니다.[11] 범례에서 뜻에 근거하여 만드는 것이나 덜고 보태는 일을 어림잡아 헤아리는 것은 본디 안 될 것이 없습니다. 한 시대의 문헌이 역사서에 남김없이 상세하게 기록되지 않고 많은 분량을 총괄해서 고른 선집에 완전히 의지하게 되면 율령 이외의 여러 가지 문자를 수록한 뒤 서로 참조하여 헤아리고 바로잡아서 이십일사가 따라잡지 못한 것을 보충할 수 있습니다.[12] 사업이 대단히 중요하고 원래 어림짐작하는 사람[揣摩家]이 평가해서 가린 문자와 다르기 때문에 교묘함과 졸렬함이나 번거로움과 간단함은 자잘하게 비교하고 헤아릴 수 없습니다. 책을 읽는 사람은 다만 대강을 가려 모아서 고대에 박식한 보람을 얻어야만 유익할 것입니다.

박문선의례서재답(駁文選義例書再答)

견송년이 보낸 편지는 이렇게 말한다. "형이 논한 『문선』의 의례를 보니 그렇지 않다는 생각이 단단히 듭니다. 문장이라는 길은 대단히 광범위하게 포함하고 있으며 역사서는 다만 그중의 한 가지일 뿐입니다. 글을 고르는 사람의 범례는 번거롭고 광범위해서 어울리지 못하는데 사부 분류법이나 구류[13]가 가지지 못한 것이 무엇입니까? 그러나 형은 개괄적으로 역사서와 그것을 견주려고 하는 것 같습니다. 사마천이며 반고며

10 「석통」의 주22를 보라.
11 「석통」의 주57을 보라.
12 「답객문 상」의 주10을 보라.
13 「서교 중」의 주35와 「시교 상」의 주33을 보라.

「표」며 「지」며 발꿈치를 깎고 미투리에 맞추는 것처럼[14] 조심스럽게 소통의 『문선』이나 당나라 때 글을 실은 『문원영화』 같은 여러 가지 선집에 맞춰 부합하는 것들을 찾으려고 합니다. 아무리 진제태[陳大士]라 하더라도 처음 시문을 배웠을 때 집에 보내는 편지조차 남김없이 팔고문 형식으로 썼겠습니까?[15] 서한과 동한의 문자는 가려 넣은 것이 드물지만 반고의 『한서』와 범엽의 『후한서』가 배열하여 편집하면서 드디어 정해진 판본이 되었습니다. 이릉이 만리장성 바깥에서 보낸 편지 한 통만 반고의 『한서』가 싣지 않은 것은 바로 제나라와 양나라의 어린애에 가깝기 때문입니다.[16] 과연 역사서가 따라잡지 못한 것을 문선이 돕는 것이

---

14 「고문십폐」의 주32를 보라.

15 『명사』 「문원전」은 이러하다. "진제태는 자가 대사(大士)이고 임천 출신이며 애남영과 시문으로 천하에 유명했다." 『일지록』 16 「시문격식」(試文格式)은 이러하다. "경의라는 글은 세상에 널리 퍼진 풍속이 팔고라고 부르는데 아마 성화 연간 이후에 시작되었을 것이다. 고(股)는 짝을 이루는 대우(對偶)의 이름이다. 천순 연간 이전에 경의라는 글은 전주(傳注)를 덧붙여 자세히 설명하는 것에 지나지 않았는데 짝을 맞추는 경우도 있고 짝을 맞추지 않고 흩기도 하여 처음에는 정해진 법도가 없었다. 단구(單句)로 시험 문제를 내는 일도 역시 대단히 적었다. 성화 23년 회시에 '타고난 것을 즐기는 사람이 천하를 보호한다'[樂天者保天下]라는 글은 기강(起講)에서 먼저 세 구절을 든다. '타고난 것을 즐기다'[樂天]에 의거하여 네 개의 고[四股]로 풀이하고 중간에 네 구절을 차례로 붙인 뒤, 다시 '천하를 보호한다'[保天下]를 네 개의 고로 풀이하고 다시 네 구절을 거둬들여 다시 대결(大結)을 짓는다. 모든 네 개의 고는 한 번 뒤집었다가 다시 바로잡고, 한 번 비웠다가 다시 채워 넣으며, 한 번 얕게 했다가 다시 깊게 한다. 그런 두 개의 선[兩扇]이 틀을 세우면 하나의 선마다 각각 네 개의 고가 생기게 되고 다음에 순서대로 짓는 방법도 역시 다시 그렇게 하기 때문에 현재 계속 전해지기를 팔고라고 한다."

역주_ 팔고문의 형식은 ① 제목의 뜻을 설명하는 파제, ② 제목을 부연 설명하는 승제(承題), ③ 글의 강령을 서술하는 기강, ④ 본론에 들어가는 입수(入手), ⑤ 본론의 근거를 제시하는 기고(起股), ⑥ 본론의 핵심을 서술하는 중고(中股), ⑦ 미진한 부분을 보충하는 후고(後股), ⑧ 결론을 내리는 속고(束股) 여덟 부분이 있고 마지막에 대결이 있어 모두 아홉 부분으로 구성된다.

16 『사통』 「잡설 하」는 이러하다. "『이릉집』에는 「여소무서」(與蘇武書)가 있다. 어휘가 장엄하고 아름다우며 소리와 구절이 지나치게 아름답다. 그 문체를 보면 서한 때 사람과 비슷하지 않다. 아마 나중에 지은 것인데 이릉의 이름을 빌어서 지었을 게다. 사마천의 『사기』에는 빠트리고 수록하지 않았는데 참으로 근거가 있을 것이다." 소식 「여유면서」[答劉沔書]는 이러하다. "이릉의 「여소무서」는 어휘와 구절이 경박합

겠습니까? 아니면 문선이 따라잡지 못한 것을 역사서가 돕는 것이겠습니까? 편년체에는 『통감강목』이 있고 기전체에는 이십일사가 있어서 대대로 이어진 왕조의 사실이 이미 해와 별처럼 밝습니다. 형은 다시 문선으로 짝 지워 침대 위에 침대를 얹고 지붕 위에 다시 지붕을 얹으니 어찌 바람과 구름, 달과 이슬처럼 경치를 묘사하는 말로 국립 문서관의 소장품을 보충할 수 있겠습니까?[17] 글을 고르는 일은 육조시대를 본뜨지만 역사서의 형식도 역시 육조시대부터 무너졌기 때문에 문선이 역사서에 도움이 되지 않는다는 것은 명백합니다. 고금을 비교하여 거울삼는 것이나 성공과 실패를 논하여 열거하는 일이 두드러지게 뛰어난 선비가 순순히 장구만 지키지 않는 데만 있는 것도 아니고[18] 어린애의 노래와 여자의 감탄에도 모두 살펴보고 고를 만한 것이 있지만 이것이 어찌 역사서와 대등하겠습니까? 옛날 사람들은 두보의 시가 시이자 역사[詩史]라고 칭찬했지만 양만리는 그것을 반박했는데 『시경』이 과연 『상서』를 아우를 수 있다고 생각하십니까?[19] 형의 독서는 평소 두드러지게 뛰어난데

니다. 바로 제나라와 양나라 어간의 어린아이가 본떠서 지은 것이지 결코 서한 때의 글이 아닙니다."(『동파후집』 권14)

17 침대 위에 침대를 얹고 지붕 위에 다시 지붕을 얹는 것은 「영청현지 육서예의」의 주28을 보라. 바람과 구름, 달과 이슬은 「영청현지 문징 서례」의 주46을 보라. 국립 문서관[柱下]은 「답객문 중」의 주30을 보라.

18 탁락(卓犖)은 탁력(卓躒)이라고도 쓴다. 『문선』에 있는 공융 「천예형표」(薦禰衡表)는 이러하다. "영재가 탁력하다." 주는 이러하다. "탁력은 뛰어난 것이다." 『한비자』 「오두」는 이러하다. "밭을 가는 송나라 사람이 있었다. 밭 가운데 그루터기가 있었는데 토끼가 달리다가 그루터기에 부딪혀 목이 부러져 죽었다. 그래서 쟁기를 풀고 그루터기를 지키면서 다시 토끼를 얻을 것을 바랐지만 토끼는 다시 얻을 수 없었고 자신은 송나라의 웃음거리가 되었다." 장구는 「원도 하」의 주6을 보라.

19 맹계(孟棨) 『본사시』(本事詩)는 이러하다. "두보[杜子美]는 안녹산의 난리를 만나 농땅과 촉 땅[隴蜀]을 떠돈 일을 시에 끝까지 펼쳐서 지극히 드러나지 않는 것까지 헤아려 볼 수 있어 없어진 일이 거의 없다. 그러므로 당시에 시사(詩史)라고 불렀다." 양만리는 자가 정수(廷秀)이고 길수(吉水) 출신이며 소흥 연간에 진사가 되었는데 장준(張浚)이 성의(誠意)와 정심(正心)의 학으로 격려한 적이 있기 때문에 드디어 서실의 이름을 성재(誠齋)라고 지었다. 나는 이렇게 생각한다. 『양승암외집』 권70 「시사」는 이러하다. "송나라 때 사람들은 두보[杜子美]가 운어(韻語)로 사실 기록하는 일을

지금은 마치 훈고에 얽매인 듯 말씀하시는 것 같아서 제 마음이 기쁘지 않습니다. 어쩌면 제가 틀렸을 수도 있으니 빨리 답장을 써서 보내주십시오!"

보내오신 편지는 대단히 화려하고 논변을 잘하는데 제게 내려주신 가르침이 어찌 얕고 드물겠습니까! 제가 뜻을 그다지 잘 이해하지 못하는 듯하지만 두터운 인정을 허투루 할 수 없기 때문에 감히 답장을 씁니다. 문장이라는 길의 체제는 애초에 계속 이어지지 않았지만 원래 각각 근원이 있습니다. 옛사람의 문자는 애초에 번거롭게 뒤섞여 생긴 것이니 적당하게 쓰기만 한다면 조심스럽게 하나의 명목만 세운 뒤 뒤얽혀서 얼핏 비슷한 것을 추구한다고 하겠습니까? 만약 글과 사실이 본래 넓은데 역사서가 그중 한 가지만 차지한다고 말한다면 그렇게 번거롭게 많은 종류를 견디지 못할 것입니다. 『사기』의 「백이열전」이나 「굴원열전」 같은 여러 「열전」은 서술하기도 하고 논의하기도 하며 『장자』나 『열자』 같은 책은 또한 사실을 그대로 적는 것을 빌려서 글을 짓는 일이 많습니다.[20] 글을 고르는 범례를 똑같이 만들 수 없다고 생각하면 이런 문자들

잘했다고 생각해서 시사라고 불렀다. 변변치 못하구나! 송나라 때 사람들의 견해는 시를 논하기에 충분하지 않다. 육경은 각각 형식이 있는데, 『역』은 음양을 말하고 『서』는 정사를 말하며 『시』는 성정을 말하고 『춘추』는 명분을 말한다. 후세에서 이른바 사(史)라고 하는 것은 좌사가 말을 기록하고 우사가 사실을 기록하는 것이니 고대의 『상서』와 『춘추』이다. 『시』의 형식과 뜻은 『역』, 『서』, 『춘추』와 명백하게 다르다. 삼백 편의 『시경』을 모두 감정은 간단하게 하고 본성에 합쳐서 도덕으로 되돌린다. 그러나 『시경』에 도덕과 성정의 구절이 있었던 적은 없다. 두보의 시에 깊은 뜻을 머금은 말과 교양 있는 우아함은 아마도 역시 많지만 송나라 때 사람들은 그것을 배울 수 없었을 것이다. 당시 일을 곧바로 펼친 것을 헐뜯는 것과 비슷한데, 이내 그중 경지가 낮은 것을 송나라 때 사람들이 주워서 자신의 보배로 여겼다. 또한 시사라는 두 글자를 지어내서 후세인을 그르쳤다. 만약 시가 사를 아우를 수 있다면 『상서』와 『춘추』는 합쳐서 생략할 수 있다. 또한 만약 현재의 세속적인 「괘기가」(卦氣歌)나 「납갑가」(納甲歌)가 음양을 아울러서 말한다면 『시』와 『역』을 합쳐서 생략해도 괜찮은 것 아닌가?" 이것은 양만리의 잘못을 말한다.

20 『장자』와 『열자』는 「시교 상」의 주15를 보라. 나는 이렇게 생각한다. 『장자』 「우언」

을 형은 장차 어떻게 구분해서 나누시렵니까? 경부, 사부, 자부, 집부가 사부 분류법[四庫]에 편입된 지 오래되었지만 그것들의 시작은 서로 그다지 멀지 않습니다. 육예의 시작을 시험 삼아 논의하자면 경이라는 제목은 본래 없었습니다. 위대한 『역』도 성인의 책이라고 우러르지 않았다면 일개 자부의 책일 뿐이고 『서』와 『춘추』도 두 가지 역사서일 뿐이며 『시』 삼백 편도 문집일 뿐이고 『의례』와 『주관』도 율령과 『회전』일 뿐입니다. 『역』을 태복이 소장하는 것 이외에[21] 나머지 네 가지는 모두 국립 문서관의 전적에 속하고 후세인이 가져다가 고금의 성공과 실패에 대한 숱한 문제를 고증합니다. 『통감강목』의 「기」나 「전」 따위를 고집스럽게 가져다가 전문적으로 역사서의 종류라고 하고 나머지 형식은 번거롭고 광범위한 것에 가깝기 때문에 이런 선집에 함께 넣지 못한다는 말을 들어본 적이 없습니다. 『시』가 사라진 뒤에 『춘추』가 생겼는데[22] 『시』가 오늘날의 문선을 닮았지만 역사서와 시작부터 끝까지 계속 함께 할 수 있는 것은 역시 무엇 때문일까요? 풍토의 차이나 인사의 흥망성쇠는 기전체가 상세하게 언급하지 않으면 편년체가 기록하지 못하지만 서로 비교해서 증명합니다. 역사서에 부합하는 것은 『시』 "치효" 시가 『상서』 「금등」편에 부합하고[23] 『시』 "이자승주"[乘舟] 시가 『춘추좌전』에 부

곽상 주는 이러하다. "그것을 다른 사람에게 가탁한다면 열 마디 말 가운데 아홉 마디는 믿을 것이다." 이것은 『장자』와 『열자』가 가탁하여 일을 서술해서 글을 지은 이유이다.

21 「역교 상」의 주8을 보라.

22 「서교 상」의 주18을 보라.

23 『모시』 「빈풍」 "치효서"(鴟鴞序)는 이러하다. ""치효"는 주공이 어지러움을 구한 것이다. 성왕이 주공의 의지를 미처 모르자 주공은 이내 시를 지어서 왕에게 남겼는데 "치효"라고 이름 지었다." 『주서』 「금등」은 이러하다. "무왕이 이미 돌아가셨는데 관숙 및 그의 여러 아우가 이에 나라에 이런 말을 흘렸다. '주공이 장차 유자에게 이롭지 않으리라.' 주공은 이에 두 사람에게 이렇게 알렸다. '내가 그들을 피하지 않는다면 나는 우리 선왕에게 알릴 도리가 없으리라.' 주공이 동쪽에 산 지 이태 만에 죄인을 그렇게 얻었다. 뒤에 주공이 시를 지어 임금에게 주었는데 그것에 「치효」라는 이름을 붙였다."

합하는 것과 같은 종류이며[24] 이밖에 역사서를 벗어나 있는 것은 『시』 "칠월" 시가 주나라의 선조를 추모하여 기술한 것이나[25] 『시』 "상송"이 동시에 다른 시대를 언급한 종류입니다.[26] 그런데 어찌 문장과 역사 사실이 시작부터 끝까지 본디 관련되지 않겠습니까? 서한과 동한의 문자 가운데 골라 넣은 것은 대단히 적기 때문에 반고와 범엽이 수록한 것에 대적하지 못합니다. 그때 만약 『문원영화』를 고른 사람처럼 적임자가 많은 분량의 성대한 전범으로 가다듬었다면 서한과 동한의 사적을 제가

---

24 『모시』「패풍」 "이자승주서"(二子乘舟序)는 이러하다. ""이자승주"는 급자[伋]와 수자[壽]를 그리워하는 것이다. 위나라 선공의 두 아들이 서로 다투다가 죽었는데 위나라 사람들이 마음 아파하며 그들을 그리워했기 때문에 이 시를 지었다." 『춘추좌전』「환공 16년」은 이러하다. "애초에 위나라 선공[衛宣公]이 계모 이강(夷姜)과 붙어먹고 급자(急子)를 낳았는데 그를 우공자(右公子)에게 맡겨서 돌보게 했다. 급자를 위해 제나라에서 여자를 맞이했는데 아름다웠다. 선공이 그를 차지하고 수(壽) 및 삭(朔)을 낳았는데 수를 좌공자(左公子)에게 맡겨서 돌보게 했다. 이강이 목을 매서 자살했다. 선강은 공자 삭과 모의해서 급자를 옭아 넣었다. 선공은 급자를 제나라에 사신으로 보내면서 도적에게 신(莘)에서 그를 기다리라고 명령하고 장차 그를 죽이려고 했다. 수자(壽子)가 급자에게 알리고 그에게 도망가라고 했다. 급자는 안 된다면서 이렇게 말했다. '아버지의 명령을 버린 아들을 어찌 쓸 수 있겠는가! 만약 아버지가 없는 나라가 있다면 갈 수 있을 것이다.' 제나라로 떠날 때가 되자 수자는 급자가 술을 마시게 하고 수자가 급자의 깃발을 꽂고 앞장섰는데 도적이 그를 죽였다. 급자가 뒤미처 도착하여 이렇게 말했다. '나를 찾으면서 이 사람이 무슨 죄냐? 나를 죽여다오!' 또한 그를 죽였다. 좌공자와 우공자가 그래서 혜공(惠公, 삭(朔)이다)을 원망하게 되었다. 동짓달 좌공자 설(洩)과 우공자 직(職)이 공자 검모(黔牟)를 세웠다. 혜공이 제나라로 달아났다."

25 『모시』「빈풍」 "칠월서"(七月序)는 이러하다. ""칠월"은 왕업을 펼친 것이다. 주공이 변을 당했기 때문에 후직이 먼저 가르쳐서 풍속을 변화시킨 유래를 펼쳐서 왕업을 이루기 어려움을 말한다."

26 「박약 중」의 주15를 보라. 『모시』「상송」 "나서"(那序)는 이러하다. ""나"는 탕왕[成湯]을 제사지내는 것이다. 미자부터 대공까지 이르는 사이에 예악이 없어지고 무너졌다. 정고보라는 사람이 주나라 태사에게 「상송」 열두 편을 얻었는데 "나"가 첫머리였다." 정중은 이렇게 말한다. "정고보부터 공자까지 또한 그중 일곱 편이 없어졌다." 나는 이렇게 생각한다. 『사기』「송세가」(宋世家)는 이렇게 말한다. "양공(襄公) 때는 인의를 닦고 시행하여 맹주(盟主)가 되고자 했는데 대부 정고보가 그것을 아름답게 여겼기 때문에 설, 탕왕, 고종(高宗)이 은나라를 일으킨 이유를 바탕으로 「상송」을 지었다." 최근 사람 왕국유의 「설상송」(說商頌)은 그 시들이 「노송」 이후에 지어졌다고 한다.

어제 일처럼 환하게 알 것입니다. 역사서의 형식이 육조시대에 무너지고 이때부터 기풍이 나날이 나빠졌지만 『문선』과는 아무 상관없습니다. 소명태자가 수록한 것은 지나치게 간단해서 한스러울 뿐입니다. 순순히 장구만 지키지 않으면 글을 역사서에 나열할 필요가 없다고 말씀하셨습니다만 도리어 글을 역사서 바깥으로 나누는 일에 얽매였으니 그런 견해가 뛰어나다고 할 수 있겠습니까? 양만리는 태사가 기풍을 살피는 의도를 통달하지 못했기 때문에 시이자 역사라는 주장을 반박한 것입니다.[27] 형이 뛰어난 견해를 가지고도 그것에 홀린 이유는 무엇 때문입니까?

27 유함흔 『문사통의지어』는 이러하다. "시사의 학설을 반박한 사람은 양신이지 양만리가 아니다."

수지십의(修志十議)

천문현 호 명부께 드립니다[1]

「지」를 편찬하면 두 가지 편리함이 있습니다. 지역이 가까우면 비교하기 쉽고 시대가 가까우면 자취가 참됩니다. 「지」를 편찬하면 세 가지 장점이 있습니다. 판단력이 있으면 범례를 결단하기에 충분하고 명석하면 버리고 취하기를 결정하기에 충분하며 공정하면 청탁을 끊기에 충분합니다. 「지」를 편찬하는 데 다섯 가지 어려움이 있습니다. 하늘의 도수를 명석하게 알기 어렵고 고대의 경계를 비교해서 절충하기 어려우며 여러 사람의 논의를 조절하기 어렵고 소장한 책을 널리 증명하기 어려우며 옳고 그름을 따지는 일을 미리 막기 어렵습니다. 「지」를 편찬하는

1 천문현은 고대의 풍국(風國)이며 청나라 때 현을 두었고 호북 안륙부(安陸府)에 속하며 중화민국 초에 호북 양양도(襄陽道)에 속했다. 『장실재연보』에 따르면 건륭 29년 갑신에 장학성의 아버지[封翁] 장표는 천문현의 주강이 되었고 이 해 겨울 끝 무렵 지사 호 명부가 『천문현지』를 편찬하는 일을 논의했으니, 장학성이 이 글을 지은 것은 당시 나이 스물일곱 살 때이고 그 주장은 이미 훗날 「지」를 편찬하는 앞길을 틔웠다.

데 여덟 가지 금기가 있습니다. 조리가 뒤섞이는 것을 꺼리고 상세함과 간단함이 체통을 잃는 것을 꺼리며 문사를 치우쳐서 숭상하는 것을 꺼리고 명승을 꾸미는 것을 꺼리며 예전 사건을 제멋대로 뒤집는 것을 꺼리고 공적을 허투루 기록하는 것을 꺼리며 고대에 얽매여 변하지 않는 것을 꺼리고 전기(傳奇)를 싣는 일을 탐하는 것을 꺼립니다. 「지」를 편찬하는 데 네 가지 형식이 있습니다. 황제의 은덕이나 경사스러운 전례는 마땅히 「기」를 지어야만 하고 관사나 과거 합격자는 마땅히 「보」를 지어야만 하며 전적과 법률 제도는 마땅히 「고」를 지어야만 하고 명환과 인물은 마땅히 「전」을 지어야만 합니다. 「지」를 편찬하는 데 네 가지 요점이 있습니다. 간단하고 엄격하며 조사하고 우아해야 합니다. 오늘날 두 가지 편리함에 올라타서 세 가지 장점을 남김없이 쓰며 다섯 가지 어려움을 버리고 여덟 가지 금기를 없애는 일을 헤아린 뒤, 네 가지 형식을 세워 네 가지 요점으로 귀결시키겠습니다. 이렇게 말하는 이유가 열 조목인데 대략 논의할 것을 청합니다. 마땅하다는 일을 먼저 기술하고 범례를 나중에 정하면, 담벼락에 집을 그려 보여주는 의도가 있을 것입니다.[2]

첫째, 관직이 관장하는 일을 논의합니다. 제조(提調)는 옳고 그름을 결단하는 일을 도맡고 총재(總裁)는 문사 가운데 기록할 것은 기록하고 삭제할 것은 삭제하는 일을 도맡으며 글을 바친 사람은 서술하지만 논의하지 않고 검열에 참여하는 사람은 논의하지만 결단하지 않는 법입니다. 서로 침범하지 말고 사실에 대해 전적으로 각자 책임지기 바랍니다.

---

2 유종원 「재인전」(梓人傳)은 이러하다. "그는 담벼락에 집의 그림을 그려놓았는데 크기가 한 자 정도였지만 제도가 구석구석 남김 없었으며 거기 적힌 자그마한 숫자를 헤아려서 큰 건물을 짓는 데 조금도 지나치거나 모자라는 일이 없었다."(『유하동집』 권17)

둘째, 고증을 논의합니다. 「현지」가 비록 작지만 갖추지 않은 형식이 없고 비교하여 조사하는 일은 정밀하고 상세함을 싫어하지 않으며 절충하는 일은 최선을 다하기를 바라야 합니다.[3] 이용해야만 하는 모든 책들은 성, 부, 이웃 현의 여러 「지」 이외에도 이십이사[廿二史], 『삼초문헌록』, 『일통지』, 강희제[聖祖仁皇帝]가 편찬한 『방여노정도』(方輿路程圖), 『대청회전』(大淸會典), 『부역전서』(賦役全書)[4] 따위는 반드시 주의해서 가리고 찾아야만 합니다. 고을의 벼슬아치가 지은 기타 야사[野乘], 개인적 기록[私記], 문편(文編), 야사[稗史], 가보, 도첩 같은 종류는 찾아서 구하는 데 도움이 된다면 역시 거둬들인다는 것을 널리 알리고 광범위하게 살펴서 요점을 취해야만 합니다. 육조의 안독, 율령, 문이 가운데 정교의 전고나 풍토의 이익과 폐단에 관련된 것은 으레 부본을 기록해서 하나같이 편찬 기구로 보내라 명령하고 상세하면서도 조심스럽게 순서대로 모아야 합니다. 크고 작은 일을 없애지 않고 믿음직스러운 역사서를 영원히 전하기를 바랍니다.

셋째, 믿음직스러운 것을 거두는 일을 논의합니다. 「현지」는 더구나 인물을 중시하기 때문에 쓸 것은 쓰고 버릴 것은 버릴 때 참과 거짓의 변별을 소중하게 생각합니다. 예전의 「지」에 있는 인물의 「열전」은 으레 고치기는 하되 삭제하면 안 됩니다. 새로운 「지」에 있는 「인물」은 으레 본가의 아들과 손자가 써서 궤짝에 넣은 「장」에 따라 실제를 조사하여 허튼 것이 없으면 편찬 기구에 보내 「전」을 세웁니다. 이것은 모두 논의

---

3 「역교 하」의 주50을 보라.

4 이십이사는 「답객문 상」의 주10을 보라. 『삼초문헌록』(三楚文獻錄)은 「답견수재논수지 제이서」의 주47을 보라. 『대청일통지』는 「지지통부」[地理統篇]의 주3을 보라. 『대청회전』은 「답견수재논수지 제이서」의 주36을 보라.

역주_ 섭영이 언급한 『삼초문헌록』은 「답견수재논수지 제이서」의 주47에 직접 언급되지 않았다. 다만 헤아려 보자면 송락의 『서피유고』와 『균랑우필』, 소장형의 『청문집』을 가리키는 것으로 여겨진다. 또한 「地理統篇」이라는 글은 「지지통부」를 가리킨다. 섭영이 주를 달 때 퇴고에 약간 문제가 있었던 자취인 듯하다.

할 수 없는 것입니다. 다만 보내온 행장에 기록할 만한 내용이 있어도 상세하게 배열해서 가려 쓰는 일에 적합해야 비로소 수록을 허락합니다. 만약 명환을 보고한다면 반드시 무슨 관직을 맡았고 실제로 무슨 이익을 일으켰으며 실제로 무슨 폐단을 없앴고 실제로 어떤 일에서 나라의 살림살이[國計]와 백성의 살림살이[民生]에 보탬이 된 적이 있었는지 상세하게 말해야만 범례에 부합하게 됩니다. 만약 청렴하거나 부지런하고 조심스러우며[5] 어질고 은혜로우며 엄격하고 밝았다고 말하기만 하고 실제 증명이 전혀 없다거나 다만 벼슬을 했다는 것과 인사 고과에서 평가하는 말의 형식으로 지었다면 모두 거두어들이지 않습니다. 또한 탁행(卓行)도 반드시 행실이 어떻게 뛰어난지 배열해서 밝혀야만 하고 문원도 반드시 무슨 글을 지었는지 선비들에게 인정받았는지 배열해서 밝혀야만 하며 유림도 반드시 어떤 경에 공이 있는지 어떤 저작이 명교와 관련이 있는지 조사해야만 하고 효우(孝友)도 반드시 그가 효성스럽고 우애가 있다는 것이 어떤 일에서 드러났는지 명백하게 밝혀야만 합니다. 품행이 비록 평범하든 기이하든 치우치든 온전하든 막론하고 요컨대 실제 자취만 있으면 가려서 찾기 쉽습니다. 그렇지 않다면 행실은 모두 증삼이나 사추 같고 학문은 모두 정자나 주희 같고 글은 모두 사마천이나 반고 같으며 인품은 모두 백이나 유하혜[6] 같이 정정당당한데[7] 어떻게 참과 거짓을 변별하겠습니까? 이전의 「지」가 수록한 인물 가운데 새어 없어졌다거나 또는 평생의 큰 절개가 남김없이 상세하게 실리지 않은 사람이 과연 있다면 역시 새로 수록할 인물과 동일한 범례를 그대로 따라서 배열

---

5 『삼국지』 『삼국지』 「위서」 "이통전"(李通傳) 주는 이러하다. "사마소는 벼슬아치의 우두머리가 청렴해야만 하고 조심스러워야만 하며 부지런해야만 한다고 말했다. 세 가지를 닦는다면 다스리지 못할 근심이 무엇이 있으랴?"

6 증사(曾史)는 「영청현지 궐방열전 서례」의 주34를 보라. 백이는 「화주지 궐방열전 서례」의 주16을 보라. 유하혜는 「부학」의 주20을 보라.

7 어어(魚魚)는 아는 것이 없다는 말이다. 녹록(鹿鹿)은 녹록(錄錄)과 통한다. 『한서』 「소하전찬」(蕭何傳贊)은 이러하다. "평범하고 보잘 것 없어 뛰어난 절개가 없었다." 주는 이러하다. "녹록(錄錄)은 녹록(鹿鹿)과 같다."

하여 밝히고 실제를 조사하여 보태서 채워 넣습니다.

넷째, 글을 거두는 일을 논의합니다. 「인물」 다음에는 「예문」이 중요합니다. 최근 「예문」에 기록하는 사람은 시, 문, 기, 서를 종류대로 모으는데 형식은 문선과 같지만 한 현의 저술 목록, 지은이의 원류나 일생은 모두 지나간 일을 조사하지 않으니 「지」의 형식이 아닙니다. 이제 범례를 고쳐서 정하는 일을 계획할 때, 반고의 『한서』 「예문지」와 유흠의 『칠략』을 으레 본떠[8] 부류를 표시해서 나누고 어지러운 것을 삭제하고 빼어난 것을 따서 시작과 끝에 「발」을 붙여서 하나의 「고」로 정리한다면 나중에 편찬 기구에서 교수할 때 자료를 취할 수 있는데 이것은 문헌에 도움이 될 것입니다. 그러나 「예문」은 「지」에 넣더라도 으레 널을 덮은 뒤 논의하여 결정하는 태도를 취해야 하며[9] 현재 살아있는 사람은 비록 저작이 있더라도 으레 「지」에 넣지 않습니다. 이것은 황제의 명령으로 『속문헌통고』를 만든 기구[御纂續考館]에 이미 정해진 방식이라서 요즈음 지방지와 다릅니다. 시와 글을 주워 모으면 한 시대에 읊은 시들을 취하여 널리 작품을 수록할 수 있습니다. 청나라 이전의 학문을 지망하는 모든 선비와 문인 가운데 과연 뛰어난 일가를 이루어 영원히 썩지 않을 학업을 전한 사람도 있고 경부, 사부, 자부, 집부는 물론이고 방기와 잡류(雜流), 불교 경전[釋門]과 도교 경전[道藏], 도화(圖畫)와 보첩, 시험문제집과 훈고에도 모두 부본을 깔끔하게 기록한 뒤 궤짝에 넣어 편찬 기구에 보내 조사하고 편찬할 만한 것도 있습니다. 그러나 보내는 책은 틀림없이 모든 사람들이 다 보고 들은 것도 있게 마련이니 설령 아직 판각해서 간행하지 않았어도 꼭 편집하고 결정해서 「집」을 완성해야 비로소 수록을 허락합니다. 만일 베끼고 따온 원고, 몇 쪽 되지도 않는 글, 「서」

8 『한서』 「예문지」와 『칠략』은 「서교 상」의 주14를 보라.

9 『진서』 「유의전」(劉毅傳)은 이러하다. "대장부는 관 뚜껑을 덮어야 일이 비로소 정해진다."

와 「발」이 논의하여 결정하지 않는 책이라고 모두 편집하지 않는다면 이름을 따라서 내용을 따지는 의도에 거의 가까울 것입니다.[10] 다만 예전의 「지」에는 원래 목록에 들어 있지만 소장한 책 가운데 지금 이미 흩어져 사라진 것은 여전히 「지」에 넣는 것을 허락하지만 목록 다음에 "없어졌다"[亡]라는 말을 주석으로 달아 구별합니다.

다섯째, 「전」의 범례를 논의합니다. 정사의 「전」이라는 작품은 으레 널을 덮은 뒤 논의하여 결정하는 태도를 취하여 살아있는 사람을 위해 「전」을 세우지 않습니다. 서한과 동한 이후를 대대로 비교하면 「비유선생전」이나 「이적전」 같은 여러 「전」은 모두 「전」을 놀이로 생각하고 「오자왕승복전」이나 「종수곽탁타전」 같은 작품은 논의를 빌려서 전하며 「태학생하번전」이나 「방산자전」[方山] 등의 「전」은 또한 서문을 선물하는 쓰임새로 지었습니다.[11] 송나라 때 사람들에게 이어져 결국 살아있는 사람을 위해 「전」을 짓는 일이 많아졌지만[12] 사실 사법이 아닙니다. 「현지」의 「열전」은 역사서의 범례를 완전히 쓰기 때문에 살아있는 사람은

---

10 『회남자』 「주술훈」(主術訓)은 이러하다. "이름에 따라 내용을 꾸짖는 것이니 벼슬아치는 자기가 책임지는 직책에 따라 부린다."(글은 왕념손의 학설에 따라 교정했다)

11 동방삭 「비유선생전」(非有先生傳)을 『문선』은 「비유선생론」(非有先生論)이라고 했다. 당시 세상을 풍자해서 간언을 받아들이게 하려는 데 의도가 있다. 유종원 「이적전」은 이익을 바라고 정신을 옮기는 일을 풍자하는 데 의도가 있다. 비록 모두 장난삼아 지었지만 잘못하지 않도록 주의시키려는 뜻을 보존하고 있다. 한유 「오자왕승복전」(圬者王承福傳)은 녹봉을 먹는 벼슬아치가 일을 게을리 하는 것을 깊이 비난했고 유종원 「종수곽탁타전」(種樹郭橐駝傳)은 정사를 하면서 백성들을 어지럽게 만드는 것을 가탁하여 풍자했는데 모두 「전」을 빌려서 「논」을 세운 것이다. 한유 「태학생하번전」(太學生何蕃傳)은 하번이 시험에 떨어진 것을 위해 지었고 소식 「방산자전」(方山子傳)은 진조(陳慥)를 위해서 지었으니 그래서 「증서」(贈序)의 변형된 형식일 뿐이다. 글은 각각 본인들의 문집에 있다. 장학성「우답오서석서」(又答吳胥石書)는 이러하다. "한유가 태학생 하번을 기술한 것은 바로 선물하는 글이니 대략 「서」나 「기」의 부류처럼 살아 있는 사람을 마주 대하는 것처럼 쓰는 이치가 이와 같다."(가업당본 『장씨유서』 보유)

12 사마광 「범경인전」(范景仁傳)과 구양수 「상역전」(桑懌傳) 따위가 이것이다.

으레 「전」에 넣지 않습니다. 다만 시집간 여자가 절개를 지켜서 이미 세상에 널리 알려 칭찬하는 전례를 맞이했거나 또는 비록 미처 세상에 널리 알려 칭찬받지 못했어도 나이 규정에도 부합하고[13] 몸가짐도 티 없이 맑고 깨끗한 사람이라면 모두 파격적으로 기록해 넣습니다. 시집간 여자가 한 남자를 좇아 일생을 마치고[14] 다른 의지도 없다면 일생의 책임은 이미 마친 셈이니 다시 죽을 때까지 기다릴 필요가 없습니다. 그러나 이처럼 단출하고 썰렁한 집안에 반드시 모두 문원이나 탁행에 드나드는 벼슬아치가 있으란 법도 없고 어쩌면 후미지고 으슥한 시골에서 아들과 손자가 힘이 되지도 못하는 곤란한 지경에 빠져 있을 수도 있습니다. 기존의 범례에 우연히 갇혀서 만약 지금 세상에 널리 알려 칭찬해 주지 않는다면 다음에 「지」를 편찬하더라도 새어 없어지는 일을 아마 피하지 못하기 때문에 찾아서 구하기가 매우 급급한 지경입니다. 한 때 있던 벼슬아치는 만약 정치적 업적이 뛰어나 전할 만하고 여론이 모두 인정하더라도 자리를 떠났다면 더 이상 비교하지도 논의하지도 않지만 비록 죽은 뒤 논의하여 결정하는 과정을 거치지 않았어도 법도로 보아 「전」을 세울 만합니다. 「지」는 이 현을 위해 짓는 것이고 지현으로서 이 현에 공이 있다면 은혜를 남길 만합니다. 설령 어떤 일 때문에 탄핵을 받았다든지 지역 여론이 확실하지 못하다고 해도 어찌 당시 시행한 그 사적을 묻어버릴 수 있겠습니까? 하물며 그 사람이 이미 떠났기 때문에 아첨하려고 칭송한다는 혐의도 없고 지방이 멀리 떨어져 있기 때문에 그 사람이 살아있는지 죽었는지 찾아보는 범례도 없습니다. 다만 그 사람이 현재 우리 현에 살고 있거나 또는 현재 우리 성의 윗자리 벼슬 및 우리 현을 거느리고 다스리는 사람으로 승진한 경우라면 여전히 「전」을 세우지 않아야 이익을 위해 아첨하고 좇는다는 혐의를 멀리할 수 있고 옳으

13 「영청현지 열녀전 서례」의 주9를 보라.

14 『주역』「항」괘 육오 「상전」은 이렇게 말한다. "부인이 올바르고 길하니 하나를 좇아 마친다."

니 그러니 따지는 논의를 막을 수 있습니다. 범례에 따라 「전」을 세울 수 있는 사람은 행장을 보내서 일생의 큰 절개 가운데 역사서의 범례에 부합하는 것만 취하는 데 힘쓰며 상세하고 조심스럽게 수록하여 밝힙니다. 자질구레한 것들이나 비슷하지만 사실이 아닌 것, 겉치레만 하고 실속이 없는 글[15]은 모두 삭제해 버려야 마땅합니다. 그중 괴상하고 허튼 사실을 언급하거나 징계하는 뜻이 없거나 귀신에 깃들이거나 기이한 꿈을 말하는 것은 비록 의거하는 것이 있더라도 수록하지 않습니다. 신발이 오리로 변했다든가 양이 사람 말을 하는 일을 적어 꾸짖음을 듣는 일을 면하기 바랍니다.[16]

여섯째, 쓰는 방법을 논의합니다. 전고는 「고」를 만들고 인물은 「전」을 만들어 두 가지 형식을 버리거나 취할 때는 모두 결단이 남김없이 좋

15 한유 「남산」(南山) 시는 이러하다. "안주며 과일을 많이도 차렸건만 어지럽구나." 『옥편』은 이러하다. "정두(飣餖)는 먹을거리를 담는다는 말이다." 『진서』 「사안전」(謝安傳)은 이러하다. "겉치레만 하고 실속이 없는 글은 요점을 방해한다."

16 『후한서』 「방술전」은 이러하다. "왕교(王喬)는 하동 출신인데 현종 때 섭현 영[葉令]이 되었다. 왕교는 신기한 술법이 있어서 매달 그믐과 보름이면 늘 섭현에서 조정[臺朝]으로 갔다. 황제는 그가 자주 오는데 수레나 말이 보이지 않아서 몰래 태사에게 그를 지켜보라고 시켰다. 왕교가 온다고 하는데 문득 오리 두 마리가 동남쪽에서 날아오고 있었다. 그래서 오리가 오기를 기다리다가 새그물을 들어 펼치니 다만 신발 한 짝만 얻었을 뿐이다. 상방(尙方)에 사실을 조사해보라고 명령하니 사년 전에 상서의 벼슬아치에게 하사했던 신발이었다." 또한 "좌자(左慈)는 자가 원방(元放)이고 어려서 신령한 도술이 있었다. 조조가 그를 잡아서 죽이려고 했다. 좌자는 벽 속으로 피해 들어갔고 별안간 사라져서 어디에 있는지 몰랐다. 나중에 다시 양성(陽城)의 산꼭대기에서 만났는데 이어서 그를 다시 뒤좇았지만 양떼 속으로 뛰어 들어갔다. 조조는 그래서 양에게 이렇게 알리라고 시켰다. '다시 죽이려는 것이 아니라 그대의 술법을 시험하고자 한 것일 뿐이다.' 갑자기 늙은 숫양이 앞으로 나오더니 무릎을 꿇고 사람처럼 서서 이렇게 말했다. '바로 접니다.' 바로 좇아가서 도착하니 양떼 수백 마리가 모두 숫양으로 변해서 동시에 앞무릎을 꿇고 사람처럼 서서 이렇게 말했다. '바로 접니다.'" 『사통』 「채찬」은 이러하다. "범엽이 동한이라는 시대의 역사서를 보태고 덜면서 스스로 부끄러움이 없고 참으로 올곧다고 하는 지경에 이르렀다. 그러나 왕교의 오리 신발은 『풍속통』에서 나왔고 좌자가 양의 울음소리를 낸 것은 『포박자』에 전해지고 있다. 붉은빛과 자줏빛을 구별하지 않으면 변변치 못함이 막대할 것이다."

아야만 하는데 형식도 있고 요점도 있어야 삭제할 수 없는 책에 속해서[17] 후세인이 법도로 취할 것입니다. 예를 들어 「고」의 형식은 다만 정교와 전례, 백성과 지방의 풍속을 중시하지만 좋은 경치에 들떠 과장하거나 사시사철 좋은 경치를 억지로 끌어다 붙인 글은 간단하게 해야만 합니다. 확실히 의거할 만한 고적과 뛰어난 경치가 있거나 뛰어나서 기록할 만한 유명 인사가 읊은 시가 있으면 역시 작은 글씨로 나누어 주를 다는 범례에 따라 어림잡아 짐작하고 헤아려 정식으로 쓴 「고」 다음에 붙여 넣어 역사서의 형식을 고치고 바로잡아 야사[稗乘]와 구별합니다. 「지」의 형식은 집을 짓는 일에 비길 수 있는데 청당(廳堂)이 있는 고급 저택은 부택(府宅)이라고 해도 괜찮습니다. 만약 바위에 기대어 짓거나 물 위에 가로질러 짓는 정자는 별장[別業]이라고 하는 것은 괜찮지만 정침(正寢)이라고 하면 안 됩니다. 옥으로 만든 자루가 달린 먼지떨이나 비단 허리띠[18]는 선복(仙服)이라고 하는 것은 괜찮지만 관복 정장[紳笏]이라고 하면 안 됩니다. 이것이 바로 군현의 지방지와 여행기[臥遊]나 청복(淸福)을 누리는 여러 가지 책의 분별입니다.[19] 「열전」도 명환, 향현, 충신과 효자, 절개가 있고 의로운 사람, 유림, 탁행을 중시하고, 문원과 방기에서는 볼 만한 장점이 있는 사람을 그 다음에 둡니다. 만약 벼슬아치에게 기록할 만한 자취가 없거나 과거 시험에서 드러낼 만한 학업이 없다면 법도로 보아서도 모두 「전」을 세울 수 없습니다. 「지」는 믿음직스러운

---

17 두예 「춘추좌씨전서」는 이러하다. "좌구명은 공자에게 경을 전수받았는데 경이 깎아내지 않는 책이라고 생각했다." 소는 이러하다. "좌구명은 경이 성인이 만든 것이기 때문에 깎아낼 수 없는 책인 것이 옳다고 여겼다."

18 옥진(玉麈)은 옥으로 만든 자루를 가진 먼지떨이이다. 『세설신어』 「용지」는 이러하다. "왕연[王夷甫]은 얼굴과 몸가짐이 단정하고 아름다웠고 현담[談玄]을 오묘하게 잘 했고 늘 백옥 자루가 달린 먼지떨이를 쥐고 있었는데 손이 희어 모두 나누어 구별할 수 없는 정도였다." 『비아』는 이러하다. "주(麈)는 사슴 비슷하지만 큰 짐승인데 꼬리는 먼지를 털어낸다." 진(麈)은 소리가 주(主)이다. 『설문해자』 사부(糸部)는 이러하다. "조(絛)는 납작한 끈이다."

19 초횡 『국사경적지』 "소설류"는 이러하다. "『와유록』(臥游錄) 두 권은 여조겸이 지었다." 청복은 상세하지 않다.

역사서와 같기 때문에 관청의 명부[冊籍]처럼 으레 작위, 관직 등급, 옷빛깔에 따라 순서를 매기지 않습니다. 「전」을 세우면 안 되는 것은 관사를 따로 「역임연보」(歷任年譜)에 세운다든지 현의 신사들에게 따로 「과갑연보」(科甲年譜)를 만들어 연도를 세로줄로 하고 달을 가로줄로 하여 아래쪽에 성명만 주석으로 달지 들뜬 말을 채워 넣으면 안 됩니다. 설령 그중에 「전」을 세워야만 하는 사람이 있어도 다시 「보」에 '「전」이 있다'는 글자꼴을 꼭 주석으로 달아 밝혀서는 안 되고 하나같이 구분한다는 것을 밝혀야 합니다. 요즈음 통용되는 범례는 관사를 기록할 때 「직관지」에 업무를 맡은 연도와 달을 싣기도 하고 또한 「명환지」(名宦志)에 대대로 취임한 사람의 정치적 업적을 싣기도 하지만 생사와 비송이나 정치적 업적에 대해 「서」와 「기」에 나타나는 다른 것은 「예문지」에 수록해 넣습니다. 현의 신사들을 기록한 것은 「과목지」(科目志)도 있고 「인물지」도 있는데 과거에 급제한 연도와 일생에 실행한 업적을 두 편의 「지」로 나눈 것입니다. 그리고 그 사람이 실행한 업적이 지, 명, 전, 뇌에 나타나는 것은 또한 「예문지」에 수록해 넣습니다. 어떤 사람의 일이 서너 가지 분야에 거듭 나타나는 바람에 여기서는 '「전」이 어떤 권에 있다'고 주를 달고 저기서는 '상세한 것은 어떤 「지」를 보라'고 한다면 글이 뒤섞여 어지럽고 사실이 뒤집히고 어지러워지며 형식이 너저분하고 자질구레하기가 이보다 심할 수는 없습니다. 오늘날 「지」를 편찬할 때는 특히 이것을 고쳐서 다시 정하는 것이 우선이 되어야 속된 범례를 단박에 깨트릴 수 있습니다.

일곱째, 원용을 논의합니다. 역사서의 「지」가 이미 완성된 글을 인용하는 것은 사실을 밝히기 기대하는 것이지 문사를 숭상하는 것이 아닙니다. 설령 구실아치의 공문서라도 만약 사실과 상관있다면 채록하는 일이 하물며 이것을 넘어서겠습니까? 설령 반고와 양웅의 조술이나 창작이라도 만약 사실과 상관없다면 취하지 않는 일이 하물며 이것보다 처지겠습니까? 다만 예전의 「지」에서 「예문」이 수록한 문사를 만약 모두 본인과 그의 일 다음에 흩어서 소속시킨다면 글 순서에 상세함과 간단함이 어울리지 않을 것이고 「고」나 「전」에 수록해 넣는다면 추세는 편집하고 윤색하지 않을 수 없을 것입니다. 만약 남의 것을 표절했다는 혐의를 받는 일이 두려우면[20] 본문에 여전히 지은이의 성명을 표시하여 그것이 어디서 기원한 것인지 밝히면 될 뿐입니다. 시작을 표시하는 방법은 으레 『사기』와 『한서』의 범례를 본뜹니다. 『사기』와 『한서』는 주나라 때부터 진나라 때까지 제자백가를 인용할 때, 늘 대수롭지 않게 글자나 구절을 덜어내고 고치면서도 구별을 표시하지 않고 바로 "그 말은 다음과 같다"라는 말로 표시한 뒤 이끌어냅니다. 다만 크게 덜어내거나 고치지만 글의 분량을 그대로 따르지 않는 경우에는 처음에 "그 줄거리는 다음과 같다"라는 말로 구별하는데 가의[賈長沙]의 여러 가지 상소문 따위가 이것입니다.[21] 오늘날 원용하는 곳에서는 으레 모두 이것을 본뜹니다. 그러나 여러 가지 글의 형식에는 각각 원용해야만 하는 곳이 있고 오로지 시부라는 형식에 쓸 수 있는 곳이 대단히 적습니다. 다만 「지리고」(地理考)의 「명승」 조목의 분주(分注) 아래에서만 아주 조금 실어서 산천의 신령스러움과 뛰어남을 증명할 수 있습니다. 달리 성령을 펼쳐서 그리는 작품이나 바람과 구름, 달과 이슬처럼 경치를 묘사하는 작품처럼 정말로 좋은 작품이라면 자신이 따로 원고를 퍼트릴 일이나 또는 글을 가리는 일을 위주로 하는 책에 수록될 일을 대비하고 역사서의 「지」에 뒤섞여 들어가지 않아야 비로소 제대로 형식을 얻은 것입니다. 하물며 옛날부터 『시』 「국풍」 열다섯 편이나 『국어』 열두 편[22]이 동시에 유행했어도 어긋나지 않았으나 하나의 책으로 합칠 수 있다는 말은 들어본 적이 없습니다. 그래서 「지」에 대단히 많은 문학 작품을 고르는 것도 역시

---

20 「변사」의 주28을 보라.

21 「답견수재논수지 제이서」의 주15를 보라.

22 『시』 「국풍」과 『국어』는 「화주문징 서례」의 주8을 보라.

상스러운 범례 가운데 빨리 고치지 않을 수 없는 것입니다. 만일 「풍속편」(風俗篇)에 반드시 노래를 증명하고 인용해야 하는 곳이 있지만 그 범례가 맞지 않는다면 이것은 또한 『춘추좌전』과 『국어』가 속담과 노래를 인용하여 증명한 뜻입니다.[23]

여덟째, 그대로 잘라 붙이는 일을 논의합니다. 「예문」이 실어야만 하는 모든 문사를 취하여 각각 본인과 그의 일에 귀속시키는 것은 모두 논의할 만한 것이 없습니다. 다만 전, 지, 장의 여러 가지 형식에 실어야만 하는데 지금 모두 삭제해 버리고 여전히 그 글을 취하여 「열전」에 잘라 붙이면 난처한 점이 세 가지입니다. 첫째, 법도에 따라 「전」을 세우면 안 되는 것과 「전」이 남김없이 실으면 안 되는 것이 있는데 당시의 비, 명, 전, 술은 문사에서 중요하게 보기 때문에 마구잡이로 수록하지 않는 경우가 없습니다. 둘째, 「지」에 있는 「열전」의 분량은 많지 않지만 원래 「전」은 분량이 너르고 많을 경우입니다. 만약 원문을 전부 수록하면 상세함과 간단함이 어울리지 않게 되고 사적을 삭제해 버리면 원망을 불러와 비난받게 됩니다. 셋째, 이미 완성된 글을 가져다 본인의 「고」와 본인의 「전」에 엮어 넣으면 본인의 글에서 원용하는 형식에 속하는 것이기 때문에 지은이의 성명 및 "그 말은 다음과 같다"라는 말을 표시해서 증명하고 인용하는 형식에 귀속시킵니다. 지금 만약 예전의 「전」을 취하여 새로운 「전」으로 잘라 붙인다면 하나같이 이어져서 글을 지은 사람의 성명을 다시 쓰기 불편합니다. 비유하자면 반고가 『한서』에서 「사마천전」을 지을 때 『사기』 「태사공자서」를 전부 쓰면서 "사마천의 「자서」는 이렇게 말할 따름이다"라는 구절로 보조적인 것과 주요한 것을 분명하게 표시한 것입니다.[24] 사마천의 「태사공자서」는 사마천 자신의 「전」

---

23 『춘추좌전』 「은공 11년」은 이러하다. "주나라 속담에 그런 것이 있소. '산에 나무가 있으면 장인이 그것을 헤아린다. 손님이 예가 있으면 주인이 합당한 예를 고른다'라는 말이오." 『국어』가 속담을 인용한 것은 「답견수재논수지 제이서」의 주44를 보라.

이 원래 아니기 때문에 이 구절을 얻어 그것을 구별한다고 표시할 뿐입니다. 한나라 무제 이전의 「기」와 「전」은 『사기』의 이미 완성된 글을 전부 쓴 것이고 완전히 구별을 표시하지 않은 이유는 「기」가 바로 본인의 「기」이고 「전」이 바로 본인의 「전」이며, 「찬」이 바로 본인의 「찬」이기 때문인데 그런 형식은 완전히 '사마천이 이렇게 말했다' 같은 글자꼴을 표시하는 일을 용납하지 않습니다. 지금 만약 갑자기 이런 범례와 같아진다면 요즈음 이런 종류의 형식이 적게 나타나기 때문에 틀림없이 남의 글을 표절하여 줏대 없이 남을 따라 움직인다는 비난이 있을 것입니다. 이런 세 가지 측면은 결코 처리할 수 있는 다른 방법이 없고 오로지 본문의 큰 글자 아래에 주를 적는 범례라야만 둘 다 온전할 수 있습니다. 예전의 「전」을 취한 뒤 오늘날의 「지」의 의례를 가지고 새로운 「전」으로 잘라 붙이더라도 법도에 따라 삭제해야만 하는 일을 바로 삭제해버리지 못한다면 작은 글자 두 줄로 적는 동시에 지은이의 성명 및 편집하고 윤색한 이유도 하나같이 본문 다음에 주석을 답니다. 예전의 「지」가 사실을 증명한 글을 남김없이 삭제해버리지 않았다 하더라도 새로운 「지」의 근엄한 형식이 또한 서로 방해가 되지 않기를 바랍니다. 원문이 그다지 어수선하지 않으면 근엄한 범례에 부합하는 셈이고 으레 예전 것을 그대로 따라서 본래 마음대로 바꾸는 것을 좋아하지 않는다는 것을 드러냅니다.[25]

아홉째, 제목을 표시하는 것을 논의합니다. 요즈음 유행하는 지방지는 버리고 취할 때 어울림을 잃고 번잡하기만 하지 변변치 않기 때문에 살펴서 고르기 충분하지 않은데 특히 글만 요점이 없는 것이 아니라 제목을 표시할 때부터 우선 사법을 얻지 못하고 있습니다. 예를 들어 전고를 가려서 「고」를 만든다면 천문, 지리, 예의, 식화 같은 몇몇 큰 측면은 본

24 「답견수재논수지 제이서」의 주14를 보라.

25 「서교 중」의 주22를 보라.

래 모든 세세한 제목을 포괄하기 충분합니다. 그러나 요즘 사람들은 모두 나누기를 좋아해서 천문은 나누어 성야와 점후 두 편의 「지」를 만들고 지리는 다시 강역과 산천을 나누어 여러 편으로 만드는데 계속 이어서 여러 편의 글을 쓰고 행동은 수십 가지 분야로 나눕니다. 『사기』의 여덟 편의 「서」와 『한서』의 열 편의 「지」의 범례가 모두 있어도[26] 언제 이렇게 번거롭게 지은 적이 있습니까? 예를 들어 인물을 찾아서 「전」을 세운다면 명환, 향현, 유림, 탁행의 몇몇 측면은 본래 고금의 사람을 종류대로 포괄하기 충분하지 않습니다. 그러나 요즘 사람들은 모두 아울러 합치기 좋아해서 뛰어난 재주를 가진 사람을 하나 얻으면 실행한 업적이 어떻게 뛰어난지 묻지 않고 도리어 귀속시킬 수 있는 명목이 무엇이 있는지 먼저 생각하고 무엇이든 잘하는 인재를 하나 얻으면 학문과 행실이 어떻게 모두 지극한지 묻지 않고 도리어 어떤 분야에 귀속시키는 것이 중요한지 먼저 생각하기 때문에 모순되고 억지스러워도 분류해서 모읍니다. 역대 역사서에는 합전과 전전[獨傳]의 글이 모두 있어도 언제 그런 명목을 꼭 먼저 단 적이 있습니까? 그러므로 이렇게 참으로 전고나 증거 같은 여러 글이 본래 「고」에 속하지 않고 「예문지」에 속하며 사실의 시작과 끝이 없기 때문에 흩어서 적지 않으면 자기 글이 떳떳하지 못하고 간단하다는 부끄러움을 숨기지 못합니다. 행장과 비문 같은 여러 가지 글이 본인의 「전」에 속하지 않고 「예문지」에 속한다면 사람에게 온전한 「전」이 없어지기 때문에 억지로 합치지 않을 수 없고 이로써 항목의 숫자를 충족시킵니다. 그러므로 「지」의 형식이 제목을 표시하는 데서 무너지면 사법을 얻지 못하며 제목을 다는 일이 「예문」에서 무너지면 역사서의 범례에 부합하지 못하게 됩니다. 그러나 「예문」이 역사서의 범례의 근원에 부합하지 못하는 것은 또한 군현의 「지」를 만들어 편찬할 때 근원을 두고 있는데 「명산도」나 「명산지」에 시와 글을 널리 싣고

26 여덟 편의 「서」는 「방지립삼서의」의 주50을 보라. 열 편의 「지」는 「영청현지 육서예의」의 주4를 보라.

있는 것을 잘못 본떴기 때문입니다. 주와 현을 기록하는 일과 명산을 기록하는 일은 다릅니다. 후자는 뛰어난 경치나 사시사철 좋은 경치를 위주로 하여 서로 닮도록 묘사하고 그리는 것을 교묘하다고 하고 벼랑 꼭대기의 비석, 절벽 뒤쪽의 기록, 천둥 번개가 치고 귀신의 기괴한 자취, 깊숙한 골짜기의 부적이며 봉해진 글,[27] 고금의 유명 인사들이 돌아다니며 구경하고 높이 올라가 바라본 작품을 남김없이 수록하면[28] 심오하고 박식함을 증명한다고 합니다만 아마 원래 사법을 쓸 일이 없기 때문일 것입니다. 주와 현의 지방지는 바로 고대에 있던 한 나라의 역사서이고 백성, 사직, 정교, 전고의 쓰임새가 대단히 광범위한데 어찌 후자와 동일한 범례일 수 있겠습니까? 그러나 과거 명나라 이래로 계속 이어져 고쳐지지 않았기 때문에 주와 현의 지방지는 비록 저것이 이것보다 좋다고 하더라도 뛰어난 독립 판단, 역사서의 범례를 어림잡아 헤아려 정하는 일, 법도로 물려줄 수 있는 것이 끝내 드뭅니다. 오늘날 더구나 해묵은 관습을 일단 타파해야만 정사의 형식을 회복할 것입니다.

열째, 외편(外編)을 논의합니다. 이십일사[廿一史] 가운데 「기」, 「표」, 「지」, 「전」 네 가지 형식 이외에 『진서』에는 「재기」가 있고 『오대사』에는 「부록」이 있으며 『요사』에는 「국어해」(國語解)가 있고[29] 청나라가 『명

27 「모군내전」(茅君內傳)은 이러하다. "큰 하늘 안에 땅의 동천(洞天)이 서른여섯 군데가 있는데 바로 진짜 신선[眞仙]이 사는 곳이다." 초횡 『국사경적지』 "지리류"는 이러하다. "『명산동천기』(名山洞天記)는 한 권, 『동천집』(洞天集)은 다섯 권, 『십대동천삼십육소동천기』(十大洞天三十六小洞天記)는 한 권이다." 『수서』 「경적지」는 이러하다. "『부록』(符籙)은 열일곱 부(部) 백세 권이다." 『후한서』 「제사지」는 이러하다. "상서령은 옥첩(玉牒)을 갈무리하는 일을 마치고 돌을 본래 대로 되돌려 덮기를 마친 뒤 상서령이 다섯 치 짜리 인장으로 돌을 봉했다는 표시인 석검(石檢)을 찍는다."

28 『시』 「대아」 "운한"은 이러하다. "주나라의 남은 백성 찌꺼기조차 남음이 없을 듯한데." 「전」은 이러하다. "나머지조차 잃어버린다는 뜻이다."

29 『진서』에는 『재기』 서른 권이 있는데 십육국 시대의 일을 기록하고 있다. 『신오대사』에는 「사이전」이 있는데 부록 세 권은 십국 시대의 일을 기록하고 있다. 『요사』에는 「국어해」 한 권이 있다. 그 「서」(叙)는 이렇게 말한다. "요나라가 처음 일어났

사』를 편찬할 때도 역시 「연표」 이외에 또한 「도식」(圖式)이 있습니다.[30] 쓸모는 비록 각각 다르지만 요컨대 모두 범례가 뜻에 근거하여 생긴 것이라서 없어지지도 넘치지도 않을 것을 기대합니다. 「현지」가 뒤섞여 어수선하다고 야사나 소설과 똑같이 만드는 것[31]은 본디 올바른 형식이 아닌데 만약 국사의 간단하고 엄격한 범례로 그것을 처리한다면 또한 널리 수록해서 요령을 취하는 일을 대비하려는 의도가 아닙니다. 자잘하지만 버릴 수도 없는 모든 사실, 예를 들면 한번에 아들 셋을 낳은 일, 사람이 백 살까지 장수한 일, 신선의 발자취, 과거 시험에 합격한 갸륵한 일처럼 신기하고 기뻐할 만한 모든 전설은 비록 역사서의 형식이 중시하는 것이 아니지만 역시 상의한 뒤 삭제하기 어렵습니다. 정전 뒤에 잡저의 형식으로 드문드문 기록한 것을 외편이라고 부르는 경우도 있고 잡기라고 부르는 경우도 있어서 따로 하나의 형식을 이루는데 자질구레한 것들이나 비슷하지만 사실이 아닌 것들을 귀속시킬 수 있는 분야를 먼저 만들었기 때문에 마침 정식으로 수록하는 형식을 맑게 고칠 수 있습니다. 노래나 속담,[32] 저자거리에 떠도는 뜬소문 가운데 만약 볼 만한

을 때 해(奚)나 실위(室韋)와 서울이 가깝게 붙어 있어서 지역의 풍속[土俗]이나 언어가 대체로 촌스러운 것에 가까웠다. 태조와 태종에 이르러 문득 삭방이 생겼는데 그 제도는 비록 한족의 법도를 섞어서 썼지만 앞 시대 기수 칸[奇首]과 요련 씨족[遙輦]의 제도가 아직 많이 남아 있었고 자손이 계속 이어서 역시 그대로 좇아서 지키고 바꾸지 않았다. 그러므로 역사서가 수록하고 있는 관직 제도, 궁궐[宮衛], 부족(部族), 지리는 대체로 나랏말[國語]로 이름을 붙여서 불렀지 주를 달거나 풀어서 변별하지 않았다. 그렇다면 임금의 치세는 무엇을 근거로 알고 나중에는 무엇을 근거로 헤아리겠는가? 이제 본래 역사서를 그대로 따라서 서로 비교하여 적당히 고려하고 연구하여 요나라의 「국어해」를 지어서 편집하여 뒤에 붙였으니 읽는 사람이 틀어져서 어긋나는 근심이 거의 없을 것이다."

30 『명사』에는 「표」 열세 권이 있는데 「제왕세표」(諸王世表) 다섯 권, 「공신세표」(功臣世表) 세 권, 「외척은택후표」(外戚恩澤侯表) 한 권, 「재보연표」(宰輔年表) 두 권, 「칠경연표」(七卿年表) 두 권이다. 이전 역사서에는 「지」는 있지만 「도」가 없었는데 『명사』 「역지」는 그림을 보태서 역수를 밝혔다.

31 「시화」의 주23을 보라.

32 『시』 「위풍」 "원유도"(園有桃)는 이러하다. "노래나 실컷 불러볼까." 『모시전』은 이러하다. "곡조[曲]은 악기가 합주하면 가(歌)라고 하고 가사만 부르면 요(謠)라고 한

것이 있으면 모두 이 규칙을 이용합니다.

갑신년 겨울 끄트머리[33]에 천문현[34]의 호 명부가 「현지」를 편찬하는 일을 논의한 것을 근거로 이 글을 지어서 상의하는 일에 붙였다. 기록할 것은 기록하고 삭제할 것은 삭제하는 의례를 논하는 이 글은 대강의 뜻이 예전에 앞뒤로 견송년에게 보낸 답장 두 통과 다른 것도 있고 같은 것도 있다. 그러나 여기서 논의한 앞쪽 다섯 조목은 역사서를 짓기 이전의 일이기 때문에 견송년에게 보낸 편지에서 다루지 않은 것이 있다. 견송년에게 보낸 편지에서 조목조목 논의한 것을 여기 논의에서도 남김없이 넣지 않았는데 이것은 바로 사실을 가지고 사실을 논했기 때문이지 편찬하는 일 이외의 다른 것을 헤아려 넓힐 만한 짬은 없었기 때문이다. 상스러운 범례가 얽맨 못마땅한 점을 논한 것은 이전의 편지에 비해서 훨씬 막힘이 없고 「예문지」에 대해 반복해서 특히 상세하게 논했다. 여기서 또한 속된 범례가 못마땅한 점이 되는 근원을 하나하나 비교했고 모두 여기를 벗어나지 못하기 때문에 뿌리를 뽑고 원천을 막아 버리는 이런 논의를 밝히고 새로 정한 의례를 결단코 실행하고 싶지만 애초에 제멋대로 바꾸는 일을 좋아하지 않는다. 살펴보는 사람이 두 통의 편지를 취하여 이 글과 서로 비교하면 편찬에 매달릴 때 조금 도움이 되기를 바란다.(몸소 발문을 적는다)

다." 『한시외전』은 이렇게 말한다. "단락이 있는 음악 곡조[章曲]가 있으면 가라고 하고 단락이 있는 음악 곡조가 없으면 요라고 한다." 『상서』 「무일」은 이러하다. "편안하고 상스러운 말을 하다." 공안국 『상서전』은 이러하다. "상스러운 말을 언(諺)이라 한다."

33 건륭 29년이다.

34 『가경중수대청일통지』[嘉慶大清一統志] 「호북」 "안륙부" '천문현' 주는 이러하다. "부의 동남쪽 이백이십 리에 있다."

천문현지 예문고 서(天門縣志藝文考序)[1]

「예문론」(藝文論)을 붙인다

아! 「예문고」라는 것은 글의 성대함을 기록할 뿐만 아니라 또한 쇠락함도 탄식하는 것이다. 의지를 가진 선비가 가슴 속에 기이한 재능을 품었어도 세상을 거슬러서 질질 끄는 처지에 이르자[2] 어쩔 수 없이 글에 드러낸 것이니 슬프구나! 글이라는 것은 가끔 수십 년을 모질게 공부하는 동안에 괴롭고 처량한 비바람[3]이 그들의 마음[肝腎]을 후벼 파고 심장

1 『장실재연보』에 따르면 『천문현지』(天門縣志)는 바로 장학성의 아버지 장표가 편찬한 것이니 여러 「서」는 당연히 대신 쓴 글이고 대략 갑신년(건륭 29년)과 무자년(건륭 33년) 사이에 지었을 것이다. 나는 이렇게 생각한다. 「여족손여남논학서」(與族孫汝楠論學書)는 이러하다. "『천문현지』를 바쳐서 살펴보니 중간에 상스러운 사람이 고친 것이 있고 남아 있는 것이 겨우 열에 여섯, 일곱 밖에 안 된다. 저작이라는 일은 반드시 자기에게서 나와야 하며 이것에 의거하는 것도 역시 한쪽을 보는 것이다."(가업당본 『장씨유서』 권22) 그래서 장학성이 대신 지은 것은 또한 세 편의 「서」에 그치지 않는다는 것을 알겠다.

2 거스르는 것은 「원도 하」의 주10을 보라. 『설문해자』는 이러하다. "기(掎)는 기울여서 끌어당기는 것이다." 또한 "궤(撅)는 손으로 잡은 것이다."

3 『진서』 「차무자전」(車武子傳)은 이러하다. "차윤[武子]은 남평 출신이고 박학다식하

의 피를 갉아먹었어도 정중하게 내놓은 것을 말한다. 결국 몇 세대도 가지 못하고 글은 한 귀퉁이에 불우한 처지가 되어[4] 세상에 있는 듯 없는 듯, 차가운 이슬이나 세찬 바람과 마찬가지로 사라지니 슬픔을 이길 수 있겠는가! 다행스럽게도 조정의 사신이 붓을 들고 글을 지으니[5] 이를 빌어 미래에 전할 수 있다.[6] 그러나 『한서』가 수록한 것을 『수서』 「경적지」가 빠트려 없어져 버린 것이 약간 있고 『수서』 「경적지」가 수록한 것을 『당서』가 보전하지 못해 없어져 버린 것이 약간 있다. 『숭문총목』, 『중흥서목』, 『문연각서목』[7]은 위아래로 천 년 동안 대체로 이와 같다. 어찌 조물주가 재능 있는 사람을 꺼려서 뛰어난 것을 숨기려고 하겠는가? 그렇지 않다면 찬술한 문사가 빼어나다고 칭찬할 만하지 않아서 오랫동안 전할 수 없기 때문인가? 그러나 서한과 동한 이후로 제자백가가 자질구레하고 우아함과 속됨이 뒤섞였기 때문에 분수에 맞지 않게 촌스

여 많은 것에 통달했다. 집안이 가난하여 늘 기름을 살 수 없었는데 여름에는 비단 주머니를 꿰매서 반딧불을 수십 마리 넣은 뒤 책을 비췄고 밤에도 계속 읽었다." 『초학기』 2는 『송제어』(宋齊語)를 인용하고 있다. "손강(孫康)은 집안이 가난하여 늘 눈빛에 반사된 빛으로 책을 읽었고 청담을 잘 했으며 사귀는 사람이 뒤죽박죽이 아니었다." 『춘추좌전』 「소공 4년」은 이러하다. "봄에는 차가운 바람이 없고 가을에는 오랫동안 내리는 괴로운 비가 없다."

4 『문선』 육기 「문부」는 이러하다. 고(觚)를 쥐고 술술 쓰기도 한다." 이선 주는 이러하다. "고(觚)는 각목처럼 네모난 나무이고 고대에는 그것을 사용하여 글씨를 썼는데 마치 오늘날의 죽간과 같다." 양웅 「해조」는 이러하다. "어찌 벼슬에 어울리지 않는 짓을 하겠는가." 이선 주는 이러하다. "척락(拓落)은 요락(遼落)과 같으며 어울려서 짝짓지 않는다는 것이다."

5 조정의 사신은 「화주지 예문서 서례」의 주65를 보라. 붓을 드는 것은 「원도 하」의 주16을 보라.

6 『여씨춘추』 「사용론」 "임지"(任地)는 이러하다. "올해는 벼가 좋고 내년에는 보리가 좋네." 주는 이러하다. "자(茲)는 연(年)이다."

7 『숭문총목』은 「편권」의 주20을 보라. 『직재서록해제』 "목록류"는 이러하다. "『중흥관각서목』 서른 권은 비서감 진규(陳騤) 등이 지었다. 순희 5년 바쳤다. 중흥 연간 이래 많은 일을 만들지 않고 흩어져 없어진 것을 널리 받아들여 궁중 도서관[中祕]에 소장했는데 앞 시대에 비해 오히려 부족하지 않았다. 크게 모두 사만사천사백여든여섯 권을 수록하고 있으니 아마 역시 대단했을 것이다. 그중 헤아리고 연구한 것이 엉성하고 잘못된 것도 역시 면하지 못한다." 『문연각서목』은 「편권」의 주21을 보라.

럽고 자질구레한 이야기도 모두 보존된 것이 있고 그중에도 행운과 불행이 있을 것이다.[8] 예전의 『경릉지』[景陵舊志][9] 「예문」에는 서목을 싣지 않았기 때문에 이전 사람들의 저작을 남김없이 찾아서 모으지 못했고 본인의 「전」에 부록으로 붙인 일생의 저서는 지금도 개괄적으로 볼 수 없다. 그러면 여기 「예문고」가 고른 것 가운데도 다시 삼십 년이나 수십 년이 흐르면 흩어지고 사라지거나 잃어버리고 없어질 테니 지금과 비교한다면 또 어떻겠는가? 이것이 내가 여러 사람을 위해 안타까워하는 까닭이다. 이제 여러 사람을 가려 모아 하나의 「고」로 정리하는데 그런 부류에는 경부, 사부, 자부, 집부 네 가지가 있다. 그런 구별에는 세 가지가 있다. 대대로 전해지는 것[傳世]과 집안에 소장한 것[藏家]은 모두 사부 분류법에 나눠서 귀속시키고 없어지고 사라진 것[亡逸]은 독자적인 종류를 구별하여 끄트머리에 붙인다.

논해서 말한다. 요즈음 「예문」을 기록하는 일이 고대의 법도와 아주 달라서 시와 글을 종류대로 모으더라도 서목을 수록하지 않는 데는 의도가 없지 않다. 문장을 순서대로 모아서 하나하나 편집을 완성하는 일

---

8 『상서』 「익직」은 이러하다. "원수가 어둡다." 공안국 『상서전』은 이러하다. "총좌(叢脞)는 자잘해서 큰 줄거리가 없는 것이다." 『신당서』 「예문지서」는 이러하다. "육경의 도는 간단하면서 엄격하고 쉬우면서 올발라 하늘과 사람을 갖추고 있기 때문에 그것이 오래되면 오래될수록 더욱 밝아진다. 육경의 나머지는 지은이가 많지만 그것을 성인에게 대조하면 동떨어지기도 하고 부합하기도 한다. 그러나 정밀함과 깊음, 크고 넓음은 각각 자신의 방법을 남김없이 다하지만, 기괴하거나 뛰어나고 아름다운 것이 가끔 그 사이에서 떨쳐 나오는 것은 기이한 것을 아끼고 박식함을 좋아하는 사람이 잊을 수 없게 만드는 이유이다. 그러나 시들어 보잘 것 없어지거나 갈려서 닳아 없어지는 것도 헤아릴 수 없다. 무늬는 화려해도 내용이 적은 것이 어찌 오랫동안 시행하기에 부족하지 않겠는가? 그러나 상스러운 말과 속된 이야기는 분수에 넘치게 남은 것이니 역시 그중에 다행스러운 것과 다행스럽지 않은 것이 있겠는가!"

역주_ 주의 인용문은 「익직」에 나오는데 섭영은 「고요모」라고 잘못 쓰고 있다.

9 『송사』 「예문지」 "지리류"는 이러하다. "임영발(林英發) 『경릉지』(景陵志)는 열네 권이다." 경릉(竟陵)은 진현(秦縣)에 있으며 남제 때 군을 두었고 양나라 끝 무렵에 없앴다가 북주 때 다시 두었으며 오대 때 진나라가 경릉(景陵)으로 고쳤고 청나라 때 천문으로 고쳤다. 다름 아니라 현재 호북성 천문현 치소이다. 장학성이 예전 「지」라고 부르는 것은 청나라 때 천문으로 고치기 전의 「현지」(縣志)일 것이다.

이 역사 사실에 도움이 되는 이유는 역사 사실을 방증하여 상세하게 이해하기 쉽고 글을 광범위하게 수록하여 크게 갖춰지기 때문이다. 그러므로 소명태자 이후로 당나라 때는 『문원』이 있고 송나라 때는 『송문감』이 있으며 원나라 때는 『원문류』가 있기 때문에[10] 한 시대를 포괄하여 총괄적으로 가리고 우아함과 속됨을 서로 늘어놓아서 정사를 돕고 견문을 넓히며 문장을 밝혔다. 다만 『시』 「국풍」 열다섯 편이나 『국어』 열두 편[11]은 본디 각각 완전한 책이기 때문에 이치로 보자면 뒤섞이지 않아야 마땅하다. 요즈음 『국어』를 본떠서 「현지」를 편찬하는 일이 많다고 하는데 『시』 「국풍」을 본떠서 한 현의 시와 글을 같은 것끼리 모아서 전문적인 「집」을 만들었다는 소리는 들은 적이 없다. 이것은 아마 시와 글이 아까워서 차마 삭제하지 못하고 모순된 것을 한 덩어리로 묶어서 「예문지」의 정해진 방식을 아주 달라지게 했기 때문이겠지. 역사서의 형식은 근엄함을 숭상하고 글을 가리는 일은 널리 고르는 일을 소중하게 여긴다. 그래서 시와 글이 지방지에 끼어들면[12] 이미 번거롭게 많다는 것을 깨닫지만 글을 고르는 범례로 헤아리면 그것이 적다고 꺼리게 될 것이다. 그래서 두 가지가 본래 각자 완전한 책이 되어 서로 돕는다는 것은 명백하다. 저작의 명목이 관련된 일이 지극히 거대하기 때문에 삭제하거나 그대로 두는 일을 가볍게 논의하는 것은 마땅하지 않다. 그러므로 이제 고대의 법도를 완전히 적용해서 역사서에 귀속시킨다. 그 글 가운데 더구나 차마 삭제하지 못한 것은 잠시 부록에 넣는다. 만약 사실을 뒤쫓아 화려함을 보태고[13] 나아가 완전한 책을 모아서 「지」가 따라잡지 못한 것을 도운다면, 아! 아마 바람결에 실린 소리를 듣고 나중에 이어서 모으는 사람을 바라도 되겠지?

---

10 『문원』은 「전기」의 주34를 보라. 『송문감』과 『원문류』는 「서교 중」의 주32 및 주33을 보라.

11 『시』 「국풍」과 『국어』는 「화주문징 서례」의 주8을 보라.

12 나는 이렇게 생각한다. 검각본은 "난"(攔)을 "난"(闌)이라고 썼다.

13 「화주문징 서례」의 주17을 보라.

천문현지 오행고 서(天門縣志五行考序)

요임금 때는 홍수가 났고 탕왕 때는 가뭄이 들었으니[1] 성인의 시대라고 하늘의 재앙이 없을 수 없다. 형혹이 별자리를 세 차례나 옮기고 바람을 돌이켜 불을 껐다 해도[2] 바깥의 사물이 어찌 기이한 일을 만들 수

---

1 『묵자』「칠환」(七患)은 이러하다. "그러므로 『하서』는 우임금 때 칠년 동안 홍수가 났다고 한다. 『은서』(殷書)는 탕왕 때 오년 동안 가물었다고 한다." 『순자』「왕패」는 이러하다. "우임금 때 십 년 동안 홍수가 났고 탕왕 때 칠년 동안 가물었다." 가의 『신서』「우민」(憂民)은 이러하다. "우임금은 십 년 동안 쌓아놓은 것이 있었기 때문에 구년 동안의 홍수를 면했다. 탕왕은 십 년 동안 쌓아놓은 것이 있었기 때문에 칠년 동안의 가뭄을 이겨냈다." 『제왕세기』는 이러하다. "탕왕은 걸왕을 정벌한 뒤부터 칠년 동안 큰 가뭄이 들었는데 상림(桑林)의 토지신에게 빌었다."

2 『여씨춘추』「계하기」는 이러하다. "송나라 경공(景公) 때 형혹(熒惑)이 심수[心]에 와 있었다. 경공은 자위(子韋)를 불러서 물었다. 자위는 이렇게 대답했다. '재앙은 임금이 당할 것입니다. 비록 그렇지만 재상에게 옮길 수 있습니다.' 경공은 이렇게 말했다. '재상은 함께 나라를 다스리는 사람이오.' 자위가 이렇게 대답했다. '백성에게 옮길 수 있습니다.' 경공은 이렇게 말했다. '백성이 죽으면 과인이 장차 누구에게 임금 노릇을 하겠소?' 자위는 이렇게 대답했다. '세성[歲]에게 옮길 수 있습니다.' 경공은 이렇게 말했다. '세성을 해치면 백성들은 틀림없이 죽을 것인데 누가 나를 임금으로

있겠는가? 그러나 운석이 떨어지고 익조가 거꾸로 날아간 일[3]을 반드시 적고 멸구와 누리가 나온 일[4]을 조심스럽게 기록하는 이유는 이로써 인사를 고쳐서 하늘의 변고에 대답하려는 것이다. 『원신계』나 『구명결』로부터 부명과 참위가 황당무계해져서[5] 결국 근엄함을 잃었다. 그러나 반고와 범엽이 기록한 것은 모두 유향의 『홍범오행전』을 기준으로[6] 종류

여기겠소?' 자위는 이렇게 대답했다. '임금께서 지극히 덕성스러운 말을 세 번 하셨기 때문에 하늘은 틀림없이 임금께 세 번 상을 주실 것이고 형혹도 세 차례 자리를 옮길 것입니다. 자리 하나는 일곱 별자리를 가는 것이고 별자리는 한 해에 해당하니 임금께서는 이십일 년의 목숨이 늘어날 것입니다.' 형혹은 과연 세 차례 자리를 옮겼다." 사성(徙星)은 다름 아니라 회성(回星)이다. 『후한서』「유림전」은 이러하다. "유곤(劉昆)은 자가 환공(桓公)이고 진류 동혼(東昏) 출신인데 광무제가 강릉 영에 제수했다. 당시 현에는 해마다 이어서 화재가 났고 유곤은 번번이 불을 향해 머리를 조아리면 비가 내리고 바람이 그치는 경우가 많았다. 홍농 태수로 옮기자 범이 모두 새끼를 업고 황하를 건넜다. 건무 22년 불러서 두림을 대신하여 광록훈을 삼았다. 황제가 명령을 내려 물었다. '이전에 강릉에 있을 때는 바람을 돌이키자 불이 꺼졌으며 나중에 홍농을 지킬 때는 범이 북쪽으로 황하를 건넜는데 어떤 덕으로 다스리는 정사를 시행하면 이런 일을 초래하는가?' 이렇게 대답했다. '우연일 뿐입니다.' 황제는 감탄하며 이렇게 말했다. '이것이 바로 어른다운 말이다.'" 바람을 돌이키자 불이 꺼졌다는 것이 다름 아니라 불을 돌이킨 것이다.

3 『춘추좌전』「희공 16년」의 『춘추』 경은 이러하다. "봄 주나라 왕의 정월 무신 삭에 송나라에 운석이 떨어졌는데 다섯 개였다. 이 달에 여섯 마리의 익조가 뒤로 날아서 송나라 서울을 지나갔다." 『춘추공양전』은 이러하다. "다섯 개의 운석과 여섯 마리의 익조는 왜 썼는가? 괴이한 일을 기록한 것이다."

4 『춘추공양전』「은공 5년」의 『춘추』 경은 이러하다. "멸구가 나왔다." 「전」은 이러하다. "멸구가 나왔다는 것은 왜 썼는가? 재앙을 기록한 것이다." 『여씨춘추』「불굴」(不屈) 주는 이러하다. "황(蝗)은 종(螽)이다. 속을 파먹는 것을 명(螟)이라 하고 잎을 갉아먹는 것을 등(螣)이라 한다."

5 『원신계』와 『구명결』은 『효경위』의 이름이다. 부(符)는 하늘이 제왕이 될만한 사람에게 내리는 상서로운 징표[符命]이다. 사마상여 「난촉부로」는 이러하다. "그렇다면 천명을 받은 상서로운 징표는 합쳐서 여기에 있다." 참(讖)은 앞날의 길흉을 적은 예언서[圖讖]이다. 「역교 상」의 주13을 보라.

6 『후한서』「오행지서」(五行志序)는 이러하다. "『홍범오행전』[五行傳]은 점이 감응한 것을 언급하고 있는데 『한서』「오행지」가 그것을 상세하게 수록하고 있다. 그러므로 태산 태수 응소, 급사중 동파, 산기상시 초주는 동시에 건무 연간 이래 재이를 지었다. 이제 그것을 합쳐서 논하여 이전의 「지」를 잇는다." 나는 이렇게 생각한다. 『후한서』「오행지」는 바로 양나라 섬 영 유소가 보충한 것은 범엽과 함께 하지 않는다. 유향 『홍범오행전』은 「언공 중」의 주28을 보라.

대로 이어 붙여 늘어놓았고 인사에 부합하는지 증명하여 비록 경계시키려는 의도를 남겼어도 억지로 끌어다 붙이지 않은 적이 없었다. 필연과 작위가 만나는 접점에서 성인은 조심스러울 뿐이다.[7] 춘추시대 이백사십이 년 동안 오행의 상서로움과 재앙의 징조가 뒤섞여 나오고 한결같지 않았기 때문에 성인은 다만 조심스럽게 쓸 뿐이지 어떤 것이 어떤 일에 감응한다거나 어떤 일이 어떤 사람에게 감응한다는 데 얽매여서 부합하게 만들려고 하지 않았다.[8] 이것은 할 수 없는 일이 아니라 감응하여 증명된 일에는 정상적인 것과 비정상적인 것의 이치가 있고 개괄적인 것을 보존한다면 인심을 경계시키기 충분하기 때문이다. 그러나 그런 사실을 끌어다 합쳤는데 부합하지 않는 것이 일단 생기면 도리어 재이와 변고를 두려워할 필요가 없다고 의심하게 만들고 조심하려고 하지 않고 도리어 게으르게 만들 수도 있겠지? 풀과 나무의 변이, 벌레와 짐승의 재앙을 역사가는 모두 오행[五類]에 소속시키며 일일이 다섯 가지 일[五

7 「역교 하」의 주81을 보라.

8 유향 「조재이봉사」(條災異封事)는 이러하다. "주나라 왕실이 보잘 것 없어지자 이백사십이 년 동안 일식이 서른여섯 번 있었고 지진이 다섯 번 있었으며 산과 언덕이 무너진 것이 두 번 있었고 혜성이 세 번 나타났으며 밤에 항성이 나타나지 않은 것과 한밤중에 별이 비처럼 쏟아진 것이 한 번씩 있었고 화재가 열네 번 있었으며 장적(長狄)이 세 차례 나라를 침범한 일이 있었고 다섯 개의 운석이 떨어진 것, 여섯 마리의 거위가 뒤로 날아간 것, 말사슴이 많아진 것, 물여우와 쌕새기가 생긴 것, 구관조가 날아와 둥지를 튼 것이 모두 한 번씩 있었으며 낮이 밤이나 그믐처럼 어두워진 것, 비가 내려 나무에 얼어붙은 것, 자두와 매실 열매가 겨울에 맺은 것, 초가을 칠월에 서리가 내린 것, 겨울에 풀과 나무가 죽지 않은 것, 가을 팔월에 콩이 죽은 것, 우박이 큰 비와 내린 것, 비, 눈 번개, 우레가 친 것이 있었다. 질서를 잃는 일이 엎친 데 덮치고 홍수, 가뭄, 기근, 누리 새끼, 누리, 멸구가 뒤섞여 어지럽게 동시에 일어났다. 이런 시대에 재앙과 불안정이 번번이 감응하고 임금을 죽인 일이 서른여섯 번이며 나라가 망한 일이 쉰두 번이니, 제후들이 이리저리 바쁘게 뛰어다녔지만 자기 사직을 보전할 수 없었던 것은 헤아릴 수가 없다." 『사통』 「서지」는 이러하다. "고대의 국사는 기이한 일을 들으면 썼고 반드시 모두 그 길한 것과 흉한 것을 살피거나 그 아름다움과 미움을 상세하게 한 것은 아니다. 그러므로 제후가 서로 달려가서 알리고 기이하지만 재앙이 아닌 것이 『춘추』에 보이는 일은 똑같은 것이 아니다."

事]을 살핀다.[9] 나는 상서로움과 재이가 본디 원인이 있어서 생기지만 반드시 모두 그렇기 때문에 부합하도록 만들기는 어렵다고 생각한다. 그러므로 사실에 따라서 그대로 쓰고 분야를 나누지 않으며 감응한 일을 주석으로 달지 않고 으레 연도와 달에 따라 순서를 삼는다. 인사와 관련된 것은 다른 편에 뒤섞여 나타나니 저절로 찾을 수 있을 것이다.

9 『한서』「오행지」는 이러하다. "『서경』은 이렇게 말한다. 삼가 오사를 쓰니 오사의 첫째는 모습, 둘째는 말, 셋째는 보는 것, 넷째는 듣는 것, 다섯째는 생각이다. 모습은 공손해야 하고 말은 따라야 하며 보는 것은 밝아야 하고 듣는 것은 밝아야 하며 생각은 통해야 한다. 「전」은 이렇게 말한다. 모습이 공손하지 않은 것을 엄숙하지 않다고 하고 그 허물은 미치는 것이고 그 벌은 계속 비가 내리는 것이니 그것은 지극히 나쁘다. 때때로 요물이 태어나는 일[胎妖]이 있고 때때로 홍수가 나려고 거북이 자꾸 나타나는 일[龜孽]이 있으며 때때로 암탉이 수탉이 되는 재앙[雞禍]이 있고 때때로 아래쪽에 있어야 하는 다리가 위에 생기는 병이 있으며 때때로 푸른빛 재앙과 푸른빛 상서로움이 있는 것은 금의 기운이 목의 기운을 해치는 것이다." 말해도 행동이 따르지 않고 보아도 밝지 않으며 들어도 똑똑하지 않으며 생각해도 통하지 않는 것이나 흉한 일의 징조가 각각 다르지만 동시에 재이와 상서로움을 누누이 인용하여 그것을 증명해서 말한 것이다. 이것이 이른바 오사를 늘어놓고 살피는 것이다.

천문현지 학교고 서(天門縣志學校考序)

궐리(闕里)는 가승을 갖추고[1] 성균(成均)은 고사를 모아서[2] 학교[膠庠伴水][3]를 세우면 천하가 동일한 기풍의 교화를 받게 되는데 어찌 사실을 이어서 엮고 가려 모은 뒤 다시 전문적인 「고」를 만드는가? 서한과 동한

1 『한서』「매복전」(梅福傳)은 이러하다. "현재 공자의 사당은 궐리를 벗어나지 않는다." 안사고는 이렇게 말한다. "궐리는 공자의 옛 마을이다." 위치는 산동성 곡부현 현성 안에 있다. 『송사』「예문지」 "보첩류"는 이러하다. "황공지(黃恭之) 『공자계엽전』(孔子系葉傳)는 세 권(『신당서』「예문지」에 따르면 두 권이라 한다), 『문선왕사십이대가장』(文宣王四十二代家狀)은 한 권, 『궐리보계』(闕里譜系)는 한 권이다."

2 『주례』「춘관」은 이러하다. "대사악은 성균의 법도를 관장한다." 주나라 태학은 다섯 개인데 남쪽이 성균이다. 『명사』「예문지」 사부 "직관류"는 이러하다. "소언(蕭彦) 『국자감규』(國子監規)는 한 권, 형양(邢讓) 『국자감지』(國子監志)는 스물두 권, 사탁(謝鐸) 『국자감속지』(國子監續志)는 열한 권, 오절(吳節) 예전 『남옹지』[南雍舊志]는 열여덟 권, 황좌(黃佐) 『남옹지』(南雍志)는 스물네 권, 왕재(王材) 『남옹신교록』(南雍申敎錄)은 열다섯 권, 최선(崔銑) 『국자감조례유편』(國子監條例類編)은 여섯 권, 노상명(盧上銘) 『벽옹기사』(辟雍紀事)는 열다섯 권, 초횡 『경학지』(京學志)는 여덟 권이다."

이후부터 정교에 각각 숭상하는 것이 있었지만 학교가 흥할 때는 있어도 망할 때는 없었다.[4] 물길을 둘러 학교를 짓고[5] 종을 매나는 틀과 공자 신발의 먼지를 털며[6] 일이 있으면 학교에서 강의하여 밝혀 시행하고 일이 없으면 어른들[父老]과 젊은이들[子弟]이 여기서 살펴보며 노닐고 자신을 맑게 만들었다. 그래서 예의, 법률, 형벌, 정사, 사람의 도리, 사물의 법칙이 모두 여기에서 나왔다.[7] 그렇다면 학교는 본디 구실아치가 백성

---

3 교상(膠庠)은 「원도 중」의 주2를 보라. 반(泮)은 반(頖)이라고도 쓴다. 『예기』 「왕제」는 이러하다. "대학은 교에 있는데 천자의 나라에서는 벽옹, 제후의 나라에서는 반궁(頖宮)이라 한다." 『시』 「노송」 "비궁"은 이러하다. "즐거운 반궁의 물이여." 정현 「전」은 이러하다. "반(泮)은 절반을 말한다. 반수(半水)는 아마 동쪽과 서쪽이 남쪽과 물이 통하는데 북쪽과 통하지 않기 때문일 것이다."

4 한나라 무제가 태학을 일으키고(『한서』 「무제기찬」을 보라) 광무제 건무 5년 태학을 시작하고 중원 원년에 명당과 벽옹을 세웠으며 명제 영평 2년에 벽옹에 거둥하여 대사례(大射禮)를 시행했는데 모두 이것이다.

5 채옹 『명당월령장구』(明堂月令章句)는 이러하다. "둥글게 둘러싼 물을 취하여 벽옹이라 한다."(『예기정의』 「명당위」에서 인용) 벽옹은 주나라 때 태학의 하나인데 사방 둘레에 물이 있고 모습이 둥근 옥[璧環]과 같아서 이렇게 부른다.

6 『예기』 「명당위」는 이러하다. "하나라[夏后氏]는 악기를 거는 틀에 용을 조각한다." 정현 주는 이러하다. "순거(簨虡)는 편종과 편경을 매다는 근거이다. 가로로 된 것을 순이라 하는데 비늘을 가진 동물로 그것을 꾸미고 세로로 세운 것을 거라고 하는데 벌이나 깃털을 가진 동물로 그것을 꾸민다." 『후한서』 「종리의전」(鍾離意傳) 장회태자 주는 「종리의별전」[意別傳]을 인용하여 이렇게 말한다. "종리의가 노나라 재상이 되어 임지에 도착한 뒤에 만삼천 푼의 돈을 개인적으로 내고 호조(戶曹)를 맡은 주흔(朱訢)에게 맡겨 공자의 수레를 수리했다. 몸소 사당에 들어가 안석, 돗자리, 칼, 신발의 먼지를 털었다. 장백(張伯)이라는 남자가 공자의 옛 집 아래에서 풀을 베다가 흙속에서 옥벽(玉璧) 일곱 개를 얻었는데 장백이 그중 하나를 품고 여섯 개를 종리의에게 알렸다. 종리의는 주부에게 안석 앞에 잘 두라고 시켰다. 공자가 가르치고 전수하던 집 아래 마루머리에 항아리가 매달려 있었는데 종리의는 공흔을 불러 그것이 무슨 항아리인지 물었다. 공흔은 이렇게 대답했다. '공자의 항아리인데 뒤에 붉은색 글씨가 있는데 사람들이 감히 펴보지 못합니다.' 종리의는 그래서 그것을 펴보니 안에 비단에 쓴 글씨가 있는데 글은 이렇게 말하고 있다. '후세에 내 책을 편찬할 사람은 동중서이다. 내 수레를 지키고 내 신발을 닦을 사람은 회계 종리의이다. 옥벽이 일곱 개인데 장백이 그중 하나를 숨겼다.' 종리의는 즉시 불러서 물으니 장백이 과연 실토했다."

7 백성의 일정한 도와 사물의 법칙은 「방지립삼서의」의 주13을 보라. 채옹 『명당월령장구』는 이러하다. "명당은 천자의 큰 사당이고 제사를 지내는 근거이다. 하나라[夏后氏]는 세실(世室), 은나라는 중옥(重屋), 주나라 때는 명당이다. 업적을 세운 사람

을 다스리는 일과 서로 표리 관계가 되는 것이다. 전형(典型)이 갖춰져 있지만[8] 땅에 떨어진 사업의 실마리가 아득한데[9] 종과 북을 어루만지며 음악 곡조를 떠올리니[10] 갑자기 신바람이 나려하네.[11]

에게 잔치를 베풀고 노인을 받들며 학을 가르쳐 선비를 오르게 하는 일은 모두 그 안에 있다. 그러므로 정실(正室)의 모습을 취한 것을 태묘라 하고 정실을 취했기 때문에 태실[大室]이라고 하며 그 집을 취하면 명당이라고 하고 네 계절의 학을 취하면 태학[大學]이라고 하며 둥근 물을 취하면 벽옹이라고 하는데 비록 이름은 구별되지만 내용은 같다고 말한다."

8 『후한서』「공융전」(孔融傳)은 이러하다. "채옹과 평소 사이가 좋았는데 채옹이 죽은 뒤 호분 무사 가운데 생김새가 채옹과 비슷한 사람이 있었다. 공융은 늘 술에 취할 때마다 그를 끌어다 함께 앉아서 이렇게 말했다. '비록 나이가 많고 덕이 높은 사람이 없어도 또한 법도는 있다.'" 『시』「대아」 "탕"은 이러하다. "비록 늙고 훌륭한 사람 없으나 여전히 법도는 있네." 공융은 이것을 인용했다.

9 한유 「진학해」는 이러하다. "아득하게 떨어진 실마리를 찾아 홀로 널리 찾아서 오랫동안이었다."

10 『한서』「양웅전」은 이러하다. "줄을 높여 팽팽하게 하고 빠르게 연주하네." 주는 이러하다. "거문고를 타는 것인데 어루만지고 누를 곳을 표시하여 밝히는 근거이다." 『정자통』은 이러하다. "거문고의 마디를 휘(徽)라고 한다."

11 『예기』「공자한거」는 이러하다. "자하가 갑자기 벌떡 일어났다."

여석수왕명부론지례(與石首王明府論志例)[1]

「지」는 역사서의 형식이기 때문에 책 전체의 본래 형식이 있기 마련입니다. 「지」의 문자가 모두 사법에 관한 것이기 때문에 책 전체의 지은 말이나 베푼 글자에도 틀림없이 법도와 기준이 있을 테니 소홀히 할 수 없습니다. 형식은 본래 하나로 정해져 있지 않기 때문에 책 전체를 취하더라도 조사하고 서로 갈라지는 지경에 이르지만 않으면 충분하지 의도나 견해가 같거나 다르다고 가볍게 고치고 바꿀 필요가 없습니다. 설령

1 석수현(石首縣)은 청나라 때 호북 형주부에 속한다. 당시 지사 왕유병(王維屛)은 옥전(玉田) 출신이며 필원이 『호북통지』를 편찬하면서(『호북통지』는 어느 해에 시작했는지 모르지만 『장실재연보』에 따르면 건륭 59년 탈고했다) 주와 현의 책을 거둬 모았기 때문에 이내 『석수현지』(石首縣志)를 편찬했다. 『석수현지』는 여덟 분야로 나뉘며 열 편을 썼다.(뒤의 「위필추범제부찬석수현지서」를 보라) 글 안의 목록을 바로잡은 것 및 글에 따라 고치고 바로잡은 말을 살펴보면 『석수현지』의 의례가 본디 장학성에 의해서 정해졌고 『석수현지』의 문사도 역시 장학성이 윤문하고 수식했음을 알겠다. 이 글은 무창 가씨 초본의 원래 제목에 "계축년에 기록으로 남기다"(癸丑存錄)라고 주를 달았다. 계축년은 바로 건륭 58년이다.

원래 정한 여덟 분야의 큰 줄거리[2]는 그중 수십 가지 작은 조목을 나누고 대략 조절하기만 해도 스스로 일가를 이루기 충분하니 목록을 만들어 바로잡아 주실 것을 청합니다.[3] 다만 「기」나 「전」으로 서술하는 사람들은 모두 사학에서 나왔지만 사학을 강구하지 않으면 「기」나 「전」으로 서술하는 글은 전혀 법도가 없어집니다. 방지를 편집하는 사람의 주장이 익숙하다고 살피지 않는다면 글이 우아하지도 점잖지도 않을 뿐만 아니라[4] 사리도 해칠 것입니다. 증자는 이렇게 말합니다. "말소리를 낼 때는 비루함과 배반하는 것을 멀리해야 한다."[5] 비루하면 글은 우아하지 않고 배반하면 사실에 해롭습니다. 문학을 지망하는 선비는 나쁜 버릇에 갇혀서 자신이 숭상하는 것을 각자 뽐내고 형체도 없는 평범함과 기이함, 짙음과 옅음에서 서로 자기가 세다고 다툽니다. 이것은 얼굴이 각자 다른 것처럼 인심도 다른데[6] 다퉈야만 하는 것이 무엇이며 왜 꼭 다퉈야만 합니까? 법도와 의례를 어림잡아 헤아릴 줄 모르면 글이 우아하지도 점잖지도 않을 뿐만 아니라 오랫동안 전해지기도 어렵습니다. 오랫동안 전해진다 하더라도 사리를 해쳐서 그렇게 주장하는 근거를 잃게 됩니다. 이제 글에 따라 고치고 바로잡은 것을 상의하려고 합니다. 꼭 고쳐야 하는 이유를 아마 다 알 수는 없어도 몇몇 측면을 간단하게 제시하여 줄거리로 삼으려고 합니다. 그렇게 한다면 「지」의 범례가 간결하고 명석해질 뿐만 아니라 설령 「기」나 「전」으로 서술하는 글로 확장하더라도 명백하지 않거나 강건하고 간결하지 않거나 절실한 쓸모가 없지 않을 것이고 헛된 글이 실제 사실을 해치는 일도 초래하지 않을 것입니다.

---

2 첫째가 「편년」, 둘째가 「방여」(方輿), 셋째가 「건치」(建置), 넷째가 「민정」, 다섯째 「질관」(秩官), 여섯째 「선거」, 일곱째 「인물」, 여덟째 「예문」이다. 뒤의 「위필추범제부찬석수현지서」를 보라.

3 이에 의거하면 이전에 이미 『석수현지』의 목록을 상의하고 바로잡은 편지가 있지만 지금은 보이지 않는 것을 알겠다.

4 「답객문 중」의 주33을 보라.

5 「원도 하」의 주37을 보라.

6 「언공 중」의 주52를 보라.

예를 들어 『석수현지』가 글을 쓸 때 문득 석읍(石邑)이라고 부르는 것은 사실을 해칩니다. 지명의 두 글자에서 한 글자를 따서 취하면 다른 지명의 동일한 글자를 어떻게 분별하겠습니까? 석수를 석이라고 한다면 고대의 현 이름 가운데 한나라 때 석성(石成)이 있고 제나라 때 석추(石秋)가 있으며 수나라 때 석남(石南)이 있고 당나라 때 석암(石岩)이 있고[7] 지금도 사천에 석주청(石柱廳)이 있고 운남에 석병주(石屛州)가 있으며 산서에 석루현(石樓縣)이 있고 강남에 석태현(石埭縣)이 있으며 강서와 광동에도 모두 석성현(石城縣)이 있는데[8] 나중에 살펴보는 사람이 무엇을 근거로 이것이 석수라는 것을 알겠습니까? 현을 읍(邑)이라고 부르는 것[9]도 역시 버릇이지 사실을 살피지 않은 것이니 가르침으로 삼을 수 없습니다. 읍은 성과 요새[城堡]의 일반적인 이름입니다. 크면 도성(都城), 성성(省城), 부와 주의 성을 모두 읍이라고 부를 수 있습니다. 『시』는 경읍(京邑)이라 불렀고[10] 춘추시대의 여러 나라는 서로 통하여 우호를 다질 때 스

---

7 『한서』「지리지」에 석성현(石成縣)은 우북평군(右北平郡)에 속한다. 『남제서』「주군지」(州郡志)에 석추현(石秋縣)은 월주 안창군(安昌郡)에 속한다. 『수서』「지리지」에 석남현(石南縣)은 양주 울림군(鬱林郡)에 속한다. 『당서』「지리지」에 석암현(石巖縣)은 영남도(嶺南道) 엄주에 속한다.

8 청나라 때 석주청(石柱廳)은 본래 토사의 땅이고 중화민국 때 현으로 고쳤다. 청나라 때 석병주(石屛州)는 임안부에 속하고 중화민국 때 현으로 고쳤다. 청나라 때 석루현(石樓縣)은 분주부에 속한다. 청나라 때 석태현(石埭縣)은 지주부에 속하고 중화민국 때 안휘성에 속한다. 나는 이렇게 생각한다. 청나라 초 안휘와 강소는 모두 강남에 속했다가 강희 원년에 이르러 안휘 순무를 두었고 강희 6년에 안휘 포정사를 설치했다가 결국 강소가 벗어나서 스스로 하나의 성이 되었다. 여기서 강남이라고 하는 것은 예전 이름을 그대로 이은 것이다. 강서 석성현(石城縣)은 청나라 때 영도주(寧都州)에 속한다. 광동 석성현(石城縣)은 청나라 때 고주부(高州府)에 속하고 중화민국 때 염강현(廉江縣)으로 고쳤다.

9 『설문해자』는 이러하다. "읍(邑)은 나라라는 뜻이다. 국(囗)의 의미를 따른다. 선왕의 제도는 신분의 높낮이에 크고 작은 것이 있는데 절(卩)의 의미를 따른다." 『춘추좌전』「장공 28년」은 이러하다. "모든 읍 가운데 종묘나 돌아가신 임금의 신주가 있는 곳을 도(都)라고 하고 없으면 읍이라 한다."

10 나는 이렇게 생각한다. 『시』에 경실(京室, 「대아」 "사제")이라는 말은 있지만 경읍(京邑)은 없다. 『문선』「동도부」는 이러하다. "경읍은 조심스럽게 사방을 살핀다네." 이선 주는 이러하다. "경(京)은 크다는 뜻이다. 경읍은 낙양을 말한다."

스로 폐읍(敝邑)이라고 불렀는데[11] 어찌 오늘날의 현만 가리키겠습니까? 작으면 시골 마을에 쌓은 요새나 열 집만 모인 마을도 모두 읍이라 부를 수 있는데[12] 어찌 이것도 현의 치소이겠습니까?

오늘날 지현을 아무개 현의 일을 보는 사람[知某縣事]이라고 부르는 것도 역시 실제가 아닙니다. 송나라 때는 지방에 있는 현의 일을 보는 경조관은 지체가 현령보다 존귀하고 직함을 서명할 때 여전히 중앙 정부의 품계[京秩]를 지니고 있기 때문에 아무개 관직에 있으면서 아무개 현의 일을 보는 사람[某官知某縣事]이라고 했을 뿐입니다.[13] 이제 만약 그 이름을 그대로 쓰면 후세인들은 반드시 오늘날의 제도를 송나라 때의 제도와 같다고 의심할 것입니다. 읍후(邑侯)나 읍대부(邑大夫)처럼[14] 아랫사람이 우러르는 말은 사장에 쓰는 것은 괜찮아도 이것으로 사실을 적는다면 비루하고 또한 배반하는 것이 됩니다. 읍재(邑宰)는 춘추시대의 벼슬이며[15] 비록 한나라 때 사람들이 비문에 시행했지만[16] 결국 가르침으

11 『춘추좌전』「희공 2년」에서 진나라 순식(荀息)은 우나라에게 길을 빌리면서 이렇게 말했다. "지금 괵나라가 무도하여 객사에 보루를 쌓으며 누추한 우리나라[敝邑]의 남쪽 변경을 침입하고 있습니다."「희공 26년」 전희는 제나라 군대를 대접하고 위로하면서 이렇게 말했다. "임금께서 친히 옥지를 들어 욕되게도 누추한 우리나라[敝邑]에 오셨다." 폐읍(敝邑)은 폐국(敝國)을 말한다.

12 『논어』「공야장」은 이러하다. "열 집쯤 되는 작은 읍에도 틀림없이 충성스럽고 믿음직스러운 것이 나만한 사람이 있을 것이다."『사기』「오제본기」는 이러하다. "순이 한 해를 머물면 사는 곳은 취락이 되고 이태를 머물면 읍이 된다."

13 송나라 때 경조관으로서 지방의 현을 맡은 지사는 「지지통부」[地理統部]의 주19를 보라. 우신행 『필진』은 이러하다. "송나라 때 큰 현은 사천 호 이상인데 경조관을 골라서 맡겼고 작은 현은 삼천 호 이하인데 경관을 골라서 맡겼다. 그러므로 지현은 현령이 달리 경조관의 직함을 가지고 아무개 현의 지사가 되는 것이지 지방의 구실아치[外吏]가 아니다."『일지록』 권9 「지현」(知縣) 조목은 이러하다. "송나라 때 직함을 가지면 아무개 관직으로 아무개 부의 지사, 아무개 관직으로 아무개 주의 지사, 아무개 관직으로 아무개 현의 지사라고 했다. 그것은 본래 이 부, 이 주, 이 현의 정식 벼슬아치로서 그 일을 맡는 것이 아니기 때문에 그렇게 말한다. 지금은 아무개 부 지부, 아무개 주 지주, 아무개 현 지현이라고 바로 말하는데 글이 중복되고 뜻이 어긋난다."

14 『춘추좌전』「양공 31년」은 이러하다. "정나라 자피가 윤하(尹何)를 봉읍의 우두머리로 삼고자 했다." 두예 주는 이러하다. "읍대부(邑大夫)이다."

로 삼을 수 없습니다. 영윤(令尹)도 역시 고대의 관직 이름이며 분수에 넘치게 써서 후세인이 의심하도록 만들어서는 안 됩니다.[17] 관직 호칭에 당시 제도를 쓰지 않고 글에서나 쓰는 말이 많으면 사리를 크게 해칠 것입니다. 남의 조상을 사마공(司馬公)이라고 부르는 것을 기억했다가 마침 그 사람의 조상을 찾아보려고 애썼지만 며칠 동안이나 홀려서 답답하니 풀지 못한 적이 있습니다. 아마 세속의 유행이 글에서나 쓰는 말을 쓰기 좋아하기 때문에 『주관』의 사마를 가지고 오늘날의 병부를 부른 것일 테지만[18] 병부 상서나 병부 시랑과 그들의 부하를 모두 사마라고 일반적으로 부를 수 있다면 이미 구별하기 어렵습니다. 또한 부의 동지에 대한 세속의 호칭도 역시 사마이며 주동도 역시 주사마(州司馬)라는 호칭이 있

15 『논어』「옹야」는 이러하다. "원헌[原思]이 공자의 재가 되었다." 『논어집해』는 포함을 인용하여 이렇게 말한다. "공자가 노나라 사구가 되자 원헌(原憲)을 가읍(家邑)의 재로 삼았다." 또한 "계씨가 민자건을 비의 재로 삼았다." 『논어집해』는 공안국을 인용하여 이렇게 말한다. "비는 계씨의 읍이다. 계씨가 신하 노릇을 제대로 하지 않자 그 읍의 재가 자주 반란을 일으켰는데 민자건이 훌륭했기 때문에 그를 기용하고자 했다." 춘추시대의 읍재는 진나라 이후 현령으로 고쳐 불렀다.

16 장학성 「신척」은 이러하다. "「손숙오비」(孫叔敖碑)에서 고시현(固始縣)을 기사현[期思]이라고 쓴다든지 우두머리[令長]를 재라고 하는 것처럼 한나라 때 비의 글자는 이미 속자를 쓰는 사례가 많다."(가업당본 『장씨유서』 「외편」 1)

17 『논어』「공야장」은 이러하다. "영윤(令尹) 자문(子文)이 세 번 벼슬하여 영윤이 되었다." 형병 소는 이러하다. "영윤은 재이다. 초나라 신하 가운데 영윤이 우두머리이다. 영(令)은 선(善)이다. 윤(尹)은 정(正)이다. 좋은 사람을 써서 이 벼슬을 올바르게 한다는 말이다." 송나라 조언형(趙彦衛) 『운록만초』(雲錄漫鈔) 권3은 이러하다. "사방 백리의 우두머리를 주나라 때는 현정(縣正)이라 하고 춘추시대 노나라와 위나라는 재라고 불렀고 초나라는 영윤이라고 불렀으며 진나라는 대부라고 불렀고 진나라는 영이라고 불렀으며 한나라는 그것을 그대로 이어서 큰 지역은 영, 다음은 장(長)이라고 불렀고 당나라 때 이르러 고치지 않았다. 당나라 말기에 비로소 지현이라는 호칭이 생겼다."

18 『주례』「하관」은 이러하다. "대사마의 직책은 군대를 제어하고 금지령을 다스려서 나라를 바로잡으며 구벌(九伐)의 법으로 나라를 바로잡는다." 후세에는 그래서 병부 상서를 대사마라고 불렀다. 청나라 다이곤(多爾袞) 「치사가법서」(致史可法書)는 이러하다. "나는 예전에 심양(瀋陽)에 있을 때 명나라 서울[燕京]의 우러러보는 명망이 모두 그대[司馬]를 헤아린다는 것을 알고 있었다." 당시 사가법이 병부 상서로서 양주에서 군대를 통솔하고 있었기 때문에 사마라고 그를 부른 것이다.

습니다.[19] 병부 상서부터 주동에 이르기까지 그 관직은 서로 엄청나게 동떨어져 있습니다. 사마공이라는 세 글자는 요즘 사람들이 이미 무슨 관직인지 변별할 수 없는데 하물며 후세에는 어떻겠습니까? 고대의 성균이라는 말로 오늘날의 국자감생(國子監生)을 부르거나[20] 고대의 상서(庠序)라는 말로 오늘날의 늠생[廩], 증생[增], 부생(附生)을 부르기도 합니다.[21] 명경은 본래 진사와 과목이 다르고 오늘날에는 공생(貢生)의 일반적인 호칭입니다.[22] 그렇다면 은공[恩], 발공[拔], 부공[副], 세공[歲], 우공[優], 공공[功], 늠공[廩], 증공[增], 부공[附], 예공[例] 열 가지 등급[23]의 분별도 모를 것입니다. 세상에 널리 알려진 높은 관직의 시호는 대략 공(恭), 문(文), 의

19 『대청회전』「병부」는 이러하다. "상서 좌시랑과 상서 우시랑은 중앙 정부와 지방 정부의 무관[武職官]의 정령을 관장한다." 나는 이렇게 생각한다. 『신당서』「백관지」는 자사에게 소속된 벼슬아치[僚佐]에 사마 한 명이 있고 별가와 장사 아래 지위이다. 상주(上州)에 있는 사마는 정오품 하(正五品下), 중주(中州)에 있는 사마는 종오품 상(從五品上), 하주(下州)에 있는 사마는 정육품 상(正六品上)이기 때문에 후세에 부동지(府同知)와 주동지(州同知)를 사마라고 하는 것은 여기에 뿌리를 둔 것이다.

20 성균은 「천문현지학교고서」의 주2를 보라. 『대청회전』 권76은 이러하다. "국자감은 국학의 정령을 관장하고 국자감에 소속된 모든 공생, 감생, 학생을 모두 가르친다." 청나라 제도에서 다섯 가지 공생은 모두 국자감에 들어가 학업을 익힐 수 있으며 감생이라 한다.

21 상서는 「원도 상」의 주2를 보라. 『대청회전』 권31 「예부」는 이러하다. "모든 생원은 늠선생(廩膳生)이 있고 증광생(增廣生)이 있으며 부생이 있는데 각각 태학, 중학, 소학을 살펴서 정원을 정한다. 황제의 은혜로운 명령[恩詔]이 있으면 정원을 늘릴 수 있고 황제가 나라 안을 두루 살피러 다닐[巡幸] 때도 역시 이와 같다."

22 『일지록』 권16 「명경」(明經)은 이러하다. "요즘 사람들이 다만 공생을 명경이라고 하는 것은 틀렸다. 당나라 제도에서 선비를 취하는 과거 시험은 여섯 가지가 있는데 첫째 수재, 둘째 명경, 셋째 진사, 넷째 명법, 다섯째 서(書), 여섯째 산(算)이다. 당시 시부로 뽑는 사람을 진사라고 하고 경의로 뽑는 사람을 명경이라고 했다. 오늘날 시부를 없애고 경의를 쓰기 때문에 오늘날 진사는 바로 당나라 때 명경이다."

23 은공, 발공, 부공, 세공, 우공 다섯 가지 공생은 「영청현지 선거표 서례」의 주7을 보라. 늠생, 증생, 부생은 앞의 주를 보라. 『대청회전』 권76 「국자감」은 이러하다. "모든 공생의 구별은 은공생(恩貢生), 발공생(拔貢生), 부공생(副貢生), 세공생(歲貢生), 우공생(優貢生), 예공생(例貢生, 늠생, 증생, 부생 및 감생 가운데 전례를 끌어서 공생으로 들인 사람) 여섯 가지이다. 감생의 구별은 은감생(恩監生), 음감생(廕監生), 우감생(優監生), 예감생(例監生) 네 가지이다."

(懿), 민(敏)이고[24] 문인이나 배우는 사람의 호는 봉(峰), 암(岩), 계(溪), 천(泉)이 많습니다. 시호는 공(公)이라고 하고 호는 선생이나 처사라고 하며 어떤 것은 오래 사시기를 비는 축복의 말 같기도 하고 어떤 것은 죽은 사람을 떠나보낼 때 아뢰는 글 같기도 한데 그런 형식이 어디에서 왔는지 모르겠습니다. 항적(項籍)은 이렇게 말했습니다. "글은 성과 이름만 적으면 충분하다."[25] 지금 그 글을 읽고 그 일을 보면서도 도리어 그 사람의 이름이 무엇인지 모르니 어찌 역사가가 사실을 쓰는 방법이 될 수 있겠습니까?

또한 예를 들면 두 글자로 된 이름에서 한 글자만 부르고 마는 일은 옛사람이 틀렸다고 한 지 벌써 오래되었습니다.[26] 두대경(杜臺卿)을 경(卿)

---

24 『대청회전』 권2 「내각」(內閣)은 이러하다. "모든 시법은 각각 글자 뜻을 헤아려서 책에 적는데 상중하 세 가지 책(冊)으로 정한다. 하책(下冊)은 모든 신하에게 시호를 하사할 경우 그것을 쓴다. 도와 덕이 있고 많이 들어 널리 아는 것을 문(文)이라 하고 잘 다스리고 제도를 잘 정비하는 것을 문이라고 하며 학문에 부지런하고 좋아하는 것을 문이라고 하고 백성에게 작위를 하사하는 것을 문이라고 한다. 공경스럽고 조심스럽게 윗사람을 섬기는 것을 공(恭)이라고 하고 백성을 아끼고 나이 많은 사람을 공경하는 것을 공이라 하며 일을 할 때 굳센 것을 공이라 하고 훌륭한 사람을 우러르고 윗사람을 공경하는 것을 공이라 하며 과거의 허물을 고칠 수 있는 것을 공이라 한다. 고대를 좋아하고 게으르지 않는 것을 민(敏)이라 하고 자질과 꾀가 얽매이지 않는 것을 민이라 한다. 훌륭하고 착하여 아름다움을 드러내는 것을 의(懿)라고 한다."

25 『사기』 「항우본기」는 이러하다. "항적은 글씨란 성명만 쓸 수 있으면 충분할 뿐이라고 말했다."

26 『일지록』 권23 「고인이명지용일자」(古人二名止用一字)는 이러하다. "반고 「유통부」(幽通賦)는 '주나라 무왕[發]은 군대를 돌이켜 천명을 완성했고 진나라 문공[重]은 취해서 갔다가 스스로 짝지었네'라 하고 반악 「서정부」는 '진나라 문공[重]은 태숙대(帶)를 죽여서 주나라 양왕[襄]을 안정시키고 크나큰 도리를 넓혀서 패자가 되었네'라 한다. 진나라 문공의 이름을 다만 한 글자만 쓴 것은 천토의 회맹에서 만든 재서(載書)에 뿌리를 둔 것이지 옛사람의 이름과 자를 깎아내고 잘라내는 비유가 아니다. 반악이 「관중」(關中) 시에 '어지럽구나 제만년[齊萬]이여 역시 크게 나쁜 일일세'라 하고 「마견독뢰」(馬汧督誄)에 '제만년[齊萬]이 성내어 바라보자 태사(台司)가 두려워 떨었네'라 한 것은 통하지 않는다. 어찌 제만년(齊萬年)을 제만(齊萬)이라고 하는 것인가? 만약 양왕 사마동[梁王肜]이 정서대장군(征西大將軍)이 되었다고 시에서 '위풍당당하구나 양나라 정서대장군[梁征]이여'하는 것은 더욱 말이 되지 않는다."

이라고 부르면 말이 완전하지 않고 순경(荀卿)이나 우경(虞卿)도 모두 바꿔 쓸 수 있습니다.[27] 안중영(安重榮)을 영(榮)이라고 부르면 말이 완전하지 않고 환영(桓榮)이나 구영(寇榮)도 모두 바꿔 쓸 수 있습니다.[28] 거질(去疾)

---

27 『수서』「두대경전」(杜臺卿傳)은 이러하다. "두대경은 자가 소산(少山)이고 박릉 양곡(陽曲) 출신인데 어려서 학문을 좋아하고 책과 기록을 널리 보았다. 제나라에 벼슬살이를 하여 중서 황문 시랑을 역임했다. 주나라 무제가 제나라를 평정하자 고향으로 돌아가서 『예기』와 『춘추』를 제자들에게 강의하여 전수했다. 개황 연간 초에 뽑혀서 조정에 들어갔다. 『예기』「월령」과 비슷한 부류를 골라서 확장한 적이 있는데 『옥촉보전』(玉燭寶典)이라고 이름 지은 책 열두 권을 지었다. 이때 이르러 바치고 저작랑에 임명되었다. 개황 14년 벼슬을 그만두었는데 「집」 열세 권이 있다, 『제기』(齊記) 스무 권을 지었는데 아울러 세상에 유행하고 있다." 순경은 이름이 황이고 조나라 출신이며 제나라에 유세하다가 양왕 때 세 번이나 좨주가 되었다. 마치고 바로 초나라에 갔는데 춘신군이 난릉 영으로 삼았다. 춘신군이 죽은 뒤 물러나서 난릉에 살았는데 수만 자의 글을 쓰고 죽었다. 우경은 조나라 효성왕의 재상인데 나중에 위제(魏齊) 때문에 조나라를 떠나 위나라에서 고단해졌고 궁핍을 겪으며 근심하면서 글을 지어 자신을 후세에 보여주었다. 모두 『사기』「순경열전」과 「우경열전」이 있다.

28 『오대사』「안중영전」(安重榮傳)은 이러하다. "안중영은 어렸을 적의 자가 철호(鐵胡)이고 삭주 출신이며 힘이 세고 말을 잘 타고 활을 잘 쏘았다. 진나라 고조가 즉위하자 성덕군(成德軍) 절도사에 임명되었다. 당시 고조와 거란은 아버지와 아들 관계가 되기로 맹서한 상태였다. 안중영은 중국을 굽혀서 이민족[夷狄]을 우러르는 것은 이미 죽을 지경인 백성들을 고단하게 만들고 물리지 않는 욕심을 채우는 것이며 이것은 진나라의 영원한 부끄러움이라고 말했다. 천복 6년 겨울 군사 반란을 일으켰는데 두중위(杜重威)를 보내 사로잡은 뒤 목을 베었다." 『후한서』「환영전」(桓榮傳)은 이러하다. "환영은 자가 춘경(春卿)이고 패군 용항(龍亢) 출신이며 어려서 장안에서 배웠다. 건무 19년에 의랑에 제수되었는데 그에게 태자를 가르치게 했다. 황제가 태학에 직접 거둥하여 여러 박사들을 모아 황제 앞에서 논란을 벌였다. 환영은 온화하고 공손하며 교양이 있고 도량이 커서 경의 뜻을 변별하여 밝힐 때도 예절 바르게 사양하여 상대를 누르고 말을 잘하는 것으로 남을 이기지 않았기 때문에 유학자들이 그를 따라가지 못했다. 태자소부에 임명되었다. 현종이 즉위하자 스승의 예로 우러렀고 황제가 대단히 친밀하고 소중하게 여겼다." 『후한서』「구순전」(寇恂傳)은 이러하다. "구순의 증손 구영[榮]은 어려서 명성이 났고 환제 때 시중이 되었다. 성품이 깨끗함을 뽐내고 자신을 소중하게 여겨서 남에게 주는 것이 적었고 이 때문에 임금의 총애를 받는 권력자가 그를 해쳤다. 연희 연간에 죄에 빠져 해직되어 고향으로 돌아갔는데 구실아치가 그를 급히 잡으려 하자 구영은 피하지 못할까 두려워하여 궁궐에 달려가서 자신을 변호했으나 성공하지 못했다. 자사 장경(張敬)이 끝까지 죄를 캐어 밝히자 구영은 제멋대로 변방으로 갔는데 그를 체포하라는 황제의 명령이 있었다. 구영은 여러 해 동안 도망쳐서 몸을 피하고 이내 스스로 상주문을 바쳤다. 황제는 상주문을 살펴보고 더욱 노하여 결국 그를 죽였다."

을 질(疾)이라 부르거나 무기(無忌)를 기(忌)라고 부르며 불해(不害)를 해(害)라고 부르면 또한 이름을 지은 의도와 서로 반대가 되는데[29] 어찌 그 사람이라고 말할 수 있겠습니까? 여자에게 이름이 있으면 이름을 부르고 이름이 없으면 성을 부르는 일[30]은 『춘추좌전』과 『사기』 이래로 바뀐 적이 없습니다. 오늘날 방지를 편집하는 사람은 도리어 성을 버리고 씨를 부르며 심지어 그 씨[該氏]라고 부르면 뜻으로 볼 때도 통하지 않고 글로 볼 때도 촌스러워 꼭 막히게 됩니다. 오늘날 절개를 굳게 지킨 여자들을 위해 글을 지을 때 자주 성씨를 부르지 않고 바로 절개를 지킨 여자니 목숨을 바칠 정도로 열렬한 여자라고 부르는 것은 더욱 이치를 해칩니다. 여자가 절개를 지키는 일을 남자가 충성을 바친 일에 비긴다면 가령 관룡봉이나 비간 같은 여러분을 위해 「전」을 지을 때[31] 관룡봉이나 비간의 이름을 부르지 않고 충신이라고 운운하는 셈이니 이런 이치가 있습니까? 경생이 시문[時藝]을 지을 때 첫머리 두 구절은 파제를 쓰는데[32] 파제는 으레 이름을 쓰지 않기 때문에 공자를 성인이라 부르고 공자 제자를 현자(賢者)라고 부르며 안자, 증자, 맹자를 대현(大賢)이라고 부릅니다. 아마 율부(律賦)의 도입부[33]에 앞을 비우고 뒤를 채우는 것을 본뜬 것이

29 정나라에는 공자 거질(公子去疾)이 있고 위나라에는 공자 무기(公子無忌)가 있으며 제나라에는 호생 불해(浩生不害)가 있다. 장학성 「평심매촌고문」은 이렇게 말한다. "안사고의 『광류정속』[匡謬]은 '왕연수[延壽]를 수(壽)라고 부르고 사마상여[相如]를 여(如)라고 부르는 것은 이름을 명명하는 의도와 거리끼지 않는 것 같다. 만약 공자 거질을 질이라고 부르고 호생 불해를 해라고 부르며 공자 무기를 기라고 부르는 것은 이름을 명명한 뜻과 또한 반대가 되어 크게 어긋난다'라고 한다. 그렇다면 당나라 때 사람들은 이미 그것을 명확하게 경계했다."(가업당본 『장씨유서』 보유)

30 「화주지 씨족표 서례 상」의 주1을 보라.

31 관룡봉과 비간을 말한다. 『한서』 「주운전」(朱雲傳)은 이러하다. "주운이 불러서 이렇게 말했다. 저는 아래로 내려가 용봉과 비간을 좇아 지하에서 노닐 수 있다면 충분합니다." 안사고는 이렇게 말한다. "관룡봉은 걸왕의 신하이다. 왕자 비간은 주왕의 숙부인데 모두 죽음을 각오하고 간언했기 때문에 그렇게 말한다."

32 「영청현지 열녀전 서례」의 주33을 보라.

33 청나라 손매(孫梅) 『사륙총화』(四六叢話) 권4는 이러하다. "당나라 때부터 송나라 때까지 부(賦)로 인물을 뽑았는데 율부(律賦)를 창조해서 쓰자 바로 정해진 방식이 되

고 과거 시험 답안지[試帖]의 제도가 그렇기 때문일 것입니다. 이제 그런 방법을 사용하여 절개 있고 효성스러운 여자를 칭찬한다면 정말로 이른바 익숙한 바람에 살피지 않는 일이 될 것입니다.

유종원은 이렇게 말했습니다. "사마천 『사기』와 비교해서 그것이 간결하다는 것을 드러낸다."[34] 간결하지 않으면서 역사서의 글을 말할 수 있는 것은 없습니다. 글은 어떻게 해야 간결해질까요? 말을 가리는 일이 순수하고 뒤섞지 않아야만 합니다. 옛사람은 『역』을 읽을 때 『서』가 없는 것처럼 하라고 하는데[35] 뒤섞지 않는다는 말입니다. 똑같이 경전이고 똑같이 성인의 말이지만 용이 들에서 싸워 흘린 피와 귀신을 실은 수레의 형상을 근거로 '월약계고'의 글과 비교한다든지[36] 곰, 뱀, 물고기, 깃발 꿈을 취하여 '봄, 왕이 정확한 달력을 바로잡았다'는 말 다음에 연결시킨다면[37] 성인의 사업은 황폐해지고 육경의 글도 간결하지 않을 것입니다. 이제 절개를 지킨 여자를 위해 「전」을 지으면서 절개를 지킨 여자가 행한 일을 서술하지 않고 가끔 '먹은 마음이 백주와 같다'고 칭찬하지만[38] 글이 가리키는 뜻을 이해할 수 없습니다. 백주는 측백나무로 만든 배이고 『시경』의 시인이 뜻을 깃들여 비유한 것일 뿐인데 백주가 드디어 절개를 굳게 지키는 일의 진짜 사실이 되고 말았습니다. 『시』 "관저" 시가 품격 있는 여인을 비길 수 있지만[39] 물수리가 품격 있는 여인

었다. 새롭고 교묘한 문제를 만들고 위태롭고 어려운 운을 세웠는데 사성(四聲)이 적절한지 팔운(八韻)을 제대로 붙였는지 시험했다. 첫머리[起]를 파제라 하고 잇는 것[承]을 함접(頷接)이라 하는데 성운을 서로 바꿔서 보내고 맞아들이며 격을 번갈아 새롭게 해서 나아가고 물러난다."

34 유종원 「답위중립논사도서」이다.

35 이 말은 이고 「답왕재언서」를 보라.

36 「답객문 중」의 주12를 보라.

37 「답객문 중」의 주13을 보라.

38 『시』 「용풍」 "백주"는 이러하다. "죽어도 딴 마음 안 먹으리라." 『시서』는 이러하다. ""백주"는 공강이 스스로 맹세한 것이다."

39 『시』 「주남」 "관저"는 이러하다. "꽝꽝 우는 물수리 황하의 모래톱에 앉았네. 아리따운 아가씨는 대장부의 좋은 짝이로세." 『모시전』은 이렇게 말한다. "저구는 왕구

을 가리킨다고 할 수는 없고 『시』 "녹명" 시가 반가운 손님을 비길 수 있지만[40] 우는 사슴이 어찌 반가운 손님을 가리킨다고 할 수 있겠습니까? 이치는 대단히 명백합니다. 사실을 기록하는 글에 시부가 아름다운 말로 꾸민 어여쁜 말을 뒤섞어 넣으면 어떻게 합니까? 공자는 이렇게 말했습니다. "반드시 이름을 바로잡으라."[41] 문자는 이름과 말을 모아서 적는 것입니다. "이름을 바로잡지 않으면 말이 맞지 않고" 사리를 여기서 밝힐 수가 없습니다. 그래서 책에 형식이 있고 글에 법도가 있기 때문에 군자는 어쩔 수 없는 것입니다. 만약 풍속을 좇아도 이치를 해치지 않고 사실을 해치지 않는다면 설령 옛사람이 가졌던 것이 아니라 하더라도 저절로 때에 따라 변통하는 뜻을 원용하니 이제 완전히 고집하지 않습니다.

이다. 금슬이 좋은 새이지만 암수가 유별하다. 후비가 군자의 덕을 기쁘게 즐길 때 화목하게 어울리지 않는 것이 없고 또한 낯빛이 음탕하지 않으며 깊숙하고 그윽한 것을 조심스럽게 다지는 것이 물수리에게 암수의 구별이 있는 것과 같다." 『시서』는 이러하다. ""관저"는 후비의 덕이다."

40 『시』 「소아」 "녹명"은 이러하다. "메에메에 사슴들 울며, 들의 다북쑥을 뜯네. 내게 좋은 손님 오셔 슬 뜯고 생황 부네." 『모시전』은 이렇게 말한다. "평(苹)은 평(蓱)이다. 사슴들이 다북쑥을 얻어서 메에메에 울며 서로 부르는 것은 간절하게 마음에서 나온다는 것이고 아름다운 음악을 일으켜 손님을 대접한다는 것은 간절하게 서로 불러 예를 완성해야 한다는 것이다." 『시서』는 이러하다. ""녹명"은 모든 신하와 좋은 손님들에게 잔치를 베푼 것이다."

41 「번칭」의 주16을 보라.

기여대동원론수지(記與戴東原論修志)[1]

건륭 38년 계사년 여름 영파도(寧波道)의 관청에서 대진[戴東原]과 만났다. 풍필[馮君弼]은 그때 영소대병비도원[寧紹臺兵備道]의 관직에 있었다.[2] 대진은 경술에 대한 학식이 매우 넓고 공경들 사이에 명성이 난 지 오래되었지만 사학을 이해하지 못했다. 내가 역사 사실을 말하는 것을 듣더니 기세등등해서 사람을 업신여겼다. 내 「화주지례」(和州志例)를 보더니[3]

---

1 『장실재연보』는 이러하다. "건륭 38년 계사년 선생은 서른여섯 살이다. 이 해 여름 영파도의 관청에서 대진을 만났다. 이 때 대진은 나이가 이미 쉰이고 막 절동의 금화서원(金華書院)에서 주강 노릇을 하고 있었다. 선생은 대진과 역사 사실을 논했는데 부합하지 않는 것이 많았다. 대진은 『분주부지』 및 『분양현지』(汾陽縣志)를 새로 편찬하면서 선생의 「화주지례」(和州志例)를 보았는데 「지」를 편찬할 때는 다만 지리와 연혁을 상세하게 하기만 하면 되지 문헌을 지나치게 많이 말해서는 안 된다고 말했다. 선생은 '고대를 헤아리는 일[考古]은 본디 상세하고 조심스러워야 마땅하다. 어쩔 수 없이 두 가지를 보전할 수 없는 추세라도 차라리 문헌을 중시하고 연혁을 가볍게 여기는 쪽을 원한다'고 말했다." 무창 가씨 초본은 원래 제목에 "경술년에 『문사통의』에 베껴서 보존했다"라고 주를 달았다. 경술년은 건륭 55년인데 아마 기억을 떠올려 기록한 작품인 듯하다.

바로 이렇게 말했다. "이것은 형식이야 대단히 고풍스럽고 우아하지만 「지」를 편찬할 때는 고풍스럽고 우아한 것을 소중하게 여기지 않지. 나는 『분주부지』 등 여러 「지」를 지을 때[4] 모두 세속을 따르고 결코 남과 다르게 만들지 않았으며 정해진 의례도 없었고 오로지 편리한 대로 따랐을 뿐이다. 「지」는 지리를 헤아리는 것이고 다만 지리의 연혁에 대해서만 온 마음을 쓰면 「지」의 임무는 이미 마친 셈이다. 문헌을 많이 말하는 일[5]이 어찌 급한 일이라고 하는가?"

나는 이렇게 대답했다. "저는 형식에 대해 옳은 것을 구할 뿐이지 고풍스럽거나 우아한 것을 추구하겠다는 마음을 가지지 않았습니다. 그러나 옳은 것을 얻었을 때 고풍스럽거나 우아한 것에 부합하지 않는 것이 없었습니다. 만약 세속을 따라야만 한다고 말한다면 세속적인 사람들도 모두 이 일을 할 수 있는데 또한 왜 사람을 가려서 줄 필요가 있겠습니까? 방지는 고대의 국사처럼 본래 지리의 전문 분야가 아닙니다.[6] 만약 연혁만 중시하고 문헌은 급한 일이 아니라고 한다면 「연혁고」(沿革考)만 하나 지으면 충분하지 왜 사람들을 모아서 편찬 기구를 열고 비용을 모아 몇 천 량이나 되는 돈을 써가면서 말을 공손하게 하고 보수를 두둑이 줘가면서 그대를 멀리까지 오시게 요청하고 많은 세월을 써가면서[7] 책

---

2 장학성 「호북안찰사풍군가숙전」[湖北按察使馮君家傳]은 이러하다. "이 분은 풍씨(馮氏)이고 이름이 정승(廷丞)이며 자가 자필(子弼)이고 스스로 강재(康齋)라는 호를 썼다. 대대로 대주(代州)에 살았다. 건륭 17년 거인이 되었고 절강 영소대도(寧紹臺道) 벼슬을 역임했다."(가업당본 『장씨유서』 권17) 또한 「풍정구가전」(馮定九家傳)은 이러하다. "내가 풍씨와 사귀게 된 것은 사실 안찰사 풍정승에게서 비롯되었다. 임진년과 계축년 사이에 나는 영파에 있는 안찰사의 관청[使署]으로 풍정승을 찾아 갔었다."(가업당본 『장씨유서』 권17)

3 장학성은 건륭 38년 2월 유장성의 초빙에 응하여 『화주지』를 편찬했다. 먼저 「화주지례」[志例]를 지었는데 이때에 이르러 대진과 서로 만나서 그를 알게 되었다.

4 단옥재 『대선생연보』(戴先生年譜)는 『분주부지』 서른네 권을 건륭 34년에 편찬했다고 한다. 『분양현지』는 건륭 36년에 편찬했다.

5 「역교 상」의 주16을 보라.

6 이야기는 「박주지 장고 예의 하」 및 「주현청립지과의」에 상세하다.

7 가의 「과진론 하」는 이러하다. "그러므로 하는 일 없이 헛되이 세월을 보냈지만 사

을 완성한 것이 몇 상자나 되어야 하는 것입니까? 하물며 고금의 연혁은 내 마음대로 생각해서 쓸 수 있는 것이 아닙니다. 연혁을 헤아리는 사람은 역사서[載籍]를 바탕으로 취합니다. 재적이 모두 있으면 모든 사람들이 헤아릴 수 있고 설령 내가 지금 잘못하더라도 후세인이 오히려 바르게 고칠 수 있습니다. 한 지방의 문헌은 제 때 찾아서 모으지 않으면 편집할 때 적당한 방법을 얻지 못하는 일, 버리고 취하는 것도 적당함을 잃게 되는 일, 놓쳐 버려서 나중에 조사하기 어렵고 자취도 없이 사라져 듣지 못하는 일이 생깁니다. 계획을 세우는 요점은 후세인이 바로잡지 못하는 것을 취하는 일에 더욱 마음을 쓰는 것이 낫습니다. 그래서 내 관점에 따르자면 고대를 헤아리는 일은 본디 상세하고 조심스러워야 마땅합니다. 어쩔 수 없어서 두 가지 모두 온전하지 못할 것 같으면 차라리 문헌을 중시하고 연혁을 가벼이 여기는 것이 낫습니다." 대진은 다른 데를 돌아보면서 다른 사람에게 이렇게 말했다. "연혁이 만약 틀리면 책 전체가 모두 틀려 돌아간다. 이 부, 저 부의 「지」라고 이름 지어놓고 이 부, 저 주의 내용이 아니라면 되겠는가?" 나는 이렇게 대답했다. "이른바 연혁이 틀리면 책 전체가 모두 잘못된다는 말씀도 조사할 수 있는 고대의 사실을 책에 잘못 넣은 것일 뿐입니다. 고대의 사실이 잘못 들어간 것도 고대의 책을 의거하여 바로잡을 수 있는 것은 사실과 연혁이 대등하기 때문입니다. 삼사백 년 내에 없어지거나 사라진 문헌이 흩어진 채 따로 나타나는 것이나 입에서 귀로 전해지는 것은 후세인이 자취도 없이 없애버리지 않는다고 장담할 수 없습니다. 그리고 이익과 폐단을 일으키고 한 지방의 실용에 절실한 것이라면 모두 실제를 조사하여 비교할 수 있으니 결단코 연혁을 헤아리는 일에서 틀릴 수 없으며 이 부, 이 주에 절실하게 부합하지 않는 것입니다."

직이 안정되었다."

풍필은 이렇게 말했다. "방지는 고금을 통합해야 완전한 책이 된다. 어찌 겨우 삼사백 년 내에만 베풀겠는가?"

나는 이렇게 대답했다. "사부의 책은 오늘날과 가까운 시대일수록 상세하고 먼 시대일수록 간단한데[8] 여러 분야가 대부분 그런 것이지 방지만 그런 것이 아닙니다. 『사기』는 한나라의 제도에 상세하지만 순임금, 하나라, 상나라, 주나라를 기술할 때는 분명히 육예와 배치되는 것도 제법 있습니다.[9] 그러나 육예가 모두 갖춰져 있기 때문에 사람들은 근거로 삼아 사마천의 잘못을 바로잡을 수 있습니다. 그래서 사마천의 『사기』가 비록 잘못되었어도 오히려 다치지 않습니다. 진나라가 망하고 초나라가 천하를 차지한 무렵부터 한나라 무제 때의 천한 연간까지[10] 백여 년 동안은 오로지 사마천의 『사기』에만 완전히 의지하지만 사마천이 이에 대해 상세하지 않으면 후세는 무엇을 근거로 그 사실을 헤아릴 수 있습니까? 오늘날 방지를 편찬하는 사람이 반드시 고금을 통합하고자 하는 이유는 이전 사람이 「지」를 편찬할 때 분수에 맞지 않고 촌스러운 것이 대부분이라 가리고 취할 것이 없기 때문이고 어쩔 수 없이 범례를 일으키

---

8 『순자』「비상」은 이러하다. "전해진 지가 오래되었으면 논하는 것이 간단하고 가까우면 논하는 것이 상세하다."

9 『사기』「하본기」(夏本紀)는 고요의 말을 이렇게 수록하고 있다. "천자가 이것을 합쳐서 받아들이고 널리 베풀며 아홉 가지 덕을 모두 시행하면 뛰어난 사람들이 벼슬에 있게 되고 온갖 구실아치가 엄숙하고 조심할 것입니다. 사람들이 올바르지 않거나 음탕하거나 기이한 꾀를 부리지 않도록 만들고 적당하지 않은 사람이 벼슬을 차지하고 있는 것을 천자의 사업을 어지럽히는 것이라고 합니다." 『사기색은』은 이러하다. "이것은 『상서』「고요모」를 취할 때 글을 끊고 잘라서 특히 순서가 없다. 다름 아니라 반고가 이른바 엉성하고 간단하며 모순된다고 말한 것이다." 또한 『사기』「제세가」(齊世家)는 이러하다. "무왕은 맹진(孟津)으로부터 군대를 돌이켜 태공과 함께 이것을 「태서」로 지었다." 『사기』「노세가」(魯世家)는 이러하다. "무왕이 주왕을 정벌할 때 목야에 이르렀다. 주공은 무왕을 도왔고 「목서」(牧誓)를 지었다." 왕약허는 이렇게 말한다. "『상서』에 따르면 두 편은 모두 왕의 말이지만 하나는 태공이 지었다고 생각하고 하나는 주공이 그를 도와서 지은 것이라 생각하는 것은 무슨 근거가 있는가?"(『호남유로집』 권9)

10 『한서』「사마천전」은 이러하다. "『초한춘추』를 기술한 뒤 그 뒤의 사실을 이어서 천한 연간[大漢]에 이르렀다." 천한은 무제의 연호이다.

는 것이 창조하는 것이나 마찬가지입니다. 만약 이전의 「지」에 유감이 없다면 다만 있는 것을 이어야만 하고 이전의 「지」에 빠진 것이 있다면 다만 없는 것을 보충해야만 할 뿐입니다. 방지의 편찬은 멀어도 백 년을 넘지 않고 가까우면 삼사십 년을 넘지 않습니다. 이제 멀리 삼사백 년으로 한정하는 것은 사실을 비록 번갈아 편찬하더라도 뜻은 창조하는 것이나 마찬가지이기 때문에 특별히 넓게 계획하는 것일 뿐입니다. 만약 이전의 「지」에서 취할 것이 있다면 이렇게 모든 방지를 삼사백 년까지 계획할 필요는 없겠지요. 「지」를 편찬하는 사람은 아름다운 겉모양을 보여주는 것이 아니라 실용을 얻으려고 합니다. 때가 다르고 추세도 달라 예전의 「지」가 동시에 포괄할 수 없기 때문에 멀면 백 년인 경우나 가까우면 삼사십 년인 경우라도 다시 편찬할 필요가 있습니다. 만약 연혁을 헤아릴 뿐이고 다른 것은 중시하지 않다고 말한다면 연혁이 뚜렷이 나타나니 그것을 헤아려 바로잡을 필요가 없는 주와 현은 「지」를 편찬할 필요가 없습니다." 풍필은 환하게 모두 깨닫고 이렇게 말했다. "그렇습니다."

대진은 옷을 떨치고 자리를 떠나버렸다. 이튿날 내게 『분주부지』를 보여주면서 이렇게 말했다. "나는 연혁 이외에도 탁월하고 뛰어난 견해가 없지 않다. 예전 「지」에 있는 「인물」이라는 분야는 우선 유명한 스님을 앞세우고 나는 그것을 삭제하고자 했지만 싣고 있는 실제 사실이 저렇게 뛰어나고 우뚝하니 버릴 수도 없다. 그러나 스님을 어찌 사람으로 칠 수 있겠나? 다른 「지」가 그들을 「인물」에 편집한 것은 대단히 무식한 짓이야. 나는 유명한 스님이 반드시 오래된 절에 살고 있고 오래된 절은 「고적」에 귀속시켜야만 하는 것이기 때문에 유명한 스님의 사실을 취하여 「고적」에 귀속시켰지. 평범한 역사가[庸史]는 이것이 처음으로 창조한 범례라는 것을 이해하지 못할 것이야."

나는 이렇게 대답했다. "고적은 「지」에서 중시하는 것도 아니고 지도

[輿地之圖]에 붙여서 보여줘야만 하지 그 자체가 전문 분야가 되어서도 안 됩니다. 고적이라는 전문 분야를 세운 것은 『일통지』가 분류하고 편찬한 명목이고 촌스러운 유학자들이 그대로 이어서 방지에 넣고 있을 뿐이지 별로 대단한 생각도 아닙니다. 만약 스님을 사람이라고 여길 수 없다면 저들의 피와 살을 가진 몸뚱이는 나무도 아니고 돌도 아닌데 도대체 무슨 물건입니까? 기록할 것은 기록하고 삭제할 것은 삭제하는 범례가 지극히 엄격하기는 『춘추』에서 극에 달합니다.[11] 『춘추』가 죽이거나 귀양 보내는 것은 나라를 어지럽히는 불충한 무리에 대해서 극단적이지만[12] 이름을 올바르게 해서 죽이거나 귀양 보내는 데 그치지 그들을 사람이라고 생각하지 않고 사실을 쓰는 방법에서 머리는 둥글고 발은 네모난 인류와 다르다고 하는 소리는 들은 적이 없습니다.[13] 하물며 「인물」은 역사서의 범례를 본뜨고 있으며 역사서는 간사한 신하나 반란을 일으킨 도적도 충신이나 훌륭한 벼슬아치와 동시에 「전」에 열거하지 그들을 사람이라고 생각하지 않아서 「지리지」에 붙인다는 소리는 들은 적이 없습니다. 스님의 사실을 삭제하여 싣지 않는 것은 촌스러운 유학자의 견해에 지나지 않을 뿐입니다. 고적을 유명한 스님이 머무른 자취라고 생각하지만 인물이라는 이름을 붙이지 않는다면 『회계지』(會稽志)에 우혈(禹穴)은 있지만[14] 「인물」에 우임금이 없고 『언사지』(偃師志)에 탕묘(湯墓)는 있지만[15] 「인물」에 탕왕이 없으며 『곡부지』(曲阜志)에 공림(孔林)은

---

11 「역교 하」의 주5 및 주26을 보라.

12 「절동학술」의 주25를 보라.

13 『남사』「진기(陳紀) 상」은 이러하다. "네모난 발과 둥근 머리를 가진 것, 곧 사람은 하나도 남기지 않았다."

14 회계현은 청나라 때 산음현(山陰縣)과 함께 절강 소흥부의 다스림을 받았다. 『오월춘추』는 이러하다. "우임금이 완위(宛委)라는 산에 올라 돌을 뽑고 보배로운 글[金簡玉字]을 얻었다. 물과 샘물의 맥을 따라 가면 산속에 바닥이 보이지 않는 깊이의 동굴이 하나 있는데 이것을 우혈(禹穴)이라고 한다."(『사기』「태사공자서」 "우혈을 찾았고" 부분에서 『사기정의』가 인용했다)

15 언사현(偃師縣)은 청나라 때 하남 하남부(河南府)에 속한다. 『독사방여기요』(讀史方輿紀要) 「하남」 "언사현" '박성'(亳城) 다음의 주는 진나라 때 『태강지기』(太康地記)

있지만[16] 「인물」에 공자가 없는 셈입니다. 유명한 스님이라는 사람들은 무슨 행운이 있어서 우임금, 탕왕, 공자처럼 우러름을 받는 것입니까? 본디 평범한 채 괴이쩍고 망령스러운 것을 피하는 것이 무식하면서 이치를 잘 알고 있다고 억지로 가장하는 것보다 낫습니다."[17]

를 인용하고 있다. "시향(尸鄕) 남쪽에 박판(亳坂)이 있고 동쪽에 동성(桐城)이 있는데, 태갑이 쫓겨난 곳이라서 역시 동궁(桐宮)이라고도 하며 탕왕의 무덤이 있다."

16 곡부현은 청나라 때 산동 연주부(兗州府)에 속한다. 공림(孔林)은 곡부성의 북쪽 2리 거리에 있다.

17 장학성「우답주소백서」는 이러하다. "정요전[程易田]의 『통예록』(通藝錄)은 바로 『주관』의 정밀하고 긴요한 뜻이지만 현대적이지도 않고 고대적이지도 않은 전, 지, 장, 술을 오히려 좋은 글이라고 스스로 생각하여 역시 그중에 열거하고 있다. 이것이 어찌 죄인이 범죄 사실을 진술하듯 지껄인 촌스러운 말을 스스로 갖춘 것이 아니겠는가? 대진[戴東原氏] 같은 사람은 정요전보다 더욱 나아갔다. 그래서 대진의 「집」은 상대가 한 말을 맞대응한 것이나 전이나 지도 역시 좋은 글이라고 스스로 생각하여 보존하고 있다. 또한 남의 웃음거리가 되는 『분주부지』를 자기가 바라던 대로 이루었다며 깊고 흐뭇하게 말하고 있으니, 그래서 자신을 참으로 아는 사람은 적은 법이다!"(가업당본 『장씨유서』 보유)

보광제황대윤론수지서(報廣濟黃大尹論修志書)[1]

「지」의 원고를 받들어 보았습니다. 형식이 간단하고 소중하며 법도에 질서가 바르고 엄격한데도 간절하게 하문하시니 황공스럽고 오로지 두터운 인정을 저버릴까 두렵습니다. 촌스러운 제 생각을 대략 한두 가지만 받들어 보잘 것 없는 견해를 갖췄습니다만[2] 꼭 옳지는 않을 것입니다. 방지의 폐단이 오래되었고 세속에 유행하며 분수에 넘치는 책은 본디 논하지 않아도 괜찮지만 우아한 의도를 가지고 변변치 못한 것을 털

---

1 『장실재연보』에 따르면 이 글은 건륭 58년 계축년에 지었다.(나이토 토라지로[內藤]의 목록에 따르면 제목 다음에 "계축년에 기록으로 남기다"라는 말이 있다고 한다) 광제현(廣濟縣)은 청나라 때 호북 황주부(黃州府)에 속했는데, 황 대윤(黃大尹)은 상세하지 않다.

2 『시』「패풍」"곡풍"은 이러하다. "순무를 캐고 무를 캐는 것은 뿌리만 가지려는 것은 아니라네." 봉(葑)은 만청(蔓菁)이다. 비(菲)는 노복(蘆菔)이다. 하체(下體)는 뿌리 줄기이다. 정현「전」은 이러하다. "이런 두 가지 푸성귀는 모두 위아래를 먹을 수 있다. 그러나 뿌리가 맛있을 때가 있고 맛없을 때가 있다. 캐는 사람은 뿌리가 맛없을 때라도 잎사귀마저 아울러 버려서는 안 된다."

어내서 일가를 이룰 수 있기를 찾는 일은 가끔 있었습니다. 대체로 문인의 책이 있고 학자[學人]의 책이 있으며 시인[辭人]의 책이 있고 소설가[說家]의 책이 있으며 역사가의 책이 있는데[3] 오로지 역사가만 올바른 종지를 얻었습니다. 그러나 역사가도 또한 저작의 역사가와 찬집의 역사가가 있어서 길이 다릅니다. 저작의 역사가는 송나라 때 사람들 이후로 결코 많이 보이지 않습니다. 그러나 찬집의 역사가는 박식함과 우아함을 일삼아 한 글자라도 반드시 근거가 있어야만 궁극적인 것으로 삼은 뒤, 뒤섞어 늘어놓으며 가지런히 다듬어서 잘라 붙였기 때문에 아름다운 것입니다.

지금 보내주신 원고는 아마 주이존의 『일하구문』을 본뜬 것 같은데[4] 이것이 이른바 찬집의 역사서 가운데 좋은 것이긴 하지만 그것을 운용할 때 형식이 가지런하게 일치하게 만들 수 없었던 듯합니다. 전에 주서창(周書昌)과 이남간(李南澗)이 함께 『역성현지』(歷城縣志)를 편찬할 때[5] 한

---

3 유함흔 『문사통의지어』는 이러하다. "문인의 책은 역사서를 제멋대로 베낀다. 학자[學人]의 책은 비교하고 검토해서 증거를 찾는 일[考據]에 전문적이고 정밀하다. 시인[辭人]의 책은 어휘의 수식을 꾸미기 좋아한다. 소설가[說家]의 책은 자질구레한 것을 주워 모으는 일을 기뻐한다." 나는 이렇게 생각한다. 문인도 역시 어휘의 수식을 좋아한다.

4 『청사열전』「문원전」 2는 이러하다. "주이존은 자가 석창이고 절강 수수 출신이다. 강희 18년 황제의 명령으로 박학홍유과에 합격하여 검토에 제수되었고 『명사』 편찬에 참가했다. 어려서부터 시와 고문사로 당시 유명했고 또한 서적을 널리 통해서 알았는데 저술에 『일하구문』 마흔두 권이 있다." 나는 이렇게 생각한다. 주이존 『일하구문』은 오래된 책 및 금석문 천육백여 가지를 주워 모아 열 가지 분야로 나누었는데 책은 강희 27년에 완성되었다.

5 『청사열전』「유림전 하」는 이러하다. "주영년(周永年)은 자가 서창(書昌)이고 산동 역성(歷城) 출신이다. 어려서 학문을 좋아하여 오만 권의 책을 모았는데 아는 것이 많아 막힘이 없이 꿰뚫었기 때문에 당시 존경과 인정을 받았다. 건륭 26년 진사가 되어 사고전서의 편찬에 부름을 받아 서길사로 고쳤다가 편수에 제수되었다. 귀주 향시 부고관에 임명되었다. 저술에 『선정독서결』(先正讀書訣) 한 권이 있다. 죽었을 때 나이가 예순둘이다." 『청사열전』「문원전」 3은 이러하다. "이문조(李文藻)는 자가 소백(素伯)이고 산동 익도(益都) 출신이다. 건륭 25년 진사가 되어 계림부(桂林府) 동지를 역임했다. 경을 연구할 때 고대에 의지를 두어 수만 권의 책을 모아 모두 스스로 교수했다. 나이 마흔아홉에 죽었다. 저술에 『은평집』(恩平集), 『조양집』(潮陽集),

글자라도 내력을 적지 않은 것이 없었습니다.[6] 그중 고대의 책과 예전의 「지」에 명확한 글이 있으면 본디 원래 책의 명목을 주석으로 달았고 설령 새로 수록한 사실이 주를 달만한 책이 없더라도 만약 안독에서 취했다면 아무개 부서의 문서[某房案卷]라는 글자꼴을 주석으로 달았고 만약 전장을 던진 것에서 취했다면 가전이나 정장(呈狀)이라는 글자꼴을 주석으로 달았으며 그중에 누가 구술한 것에서 얻었다면 아무개의 구술이라는 글자꼴을 주석으로 달았습니다. 이것은 책 전체에 자기 말이 한 마디도 없다는 것을 밝힌 증거이고 또한 확실히 『일하구문』을 본떠서 일치하도록 만든 것입니다. 「지」에 간혹 새로 보탰다[新增]라는 글자를 주석으로 단 것이 있는데 어떤 것은 주를 달지 않아서 의례가 없는 듯합니다.

또한 「세기문」[世紀]에는 새어 없어진 것이 지나치게 많고 역사서의 「지」에 나타나는 그 지방의 연혁도 미처 가려서 갖추지 못했으며 나머지도 역시 실마리가 적은 듯하니 이것은 아직 쓸 수 없을 듯합니다. 「성시문」[城市]의 "학교"는 악장 및 선현과 선유를 배향하는 자리를 기록하고 있는데 이것은 천하에 동일한 것이며[7] 법전에 반포하는 것이기 때문에 본래 실을 필요가 없습니다. 이제 그것을 수록하면서 또한 『회전』에 나온다고 주를 달지 않고[8] 예전의 「지」에 나온다고 주를 단 것도 근원을 잃은 듯합니다. 또한 시와 글을 「지」에 넣을 때는 본래 어림잡아 헤아려

『계림집』(桂林集) 등이 있다." 계복(桂馥) 「주영년전」(周永年傳)은 이러하다. "현령 호덕림(胡德琳)이 선생과 청주 출신 이문조를 초빙하여 『역성현지』(歷城縣志)를 함께 편찬했다." 나는 이렇게 생각한다. 『역성현지』 쉰 권은 건륭 36년에 편찬했다.

6 유함흔 『문사통의지어』는 이러하다. "「지」를 편찬할 때는 대개 예전 글을 쓰는데 역시 거리끼고 거치적거리는 것이 많다. 초순[焦里堂] 「여이묵경서」(與伊墨卿書)는 이미 그것을 상세하게 논했다."(나는 이렇게 생각한다. 초순 「상군수이공서」(上郡守伊公書)는 『조고루집』 권13을 보라)

7 『시』 「소아」 "북산"(北山)은 이러하다. "모든 하늘 아래 왕의 땅이 아닌 것이 없다네. 모든 땅의 물가까지 모두 임금의 신하라네."

8 『대청회전』은 「답견수재논수지 제이서」의 주36을 보라.

야 마땅하기 때문에 따로 「문징」을 만들어야 한다고 저는 생각합니다. 이제 『일하구문』의 범례를 본떠 본래 분야 다음에 수록하려면 역시 범례도 일치시켜야 마땅합니다. 『일하구문』을 살펴보면 시와 글을 막론하고 으레 칸을 낮추고 나눠서 싣고 있습니다. 이제 다만 「산천문」(山川門) 전체에서 시를 수록하고 있지만 여러 분야에 꼭 실어야 하는 전, 지, 기, 서의 글은 대부분 삭제하고 요약해서 글 전체를 나열하지 않았습니다만 아마 간단한 요점은 비록 얻었을지 몰라도 싸잡아 열거하지 못하고 있는 듯합니다.

또한 「표」의 형식은 가로세로 주요한 것과 보조적인 것을 엮어 눈썹과 눈이 뚜렷한 것처럼 산뜻하고 분량을 줄인 뜻은 지극히 좋습니다. 지금 「직관」과 「선거」는 여전히 여러 사람의 이름을 적은 명부처럼 흩어져 있기 때문에[9] 이름은 비록 「표」이지만 사실은 「표」가 아닙니다. 「호적표」[戶籍之表]는 좋습니다만 보갑[圖甲]과 성씨는 주석으로 달아도 괜찮으나[10] 지금 사람 이름을 주석으로 단 사람이 누구를 가리키는지 모르기 때문에 조사하여 밝혀야 마땅할 듯합니다.

「예문」의 범례는 경부, 사부, 자부, 집부 가운데 수록하지 않아도 되는 것이 없습니다. 글을 지은 사람이 모두 「문원」에 나오는 것은 아니기 때문입니다. 지금 「문원」의 「전」을 가다듬어 「예문」에 넣고 『직재서록해제』를 본떴다고 말하고 있습니다.[11] 사실 유향의 『칠략별록』에 지은이를

---

9 「답견수재논수지 제이서」의 주20을 보라.

10 『대청회전』 권17 "호부"는 이러하다. "보갑(保甲)에 편제할 때 호(戶)에는 패(牌)를 주는데 가장의 이름과 정남(丁男)의 숫자를 쓴다. 열 집이 패가 되고 열 개의 패가 갑이 된다." 도갑(圖甲)은 한 지역의 보갑이다.

11 『사고전서총목제요』 "목록류"는 이러하다. "『직재서록해제』 스물두 권은 송나라 진진손이 지었다. 진진손은 자가 백옥이고 호가 직재이며 안길 출신이다. 주밀(周密) 『계신잡지』(癸辛雜識)는 '최근에는 오로지 직재 진진손[陳氏]의 책이 가장 많다. 아마 복건 포전에서 벼슬살이를 할 때 협제(夾漈)의 정씨, 방씨(方氏), 임씨(林氏), 오씨(吳氏) 집안의 예전 책들을 전하여 기록한 것일 텐데 오만천백팔십여 권에 이른다. 또한 『군재독서지』를 본떠 해제를 지었는데 지극히 정밀하고 상세하다' 운운하고 있다. 그러면 진진손의 책은 송나라 말기에 이미 세상 사람들이 중시한 것이다. 그

표시하지 않은 적이 없는 것은 「전」의 형식과 대체로 같습니다.[12] 그러나 반고가 『한서』 「예문지」에 엮어 넣을 때는 각자 「전」을 지었기 때문에 「예문지」의 서목 다음에 '전이 있다'[有傳]라는 말만 주석으로 달아도 형식이 갖춰지게 되었습니다.[13] 지금은 또한 손님이 도리어 주인이 되는 일을 피하지 못하게 되었습니다.

이상 여러 조목은 눈먼 사람의 견해라는 것을 지극히 잘 아실 테니 채택하기 적당하지 않을 것입니다. 또한 자신을 헤아리지 못하고 자기 위치를 넘어서는 꾀이기 때문에[14] 자질구레한 것을 감히 변변치 않게 늘어놓을 수도 없습니다. 그러나 이미 하문을 받들었으니 감히 큰 줄거리를 내놓지 않을 수 없었습니다.

범례는 역대 전적을 쉰세 가지 부류로 나누고 각각 분량의 많고 적음, 지은 사람의 성명을 상세하게 하고 성공과 실패를 평가했기 때문에 해제라고 한다. 마단림 『문헌통고』 「경적고」는 오로지 이 책 및 『군재독서지』에 의거하여 엮은 것이다. 『군재독서지』는 현재 판각본이 있지만 이 책은 사라진지 오래되었고 다만 『영락대전』에 아직 완전한 분량이 수록되어 있어서 조심스럽고 상세하게 교정을 보태 스물두 권으로 정했다."

12 『별록』은 이러하다. "『사씨아금』(師氏雅琴)의 사씨는 이름이 지(志)이고 동해 하비(下邳) 출신인데 전해지는 말에는 사광의 일이라고 한다. 지금까지도 하비의 풍속은 여전히 거문고를 좋아하는 사람이 많다."(『북당서초』 109의 인용) 『칠략별록』은 「언공 중」의 주29를 보라.

13 『칠략』 「제자략」 "유가"의 『안자』는 여덟 편이라는 구절에 대해 자주는 이렇게 말한다. "「열전」이 있다."

14 「주현청립지과의」의 주4를 보라.

복최형주서(覆崔荊州書)[1]

지난 달 지나가면서 뵐 때는 마침 관청 일이 바쁘신 무렵이어서[2] 떠날 때 받은 선물이며 타고가라고 배를 내주신 일을 받들고 깊이깊이 편안하지 않았습니다. 가난한 문인의 퀭한 눈으로[3] 관청의 사정이 느긋한지

---

1 최용현은 영제(永濟) 출신인데 벼슬이 형주 지부이다. 당시 『형주부지』(荊州府志)를 편찬했는데 처음이 「기」, 다음이 「고」, 다음이 「표」, 다음이 「전」이고 「문징」 및 「총록」(叢錄)을 붙였는데 권 숫자는 상세하지 않다. 원고는 장학성의 친필에서 나왔고 상의해서 바로잡은 곳이 있기 때문에 이 책을 알리게 되었다. 장학성은 건륭 59년 갑인년에 호북을 떠났기 때문에 글 속에 "보잘 것 없는 저는 또한 돌아갈 기한에 쫓겨서"라는 말을 살펴보면 『형주부지』는 계축년과 갑인년 사이에 완성되었어야만 한다.(「위필제부찬형주부지서」를 참고해 보라) 무창 가씨 초본의 원래 제목은 "갑을잉고"(甲乙賸稿)라고 주를 달았으므로 책을 지은 해는 대략 헤아려 알 만하다.

2 『한서』 「곽광전」(霍光傳)은 이러하다. "사자가 널리 퍼트렸다.[旁午]" 주는 이러하다. "'여순은 방오(旁午)가 널리 퍼져 있는 것[分布]이라 했다.' 안사고는 이렇게 말한다. '한 번은 세로로, 한 번은 가로로 얽힌 것이 방오인데 서로 가로지르는 것[交橫]이다.'"

3 당나라 장작(張鷟) 『조야첨재』(朝野僉載)은 이러하다. "강릉은 예의가 있는 지방[衣冠藪澤]이라고 불리는데 비파가 밥솥[飯甑]보다 많고 조대(措大)가 붕어보다 많다고

급한지 통달하지 못하여 여러 차례 편지를 보내 감히 읽게 만들었으니 부끄러워 몸 둘 바를 모르겠습니다! 겨울 추위가 닥치자 나리의 건강이 요즘 좋으신지 조심스럽게 생각하게 되었습니다. 함께 부친 「지」의 원고는 닻줄 푸는 일이 바빠서 미처 열어보지 못했습니다만 공손히 편지를 보내 성성[省]에 돌아간 뒤에 답장을 드리겠다고 말씀드렸습니다. 배를 타고 가는 도중 일이 없어 역시 대략 훑어보니 일을 맡으신 분답게 밝게 살펴보신 것이 감탄스럽고 다른 사람이 따라잡지 못하겠습니다. 이전에 성성에서 만나고 「지」의 원고를 보내셨을 때, 일을 맡으신 분께서 머무를 날이 많지 않다고 하시며 "「지」가 대단히 정밀하고 맞아서 그중 그릇되고 어긋난 것이 있어도 고쳐 바로잡기 쉽다"고 말씀하셨습니다. 이 몇 마디 말은 움직일 수 없는 평판입니다.

지금 여러 신사들이 한 달도 넘게 조사하고 대조하고 있는데[4] 종이쪽지를 꽂아 지적한 것이 삼처럼 빽빽하고 심지어 여러 차례 비방과 비웃음을 거듭하면서 올바른 도를 전부 잃어버리는 바람에 보잘 것 없는 제가 부끄러워 몸 둘 바를 모르게 만들었습니다. 그러나 끝까지 여러 번 생각하여 잘 어울리게 다듬고 고치면[5] 「직관표」와 「과목표」 두 가지에만 사람 이름이 뒤집어지거나 뒤섞인 것이 있고 「문징」의 "비기"(碑記) 한 권은 시대가 앞뒤를 따르지 않아서 참으로 모순됩니다. 그러나 책 교정은 원수를 마주한 것처럼 하는 것이나 『예』를 비교하고 『서』를 따지

사람들은 말한다."(『유설』(類說) 40) 조대는 실망한 선비이다. 『서언고사』(書言故事)는 이러하다. "형편이 어려운 실망한 선비는 물정을 잘 몰라서 돈 십만 관을 줘도 낡아빠진 집이나 틀어막는다."

4 『설문해자』는 이러하다. "감(勘)은 바로잡는다[校]는 뜻이다." 마감(磨勘)은 다름 아니라 교감(校勘)이다.

5 『당시기사』 권40은 이러하다. "가도(賈島)는 과거 시험에 응시하러 서울에 오는 길에 나귀를 타고 시를 짓다가 '스님은 달빛 아래 문을 미네'[僧推月下門]라는 구절을 얻었다. 퇴(推)를 고쳐 고(敲)라고 짓고 싶었는데 손을 내밀어 미느냐 두드리느냐는 추세를 망설이다가 결정하지 못했다. 골똘히 생각하던 차에 대윤(大尹) 한유를 마주치게 되어 바로 말했다. 한유는 '고 자가 아름답네'라고 말했고 드디어 고삐를 묶고 가던 길을 멈춘 뒤 오랫동안 시를 논했다."

는 일처럼[6] 책을 편집하면서 종이쪽지에 적어 상의하고 편지를 주고받는 것도 늘 있는 사리입니다. 그렇지 않다면 옛사람이 꼭 교수학을 세울 필요가 없었을 것이고 요즘 사람이 책을 편찬하는 일도 역시 꼭 교정(校訂)과 참열(參閱)이라는 직함을 열거할 필요가 없습니다. 하물며 「직관표」와 「과목표」에 확실히 일을 맡아 처리하면서 잘못된 곳이 있고 역시 보내서 밝힌 책[冊籍]에도 본래 완전하지 않은 곳이 있습니다. 「문징」은 이미 먼저 책을 완성했고 나중에 이어서 수록했기 때문에 시대에 차이가 생기는 일이 벌어졌습니다. 비록 어그러져 잘못되었다 하더라도 역시 완전히 원인이 없지는 않습니다. 그러나 여러 신사들이 지적한 것 이외에 엄격하게 더 나무라는 것은 마치 글방 선생이 어린아이를 대하는 것이나 고을 수령이 구실아치를 대하는 것과 마찬가지로 지나칩니다. 하물며 문리가 결국 밝게 트였고 지적에도 결국 잘못이 없다면 보잘 것 없는 제가 어찌 엄격한 스승으로 받들어 모시기 어렵겠습니까. 이제 책을 펴보니 첫 번째 조목, 곧 범례의 원문은 이렇게 말합니다. "방지는 국사에 의해 요약 편집한다."[7] 말은 본래 명백합니다. 요약 편집[要刪]은 덜어내서 요점을 취하여 쓰임새를 갖추는 것이라고 말하는 것이고 이 말은 『사기』에서 나왔기 때문에 애초부터 깊고 구석진 말이 아닙니다. 그러나 중요한 전거[要典]라고 종이쪽지를 꽂아 고치면 이것은 국사가 도리어 방지를 빌리는 것을 소중하게 생각한다는 말이 되니 사리가 내용을 잃고 말도 이해하기 힘들게 되었습니다. 「문징」의 "이성사기"(二聖祠記)는 앞에서 "상 앞에서 즉시 화하고"라고 말하고 뒤에서 "잠깐 뒤에 다시 살아난다"라고 말하고 있습니다. 화한다는 말은 죽는다는 말이기 때문에 사전은 사(死) 자는 화 자의 절반의 의미를 따른다고 말합니다.[8] 글자도 본래 명

6 책 교정은 원수를 마주한 것처럼 하는 것은 「편권」의 주9를 보라. 『예』를 비교하고 『서』를 따지는 것은 「언공 하」의 주27을 보라.

7 「언공 하」의 주86을 보라.

8 『설문해자』 제4편 하는 이러하다. "사(死)는 다한다[澌]는 뜻이다. 사람이 떠나는 것이다. 알(歺)과 인(人)으로 구성되었다." 또한 제8편 상은 이러하다. "비(匕)는 변한다

백합니다. 이제 종이쪽지는 '즉시 화하고' 구절을 이렇게 말합니다. "잘못이 있다. 그렇지 않다면 다음 글에서 다시 살아난다는 말은 근거가 없다." 이로써 볼 때, 그 사람의 문리는 본래 밝게 트이지 않아서 제멋대로 꾸짖는 것이 틀림없으며 훌륭한 우리 유학에 체면이 있다는 것을 모릅니다. 「직관표」와 「과목표」는 어그러져 잘못된 것을 스스로 고쳐서 바로잡아야만 합니다. 다만 직관에는 문관, 무관, 정직[正], 보좌[佐]가 있고 과목에도 문거, 무거, 갑과, 을과가 있으니 형주부에 소속된 일곱 현을 일곱 칸으로 이미 구분하여 나누셨으면[9] 거기 딸린 직관과 과목마다 칸을 하나씩 더 나눈다면 분량이 용납하지 못할 정도가 될 것입니다. 그러므로 일곱 칸으로만 나누고 각 항목의 명목을 사람 이름 아래에 주석으로 다십시오. 이 방법은 『한서』「백관공경표」에 뿌리를 두고 있으며 서른네 가지 관직을 열네 칸에 동시에 배열하지만[10] 여전히 「표」 안의 각각 명목에 주를 달고 있으니 간단함을 가지고 번거로움을 조정하는 가장 좋은 방법입니다. 이제 종이쪽지는 이렇게 지적하고 있습니다. "「표」 하나에 뒤섞어 합치니 눈썹과 눈이 맑지 않다." 또한 「문징」이 갖가지 형식의 문자를 나누어 편집할 때 전체의 범례는 우연히 "비기" 때문에 편집이 어그러지고 잘못되었으니 종이쪽지가 논박하고 고쳐서 바로잡은 것은 본래 좋은 일입니다. 이제 종이쪽지는 갑자기 이렇게 말합니다. "학교의 기록은 앞에 있어야 하고 관청 건물의 기록은 뒤에 나열하며 절과 도관은 더 뒤에 편집한다." 그러면 같은 형식 안에 다시 분류해야만 합니다. 분류하면 안 되는 것은 아닙니다만 표주(表奏), 서론, 시부 같은 여

[變]는 뜻이다. 도(到, 도(倒)이다)와 인(人)으로 구성되었다." 단옥재 주는 이러하다. "현재는 변한다는 뜻의 비 자를 남김없이 화(化)라고 한다." 그러므로 "화 자의 절반의 의미를 따른다"라고 한 것이다.

9 『가경중수대청일통지』「호북」 "형주부현"(荊州府縣) 7은 이러하다. 강릉현(江陵縣), 공안현(公安縣), 석수현, 감리현(監利縣), 송자현(松滋縣), 지강현(枝江縣), 의도현(宜都縣).

10 「화주지 관사표 서례」의 주13을 보라.

러 가지 형식은 분류하지도 않고 종이쪽지로 고치지도 않았기 때문에 책 전체의 범례가 스스로 모순됩니다.[11] 이것을 근거로 볼 때, 그 사람은 책의 형식에 대해 원래 익숙하지 않으면서 다만 주둥이에서 나오는 대로 욕설을 퍼부을 줄만 알지 교제할 때 예의가 있다는 것을 모릅니다.[12] 지적하지 않아야 하는 곳을 지적했다든지 비난하지 않아야 하는 곳을 비난한 곳이 나머지에도 대단히 많습니다만 잠깐 한두 가지만 들어서 나머지를 개괄합니다. 그러면 여러 신사들이 제게 가르침을 준 종이쪽지에는 어쩌면 완전히 믿을 수 없는 곳이 있을 것입니다.

『형주부지』의 「풍속문」은 예전 글을 그대로 눌러 쓰면서 선비들이 청렴함과 사양을 중시한다고 합니다. 이제 이 책에 꽂힌 종이쪽지의 논의를 살펴보니 여러 신사들에게서 나왔습니다. 그들은 문리에 대해서는 글자나 구절이 뒤집어진 것과 올바른 것, 참과 거짓도 모르고 형식에 대해서는 또한 항목의 앞뒤 편집도 모르면서 얼핏 맛만 보고 함부로 방자하게 욕하니 형편없고 망령스러움이 거의 극에 달했기 때문에 문화로 교화하는 일이나 선비의 풍습을 말하기 어렵습니다. 그래서 여러 신사들이 그렇게 오랫동안 모아 어수선하게 지적한 것이 삼과 같이 많은 것에 비해서 일을 맡으신 분이 며칠 동안 「지」의 원고에서 성공과 실패를 평가하고 결정한 것이 훨씬 나으니 대단히 존경스럽습니다. 다만 지금 일을 맡으신 분이 이것을 건드릴 짬이 없고 보잘 것 없는 저도 되돌아갈 기한에 쫓기기 때문에[13] 내년이나 되어야 종이쪽지에 대한 답장을 드리겠으니 계속 진행할지 이대로 멈출지 말씀을 듣는 것도 괜찮겠습니다.

---

11 「화주지 전지열전 서례 하」의 주31을 보라.

12 『맹자』 「만장 하」는 이러하다. "만장은 이렇게 물었다. '감히 교제는 무슨 마음으로 하는 것인지 물어도 되겠습니까?' 맹자는 이렇게 대답했다. '공손한 것이다.'" 또한 "사귈 때 도를 근거로 하고 접촉할 때 예를 근거로 한다."

13 『장실재연보』에 따르면 건륭 59년(갑인년) 팔월 호광 총독 필원은 호북성 사교 사건[湖北邪教案]에 대해 상주한 보고[奏報]가 상세하고 구체적이지 않다는 이유로 논의되어 산동 순무로 강등되어 보임했다. 필원이 떠난 뒤 장학성도 역시 호북을 떠났다.

위장길보사마찬대명현지서(爲張吉甫司馬撰大名縣志序)[1]

건륭 46년 겨울, 나는 비향현[肥鄕] 지현에서 일이 많은 대명현[大名]으로 이임했다.[2] 대명현은 위현[魏]을 병합하여 대명부성[府城]으로 치소를 옮긴 때부터 경기 남부의 요충지라고 불렸지만[3] 「현지」는 아직 모아서

1 장유기(張維祺)는 자가 길보(吉甫)이고 교주 출신인데 장학성과 같은 해에 과거 시험에 합격했다. 장학성의 의례를 써서 『대명현지』(大名縣志)를 편찬하고 원고를 바로잡은 적이 있다.(「기대명현지일사」(記大名縣志軼事)는 가업당본 『장씨유서』 권18이다) 책은 건륭50년 정월에 완성되었는데 모두 마흔 권이다. 유함흔 『문사통의지어』는 이러하다. "이 글은 지리라는 전문 분야와 방지가 다르다는 것 및 역대의 방지를 편집한 사람의 원류를 논하고 있는데 가장 명확하다. 여러 「지」의 서례를 읽으려면 먼저 이것을 알아야만 한다."

2 『대명현지』 권12 「관사표」(官師表)는 이러하다. "지현 장유기는 교주 출신이며 무술년에 진사가 되었고 건륭 46년 비향(肥鄕)에서 전임해 왔고 하간부(河間府) 동지로 승진했다." 비향은 청나라 때 직예 광평부(廣平府)에 속했는데 현재는 하북 비향현(肥鄕縣)이다. 이극(移劇)은 정사가 많은 험악한 고을[劇邑]로 옮겨서 다스리는 것이다. 청나라 때 대명현(大名縣)과 원성현(元城縣)은 모두 대명부(大名府)에서 다스렸다. 중화민국 때 대명부를 없애고 원성현을 함께 넣었다.

3 명나라 때 위현(魏縣)은 오성점(五姓店)을 다스렸다. 청나라 때 없애고 대명현에 합

책을 완성하지 못하고 문헌을 거두어 모으는 일도 빠트린 채 갖추지 못했다. 나는 찾아서 모으려는 의지가 있었지만 막 도착한 참이라[4] 잠시 짬이 없었다. 건륭 49년에 이르러 비로소 현의 신사들과 토론하고 상의하여 대명현과 위현의 예전 「지」를 가려 취한 뒤[5] 서로 비교하고 헤아려 바로잡으며 나중에 견문을 보태고 같은 것끼리 모아서 편집했는데 「도설」(圖說) 두 편, 「표」 두 편, 「지」 일곱 편, 「전」 다섯 편을 얻었고 모두 열여섯 편이다. 그러나 책 첫머리에 배열한 서례와 목록이나 책 끄트머리에 붙인 잡채(雜采)와 철기(綴記)는 숫자에 넣지 않았다. 건륭 50년 봄 정월에 책이 완성되었다. 마침 내가 하간부(河間府) 동지로 전임하고[6] 얼마 지나지 않아 잘못 때문에 관직에서 물러났기 때문에[7] 예전의 치소에 발이 묶이게 되었다. 내 뒤를 이어 부임한 휴녕 출신 오지형[吳君]은 융평현[隆平]으로부터 대명현으로 이임해 왔다.[8] 오지형은 법을 잘 지키며 열심히 일한다는 명성이 경기에 자자했었고[9] 대단히 우아한 군자이며 글에 뛰어나고 배움에 모두 근원이 있었다. 그는 나와 사귀면서 서로 마음

쳐 넣었다. 『가경중수대청일통지』 "대명부" 주는 이러하다. "직예성 치소에서 서남쪽으로 팔백 리에 있다." 나는 이렇게 생각한다. 위현 현성은 장수[漳]와 위수[衛]의 북쪽에 있으며 동쪽으로 산동 서쪽[魯西]을 당기고 서쪽으로 하남 북쪽을 굽어보는데 일찍이 황하 이북의 군사 요충지이다.

4 『예기』 「악기」는 이러하다. "무왕은 은나라를 이기고 상으로 돌아와 미처 전차에서 내리기도 전에 황제의 후예를 계(薊)에 봉했다." 나중에 벼슬아치와 구실아치가 처음 도착하는 것을 하거(下車)라고 부르게 되었다.

5 다름 아니라 위현과 대명현의 예전 「지」이다.

6 청나라 때 하간부는 본래 한나라 때 하간국(河間國)이며 현재 하북 하간현(河間縣)이 예전 치소이다. 송나라 때 부와 주에 동지부사(同知府事)와 동지주군사(同知州軍事)가 있었고 원나라, 명나라, 청나라가 그것을 이었다.

7 「영청현지 정략 서례」의 주24를 보라.

8 『대명현지』 권12 「관사표」는 이러하다. "지현 오지형(吳之珩)은 휴녕 출신인데 병술년에 진사가 되었고 건륭 50년 융평에서 전임해 왔다. 일 때문에 떠났다." 휴녕은 현재 안휘 휴녕현(休寧縣)이다. 융평은 현재 하북 융평현(隆平縣)이다.

9 『한서』 「백관공경표」는 이러하다. "내사는 무제가 경조윤으로 이름을 바꿨고 좌내사는 좌풍익으로 이름을 바꿨으며 주작중위(主爵中尉)는 우부풍으로 이름을 바꿨는데 이것이 삼보(三輔)이다." 이것은 바로 경기(京畿)의 땅을 가리킨다.

이 잘 맞았기 때문에[10] 「지」의 원고를 그에게 맡겨 고쳐서 정하게 했고 판각하는 장인[梓人]에게 그것을 맡겼다.[11] 그래서 「지」를 지은 유래를 기술하여 오지형에게 평가하도록 한다.

나는 이렇게 말한다. 예전에 비향현의 관청 건물에서 동갑내기 친구인 회계 출신 장학성과 나는 함께 「지」를 편찬하는 일을 논의했다. 장학성의 말은 오늘날 「지」를 편찬하는 사람들과 다르다. 내가 그의 주장이 뭐냐고 하자 장학성은 이렇게 대답했다. "군현제의 지방지는 바로 봉건제 시대의 모든 나라 사관의 유산이지만 최근에 「지」를 편찬하는 사람들은 당나라와 송나라 때 주와 군의 도경을 잘못 본떠서 그것을 잃은 사람들이라네.[12] 『주관』의 '외사가 사방의 「지」를 관장한다'는 말에 대해 주는 이렇게 말하지. '진나라의 『승』, 초나라의 『도올』, 노나라의 『춘추』와 마찬가지이다.'[13] 그래서 한 나라의 역사서는 기록하지 않는 것이 없기 때문에 한 왕조의 역사서가 골라서 취할 수 있네. 공자는 『춘추』를 지을 때 모든 나라의 보배로운 책을 반드시 거뒀을 텐데[14] 이것이 그 뜻이지. 도경의 쓰임새는 바로 지리의 전문 분야라네. 『주례』 「천관」의 사회가 관장하는 서계와 판도의 주에 따르면 판은 호적이고 도는 땅의 모양과 농토의 면적을 말하지.[15] 이것은 바로 후세의 도경이 본뜬 것이네. 그래서 방지와 도경은 형식이 분명히 다르지만 후세인이 그것의 종류를 변별할 수 없게 된지 아마 벌써 오래되었을 테지."

---

10 『장자』 「대종사」는 이러하다. "서로 쳐다보며 웃고서 뜻이 맞았다."

11 『주례』 「고공기」의 재인은 나무를 다루는 장인이고 순거, 마시는 그릇 및 활쏘기 과녁을 만드는 사람이다. 이것은 조각하는 장인[雕工]을 가리킨다.

12 「경해 중」의 주20을 보라.

13 「방지립삼서의」의 주6을 보라.

14 「서교 상」의 주21을 보라.

15 「주현청립지과의」의 주7을 보라.

나는 이렇게 물었다. "도경은 오늘날도 헤아릴 수 있지 않은가?"

장학성은 이렇게 대답했다. "고대의 도경은 오늘날 볼 수 없네. 『오군도경』(吳郡圖經)[16]이나 『고려도경』(高麗圖經)[17] 따위도 간혹 경은 남아 있어도 도가 사라진 경우가 있지. 또한 『수경』과 「지지」 따위는 모든 책이 인용한 데서 대략 볼 수 있지만 온전한 모습을 얻을 수는 없네. 오늘날의 도경, 곧 주와 현의 지도와 여섯 조목으로 된 헌강(憲綱)의 책[18]은 그것을 드문드문 기록한 것이지. 원나라 때의 『대원일통지』나 명나라 때의 『대명일통지』[19]는 그것을 모두 모은 것이라네. 드문드문 기록한 책은 관

16 『직재서록해제』「지리류」는 이러하다. "『소주도경』(蘇州圖經) 여섯 권은 요양(饒陽) 출신 이종악(李宗諤) 등이 지었다. 『오군도경속기』(吳郡圖經續記) 세 권은 오군 출신 주장문이 지었다. 상부 연간 이후의 일을 기록했는데 이전 「지」에 없어지고 빠진 것을 대단히 보충했다."

17 『직재서록해제』「지리류」는 이러하다. "『고려도경』(高麗圖經) 마흔 권은 봉의랑(奉議郎) 서긍(徐兢)이 지었다. 선화 6년 노윤적(路允迪), 부묵경(傅墨卿)이 고려에 사신을 갈 때 서긍은 그들의 부하였는데 돌아와서 이 책을 바쳤다. 사물은 그 모습을 그리고 사실은 그림에 의해서 말한 것이다. 현재 간행한 것은 다시 「도」가 없다."

18 상세하게 되기를 기다린다. 섭장청은 『후한서』「백관지」 주가 인용한 채질(蔡質) 『한의』(漢儀)에 의거하여 이렇게 말한다. "임금이 내린 명령서와 예전의 전범을 자사가 차례대로 선포하여 군국에 두루 시행한다. 나라를 다스리는 일을 살피거나 능력이 없는 사람을 내쫓고 능력 있는 사람을 올려 쓰는 일과 억울한 옥살이를 결단하여 처리하는 일은 여섯 조목으로 사실을 묻는다. 조목에서 묻는 것이 아니라면 즉시 살피지 않는다. 첫 번째 조목은 힘세고 세력이 강한 집안의 농토나 집이 제도를 넘으며 강한 사람이 약한 사람을 업신여기고 많은 수의 사람이 적은 수의 사람을 모질게 구는 것이다. 두 번째 조목은 지방의 수령[二千石]이 황제의 명령서를 받들지 않고 나라의 전범과 제도를 따라서 받들지 않으며 공적인 것을 등지고 개인적인 것을 향하며 황제의 명령에 기대어 개인의 이익을 지키며 백성을 침범하여 빼앗고 백성들의 재물을 탐내 함부로 거둬들여 훔치는 것이다. 세 번째 조목은 지방의 수령이 의심스러운 사건을 구제하지 않고 사람을 죽이는 일에 부지런한 것, 성이 나면 제멋대로 형벌을 주고 기쁘면 제멋대로 상을 주는 바람에 번거롭고 요란하며 가혹하고 난폭한 것, 백성[黎元]을 상하게 하고 죽여서 백성들이 괴로워하는 것, 산이 무너지고 바위가 깨지거나 재앙과 복록, 잘못 전해진 말이다. 네 번째 조목은 지방의 수령이 벼슬아치를 뽑는 일이 공평하지 않고 아끼는 일에 떳떳하지 못하게 알랑거리며 훌륭한 사람을 보이지 않게 가리고 미련한 사람을 아끼는 것이다. 다섯 번째 조목은 지방 수령의 자제가 영화로운 세력을 믿고 기대어 감독하는 데 청탁하는 것이다. 여섯 번째 조목은 지방의 수령이 공공성을 어기고 나쁜 쪽과 같아지고 세력과 힘이 강한 사람에게 아부하며 뇌물을 주고받고 정령을 베어 덜어내는 것이다."

청의 문서에 보존되었지만 본래 문리가 없기 때문에 학자들이 말하는 것을 달가워하지 않지. 모두 모은 책은 본디 지리의 전문 분야이고 「인물」, 「유우」, 「형승」, 「토산」, 「고적」, 「사묘」 등 여러 가지 명목을 지리에 따라 종류대로 모아서 문학과 사장이 가려 쓰는 일에 이바지하고 있지만 책을 엮은 본래 의도에 맞지 않네. 그러므로 「형승」은 반드시 변려문체를 쓰고 「인물」은 간단한 요점을 따서 취하며 「고적」은 사시사철 좋은 경치에 미련을 가지고 「사묘」도 역시 구경하는 것을 싣는 것이지. 이것은 지리서의 분류와 편집이지 한 지방의 문헌을 거둬 모으는 것이 아니라는 것은 대단히 확실하다네."

나는 이렇게 물었다. "그러면 통지(統志)의 범례는 틀렸겠군? 염약거는 통지라는 책이 인물을 실어서는 안 되는 것이라고 생각하는데[20] 그 말이 정말 본받을 만한가?"

장학성은 이렇게 대답했다. "통지는 원나라와 명나라 때 시작했지만 형식은 당나라와 송나라 때에 뿌리를 두고 있고 내용과 문사를 덜고 보태는 일에 모두 물려받은 것이 있으니 잘못된 것이라고 생각할 수 없네. 『원화군현지』[21]는 책의 첫머리에 각각 「도」를 넣고 「도」 뒤에 사방팔방을 연결시키며 산천과 도로 이외에 따로 두루 엮은 것이 없는데 이것이 도경의 본래 내용이지. 『태평환우기』[22]는 인물과 예문을 넣는데 이것이 이른바 이전의 사실을 따라서 화려함을 보탠다는 것이라네.[23] 가희 연간

19 「영청현지 정략 서례」의 주1을 보라.

20 「영청현지 열전 서례」의 주13을 보라.

21 「영청현지 여지도 서례」의 주16을 보라.

22 「화주지 정략 서례」의 주2를 보라.

23 유함흔 『문사통의지어』는 이러하다. "문헌을 광범위하게 모으는 것은 바로 지우에게서 시작되었다. 『수서』 「경적지」 "지리류" 「서록」[地理類序]은 그것을 대단히 상세하게 말하고 있는데 여기서 미처 살피지 못했다." 『수서』 「경적지」에 따르면 이렇게 말한다. "진나라 때 지우는 『상서』 「우공」과 『주관』에 의거하여 『기복경』(畿服經)을 지었는데 주, 군 및 현의 범위[分野]나 통치권이 미치는 영역, 사업이나 지방

의 『방여승람』(方輿勝覽)[24]은 명승과 고적, 유람과 사부를 지나치게 늘어놓아 흐름을 뒤좇아 화려하지. 통지의 범례는 『태평환우기』가 남긴 뜻을 보충하여 명승의 지루한 글을 삭제하고 이전 사람의 방법을 절충할 때도 기대는 것이 있는데 염약거가 이것 때문에 잘못되었다고 논의한 것은 지나치네. 그러나 그 형식에는 본래 가벼운 것과 무거운 것이 있기 마련이라 분류하고 편집한 명목만 지켜서는 한 지방의 문헌 전체를 갖출 수 없는 것이 대단히 확실하지."

나는 이렇게 물었다. "고대의 방지는 의례가 어떠한가?"

장학성은 이렇게 대답했다. "삼대 때 제후를 세운 일과 후세에 각 지역을 차고앉은 영웅호걸들은 대체로 나라마다 각자 제도를 시행했는데 그 형식은 본디 대등하지 않네. 군현제 시대에는 한나라 때 사람들이 지은 『여남선현전』[汝南先賢], 『양양기구기』, 『관동풍속전』 등 여러 가지 「전」의 학설[25]이 본디 이미 치우치고 갖춰지지 않았는데 하물며 전해진 것도 본래 책이 아니지. 지금 볼 수 있는 것은 송나라 때의 「지」 십여 가지인데[26] 비록 성공과 실패가 없을 수 없지만 당시 도경이 명목을 편

행정 중심지[國邑], 산과 언덕이나 강물과 샘물, 향정이나 성곽, 길[道里]이나 농토, 백성[民物]과 풍속, 선현이나 예전부터 다정하게 지내던 사람들이 모두 갖춰지지 않은 것이 없었다. 모두 백일흔 권이다. 지금은 없어졌다."

24 노문초 『송사예문지보』는 이러하다. "축목(祝穆) 『방여승람』(方輿勝覽)은 일흔 권이다. 축목은 자가 화보(和父)이며 건안 출신이다. 수록한 것은 동남쪽 열일곱 노에 그친다." 책은 이종 가희 3년에 완성되었다.

25 『수서』 「경적지」 "잡전류"는 이러하다. "『여남선현전』(汝南先賢傳) 다섯 권은 위나라 주비(周斐)가 지었다." 『양양기구기』는 「전기」의 주5를 보라. 『관동풍속전』은 「사주」의 주38을 보라.

26 나는 이렇게 생각한다. 송나라 때 「지」 가운데 현재 남아 있는 것은 악사 『태평환우기』 백아흔세 권, 왕존 『원풍구역지』 열 권, 구양민(歐陽忞) 『여지광기』(輿地廣記) 서른여덟 권, 축목 『방여승람』 일흔 권, 주장문 『오군도경속지』 세 권, 주종(周淙) 『건도임안지』(乾道臨安志) 세 권, 양극가(梁克家) 『순희삼산지』(淳熙三山志) 마흔두 권, 범성대 『오군지』(吳郡志)가 쉰 권, 나원(羅願) 『신안지』(新安志) 열 권, 고사손 『섬록』(剡錄) 열 권, 시숙(施宿) 『가태회계지』(嘉泰會稽志) 스무 권, 장호(張淏) 『보경

집하고 분류하는 일은 아직 성행하지 않았기 때문에 역사가의 가법도 보존될 수 있었다네. 오늘날 작은 제목을 편집하고 분류해서 「지」 전체를 취하는 것과 다르고 영원히 변하지 않는 법칙을 바꿀 수 없는 것과 같지."

나는 이렇게 물었다. "송나라 때 「지」 십여 가지의 성공과 실패는 어디에 있는가?"

장학성은 이렇게 대답했다. "범성대의 『오군지』(吳郡志)[27]와 나원의 『신안지』(新安志)[28]는 그중 특히 좋지. 나원의 『신안지』는 어지럽고 정밀하지 않으며 범성대의 『오군지』는 간단하고 상세하지 않은데 이것이 그들의 결점이라네. 나원의 『신안지』는 저술에 뜻을 두었고 범성대의 『오군지』는 쓰는 방법에 가다듬는 것이 있는데 이것이 그들의 장점이지. 후세인 가운데 저술의 의도를 얻은 사람은 드물다네. 가다듬는 일을 아는 사람은 글이 메마르고 충실하지 않으며 사실 기술이 엉키고 트이지 않아서 그들의 판단과 이해는 문인의 나쁜 버릇을 벗어나지 않고 역사가의 거대한 형식과 통하지 못하지. 강해(康海)의 『무공지』(武功志)[29]와 한방정(韓邦靖)의 『조읍지』(朝邑志)[30] 따위가 그중 두드러진 것이라네. 문인의 나쁜 버릇이란 무엇인가? 한유의 「화기」(畵記)를 본떠서 산천과 물산을 서술한다면 『사기』의 「서」 여덟 편과 「지」 열 편의 형식을 모르더라도

속회계지』(寶慶續會稽志) 여덟 권, 진기경(陳耆卿) 『가정적성지』(嘉定赤城志) 마흔 권, 나준(羅濬) 『보경사명지』(寶慶四明志) 스물한 권, 매응발(梅應發)과 유석(劉錫) 『개경속사명지』(開慶續四明志) 열두 권, 상당(常棠) 『감수지』(澉水志) 여덟 권, 주응합(周應合) 『경정건강지』(景定建康志) 쉰 권, 정요(鄭瑤)와 방인영(方仁榮) 『경정엄주속지』(景定嚴州續志) 열 권, 잠열우(潛說友) 『함순임안지』(咸淳臨安志) 아흔세 권인데 모두 열몇 가지이고 모두 『사고전서총목제요』에 보인다.

27 뒤의 「서오군지후」의 주1에 상세하다.

28 『직재서록해제』 「지리류」는 이러하다. "『신안지』 열 권은 신안군 출신 나원이 지었다. 당시 순희 2년 태수는 조불회(趙不悔)이다."

29 뒤의 「서무공지후」의 주1을 보라.

30 뒤의 「서조읍지후」의 주1을 보라.

없애지 못하네.[31] 유종원의 「선우기」(先友記)를 본떠서 인물을 기록한다면 『사기』 「열전」 일흔 편의 범례를 모르더라도 잊어버리지 못하지.[32] 그러나 이것도 문인이 명성을 좇는 폐단이라네. 이런 등급 이하는 다시 논하지 못하지."

나는 이렇게 물었다. "자네가 말한 대로라면 「지」를 편찬하는 일은 어떻게 해야만 되는가?"

장학성은 이렇게 대답했다. "지는 기록한다는 말이지. 그 사실과 그 글 이외에 반드시 뜻이 있는데 역사가가 저작할 때 드러나지 않는 뜻이라네. 한 지방의 장고를 왜 한 사람의 저작에서 취하는가? 그러나 저작에 기대지 않는다면 후세에 전해서 오랫동안 지속할 수 없다네. 관청 문서와 장부는 상세하고 밝지 않은 것이 아니라면 오랫동안 지속하기 어려울 뿐이지. 그래서 전문가를 소중하게 여긴다네. 전문가의 신령스럽고

31 「화기」는 다만 형상을 기록할 뿐이지만 「서」와 「지」는 연혁과 제도의 요점을 서술하기 때문에 두 가지는 다르다. 『화기』는 『창려집』 권13을 보라. 한유는 「박약 상」의 주13을 보라. 여덟 편의 「서」는 「방지립삼서의」의 주50을 보라. 열 편의 「지」는 「영청현지 육서예의」의 주4를 보라.

32 「선우기」는 돌아가신 분의 친구들 본적과 간단한 경력을 기록하는데 「전기」가 인물의 일생을 서술하는 것과 상세함과 간단함이 다르다. 『유하동집』 12 「선군석표음선우기」(先君石表陰先友記)는 이러하다. "돌아가신 아버지가 더불어 벗하신 분들은 모두 천하의 좋은 선비를 통틀어 모았다. 믿음직하고 겸손하지만 큰 명성이 있고 도가 넓지만 뒤섞이지 않았으니 오늘날 사귐에 대해 말하는 세상 사람들이 실마리로 생각하는 것이다. 사이가 더욱 도타웠던 분들을 감히 모두 써서 이 비석에 붙여 뒤쪽에 새기니 다음과 같다." 비석의 뒤쪽에 돌아가신 아버지의 벗 예순일곱 명의 성명과 간단한 경력을 기록했다. 유종원은 자가 자후이며 하동 출신이다. 어렸을 때 정밀하고 재빠른 것은 따를 사람이 없었고 박학굉사과로 진사에 급제하여 교서랑에 제수되었다가 정원 19년 감찰어사 이행(監察御史裏行)이 되었다. 왕숙문(王叔文)과 위집의(韋執誼)가 권력을 잡으면서 유종원을 더욱 기특하게 대우하여 상서 예부 원외랑으로 발탁했다. 왕숙문이 권력을 잃자 영주 사마로 폄직되었는데 내쫓겨난 데다가 땅도 거칠고 병들었으니 자신을 산천 사이에 풀어놓아 재앙을 틀어막고 답답한 마음을 느낀 것을 모두 글에 깃들였다. 원화 10년 유주 자사로 옮겼다. 원화 14년 죽으니 나이 마흔일곱이다.(『신당서』 「유종원전」) 일흔 편의 「열전」은 「서교 하」의 주11을 보라.

밝은 뜻은 그 사람에게 있지 말로 전할 수 없지.[33] 말로 전할 수 있는 것은 기준과 법도이니 반드시 역사서 전체의 일반 형식을 확실히 알아야 하네."

나는 이렇게 물었다. "역사서 전체의 일반 형식을 알려면 어찌 해야만 하는가?"

장학성은 이렇게 대답했다. "방지가 지리의 전문 서적이 아니라는 것을 안다면 산천, 도리(都里), 방표(坊表), 명승은 모두 지리에 모아 넣어야만 하고 편명을 따로 차지하면 안 되네. 따로 차지하면 보조적인 것과 주요한 것의 뜻을 잃게 되지. 국사가 방지를 취하여 가다듬는다는 것을 안다면 「인물」은 정사의 「열전」보다 상세해야만 하며 대략을 요약해서 기록하면 안 되네. 「예문」은 서목을 상세하게 실어야만 하며 시와 글을 종류대로 가려서는 안 되지. 방지가 사부에 의해 요약 편집된다는 것을 안다면 구실아치의 안독이나 문학을 지망하는 선비의 어여쁜 말은 모두 쓸모가 없지만 형식은 사법에 따라야 마땅하네. 이것이 바로 말할 수 있는 것이지. 집안에 「보」가 있는 것이나 주와 현에 「지」가 있는 것이나 나라에 역사서가 있는 것은 똑같은 뜻일 것이라네. 그래서 가보에 증명할 것이 있다면 「현지」가 취하고 「현지」에 증명할 것이 있다면 국사가 취하지. 오늘날 한 시대의 역사서를 편찬할 때 가보에서 취한 것은 있어도 「현지」에서 취했다는 말은 들어보지 못한 것은 황당무계하여 근거가 없고 벼슬아치와 신사들이 나무라기 때문이라네.[34] 그러나 그 이유는 사실 도경을 본떠서 편집하고 분류한 명목이 잘못된 데서 시작했기 때문에 이것은 명확하게 변별하지 않으면 안 되지."

---

33 '신령스럽고 밝은 것이 그 사람에게 있지 말로 전할 수 없다'라는 구절은 『주역』 「계사전 상」을 보라. 『장자』 「천도」는 이러하다. "말이 소중하게 생각하는 것은 의도입니다. 의도에는 따르는 것이 있습니다. 의도에 따르는 것은 말로 전할 수 없습니다."

34 「답객문 중」의 주33을 보라.

아! 장학성의 말은 내가 아직 다 이해할 수 없다. 그러나 「지」에 관한 일은 정말 떨쳐 버리고 마음을 가볍게 할 수 없다.[35] 두 가지 「도」가 지리를 포괄하니 감히 명승에 미련을 두고 사시사철 좋은 경치를 과장할 수 없다. 일곱 편의 「지」가 강령과 세목을 분별하니 감히 붙이고 끼워 넣어서 어울림을 잃고 흩어져서 어지러워지는 일을 초래할 수 없다. 두 가지 「표」가 주요한 것과 보조적인 것을 변별하여 나누니 감히 여러 사람의 이름을 적은 명부나 구실아치의 명부처럼[36] 거칠고 지저분한 지경을 초래하지 않는다. 다섯 편의 「전」이 사실을 상세하게 갖추니 감히 간단하게 자르거나 아름답게 꾸며 믿음직함을 잃지 않는다. 현의 신사들이 내 방법을 은하수처럼 멀리 하지 않고[37] 부지런하게 토론하여 이렇게 훌륭한 「지」를 정리했으니 장학성의 말처럼 한 지방의 장고가 지리에 홀려서 잘못되는 지경에 이르지 않기 바랄 따름이다. 만약 이 「지」를 찾아서 저작의 전문가 뒤에게 붙이려고 한다면 내 모자람을 사죄하고 싶다.[38]

---

35 유종원 「답위중립논사도서」는 이러하다. "나는 문장을 지을 때마다 감히 가벼운 마음으로 그것을 흔든 적이 없으며 훔치는 것을 두려워하여 남기지 않았다."(『유하동집』 권34)

36 「답견수재논수지 제이서」의 주20을 보라.

37 「화주지 전지열전 서례 상」의 주13을 보라.

38 장유기 『대명현지』에 따르면 후임 지현 이당(李棠)의 재편집과 보충을 거쳐 건륭 54년에 첫 권의 「서목」(序目)과 「범례」를 제외하고 「도설」(圖說) 열 권, 「관사표」 두 권, 「선거표」 세 권, 「건치지」(建置志) 두 권, 「사전지」(祀典志) 한 권, 「부역지」(賦役志) 한 권, 「풍토지」(風土志) 한 권, 「고적지」(古蹟志) 두 권, 「예문지」 네 권, 「기상지」(禨祥志) 한 권, 「명환전」(名宦傳) 한 권, 「향현전」(鄉賢傳) 여덟 권, 「열녀전」 두 권, 「유우전」(流寓傳) 한 권을 지었고 끄트머리가 「잡기」인데 모두 마흔 권이다. 아마 이미 예전과 다를 것이다. 여기서 「서」(序)를 다음과 같이 수록한다. "갑진년 겨울 나는 계택(雞澤)에 처음 부임했는데 공무로 대명에 왔었다. 당시 대명을 다스리는 지현은 교주 출신 운미(雲嵋) 장유기였다. 장유기는 진사로서 지현[邑宰]으로 나왔는데 큰 자질을 가지고 학식이 높고 깊은 학자라서 칼날을 휘두르는데 여유가 있었다. 술을 마시는 사이 『대명현지』를 편찬하는 일을 언급했고 나는 그 논의를 귀 기울여 들었는데 현재 얄궂은 길을 완전히 벗어났기 때문에 나는 마음속으로 그 말이 옳다고 생각했다. 이어서 만성(滿城)으로 보임하여 대명으로부터 더욱 먼 곳이라서 『대명현지』가 완성되었는지 아닌지 지나가며 물을 방법이 없었다. 정미년 겨울 나는 만성으로부터 이 땅으로 옮겨서 전임했고 막 부임하자마자 바로 장유기가 만든 『대

명현지』[志書]에 대해 물었더니 책이 비록 완성되기는 했지만 미처 판각하여 인쇄하지 않았고 원고도 역시 짐을 꾸릴 때 같이 꾸려서 가지고 갔다는 것을 비로소 알고 나서 희망도 없이 슬프게 있었던 지 오래되었다. 있은 지 얼마 지나지 않아 고을의 효렴 성군(成君) 집안에 기록할 것은 기록하고 삭제할 것은 삭제하고 남은 판본이 아직 남아 있다는 말을 들었다. 가져다가 읽어보니 「성야」(星野)에서 시작하여 「잡기」에서 마치는데 「도」, 「표」, 「지」, 「전」을 포괄하고 있었다. 간단하면서도 단단하고 넉넉하면서도 줄거리가 있어서 숲의 나무처럼 많은 지은이 가운데서도 뛰어났는데 나는 어느 때인가 돌려주었다. 문득 나는 현재의 대명은 옛날의 대명이 아니라는 것을 더욱 느꼈다. 옛날의 대명은 본래 하나의 고을이다. 현재는 위현을 합쳐서 주변[郭]에 붙인 뒤 땅 넓이가 넓어져서 장수와 위수가 지나가고 황하[河伯]가 재앙이 되어 해마다 근심스럽다. 그렇다면 지리를 기록하는 이유는 다만 뛰어난 풍경을 뽐내는 것이 아니라 경세제민[經濟]에 있다. 하북은 고대부터 군대가 전쟁을 벌인 구역이라서 백성들의 형편이 억세고 모질어 가르치기 어려우며 남긴 기풍이 미처 끊어지지 않았다. 또한 설령 땅이 세 개의 성이 이어져 있어서 올바르지 못함을 숨기기 쉽다. 그렇다면 풍토를 기록하는 이유는 다만 재물을 늘리는 일을 뽐내는 것이 아니라 나쁜 기풍을 좋은 쪽으로 옮기는[轉移] 데 있다. 대명의 인물과 문물[人文]은 다른 고을보다 뛰어나서 한나라 때부터 현재까지 유명한 신하들이 계속 이어졌고 후세인이 선현을 계속 바라보았다. 그것을 국사에서 헤아려보면 소중한 구슬을 잃는 것처럼 훌륭한 인재를 기용하지 못하는 일이 없지 않다. 그것을 가승에서 가려보면 지나치게 아름답게 꾸민 것이 없지 않다. 더구나 「지」와 역사서는 다르다. 역사서는 좋은 것과 나쁜 것을 아울러 쓰지만 「지」는 오로지 좋은 것만 수록한다. 역사서는 어떤 왕조의 시대를 갖춰 기술하지만 「지」는 다만 어떤 지방[方輿]만 기록한다. 여기서 삭제하고 취하는 저울 같은 기준으로 더욱 비교해서 알맞게 헤아려야만 한다. 그러나 나머지 풀처럼 어지러운 것은 삭제하고 빠진 것은 보충하며 얕고 변변치 못한 것은 수식하지 않고 직접 편집했다.[操槧] 아마 원래 책은 볼 수 없는 것이리라. 지금 보이는 것은 교정한 것이고 동강동강 끊어져 온전하지 못한 글이지만 다시 많이 교정하여 결정하는 과정을 거치지 않은 글일 것이다. 그러므로 성군이 바로잡아 정하여 이 책을 완성했다. 이 책을 완성한 것은 장차 문헌을 수집하는 사자[輶軒]가 고르는 일에 대비하는 것인데 어찌 저작이라고 뽐내서 말하겠는가? 이제 건륭 54년, 세차 기유년 칠월 상순[上浣]에 대명현 지현 복건 영안[閩永安] 출신 이당이 지었다."(『대명현지』 「관사표」에 따르면 이당은 영안(永安) 출신이고 신묘년에 거인이 되어 건륭 52년 대명현 지현으로 전임되었다.)

위필추범제부찬상덕부지서(爲畢秋帆制府撰常德府志序)[1]

상덕(常德)은 고대의 이름난 군인데[2] 동쪽으로 동정호[洞庭]에 둘러싸이고 서쪽으로 오계(五溪)를 좌지우지한다.[3] 전국시대 초나라의 검중(黔中) 땅인데 진나라와 초나라가 주도권을 다툴 때 반드시 검중을 얻어서 풀무처럼 근본을 삼아야만 했는데,[4] 이것이 이른바 '오계만[溪蠻]을 옆에서

1 『장실재연보』에 따르면 건륭 58년부터 59년 사이에 장학성이 『호북통지』 편찬을 주관한 것 이외에도 몇 가지 「부지」와 「현지」를 편찬하고 있었다. 『상덕부지』(常德府志)는 한 해가 걸려서 완성되었는데 스물네 편을 지었다. 「기」가 두 편, 「고」가 열 편, 「표」가 네 편, 「약」이 한 편, 「전」이 일곱 편이다. 따로 『문징』 일곱 권, 『총담』 한 권이 있다. 무창 가씨 초본은 이 글의 제목 다음에 "갑을잉고"(甲乙剩稿)라는 주를 달았는데 바로 건륭 59년 갑인년에 지은 것이다.

2 청나라 때 호남 상덕부는 무릉현(武陵縣)을 다스렸는데 중화민국 때 부를 없애고 상덕현(常德縣)으로 고쳤다. 『가경중수대청일통지』 「호남」 "상덕부" '건치 연혁'은 이러하다. "『상서』 「우공」에는 형주의 영역이 있고 춘추전국시대에는 초나라와 진나라 검중군(黔中郡) 땅에 속했다. 한나라 고조가 무릉군(武陵郡)을 두었는데 후한 때 그것을 이었다. 삼국시대에 오나라에 속하고 진나라 때 형주에 속했다. 남조 송나라와 제나라 때는 영주(郢州)에 속하고 양나라 때 무주(武州)를 두었다가 나중에 없앴

위협하고 남쪽으로 영교(嶺嶠)와 통하며[5] 여기서부터 남해의 모든 이익을 차지한다'는 것이다. 동한 때 형주를 여기로 옮겼던 적이 있는데[6] 바깥으로 여러 이민족들을 억눌러서 형주는 안으로 천리가 편안했다. 수나라와 당나라 이래로는 더욱 초나라 지역 전체의 빗장이나 자물쇠처럼 중요한 곳이 되었다. 오대 때 마은[馬氏]이 낭주(朗州)를 병합한[7] 뒤부터 우

다. 진나라 천가(天嘉) 원년에 무주를 다시 두었고 대건(大建) 원년에 고쳐서 원주(沅州) 무릉군이라 했다. 수나라가 진나라를 평정한 뒤 무릉군을 없애고 고쳐서 낭주(朗州)라고 했다. 대업 연간 초에 다시 무릉군이라고 했다. 당나라 무덕 4년 소선(蕭銑)을 평정하고 낭주를 두었다. 개원 연간에 강남서도에 속했다. 천보 연간 초에 다시 무릉이라고 하고 산남동도로 고쳐서 속하게 되었다. 건원 연간 초에 다시 낭주라고 했다."

3 『가경중수대청일통지』「호남」"상덕부" '형세'는 이러하다. "원수(沅水)가 멀리 흘러가고 양산(陽山)이 우뚝 솟았으니 남초(南楚)의 상류 지역이고 중호(重湖)의 옛 땅이라 형저(荊渚)와 순망치한의 관계인데, 동쪽으로는 동정호의 요해지를 감싸고 서쪽으로는 오계(五溪)의 요충지를 당기고 있어서 산의 숲이 우거지고 무성하며 호수가 깊고 넓다."『수경주』권37은 이러하다. "무릉에는 오계가 있는데 웅계(雄溪), 만계(樠溪), 유계(酉溪), 무계(潕溪), 진계(辰溪)라고 하며 모두 이민족[蠻夷]이 사는 곳이다."

4 「문부」이선 주는 하상공을 인용하여 이렇게 말한다. "풀무[橐籥]는 속이 텅 비었기 때문에 음성과 기운[聲氣]을 기를 수 있다." 약(鑰)과 약(籥)은 통가자이다. 나는 이렇게 생각한다. 이것은 가장 중요한 곳을 말하는 것일 뿐이다.

5 『이아』「석산」(釋山)은 이러하다. "산이 날카롭고 높은 것을 교(嶠)라고 한다."『독사방여기요』권80은 이러하다. "진나라 혜왕 때 초나라 검중 땅을 얻고 싶었는데 무관(武關) 바깥과 그것을 바꿨다. 소왕 8년 초나라 회왕을 함양에 머무르게 하고 무군[巫]과 검중군을 잘라줄 것을 요구했다. 소왕 27년 사마착(司馬錯)에게 농서의 군대를 일으키고 이어서 촉을 발판으로 초나라 검중을 공격하라고 시켜서 그것을 쳐서 빼앗았다. 진나라가 검중을 얻으면 오계만을 옆에서 위협하고 남쪽으로 고개 넘어 영남 지방[嶺嶠]과 통하니 이로부터 남해까지 남김없이 이익을 취한다."

6 『독사방여기요』권80은 이러하다. "한나라 때 무릉군을 두고 파군과 검중군을 힘으로 눌러 가라앉혔다. 후한 양가(陽嘉) 연간에 형주를 옮겨서 여기를 다스렸다." 나는 이렇게 생각한다. 후한 형주 자사는 한수(漢壽)를 다스렸기 때문에 현재 무릉현 동북쪽에 성이 있다.

7 『독사방여기요』권80은 이러하다. "수나라와 당나라 이래로 모두 호북의 요충지인데 뇌언공(雷彦恭)이 낭주를 근거로 삼아서 이웃 영역을 함부로 넘어 들어가고 군대가 사방으로 나갔는데 마은[馬氏]이 그것을 합치고 더욱 강성한 번진이 되었다."『오대사』「초세가」(楚世家)는 이러하다. "마은(馬殷)은 자가 패도(霸圖)이고 허주 언릉(鄢陵) 출신이다. 양나라 태조가 즉위하자 초왕(楚王)에 봉해졌다. 나중에 낭주 뇌언공이 오군 출신 병사를 불러서 평강(平江)을 공격하자 마은은 진언휘(秦彦暉)를 보

뚝하게 위세를 가지고 내려다보니 여러 진(鎭)들이 감히 함께 맞서지 못했다. 북쪽으로 형저(荊渚)를 병풍처럼 두르고 남쪽으로 장사를 마주하고 있으며 멀리 운남과 귀주[滇黔]의 문호가 되니[8] 정말 요충지가 아니겠는가? 우리 청나라가 대대로 태평하고[9] 이민족이 따라서 복종하니 동정호[大湖]의 남쪽이나 북쪽이나 모두 본디 우리나라 땅처럼 되었다. 강희 22년에 만주장군(滿洲將軍)이 형주에 주둔하여 방어하게 되면서부터 제독(提督)의 군사령부[軍門]를 형주에서 상덕으로 옮겨서 주둔하게 되었다.[10] 나중에 비록 호남과 호북을 나누어 두 개의 부원으로 만들었지만[11] 녹영이 두 개의 부(部) 사이에 긴밀하게 연결되어 있고 들이마시는 숨과 내쉬는 숨이 이어지듯 긴밀하게 통했기 때문에 조절하고 제어하는 임무는 여전히 하나로 통일되어 있었다.

부족한 내가 호남과 호북[兩湖]을 관할하는 벼슬자리에 취임하여[12] 상

내 낭주를 공격했다. 뇌언공은 오군으로 도망갔고 뇌언공의 아우 뇌언웅[彦雄] 등 일곱 명을 잡아서 양나라로 보내고 낭주를 영순군(永順軍)으로 올려줄 것을 청했다."

8 『독사방여기요』 권80은 이러하다. "왕씨(王氏)는 이렇게 말한다. '낭주는 북쪽으로 형저를 병풍처럼 두르고 남쪽으로 장사를 마주하고 있으니 정말 요해지이다. 현재 파릉(巴陵)부터 서쪽과 강릉으로부터 남쪽은 진계와 원수를 길로 취하는데 전(滇)과 검을 지휘하는 사람이 고삐를 잡아당기는 시초이다.' 그래서 상덕부는 형호(荊湖)와 순망치한의 관계일 뿐만 아니라 전과 검의 목구멍이기도 하다."

9 종회 「격촉문」(檄蜀文)은 이러하다. "대대로 후손들이 빛을 더했다." 나는 이렇게 생각한다. 혁세(奕世)는 혁엽(奕葉)과 같으며 여러 세대라는 뜻이다.

10 『청통전』 권36은 이러하다. "호북 형주 장군은 한 명이다." 나는 이렇게 생각한다. 청나라는 중요한 성에 대해 제독을 두고 성 전체의 수군과 육군을 모두 거느리고 관할하게 했는데 군사령부[軍門]를 높여 부르는 말이다. 진지를 옮긴 일은 상세하지 않다.

11 명나라 때 호광 포정사사를 두어 세우고 청나라 때 호광 총독을 설립해서 호남성과 호북성 두 곳 땅을 관리했다. 청나라는 또한 호남성과 호북성을 둘로 나누어 두고 두 명의 순무를 두었는데 호광 총독이 몰아서 거느렸다.

12 『춘추좌전』 「성공 2년」은 이러하다. "한궐(韓厥)은 이렇게 말했다. 감히 제가 재빠르지 못함을 고하고 벼슬을 맡아 소임을 충실히 수행하겠습니다." 두예 주는 이러하다. "부족한 인재를 대신하다는 뜻과 같다." 나는 이렇게 생각한다. 필원은 건륭 53년 가을 하남 순무에서 호광 총독으로 승진하여 취임하여 건륭 59년 팔월에 이르러 총독 직을 떠났다.

세히 조사한 적이 있는데[13] 그 산천의 형세를 둘러보고 진나라와 한나라 때 길을 뚫은 이래 정치적 안정과 불안정의 근본, 계획하고 세웠던 이익과 폐단을 마음 깊이 느꼈으며 평안할 때 다스릴 일, 세속을 교화하여 백성을 편리하게 해주는 방법도 생각했다. 그래서 지방의 행정 책임자들을 불러서 그것들에 대한 대책을 강구하고 깊이 의논하고 연구했다. 삼원(三原) 출신 이대륭[李君大隆] 지부[14]는 성실한 구실아치이다.[15] 여섯 분야를 살피는 일[16]도 이미 질서를 대체로 갖추고 있었다. 『상덕부지』는 강희 9년에 모은 것이라 책이 낡아 거칠고 변변치 못해서 끝까지 조사할 수 없었고 백여 년 동안의 문헌도 또한 아득하여 증명하지 못했기 때문에 다시 편찬할 것을 청했다. 나는 이 사람이 큰일이 무엇인지 아는 사람이라고 생각했다. 비록 그렇긴 하지만 방지가 천하에 두루 퍼져있기도 하고 지방의 훌륭한 행정 책임자는 정사를 돌볼 때 항상성이 있는 것을 소중하게 여기지만[17] 붓을 들어 글을 짓는 선비는 문사가 요점을 숭상한다는 것을 모르고 분수에 맞지 않게 어지럽게 뒤섞으니 비난할 가치도 없다. 설령 세속의 유행을 뛰어넘고 자기가 일가를 이루었다고 자신감을 가진 사람이라도 문인은 어휘의 화려함[辭采]을 뽐내기만 하고 학문을 지망하는 선비는 수집하고 나열한 것이 많다고 뽐내기만 하지 세상을 다스리고 백성을 구제하는 것과 관련된 일의 문사가 역사서의 형식에서 나온다는 것은 논의하지 않는다.

회계 출신의 전적 벼슬을 한 장학성이 내 문하에 노닐면서[18] 자주 나

13 '안부(按部)'의 안(按)은 신중히 생각하여 조사한다는 뜻이다. 『한서』「병길전」(丙吉傳)은 이러하다. "구실아치[掾史]가 직책에 걸맞지 않는 짓을 저지르면 바로 긴 휴가를 주었는데 끝내 신중히 조사하는 일이 없었다."

14 삼원(三原)은 현재 섬서성 삼원현(三原縣)인데 청나라 때 서안부(西安府)에 속했다.

15 「영청현지 정략 서례」의 주21을 보라.

16 「위장길보사마찬대명현지서」의 주18을 보라.

17 「변사」의 주26을 보라.

18 담정헌(譚廷獻) 「회계실재장공전」(會稽實齋章公傳)은 이러하다. "장학성 선생은 자가 실재이고 회계의 세족이며 건륭 무술년에 진사가 되어 국자감 전적 벼슬을 살았

에게 역사 사실을 말했는데 확실하게 내 마음에 맞는 것이 틀림없이 있었다.[19] 나는 이대릉의 뜻을 가상하게 여겼기 때문에 장학성에게 부탁하여 그를 위해 짓고 편집하는 일을 맡겼는데 한 해만에 완성했다. 모든 글은 스물네 편이다. 「기」를 두 편 지었는데 편년으로 군의 큰일을 종합했다. 「고」를 열 편 지었는데 분류해서 고금의 전장을 기록했다. 「표」를 네 편 지었는데 시간의 흐름을 주요한 것으로 하고 사실을 보조적인 것으로 하여 봉건, 직관, 선거, 인물의 성명을 적었다. 「약」을 한 편 지었고 「전」을 일곱 편 지었는데 전기를 가려 모으고 견문을 비교하고 합쳐서 명환, 향현, 충신과 효자, 절개 굳고 의로운 여자가 행한 일을 적었다. 그물을 들면 그물코가 펼쳐지는 것처럼[20] 근본 바탕이 서야 쓰임새가 실현될 수 있다. 속된 「지」는 고적을 억지로 끌어다 붙이고 여덟 가지 경치를 읊지만 내용 없는 화려한 문사는 으레 삭제했다. 기록하고 서술한 문자나 노래하고 읊은 시가 사실을 고증하기에 충분하거나 『시경』처럼 훌륭한 수사가 있다면 방지를 편집하는 사람은 으레 「예문」에 수록하지만 지금 「예문」에는 서목만 싣고 있고 시와 글을 역사서의 형식에 뒤섞을 수 없기 때문에 따로 『문징』 일곱 권을 지어 따로 책을 만들어 「지」와 더불어 서로 도와 행하도록 한다. 찾아서 가려 모은 나머지는 기이한 말이나 자질구레한 주장이라[21] 천하를 다스리는 일에 맞지 않지만 이야기에 도움이 되는 것은 다시 『총담』 한 권을 더 만들었다. 이것들은 모두 「지」에 넣지 않았다. 이런 모든 것을 종류대로 구분해서 적당한 곳을 변

다. 늘 전국의 방지를 만드는 일에 초빙되었지만 「주현청립지과의」[州縣立志科]나 「방지립삼서의」는 미처 세상 사람들에게 남김없이 쓰이지 못했다. 상서 필원이 호광 총독일 때 초빙하여 『호북통지』를 지었다."(가업당본 『장씨유서』 부록) 『장실재연보』에 따르면 건륭 52년 동짓달에 장학성은 주진영의 소개로 하남으로 가서 필원을 만났다. 건륭 53년 연말에 무창으로 가서 필원의 총독 관서[督署]에 몸을 맡겼다.

19 「영청현지 문징 서례」의 주44를 보라.

20 「영청현지 황언기 서례」의 주4를 보라.

21 기(畸)는 자잘하게 남은 숫자이다. 『상서』 「익직」의 공안국 『상서전』은 이러하다. "총좌는 자잘해서 큰 줄거리가 없는 것이다."

별하고 밝히며 요점에 귀속시켰기 때문에 상덕의 전고는 손바닥 들여다 보듯 말할 수 있을 것이다.

「지」는 문헌을 세상에 드러내 칭찬하는 것일 뿐만 아니라 정교를 돕는 것이기도 하다. 지도를 들춰 살펴보면 선덕산[善德]과 도원산[桃源]이 상덕의 진산[山鎭]이 되며[22] 점수[漸], 잠수[潛], 창랑수[滄浪]가 천택(川澤)이 되기 때문에[23] 유유히 옛사람의 맑은 기풍이 보고 싶어지고 보잘 것 없는 풍속을 일으킬 수 있다. 이전의 자취를 찾아보면 복파장군 마원[馬伏波]이나[24] 사례 응봉[應司隷] 같은 사람들[25]이 한나라 때 오계만[苗蠻]을 제

22 『가경중수대청일통지』 “상덕부” ‘산천’은 이러하다. “선덕산(善德山)은 무릉현 동남쪽 십오 리 거리에 있는데 왕산(枉山)이라고도 하고 왕인산(枉人山)이라고도 한다. 『수경주』는 ‘왕저(枉渚) 동쪽으로 일 리 정도에 바로 왕인산이 있다’라고 한다. 도원산(桃源山)은 도원현 서남쪽 삼십 리 거리에 있고 도원동(桃源洞)이 있는데 바로 도잠이 기록한 도화원(桃花源)이라고 전해진다.”

23 『가경중수대청일통지』 “상덕부” ‘산천’은 이러하다. “점수(漸水)는 무릉현 북쪽에 있고 용양현(龍陽縣) 서쪽으로 흘러들었다가 북쪽으로 원수로 흘러드는데 담수(澹水)라고도 하고 정수(鼎水)라고도 하며 정강(鼎江)이라고도 한다. 『한서』 「지리지」는 이러하다. ‘무릉군의 색수[索]와 점수는 동쪽으로 원수로 들어간다.’ 잠수(潛水)는 무릉현 동북쪽에 있는데 마하(麻河)라고도 하고 종하(從河)라고도 한다. 두 개의 근원이 있는데 하나는 예주(澧州) 안향현(安鄕縣)으로부터 흘러들어오고 하나는 월산(月山)에서 나와 동남쪽으로 흐르다가 무릉현 현성의 북쪽에 이르러 점수와 합쳐 원수로 들어간다. 창랑수(滄浪水)는 용양현 서쪽에 있는데 근원은 무릉현 현성의 남쪽 창산(滄山)에서 나와서 동북쪽으로 흘러 여기 이르고 낭수(浪水)와 합친다. 『태평환우기』는 이러하다. ‘창수와 낭수가 합쳐서 흐르는데 바로 어부가 갓끈을 빨던 곳이다.’ 『상덕부지』는 이러하다. ‘창수와 낭수가 합쳐서 흐르다가 창항(滄港)에 이르러 장강으로 들어간다.’”

24 『후한서』 「마원전」은 이러하다. “마원은 자가 문연(文淵)이고 부풍 무릉 출신이다. 건무 17년 마원을 복파장군(伏波將軍)으로 제수하고 남쪽으로 교지(交阯)를 쳐서 깨트렸으며 신식후(新息侯)에 봉해졌다. 건무 24년 무위장군(武威將軍) 유상(劉尙)이 무릉 오계의 이민족을 깨트리고 깊이 들어갔다가 군대가 몰살당했다. 마원은 그래서 다시 원정할 것을 청했는데 당시 나이가 예순둘이라 황제가 늙은 것을 가엾게 여겨 그것을 허락하지 않았다. 마원은 갑옷을 입고 말에 오르기를 스스로 청하여 안장에 기대어 뒤돌아보며 쓸 만하다는 것을 보여주었다. 황제는 웃으면서 이렇게 말했다. ‘정정하구나, 이 영감님은!’ 드디어 마원을 보내었는데 중랑장 마무(馬武), 경서(耿舒), 유광(劉匡), 손영(孫永) 등을 거느리고 열두 개 군에서 모집한 병사 및 감형한 죄수 사만여 명을 이끌고 오계를 정벌했다.”

25 『후한서』 「응봉전」(應奉傳)은 이러하다. “응봉은 자가 세숙(世叔)이고 여남 남돈(南

압한 일, 이고[李習之]나[26] 온조[溫簡輿] 같은 사람들[27]이 당나라 때 수리를 일으킨 일이 있다. 땅에 맞춰 마땅함을 제정하고 시대에 맞추어 결정하거나 처리하는 것은 모두 문관이든 무관이든 지방 행정 책임자가 스승으로 삼아야 하는 것이다.[28] 고대를 헤아리는 것은 바로 이것으로 현대

頓) 출신이다. 먼저 무릉의 이민족 첨산(詹山) 등 사천여 명이 반란을 일으켜 현령을 잡고 진지를 틀고 여러 해를 버티자 공경들에게 내려서 논의하라고 명령했는데 사부(四府)가 응봉의 재능이면 장수를 감당할 수 있을 것이라고 천거했다. 영흥 5년 무릉 태수에 제수되어 무릉 임지에 도착하자마자 그들을 위로하고 받아들였고 첨산 등은 모두 다 항복하고 흩어졌다. 그래서 학교를 일으키자 후미지고 으슥하며 더러운 모든 곳의 정사가 균형을 이루고 풍속을 변화시켰으나 관청 일에 연좌되어 물러났다. 연희 연간에 무릉의 이민족이 다시 침범하여 어지럽혔다. 형주 거기장군 풍곤(馮緄)은 응봉이 은덕이 있기 때문에 이민족이 복종한다고 생각해서 상주문을 바치고 함께 정벌하러 갈 것을 청하자 종사 중랑(從事中郎)에 제수되었다. 응봉은 부지런히 방법과 계략을 짜서 도적을 깨트리고 군대를 물리쳤는데 풍곤은 응봉에게 공을 돌리고 사례교위로 추천했다."

역주_ 사부는 대장군, 태위, 사도, 사공을 가리킨다. 서한 때는 승상, 어사대부, 거기장군, 전장군이 사부이다.

26 『구당서』「이고전」은 이러하다. "원화 15년 유월 고공원외랑에 제수되었고 동시에 사관의 직책을 겸했다. 이고는 이경검과 친구로 사이가 좋았는데 애초에 이경검이 간의대부가 되자 이고를 천거하여 자기를 대신하게 했다. 이때 이르러 폄직되어 쫓겨나자 칠월에 이고는 낭주 자사로 나갔다." 『가경중수대청일통지』 "상덕부" '명환'은 이러하다. "이고는 농서 출신인데 장경 원년 고공원외랑[考功郎]으로 낭주 자사가 되었는데 옛날 한나라 때 번피(樊陂)를 따라서 수로를 뚫었는데 고공언(考功堰)이라고 이름 지었다."

27 『구당서』「온조전」(溫造傳)은 이러하다. "온조는 자가 간여(簡輿)이고 하내 출신이다. 아주 어릴 적에 학문을 좋아하고 구실아치 시험 보는 것을 기뻐하지 않았으며 절개가 있다고 스스로 믿고 당당했다. 어려서 의지를 내려 왕옥(王屋)에 은거하면서 낚시나 하릴없는 산보를 일삼았다. 덕종이 그 재주를 아껴서 서울로 불렀다. 장경 원년에 경조부 사록참군(司錄參軍)에 제수되고 명령을 받들어 하삭(河朔)으로 사신을 갔는데 황제의 뜻에 맞아서 전중 시어사로 옮겼다. 나중에 유주(幽州) 유총(劉總)이 거느리고 있는 아홉 주를 가지고 조정의 명령을 듣기를 청했다. 목종은 사신으로 갈 만한 사람을 고르다가 이내 온조를 기거사인으로 제수하고 태원 진주 유주 선유사(太原鎭州幽州宣諭使)를 맡겼다. 사신을 갔다가 돌아올 때 유총이 드디어 집안을 옮겨 들어와 알현했다. 얼마 지나지 않아 간의대부 이경검과 사관에서 술을 마셨는데 이경검이 취해서 승상을 찾아간 일에 연좌되어 온조를 낭주 자사로 내보냈다. 낭주 자사로 있을 때 후향거(後鄕渠) 구십 리를 뚫었는데 농토 이천 경(頃)에 물을 대게 되어 낭주 사람들이 이익을 얻었고 이내 우사거(右史渠)라고 이름 지었다."

28 『전국책』「조책」은 이러하다. "장맹담(張孟談)은 이렇게 말했다. '이전 일을 잊지 않

를 증명하기 위한 것이니 평소 토론해서 대비하지 않을 수 없다. 정사에 항상성이 있는 것과 말에 요점이 있는 것은 본래 다른 일이 아닌데 다스리는 일에 어두운 사람들은 알아차리지 못한다. 나는 그래서 이대릉이 힘써야 할 바를 아는 것을 근거로 큰 뜻을 헤아려 밝혀서 다스리는 이치를 찾는 사람들의 본보기를 삼으려고 한다.

으면 뒷일의 본보기가 된다."

위필추범제부찬형주부지서(爲畢秋帆制府撰荊州府志序)[1]

형주는 『상서』 「우공」과 『주례』 「직방씨」에서 풍부하다고 했고[2] 삼국시대, 육조시대, 오대 때는 군사적으로 중요한 지역이었으며[3] 과거의 명나라 때는 요충지이자 험한 곳이었다.[4] 지금 거느리고 있는 것은 겨우 일곱 개 현뿐이지만[5] 호북 관할 구역 내의 열한 개 부와 주에 여전히 두터운 명망이 있다. 삼대에 구주를 구분했을 때, 형주의 영역이 수천 리나 뻗어 있었던 것은 말할 필요도 없다. 한나라는 남군을 나누었지만 형주

1 「복최형주서」에 상세하다. 무창 가씨 초본의 원래 제목에는 "갑을잉고"라고 주를 달았다.

2 『상서』 「우공」은 이러하다. "형산 및 형산의 남쪽 사이가 형주이다. 장강과 한수는 바다로 흘러들어간다. 아홉 줄기 강물이 크게 풍요롭다. 타수와 잠수[沱潛, 물이 장강에서 나오는 것이 타수이고 한수에서 나오는 것이 잠수이다]가 이미 물길을 바로잡아 넘치지 않으니 운(雲)이라는 호숫가 땅과 몽(夢)이라는 호수를 다스렸다.(운몽택(雲夢澤)이 이미 다스려졌다) 그 땅은 진흙탕이고 그 농토는 여덟 번째 등급[下中]이며 그 세금은 세 번째 등급[上下]이고 그 공물은 새 깃털, 짐승 털, 상아, 가죽과 세 가지 쇠, 참죽나무 목재, 노송나무, 측백나무, 숫돌, 붉은 안료와 아름다운 대나

가 거느렸다.[6] 괴월(蒯越)은 유표에게 유세할 때 이렇게 말했다. "형주는 남쪽으로 강릉을 의지하고 북쪽으로 양양을 지키니 여덟 군이 격문을 전달해서 편안할 수 있습니다."[7] 제갈량[諸葛忠武]은 소열제[昭烈]에게 이렇게 말했다. "형주는 북쪽으로 한수와 면수를 의지하고 남해의 모든 이익을 차지하며 동쪽으로 오월[吳會]과 연결되고 서쪽으로 파촉과 통하니 무력을 동원해서 빼앗을 땅입니다."[8] 육조시대에는 양나라[蕭梁]가 중요

무, 호나무[楛, 화살을 만들 수 있는 대나무]이다." 『주례』 「하관」 "직방씨"는 이러하다. "정남쪽은 형주인데 진산[山鎭]은 형산이고 수풀이 우거진 습지는 운몽이며 강은 장강과 한수이고 호수는 영(潁)과 잠(湛)이 있으며 이익이 있는 것은 단사[丹], 은, 짐승 이빨, 가죽이고 백성은 남자 하나 당 여자 둘이며 가축 기르기는 날짐승과 길짐승에 적당하고 곡식은 논벼를 심기에 알맞다."

3 다음 주를 보라.

4 『명사』 「지리지」 5는 이러하다. 형주부 강릉은 홍무 11년 상왕부(湘王府)를 세웠고 영락 원년에 요왕부(遼王府)를 여기로 옮겼으며 만력 29년 혜왕부(惠王府)를 세웠기 때문에 "과거 명나라 때 험한 지형의 요충지"라고 부른 것이다. 『춘추좌전』 「은공 원년」은 이러하다. "제(制) 땅은 암읍(巖邑)이다." 암(巖)은 험하다는 뜻이다. 권덕여(權德輿) 「송건주조사군서」(送建州趙使君序)는 이러하다. "이곳은 관동의 극지(劇地)이기 때문에 계속 평안했을 뿐이다." 극(劇)은 험악하다는 뜻이다.

5 형주부에 소속된 일곱 현은 「복최형주서」의 주9를 보라.

6 『한서』 「지리지」 "남군" 다음의 자주는 이러하다. "진나라 때 두었다. 고조[高帝] 원년 임강군(臨江郡)으로 고치고 5년 예전처럼 돌리고 형주에 속하게 했다."

7 사마표 『전략』(戰略)은 이러하다. "유표가 애초에 형주를 다스릴 때 강남에는 종적(宗賊)이 성했다. 원술은 노양(魯陽)에 진을 치고 남양의 모든 사람들을 남김없이 가지고 있었다. 오군 출신 소대(蘇代)는 장사 태수였고 패우(貝羽)는 화용(華容)의 우두머리였는데 각자 병력을 손에 쥐고 난을 일으켰다. 유표는 홀로 말을 타고 의성에 들어가서 중려(中廬) 출신 괴월(蒯越) 등을 초빙하여 함께 모의했다. 괴월은 이렇게 말했다. '원술은 용감하지만 함부로 행동하고 소대와 패우는 모두 무인이라서 생각이 부족합니다. 종적은 많은 사람을 거느렸지만 탐욕스럽고 포악하여 아랫사람들이 근심하고 있으니 그에게 이익을 보여주면 틀림없이 무리를 이끌고 올 것입니다. 군대가 모이고 사람이 붙으면 남쪽으로 강릉에 기대고 북쪽으로 양양을 지키면 형주의 여덟 군(장사, 영릉(零陵), 계양, 무릉, 강하, 남양, 남군, 장릉(章陵))은 격문을 전하여 안정시킬 수 있습니다. 원술 등이 비록 오더라도 어찌할 수 없습니다.' 드디어 괴월이 사람을 보내 종적을 유인하도록 했고 목을 친 뒤 그 무리를 습격하여 빼앗으니 강남이 모두 평정되었다."(『삼국지』 「위서」 "유표전" 주에서 인용했다) 괴월은 자가 이도(異度)이며 중려 출신이다. 유표는 자가 경승(景升)이고 산양 고평 출신이다. 헌제 초평 원년에 형주 자사가 되었다.

8 『삼국지』 「촉서」 "제갈량전"은 이러하다. "제갈량은 몸소 밭을 갈고 살았는데 「양보

한 이 땅을 다투었고 오대[五季] 때는 고계흥[高氏]이 여기를 차지했는데[9] 일시적으로 계획하거나 기이한 계책을 바친[10] 힘찬 주장들이 비록 많았지만 대체로 괴월과 제갈량의 몇 마디 말을 벗어나지 않는다. 그러나 이때 형주는 실제로는 무릉이나 계양(桂陽) 같은 여러 군을 아울러 면적이 호남의 경계를 포괄하고 있었다.[11] 명나라 때 이르러 원나라의 중흥로(中

음」(梁父吟) 읊는 것을 좋아했다. 당시 유비는 신야에 진을 치고 있다가 세 번 가서 만나게 되었다. 이어서 사람들을 물리치고 이렇게 말했다. '저는 천하에 대의를 펼치고자 합니다만 어떻게 해야 좋을까요?' 제갈량은 이렇게 대답했다. '형주는 북쪽으로 한수와 면수가 있어 이익이 남해까지 남김 없고 동쪽으로 오군과 회계군에 이어지며 서쪽으로 파군과 촉군에 통하니 여기는 무력을 쓸 만한 나라입니다. 그러나 그 주인은 지킬 수 없으니 이것은 아마 하늘이 장군에게 바탕으로 삼으라는 것이겠지요.'" 제갈량은 자가 공명이고 낭야 양도 출신이다. 유비를 도와 형주를 취했으며 익주를 평정했다. 유비가 즉위하자 제갈량은 승상이 되었다. 장무(章武) 3년 유비가 영안에서 병으로 죽을 때 제갈량이 유조(遺詔)를 받아 정사를 보필하여 무향후(武鄕侯)에 봉해졌다. 유선[後主] 건흥(建興) 12년에 오장원(五丈原)에서 죽었는데 나이 쉰넷이다. 시호는 충무후(忠武侯)이다. 『삼국지』「촉서」 "선주전"(先主傳)은 이러하다. "선주는 성이 유이고 이름이 비이며 탁군 탁현(涿縣) 출신이다. 건안 26년 사월 성도에서 즉위했다. 장무 3년 사월 영안궁(永安宮)에서 돌아가시니 당시 나이 예순셋이고 시호는 소열황제(昭烈皇帝)이다."

9 『독사방여기요』 권78은 이러하다. "육조시대가 끝날 무렵 형주가 어떻게 되느냐가 온 나라가 안정되느냐 위태로우냐와 연계되었다. 소역과 소종(蕭琮)이 형주를 가지자 나라가 보존되느냐 멸망하느냐의 운명이 다른 성씨에게 매달리게 되었다. 소선이 형주를 가지자 나라가 망하는 재앙이 발길을 돌린 적이 없다. 논하는 사람들은 양양을 지키지 못하면 강릉 이북이 위태로워지는 것이 뚜렷한 증거라고 생각한다. 당나라 때는 중원 지역[中州]에 일이 많았기 때문에 도(都)를 세우고 군(軍)을 두어서 무력으로 누르고 남쪽을 복종하게 했으며 새가 날개로 새끼를 품듯 옹주와 양주를 감쌌다. 오대 때 고계흥[高氏]이 그것을 훔쳤다." 『오대사』「남평세가」(南平世家)는 이러하다. "고계흥은 자가 이손(貽孫)이고 섬주(陝州) 협석(硤石) 출신인데 양나라 개평(開平) 원년에 고계흥을 형남 절도사로 제수했다. 후당 말기에 여러 도가 침범했다. 고계흥이 처음 도착했을 때 강릉 하나뿐이었다. 전쟁이 끝난 뒤 마을들[井邑]이 보잘 것 없어졌을 때 고계흥이 불러 모으고 편안하게 어루만지자 인사들이 그에게 돌아서서 복종했다."

10 『사기』「유후세가」는 이러하다. "제게 앞에 있는 젓가락을 빌려주시기를 청합니다. 대왕을 위해 그것을 셈해보겠습니다." 장안은 이렇게 말한다. "밥 먹는 젓가락을 빌려서 그것으로 그림을 그리려는 것이다."

11 『후한서』「군국지」에는 형주 자사가 거느리는 군이 남양군, 남군, 강하군, 영릉군, 계양군, 무릉군, 장사군 일곱 개 있다. 『시』「상송」 "장발"은 이러하다. "나라 땅이

興路)를 형주부로 고쳤는데[12] 오늘날 형주의 경계이다. 그때 임금의 나라로 봉한 것이 도회지로 성장했다. 우리 청나라는 명나라의 옛 치소를 근거로 하여 처음에 총병관(總兵官)에게 이 땅에 주둔하여 지키도록 했다가 곧 만주 병영[滿營]으로 고쳐서 장군과 도통(都統) 이하의 벼슬을 제도에 따라 설치했다.[13] 옹정 13년 두 개의 주, 세 개의 현, 토사(土司)의 땅을 갈라서 의창부[宜昌]와 시남부[施南]를 따로 설치했다. 건륭 56년 원안현[遠安]을 형문주(荊門州)에 소속시키면서[14] 형주가 거느린 것은 일곱 현에 그쳤다. 그러나 형세는 여전히 호북의 여러 부 가운데 최고였다. 강릉(江陵)은 본디 남북의 요충지를 아우르고 동쪽으로 뻗으며 서쪽을 제어하기 때문에 본래 막힘없이 서로 이어진다. 때때로 일어나는 일에는 적당함이 다르기 때문에 만주족과 한족이 성을 나누어 지키고 백성과 군인도 어지럽지 않았다.[15] 조운과 태운[漕兌]이 서로 이어지고 군대 양식의 전운[轉餉]이 수고롭지 않은 것[16]도 이미 때에 따라 제도를 세웠기 때문이다.

커졌다네." 「전」은 이러하다. "운(隕)은 균(均)이다." 운(隕)은 원(員)과 통한다. 넓고 좁은 것을 폭(幅)이라고 하고 주위를 원이라 한다.

12 『독사방여기요』 권78은 이러하다. "원나라 때 강릉로(江陵路)이다. 천력 3년 중흥로(中興路)로 고쳤다. 명나라 때 형주부로 고쳤는데 거느린 주가 두 개, 현이 열한 개이다."

13 총병관(總兵官)은 지방의 무관이며 지위는 제독 아래에 있다. 『가경중수대청일통지』 「호북성」 "무직관"(武職官)은 이러하다. "형주 장군은 형주부에 주둔하는데 좌익도통과 우익도통[左右翼都統]이 두 명, 만주 협령(滿州協領)이 여덟 명, 몽고 협령(蒙古協領)이 두 명, 만주 좌령(滿州佐領)이 서른두 명, 몽고 좌령(蒙古佐領)이 열네 명, 만주 방어(滿州防禦)가 마흔 명, 몽고 방어(蒙古防禦)가 열여섯 명, 만주 보기교(滿州步騎校)가 마흔 명, 몽고 효기(蒙古驍騎)가 열여섯 명이다."

14 『가경중수대청일통지』 「호북성」 "건치 연혁"은 이러하다. "옹정 13년 형주부에 소속된 이릉주(夷陵州)를 의창부(宜昌府)로 승격시키고 귀주(歸州) 직예주를 주에 소속된 것으로 낮췄다. 예전에 귀주 은시현(恩施縣)의 치소를 시남부(施南府)로 삼았다." 건륭 56년 원안현(遠安縣)을 형문주(荊門州)에 소속시켰다.

15 강희 22년 만주장군이 형주에 주둔하다가 드디어 제독을 옮겨서 상덕에 주둔하게 되었다. 앞의 글을 보라.

16 『대청회전』 권22 "호부"는 이러하다. "서울로 해마다 실어 나르는 조운[歲漕]은 강으로 운반하는 것[河運]이 있고 바다로 운반하는 것[海運]이 있는데 모두 운반하기 시작하는 숫자를 미리 알려서 현물을 납부하고[交兌] 통패(通壩)에서 돌린다. 곡식으

다만 장강[大江]이 동쪽으로 흘러내려가면서 물줄기가 갈리는 바람에 묻혀버린 옛 물길이 많아졌고 장강의 둑을 쌓는 일이 옛날보다 중요해졌다. 건륭 무신년에 큰 홍수가 성을 덮쳐 군인과 백성들이 물에 잠기고 성벽이 무너졌다. 천자는 남쪽을 바라보며 탄식하고 특별히 중신에게 부절을 가지고 사신으로 가도록 특별히 명령하고 금고에서 이백만 량을 꺼내 큰 공사를 순서대로 일으키도록 했다. 나는 이때 명령을 받들어 호북과 호남의 총독으로 와서[17] 아침저녁으로 근심하며 오로지 여러 가지 일에 대한 생각이 주도면밀하지 못한 것이 있을까, 임금의 명령에 우러러 대답할 근거가 없을까 두려워했다. 모든 분들이나 부하 벼슬아치들과 상의하고 물었는데[18] 그들의 모든 계책과 재능이 다행히 떨어지거나 지나치지 않았다. 그리고 수많은 살아있는 넋들은 모두 즐겁게 은혜를 입어서 어려움에서 빠져나왔으며[19] 형주는 비록 오래되었지만 새로워진 듯했다.

로 내는 모든 세금에는 정태(正兌)가 있고 개태(改兌)가 있으며 개징(改徵)이 있고 절징(折徵)이 있으며 주비(籌備)가 있는데 모두 조모(漕耗)와 조비(漕費)가 뒤따른다."

역주_ **정태**는 서울의 창고로 세금으로 낸 곡식을 대신 날라서 팔기와 삼영의 군량을 채우는 것이다. **개태**는 고친 태운법(兌運法)이란 뜻인데 원래 납세자가 주요 지방 창고로 날라주던 것을 가까운 곳으로 날라다 내게 고친 것이다. **개징**은 세목을 바꿔서 거두는 것이다. **절징**은 곡식으로 내야하는 세금을 은화나 동전으로 환산하여 거두는 것이다. **주비**는 일종의 예비비이다. **조모**는 정규 세금 이외에 조운할 때 자연 감소분을 미리 계산하여 더하는 것이다. **조비**는 조운에 드는 비용과 수수료이다.

17 왕창 「필공원신도비」(畢公沅神道碑)는 이러하다. "건륭 53년 여름과 가을에 비가 많이 내려서 장강과 한수 및 동정호 파양호 등 여러 물이 모두 세차게 불어나서 장강으로 나와서 장강의 흐름을 끊었다. 그래서 장강 물도 역시 솟구쳐 올라 형주 둑이 터지자 성이 무너지고 물이 들었다. 황제의 뜻을 받들어 호광 총독에 제수하고 동시에 호북 순무에 임명했다."

18 『이아』 「석고」는 이러하다. "심(寀)은 동료 벼슬아치이다." 형병 소는 이러하다. "벼슬아치의 지위가 심이고 같은 벼슬아치가 요(寮)이다."

19 『문선』 사마상여 「봉선문」은 이러하다. "벌레들이 즐거워한다." 주는 이러하다. "문영(文穎)은 이렇게 말한다. '개(闓)와 택(澤)은 모두 즐겁다는 뜻이다.' 개는 소리가 개(愷)이다. 택은 소리가 역(驛)이다.' 『상서』 「익직」은 이러하다. "아래 백성들이 어려움에 빠져 있다." 정현[鄭康成]은 이렇게 말한다. "혼(昏)은 몰(沒)이다. 점(墊)은 함(陷)이다."

해를 넘기자 백성의 기운[民氣]이 점차 되살아나고 관청도 조금 여유가 생기고 편안해졌다. 산음(山陰) 출신 장방리[張君方理] 지부[20]가 마침 장고를 가지런히 정리하여 후임자가 그대로 따르게 하려고 했지만[21] 곧 다른 일 때문에 떠났다. 그의 책임을 이은 영제(永濟) 출신 최용현[崔君龍見]은 그래서 일곱 현의 지방 행정 책임자를 모아서 「부지」를 편찬하는 일을 의논했다.[22] 최용현은 유명한 진사로서 일가를 일으켜 학문이 뛰어나 벼슬살이를 시작한 사람이기 때문에[23] 그는 아마 이런 「지」를 조심스러우면 조심스럽지 떳떳하지 못하게 짓지는 않을 것이다. 하물며 형주의 「지」는 옛날에 지은 것이 다른 지방에 비해 몇 배나 된다. 성홍지(盛弘之)는 『형주기』(荊州記)가 있고[24] 유중옹(庾仲雍)은 『강기』(江記)가 있으며[25] 종름(宗懍)은 『형초세시기』(荊楚歲時記)가 있고[26] 양나라 원제는 『형남지』(荊

20 장학성 「증장섭군지부서」(贈張燮君知府序)는 이러하다. "산음 출신 장섭[張燮君] 태수는 민각공 방관승[方敏恪]이 그를 큰 그릇이라고 생각하여 길렀는데 천부(天府)에 편지를 바친 뒤 산동에 나가서 지현의 부절을 매달아놓은 채 오랫동안 옮기지 못했다. 건륭 53년 무신년, 형주에 큰 홍수가 나서 성벽이 터지자 큰물이 근심거리였다. 천자는 남쪽을 돌아보고 거둥한 뒤 필원을 발탁하여 호북과 호남[兩湖]을 맡겼으며 또한 대학사 아계[阿公]에게 필원과 함께 계획을 세워 일을 해나가면서 서로 도우라고 명령하고 큰 공사를 벌이고 크게 구휼할 때는 긴급한 격문[羽檄]을 널리 퍼트리도록 명령했다. 당시 재능 있는 사람이 매우 급히 필요했기 때문에 아계와 필원 두 사람이 말을 맞춰 들어가서 고하고 파격적으로 장섭을 형주 지부로 기용할 것을 청했다. 장섭은 취임한 지 몇 달 만에 순서대로 경영하고 처리했는데 마치 그물에 벼리가 있는 것처럼 조리가 있고 어지럽지 않았다."

21 장고는 「방지립삼서의」의 주3을 보라. 『한서』 「가의전」은 이러하다. "이 왕조가 일단 안정되자 대대로 늘 편안했고 그런 뒤에 가지고 따르는 것이 생겼다." 주는 이러하다. "쥐고서 순순히 시행한다."

22 「복최형주서」의 주1을 보라.

23 『논어』 「자장」은 이러하다. "자하가 이렇게 말했다. '벼슬하면서 여유가 있으면 학문을 하고 학문을 하고 여유가 있으면 벼슬을 한다." 주희 주는 이러하다. "우(優)는 남는 힘이 있는 것이다."

24 『수서』 「경적지」 "지리류"는 이러하다. "『형주기』(荊州記) 세 권은 송나라 임천왕 시랑 성홍지(盛弘之)가 지었다."

25 『수서』 「경적지」 "지리류"는 이러하다. "『강기』(江記) 다섯 권은 유중옹(庾仲雍)이 지었다."

26 『직재서록해제』 「시령류」는 이러하다. "『형초세시기』(荊楚歲時記) 여섯 권은 양나

南志)와 『단양윤전』(丹陽尹傳)이 있다.[27] 책은 비록 남지 않았지만 책의 목록은 헤아릴 수 있고 없어진 글과 사라진 구절이 여전히 모든 책들이 인용하는 데서 때때로 나타난다. 과거의 명나라 때 편찬한 『형주부지』[28]는 다만 목록을 적은 책에만 나타나지 실물이 없고 강희 연간에 호재격(胡在格)이 편찬한 것을 좋은 판본이라고 칭찬하지만 마찬가지로 세상에 보기 드물다. 지금은 섭앙고(葉仰高)의 「지」가 남아 있는데 스스로 호재격의 예전 글을 그대로 따른 것이 많다고 하지만 형식이 근엄하고 자료를 모을 때 꼭 출처를 주석으로 달아서[29] 법도가 좋다. 그러나 최현룡은 이런

라 이부 상서 종름(宗懍)이 지었다. 형초 지역의 풍물과 고사를 기록했다."

27 『수서』「경적지」 "지리류"는 이러하다. "『형남지지』(荊南地志) 두 권은 소세성(蕭世誠)이 지었다." 또한 "잡전류"는 이러하다. 『단양윤전』 열 권은 양나라 원제가 지었다."

28 『명사』「예문지」 "지리류"는 이러하다. "왕총회(王寵懷) 『형주부지』는 열두 권이다."

29 섭앙고(葉仰高) 『형주부지』「내겸명 서」(來謙鳴序)는 이러하다. "『형주부지』[荊郡之志]는 명나라 때 여러 차례 편찬했는데 모두 없어져서 전해지지 않는다. 현재 남아 있는 것은 오로지 청나라[本朝] 강희 연간에 형주부 사람이며 참의 벼슬을 지낸 호재격[胡參議在恪]이 편찬한 것뿐이다. 이것도 당시 칠십 년이나 지난 것이라서 새로운 것을 보태고 예전 것을 바로잡는 일은 본래 그만둘 수 없었다." 또한 「자서」(自序)는 이러하다. "나는 건륭 15년부터 황제의 명령을 받들어 이 군을 책임졌는데 차례로 사년 동안 공무의 순서를 듣고 나서 부하 벼슬아치들을 모아서 이렇게 의논했다. '『형주부지』[荊志]를 편찬해야만 하는 이유는 세 가지이다. 첫째, 이전의 군은 두 개의 주와 열한 개의 현을 거느렸지만 현재는 현만 여덟 개 거느리고 있다. 강역[疆索]이 이미 나뉘었으니 기록이 달라져야 마땅하다. 둘째, 이전 『형주부지』는 강희 24년에 편찬했으니 오늘날로부터 벌써 칠십 년이다. 칠십 년 동안 한 지방의 전장과 큰 법도가 되는 제도, 황제의 은혜가 멀고 두루 구석구석 미친 일 및 호구와 농토의 증가, 관사나 과거 합격자나 유명한 현인이나 행실이 곱고 마음이 맑은 여자의 성씨와 덕행과 선행이 지금까지 상세하지 않은데 이보다 나중에 어찌 기술하겠는가? 딸린 고을[隸邑] 가운데 강릉이 으뜸이지만 읍이기 때문에 「지」가 없고 나머지는 비록 있다 해도 어지럽고 간단해서 살펴보기 부족한 경우가 있다. 그렇다면 군지(郡志)를 모으는 것은 나중으로 미룰 수 없다.' 당시 관찰사[大觀察] 노공(盧公)은 그 논의를 듣고 바로 격려하고 도와주었다. 그래서 두세 명의 동료 벼슬아치와 함께 모두 마음을 다해 계획하고 이내 책을 지었는데 학식과 덕이 뛰어난 선비들을 초빙하여 봉급을 넉넉히 주고 장정을 갖췄다. 을해년 정월에 날을 가려서 편찬 기구를 열고 이태 동안 살펴서 책이 완성되었다. 서른두 가지 부류, 쉰여덟 권인데 예전의 「지」를 살펴보니 절반 이상을 모으고 보탠 정도가 아니었다. 내가 여기에 온통 마음을 쏟아 부은 것은 본디 고달프고 성가신 것이 아니지만 붓을 든 여러 분들의 수고는 대개 상상할 수 있을 것이다. …… 건륭 22년 정축년 초가을 중헌대부(中憲大夫)

「지」에 나타난 역사서의 형식을 하나로 움켜쥔 뒤, 상세하고 넉넉하면서도 박식하고 우아하게 독립 판단과 탁월한 뜻을 운용했다. 처음에 「기」로써 편년체의 사법을 갖추고 다음에 「표」로써 세계와 연대를 드러냈으며 장고는 여러 「고」에 보존하고 인물은 「열전」에 상세하게 기록했으니 이것은 역시 그물을 드니 그물코가 펼쳐지는 것과 같다.[30] 또한 역사서나 방지는 사실 기록이 위주이고 「예문」은 본래 목록에 기록한 글이라고 생각한다. 그러나 최근의 방지를 편집하는 사람이 시와 글의 어수선한 형식을 분수에 맞지 않게 가려서 오히려 역사서나 방지를 바로잡으려고 하는 것이나 또한 시와 글을 가다듬어 요약하고 분류한 뒤 본래 사실 다음에 귀속시키는 것도 모두 옛사람의 유파를 잃었다고 생각한다. 이제 역사서의 범례를 스승으로 삼아 「부지」를 모으고 또한 시와 글을 가리는 범례를 본떠 「문징」을 편집했다. 그는 스스로 이렇게 말한다. 「지」는 『국어』 여덟 편을 스승으로 삼고 「문징」은 『시』 「국풍」 열다섯 편을 스승으로 삼아[31] 각자 책을 만들었으니 서로 돕지만 서로 어지럽히지 못한다. 또한 요즈음 사람들은 가려 모으고 남은 자질구레한 사실과 기이한 말을 취하면 형식을 잃을 테지만 버리려니 아까운 나머지, 「지

지호형주부사(知湖荊州府事) 평강 출신 섭앙고가 지었다." 또한 「범례」는 이러하다. "지승(志乘) 분야와 부류를 나누어 세울 때 한 지방의 고금의 사실을 낱낱이 한데 뭉뚱그리는 요점은 간단하면서도 새지 않고 모조리 포용하면서도 뒤섞이지 않는 것이다. 의례가 질서정연해야 장차 믿음직하고 좋다고 한다. 여기서 서른두 가지로 분류한 것을 예전의 「지」와 비교해보아도 역시 서로 크게 차이가 나지 않는다. 오로지 예전의 「지」에는 「상이」(祥異)를 「성야」(星野)에 붙이고 「교량」(橋梁)을 「산천」에 붙였으며 「사관」(寺觀)을 「고적」에 붙였는데 지금은 각각 하나의 부류로 쪼갰다. 예전의 「지」에는 「휼정」(恤政), 「향진」(鄉鎮), 「기병」(紀兵), 「잡기」가 없었는데 지금은 모두 보태서 모았다. 그중 「제왕」(帝王)이라는 부류는 완전히 삭제해버렸다. 또한 예전의 「지」가 거두고 인용한 문헌[載籍]은 휑하니 드문데 이제 널리 수집하여 망라하고 동시에 어디서 나왔는지 상세하게 밝혔다. 본문 앞에 있는 경우도 있고 본문 다음에 옆에다 주를 단 경우도 있다. 일으킨 범례는 각 부류의 「소서」(小序)에 갖춰져 보이기 때문에 읽는 사람이 한 번 죽 훑어보면 바로 알 수 있다."

30 「영청현지 황언기 서례」의 주4를 보라.

31 『국어』와 『시』 「국풍」은 「화주문징 서례」의 주8을 보라.

여」(志餘)로 편집하는데 이것도 역시 사법이 아니다. 이제 따로 『총담』이라는 책을 지어 크고 작은 것을 동시에 수록하자 조리가 생기고 어지럽지 않게 되었다. 이것은 아마 요즈음 방지를 편집하는 사람에게서 흔히 볼 수 없을 것이다. 옛날 나원은 『신안지』를 지으면서 스스로 유학자의 책이고 관청의 장부와 기록[簿記]을 베끼고 딴 것과 다르다고 했다.[32] 이제 최현룡이 모은 것은 본래 근원이 깊고 멀기 때문에 나원의 우아한 형식에 비해도 나으면 나았지 모자라지 않는다. 마침 호북에 『호광통지』의 사업이 있어서[33] 회계 출신의 전적 벼슬을 지낸 장학성을 초빙하여 편집을 논하고 정하게 했다. 장학성은 우아한 역사가의 판단력이 있어 나와 함께 대화할 때 의견이 일치하는 것이 있었다. 최현룡은 여러 차례 장학성에게 묻고 편지를 주고받으며 상의할 때, 때때로 내게 절충하는 의견을 구하곤 했다. 나는 그러므로 일의 내력을 남김없이 이해하고 책 끄트머리에 서술한다.

---

32 『신안지』「자서」(自序)는 이러하다. "유학자의 글은 드러나지 않는 뜻을 갖추고 있어서 장부를 베껴서 취하는 것과 다르다." 『신안지』는 「위장길부사마찬대명현지서」의 주28을 보라.

33 「전기」의 주27을 보라.

위필추범제부찬석수현지서(爲畢秋帆制府撰石首縣志序)[1]

석수(石首)는 형주의 중요한 현[望縣]이며 본디 서한과 동한 때 화용(華容) 땅이다. 진나라가 오나라를 평정하고 화용을 나누어 현을 두었는데 산 이름을 가지고 석수라고 이름 지었다.[2] 송나라[趙宋]가 치소를 고치고 가다듬으면서 건녕(建寧)이라고 이름을 바꿨다가 얼마 지나지 않아 수림산(繡林山) 동쪽으로 옮겼고 다시 석수라고 불렀다. 원나라 대덕 연간에 다시 초망산(楚望山) 아래로 옮겼다가[3] 명나라를 거쳐 오늘날에 이르기까

1 「여석수왕명부논지례」의 주1을 보라. 무창 가씨 초본의 원래 제목에는 "갑을잉고"라고 주를 달았다.

2 『독사방여기요』 권78은 이러하다. "형주 석수현은 한나라 때 남군 화용현(華容縣) 땅이다. 진나라 때 석수현을 두었고 산 이름으로 이름 지었는데 여전히 남군에 속했다. 남북조시대 송나라 때 없앴다. 당나라 무덕 4년 다시 두었고 형주에 속했다. 송나라는 그것을 이었다."

3 『독사방여기요』 권78은 이러하다. "석수현의 옛 성을 유구는 이렇게 말한다. '예전 치소는 석수산(石首山) 아래에 있다. 당나라 현경 연간 초에 치소를 양경산(陽慶山) 아래로 옮겼다.' 『석수현지』[邑志]는 이렇게 말한다. 석수현은 건녕(建寧)으로 고친

지 문화적 명성이 형주[荊部] 안에서 대단하다고 칭찬받고 있다. 「현지」를 편찬하지 않은 지 육십 년 가까이 되었는데 예전의 「지」는 엉성하고 가리고 편집한 것도 법도가 없으며 또한 수십 년 동안의 사실이 빠져 있다. 옥전(玉田) 출신 왕유병[王君維屛] 지현[4]은 내가 『호북통지』를 지으면서[5] 격문을 보내 주와 현의 책을 거둘 때, 석수현의 사실을 논의해서 편집하고 여덟 분야로 확실하게 나누어 처음부터 끝까지 합쳐서 열 편을 짓고 거둔 것을 부본으로 덧붙인 뒤 내게 그것을 위해 서문을 써줄 것을 청했다.

나는 그 책을 펼쳐 보고 왕유병이 더불어 다스림에 대해 논할 만한 사람이라는 것을 알았다. 정사를 다스리는 일은 법도와 규율이 우선이고 책을 다스리는 일은 반드시 요점을 밝혀야 한다.[6] 요즈음 주와 현에서 만든 「지」 가운데는 구실아치의 안독이기 때문에 거칠고 지저분하며 형식을 잃는 경우도 있고 사시사철 좋은 경치와 읊은 시이기 때문에 실속없이 화려하기만 하고 내용이 없는 경우도 있다. 그러나 명의가 귀결되는 것과 정교가 중시하는 것을 찾으려고 해도 아득하니 무엇을 가리키는지 모른다. 정(政)은 사실이고 지(志)는 말이다. 천하에는 아마 빛나게 아름다운 말이라도[7] 사실에 적합하지 못한 말이 있겠지만 말에 아직 조리가 없는데 사실은 도리어 질서정연하다는 소리를 아직 들어본 적이 없다. 이제 왕유병의 「지」에는 항목이 모두 수십 가지인데 여덟 가지 분

적이 있는데 그 터는 조현구(調絃口)에 있으며 동쪽으로 가는 산길이다. 송나라 원우 연간에 초망산(楚望山) 북쪽으로 옮겼는데 장강[大江] 강가이다. 원나라 초에 수림산(繡林山) 아래로 옮겼지만 여전히 석수라는 이름을 썼다. 지원 연간에 다시 초망산 북쪽으로 옮겼는데 다름 아니라 현재의 치소이다."

4 청나라 때 옥전현(玉田縣)은 직예 준화주에 속했다. 왕유병은 「여석수왕명부논지례」의 주1을 보라.

5 「전기」의 주27을 보라.

6 「변사」의 주26을 보라.

7 『논어』 「공야장」은 이러하다. "찬란히 문장을 이루다." 『설문해자』는 이러하다. "비(斐)는 무늬를 나누어 구별한다는 뜻이다."

야로 포괄한 것은 마치 그물에 벼리가 있는 것처럼 조리 있고 어지럽지 않다.[8] 처음은 「편년」인데 사법을 보존했다. 「지」는 역사서가 취하는 자료이고 역사서는 이것을 근거로 사실을 기록하기 때문에 편년을 쓰지 않으면 강령이 될 수 없다. 다음은 「방여」(方輿)인데 지리를 헤아린다. 현이 세워진 유래가 있고 산천과 고적은 종류에 따라 편집했으며 수리와 강방(江防)은 중요한 자리를 차지한다. 다음은 「건치」인데 사람의 힘으로 이룩한 것이다. 성과 해자, 관청 건물[廨署]부터 제단과 사당에 이르기까지 순서에 따라 붙였다. 다음은 「민정」(民政)인데 법도를 세웠다. 호전(戶田)과 부역은 사도에게 속하고 우역(郵驛)과 병방(兵防)은 사마에게 속한다. 이것은 모두 『상서』 「홍범」에 있는 팔정(八政)의 원리이다.[9] 다음은 「질관」(秩官)인데 주관하는 벼슬아치를 밝혔다. 우두머리와 보좌하는 벼슬아치, 사유는 정교가 나오는 근거이고 뛰어난 사람은 이로써 후세에 전해진다. 다음은 「선거」인데 빼어난 인재를 뽑는다. 빼어난 사람을 논하여 글을 올리는 일을 『예기』 「왕제」는 대단하게 여겼고[10] 훌륭한 사람과 잘하는 사람을 천거하는 일을 『주관』은 상세하게 말하기 때문에[11] 지방지[邦乘]를 정리하는 사람이 생략할 수 있는 것이 아니다. 다음이 「인물」이고 다음이 「예문」인데 하나는 글을 거두는 것이고 하나는 문헌을 헤아리는 것이다. 모두 놓쳐 버린 것을 찾아서 모으고 잃어버리거나 없어지는 일을 조심스럽게 갖추는 것이며 더구나 적당한 때를 탈 때 중요한 일

---

8 『상서』 「반경 상」은 이러하다. "그물에 벼리가 있어야 조리가 있고 어지럽지 않다."

9 『상서』 「홍범」은 이러하다. "팔정(八政)은 첫째 먹을거리, 둘째 재물, 셋째 제사, 넷째 사공, 다섯째 사도, 여섯째 사구, 일곱째 손님, 여덟째 군대이다."

10 『예기』 「왕제」는 이러하다. "향에 수사(秀士)를 논하도록 명령하여 사도에게 천거한 사람을 선사(選士)라 한다. 사도가 선사 가운데 빼어난 사람을 논하여 학에 천거한 사람을 준사(俊士)라 한다. 사도에게 천거되었으나 향에서 뽑히지 않은 사람과 학에 천거되었으나 사도에게 뽑히지 않은 사람을 조사(造士)라 한다." 또한 "대악정(大樂正)이 조사 가운데 뛰어난 사람을 논하여 왕에게 고하고 사마에게 천거한 사람을 진사(進士)라 한다."

11 「화주지 선거표 서례」의 주1을 보라.

이다. 「인물」은 반드시 실제 사실을 증명하는 것이니 이름을 붙여 앞에 내세워서 헛된 이름을 삼아서는 안 되고[12] 「예문」은 책의 목록을 조심스럽게 적는 것이니 시와 글로 편의 분량을 채워서는 안 된다. 아마 「인물」은 사마천의 『사기』 「열전」의 유산이고[13] 「예문」은 반고와 유흠이 목록에 기록하는 범례일 것이다.[14] 사실은 반드시 고대를 스승삼은 이후에야 바로 지금 이 시대를 본받을 수 있다. 책을 여덟 분야로 나눈 것도 역시 그물을 드니 그물코가 펼쳐지는 것과 같다.[15] 「서례」(序例)와 「도고」(圖考)는 글의 첫머리에 넣고 나머지 글과 주장은 글의 끄트머리에 엮어 따로 글 순서를 만들고 여덟 분야에 넣지 않았다. 이것은 거의 아홉 명의 남자가 정전을 나누는 일이나 팔진도에 따라 행군하는 일처럼[16] 세로줄과 가로줄이 찬란하게 빛나며 근본 바탕과 쓰임새가 모두 갖춰졌다. 그래서 방지는 한 지방의 정사의 요점이지 겨우 풍류를 아는 문사로[17] 문화인이고 우아하다고 지방의 행정 책임자의 명성을 꾸며주는 것이 아니다.

석수에 현을 설치한 이래로 모두 세 번 옮겼다. 현재 현의 치소의 형

---

12 「고문십폐」의 주37을 보라.

13 『사통』 「열전」은 이러하다. "이런 범례의 시초를 찾는다면 사마천으로부터 시작되었다."

14 반고 『한서』는 유흠 『칠략』에 뿌리를 두고 「예문지」를 기록했는데 학술의 유파는 이것에 기대어 확실하게 밝혀졌다. 『사통』 「서지」는 이러하다. "「오행지」나 「예문지」 따위는 반고가 사마천이 빠트린 것을 보충했다."

15 「영청현지 황언기 서례」의 주4를 보라.

16 『삼국지』 「촉서」 "제갈량전"은 이러하다. "제갈량의 성품은 교묘한 생각을 잘하기 때문에 병법을 헤아리고 펼쳐서 「팔진도」(八陣圖)를 지었다." 『태평환우기』는 이러하다. "「팔진도」는 봉절현(奉節縣) 서남쪽 칠 리 거리에 있다." 『형주도기』(荊州圖記)는 이러하다. "영안궁 남쪽 일 리 거리에 있는 물가 평평한 자갈밭 위에 제갈량의 「팔진도」가 있는데 자잘한 돌을 모아서 만들었고 각각 높이 다섯 자, 너비 열 아람인데 뚜렷하게 바둑돌처럼 여기저기 무수히 흩어져 있고 가로세로가 서로 같으며 중간 거리가 아홉 자인데 한가운데 남북 고샅은 모두 너비가 다섯 자라서 모두 예순네 무더기이다. 사람들이 흩어서 어지러워졌고 여름에 불어난 물에 묻히기도 하지만 겨울에 물이 빠지면 다시 여전히 옛 모습을 찾는다."

17 두보 「단청인」(丹青引)는 이러하다. "문채와 풍류는 오늘날도 여전히 남아 있네."

세는 사실 평범하지 않다. 사방을 둘러보면 평탄하다가 치소에 거의 다 와서 모든 산이 치솟았는데 동쪽으로 용개산[龍蓋]이 있고 남쪽으로 마안산[馬鞍]이 있으며 서쪽으로 수림산이 있고 북쪽으로 초망산이 있다.[18] 치소는 한가운데 있으면서 요충지를 움켜쥐니 정사와 법령을 고르게 퍼트리기 쉽기 때문에 명나라 때부터 이제껏 계속 그대로 치소이다. 백성을 어루만지고 부리는 일은 반드시 형세를 근거로 하고 정사를 다스리는 일은 반드시 법도와 규율에 의지하며 책을 다스리는 일은 반드시 요점을 소중하게 여기는 것이 한결같다. 왕유병은 유술로 벼슬살이를 시작했기 때문에 어떤 것부터 먼저 열심히 해야 할지 알고 있다. 그가 책을 다스리는 일에는 참으로 요점에서 얻은 것이 있으니 후세인이 계속 그대로 따른다면 현을 다스리는 것과 같으리라. 그러나 옛사람은 이렇게 말한다. "앉아서 말한 것을 일어서서 시행할 수 있어야 한다."[19] 이제 책에 갖춘 것을 과연 정치에서 실현할 수 있다면 꼭 장부와 안독을 처리하는 것을 직업에 잘 맞는 것이라고 칭찬하지 않을 테고 문사를 꾸미는 것을 명성을 드러내는 것이라고 드러내서 칭찬하지 않을 것이다. 그러면 비록 한 현의 「지」라 할지라도 왕유병 혼자서 책을 다스린 것이다. 고대의 좋은 역사가를 아무도 뛰어넘을 수 없었는데 나는 왕유병에게 두터운 기대를 가지고 있다.

18 『독사방여기요』 권78 "석수산"은 이러하다. "용개산(龍蓋山)은 현 동쪽 이 리에 있는데 현의 주산(主山)이다. 수림산, 마안산[馬鞍]과 세 개의 봉우리를 이루며 모두 강가와 뒤섞여 늘어서 있다."

19 『순자』 「성악」은 이러하다. "모든 논(論)은 사실을 가려서 부합하는 것이나 확실한 증거를 소중하게 여기기 때문에 앉아서 말한 것을 일어서서 펼칠 수 있고 시행할 수 있어야 한다."

서무공지후(書武功志後)[1]

강해의 『무공지』 세 권[2]은 다시 일곱 편으로 나뉘는데 첫째 「지리」, 둘째 「건치」, 셋째 「사사」(祠祀), 넷째 「전부」, 다섯째 「관사」, 여섯째 「인물」, 일곱째 「선거」라고 각각 제목을 붙였다. 첫머리에서 옛사람의 저술을 본떠 따로 「편서」를 지었기 때문에[3] 자신을 높이고 겸양하지 않는

1 한나라 때 무공현(武功縣)을 두었는데 현재 섬서 미현(郿縣)에 있다. 후한 때는 태현(斄縣)으로 고쳤고 옮겨서 다스렸는데 다름 아니라 현재의 현이다. 청나라 때는 섬서 건주(乾州)에 속했다. 『사고전서총목제요』 "지리류"는 이러하다. "『무공현지』(武功縣志) 세 권은 명나라 강해가 지었다. 이 「지」는 다만 일곱 편인데 「지리」, 「건치」, 「사사」(祠祀), 「전부」, 「관사」(官師), 「인물」, 「선거」이다. 모든 산천과 성곽, 고적과 무덤[宅墓]은 모두 「지리」에 포괄한다. 관청과 부속 건물이나 학교, 나루터와 다리나 시장[市集]은 모두 「건치」에 귀결시킨다. 사당[祠廟]이나 절과 도관[寺觀]은 「사사」에 합친다. 호구와 생산물[物産]은 「전부」에 붙인다. 문학과 예술은 『오군지』의 범례를 써서 각 조목 다음에 흩어 붙여서 쓸데없이 넘치는 일을 없앤다. 「관사」는 좋고 나쁜 것을 동시에 적어서 좋은 일을 권하고 나쁜 일을 벌하는 뜻을 깃들인다. 왕사정은 그것이 '글은 간단하지만 사실은 진실하고 가르침과 말이 올바르다[爾雅]' 라고 말했다. 석방교(石邦教)는 그것이 '뜻이 밝고 좋은 일을 권하는 거울이 되며 더

것에 아주 가깝지만 세상에서는 그것을 많이 칭찬하고 왕사정[王氏士正]도 "글이 간단하나 사실이 참되고 교훈이 되는 말이 우아하다"라고 했다. 후세인이 「지」를 편찬하는 모범으로 이것을 받드는 지경이 된 것[4]은

욱 엄하고 공정하여 지방의 역사서[鄕國之史] 가운데 이것보다 좋은 것이 없다'라고 칭찬했다. 지나치게 아름답게 꾸민 것이 아니다." 이것 다음 여섯 편에 대해 무창 가씨 초본의 원래 제목은 "방지의례"라고 주를 달았다.

2 『명사』「문원전」 "이몽양전"(李夢陽傳)은 이러하다. "강해는 자가 덕함(德涵)이고 호가 대산(對山)인데 무공 출신이며 홍치 연간에 진사가 되어 편수에 제수되었다. 유근이 정사를 도맡고 그를 부르고자 했지만 강해는 가지 않았다. 이몽양이 옥에 갇혔을 때 '대산 나를 구해줘!'라고 조그마한 종이에 써서 강해를 불렀다. 강해는 이내 유근에게 찾아가서 그를 설득했다. 이튿날 이몽양을 풀어줬다. 나중에 유근이 권력을 잃자 유근의 무리와 엮여서 관직이 떨어졌다. 왕구사(王九思) 등과 기수 동쪽[沂東]이나 호현과 두현 사이에서 서로 모일 때마다 음악 곡조를 끼고 술을 진탕 마시며 음악을 연주하고 노래를 지으며 자신을 배우에 비겨서 자신의 답답한 마음을 깃들였다."

3 『무공지』「목록서」(目錄敍)는 이러하다. "지는 기록한다는 말이다. 지리, 풍속, 인물의 사실을 기록한다. 『무공지』는 내 돌아가신 아버지 장공(長公)이 아마 기술한 적이 있을 것이다. 그러나 현령[縣官]의 장고가 엄격하지 않아서 사람들이 그것을 드러내지 않았다. 나는 그래서 돌아가신 아버지의 「지」를 끝내 완성하고 대략 편집하여 지었다. 산천과 성곽은 풍속과 더불어 형편에 따라 차차 옮아가는 것이며 모두 지리가 갖추는 것이기 때문에 「첫 번째 지리」를 지었다. 관청과 부속 건물이나 학교는 바로 여러 책임자가 일으키고 시행하는 것이며 모두 건치의 일이기 때문에 「두 번째 건치」를 지었다. 백성을 다스리는 것은 신을 앞세우므로 사당과 제사가 일어나기 때문에 「세 번째 사사」를 지었다. 농토가 있으면 세금이 있는 법이고 몸이 있으면 부역이 있는 것이며 전부의 정사는 나라가 중요하게 생각하기 때문에 「네 번째 전부」를 지었다. 강역과 인민은 관직이 아니면 지켜지지 않고 예악과 교화는 관직이 아니면 시행되지 않기 때문에 「다섯 번째 관사」를 지었다. 문헌의 일은 지방[邦邑]을 앞세워서 고대와 옛날을 헤아리고 후세의 현인을 열어주는 것이기 때문에 「여섯 번째 인물」을 지었다. 과거 시험과 공생의 제도가 시행되고 선비는 이것을 근거로 일어나기 때문에 「일곱 번째 선거」를 지었다. 모두 일곱 편이다."

4 왕사정은 자가 이상(貽上)이고 호가 완정(阮亭)이며 별호가 어양산인(漁洋山人)이고 신성(新城) 출신이다. 순치 15년 진사가 되었고 벼슬이 형부 상서에 이르렀다. 강희 50년에 죽었는데 나이 일흔여덟이다. 건륭 연간에 문간(文簡)이라는 시호를 내렸다. 저술에 『대경당집』(帶經堂集) 아흔두 권이 있다.(『국조선정사략』 권6) 『무공현지』에 대해 여러 사람이 평가한 말은 왕사정[王阮亭] 『잠미집』(蠶尾集) 「신성현신지서」(新城縣新志序)는 이러하다. "내가 보고 들은 것을 근거로 하자면 과거 명나라 때의 군읍지(郡邑志)는 쌓으면 들보까지 차고 넘칠 정도이다. 그러나 글은 간단하지만 사실은 진실하고 가르침과 말이 올바르기는 강해[康對山]가 『무공지』를 기록한 것

요행이라고 할 수 있다. 강해는 대략 이만여 자로 세 권의 책을 이루고 「현지」 하나를 지었으니 고상하고 간단하다고 생각할 것이다. 이제 그 책을 살펴보니 거칠고 지저분함이 특히 심한데 아마 역사가의 법도와 문장의 형식을 모르기 때문일 것이다. 그러나 분량을 생략하는 것만 가지고 고상하고 간단하다고 하면 누가 고상하고 간단하지 못하겠는가?

「지」는 바로 역사서의 형식인데 만약 사리와 상관이 없다면 으레 시부를 함부로 수록하지 않는다. 강해는 명승과 고적에서 쓸모없는 시와 글을 분수에 맞지 않게 기록했는데[5] 이것은 세속에서 「지」를 편찬할 때 글을 고르는 범례를 가지고 예문을 만드는 사람과 얼마만큼이나 차이가 있나? 제후가 천자를 조상으로 제사지내지 않고 대부가 제후를 조상으로 제사지내지 않는 일에서 명분은 엄격하다.[6] 대대로 이어져 내려온 제왕과 후비에 대해 역사서는 「기」와 「전」에서 우러르고 방지를 빌려 기

만한 것이 없다." 또한 계림 출신 진홍모[陳榕門]는 이렇게 말했다. "강해[對山] 『무공지』는 글은 간단하지만 사실은 진실하다. 모든 기록은 나라의 살림살이와 백성의 살림살이, 인심과 풍속에 관계된 것이다. 확실히 전할 만한 것이 지승의 지극한 법칙이다."

5 『무공지』 「첫 번째 지리」는 녹야정(綠野亭)은 송나라 때 유학자 장재[張子厚]가 잠시 살았던 곳이며 예부 상서 오관(吳寬)의 비문도 수록했고 현학 훈도 조문걸(趙文傑)의 시도 수록했다. 시는 이렇게 말한다. "성의 남쪽 가까운 거리 노서촌(路西村)은 네다섯 개 늘 열린 작은 마을 문[小洞門]이 있다네. 유명한 녹야정은 이미 없어지고 황폐한 비석의 적은 글만 여전히 남았네. 서리 견딘 측백나무 천지의 그림자 같고 에워싸 감도는 황하는 고금의 자취일세. 횡거 선생을 우러러 멈추었으나 자취 찾지 못하고 한낮에 도착했으나 노을 지는 저녁이 되었네."

6 『예기』 「대전」은 이러하다. "예는 왕이 아니면 체 제사를 지내지 못한다. 왕은 자기 조상이 나오게 된 시조에게 체 제사를 지내고 자기 조상을 배향한다. 제후는 자기 태조[大祖]까지 미친다." 공영달 『예기소』는 이러하다. "태조는 처음으로 봉해진 임금이다. 제후는 왕이 아니기 때문에 하늘에 교 제사를 지내면서 조상을 배향할 수 없고 사당에서 태조를 제사지낼 뿐이다." 이것은 제후가 천자를 조상으로 삼지 않는 것이다. 또한 『예기』 「상복소기」(喪服小記)는 이러하다. "별자(別子)가 조(祖)가 되고 별자를 잇는 사람이 종(宗)이다." 공영달 『예기소』는 이러하다. "별자가 조가 된다는 것은 제후의 정실부인에게 난 큰 아들의 동생이 따로 정적(正適)이 되기 때문에 별자라고 부른다. 조상이 된다는 것은 따로 후손에게 시조가 되는 것이며 별자의 자손이 경대부가 되면 별자를 시조로 세우는 것을 말한다." 이것은 대부가 제후를 조상으로 삼지 않는 것이다.

록하지 않는다. 방지를 편찬하는 사람이 제왕이나 후비의 고향을 만나면 자기의 주장을 드러내는 것은 괜찮다. 제왕을 「인물」에 늘어놓고 후비를 「열녀」에 기록하는 것은 명분을 뒤섞는 것일 뿐만 아니라 임금다운 왕은 천하를 한 집안으로 생각하는데[7] 한 현과 무슨 관계가 있는가? 강해는 「인물」에서 후직부터 문왕까지 첫머리에 배열하면서[8] 사마천의 『사기』 「주본기」[周紀]를 요약하여 기록하고 다음으로 당나라 고조와 태종을 배열하면서[9] 다시 『당서』 「고조본기」와 「태종본기」를 요약하여 기록했는데 어긋나기 때문에 꾸지람을 감당할 수 없다. 방지가 분수에 넘치게 제왕을 나열하면 안 되는 것은 잠시 논하지 않겠다. 설령 그의 범례에 따른다고 해도 무왕 이후는 왜 삭제했는가? 무왕이 천하를 차지한 뒤에는 빈(邠)이라는 오래된 고을이 없어졌다고 생각한 것인가?[10] 그렇다면

---

7 『한서』 「개관요전」(蓋寬饒傳)은 이러하다. "한영[韓氏] 『역전』을 인용하여 오제는 천하를 관직이라고 생각했고 삼왕은 천하를 집안이라고 생각했는데 집안은 아들에게 전하고 관직은 훌륭한 사람에게 전한다고 말했다."

8 『사기』 「주본기」는 이러하다. "후직은 이름이 기(棄)이고 어머니는 유태씨(有邰氏)의 딸인데 강원이라고 했다. 기는 밭 갈고 농사짓기를 좋아하여 요임금이 농사(農師)로 올려 쓰자 천하가 그 이로움을 얻었기 때문에 태(邰)에 봉하고 후직이라고 불렀다." 또한 "계력(季歷)은 태임에게 장가들어 창(昌)을 낳았는데 성스러운 길조가 있었다. 계력[公季]이 죽자 아들 창이 즉위했는데 이 사람이 서백 문왕이다." 나는 이렇게 생각한다. 『무공지』 「인물 제6」은 후직의 죽음을 서술하고 아들 부줄(不窋)이 즉위한 것에서 끝나지 문왕은 언급하지 않았다.

9 고조는 다음을 보라. 『당서』 「태종기」(太宗紀)는 이러하다. "황제 이름은 이세민[世民]이고 고조의 두 번째 아들이다. 어머니는 목순성황후(穆順聖皇后) 두씨(竇氏)이고 수나라 개황 18년 무공에서 태어났는데 타고난 자질이 총명하고 재빨랐으며 고조에게 군사를 일으킬 것을 권하여 제왕의 사업을 이루었다. 무덕 9년 고조가 자리를 물려주었다. 정관 23년 함풍전(含風殿)에서 세상을 뜨니 나이가 쉰셋이다. 시호는 문황제(文皇帝)이고 묘호는 태종인데 소릉(昭陵)에 장사지냈다."

10 빈(邠)은 현재 섬서 빈현(邠縣)이다. 빈(豳)이라고도 한다. 『시』 「대아」 "공류"(公劉) 「전」은 이러하다. "공류는 후직의 증손자이고 태(邰)에 살았지만 하나라 사람들이 쳐들어 와서 공류를 뒤좇아 와서 쫓아냈다. 공류는 이내 중원[中國]의 난리를 피해서 드디어 서융(西戎)을 평정하고 그 백성들을 옮겨서 빈(豳)에 고을을 만들었다." 나는 이렇게 생각한다. 「대아」 "생민"은 이러하다. "바로 태나라에 봉해지셨네." 태는 무공현 안에 있다. 이 글의 "빈"(邠)은 "태"(邰)라고 써야하지 않나 의심스럽다.

태왕(太王)은 기산[岐] 아래로 옮긴 적이 있고 문왕은 다시 풍(豊)으로 옮겼는데[11] 어째서 무공의 「인물」에 배열한 것인가? 무왕이 실제로 천하를 차지한 사람이고 문왕 이전의 임금은 임금으로 추증한 것에 지나지 않기 때문에[12] 그들을 기록한 것인가? 그러면 당나라의 고조와 태종은 또 무슨 뜻을 취한 것인가? 고조와 태종이 거기서 나고 자랐기 때문에 기록한 것인가? 그렇다면 현조와 의조[顯懿二祖][13]는 왜 삭제한 것인가? 후비는 위로 강원(姜嫄)부터 아래로 태강(太姜)까지 이르는데 왜 중간에 유독

---

11 『사기』 「주본기」는 이러하다. "고공단보(古公亶父)가 후직과 공류(公劉)의 사업을 다시 닦고 덕을 쌓고 정의를 행하자 나라 사람들이 모두 그를 받들었다. 훈육(薰育)과 융적(戎狄)이 그를 공격하여 재물을 얻고자 하자 그들에게 주었다. 얼마 지나지 않아 다시 공격하여 땅과 백성을 얻고자 하자 백성들은 모두 노하여 싸우고자 했다. 고공단보는 이렇게 말했다. '백성이 임금을 세우는 것은 이로써 그들에게 이롭기 때문이다. 지금 융적이 공격하고 싸우려는 것은 우리 땅과 백성 때문이다. 백성이 내게 속하든 그들에게 속하든 무슨 차이가 있는가? 백성이 나를 위해 싸우고자 하더라도 이것은 그들의 아버지나 아들을 죽여가면서 그들에게 임금 노릇을 하게 되는 것이니 나는 차마 그렇게 하지 못하겠다.' 그래서 자신의 가족과 부하만 거느리고 마침내 빈을 떠나서 칠수[漆]와 저수[沮]를 건너 기산 아래에 정착했다. 빈에 있던 사람들도 온 나라가 늙은이를 부축하고 어린이를 이끌어 남김없이 기산 아래에 있는 고공단보에게 다시 돌아왔다." 또한 "서백은 숭후호를 정벌하고 풍읍(豐邑)을 만들었다. 기산으로부터 풍으로 도읍을 옮겼다." 기산은 현재 섬서 기산현(岐山縣) 서북쪽에 있다. 『사기집해』는 서광을 인용하여 이렇게 말한다. "풍은 서울의 호현 동쪽, 장안 남쪽 수십 리 거리에 있다."

12 『사기』 「주본기」는 이러하다. "서백이 세상을 뜨자 태자 발(發)이 즉위했으니 이 사람이 무왕이다. 서백은 아마 천명을 받은 해에 왕이라고 불렸고 우나라[虞]와 예나라[芮]의 송사를 해결했던 듯하다. 나중에 십 년이 지나서 세상을 뜨자 시호를 문왕이라고 했다. 법도를 고치고 정삭을 제정했다. 곧이어 고공단보를 태왕(太王), 계력[公季]을 왕계(王季)라고 추존한 것은 아마 왕이 될 길조가 태왕으로부터 일어났기 때문일 것이다."

13 『신당서』 「고조기」(高祖紀)는 이러하다. "고조는 이름이 연(淵)이고 자가 숙덕(叔德)이며 성이 이씨(李氏)이고 농서 성기 출신이다. 무덕 원년 갑자년에 태극전(太極殿)에서 황제 자리에 즉위한 뒤 돌이켜 고조할아버지[皇高祖]에게 선간공(宣簡公), 증조할아버지[皇曾祖]에게 의왕(懿王), 할아버지[皇祖]에게 경황제(景皇帝)라는 시호를 추증했다." 『구당서』 「고조기」는 이러하다. "이희[熙]는 금문진장(金門鎭將)이 되어 호걸을 이끌고 무천(武川)을 지켰기 때문에 정착하게 되었다. 의봉(儀鳳) 연간에 돌이켜 선황제(宣皇帝)로 추존했다." 본문에는 "현조와 의조"[顯懿二祖]라고 되어 있는데 "현"은"선"(宣)이라고 써야 맞을 듯하다.

태임(太任)만 없는 것인가?[14] 강(姜)은 무공의 고을이 아닌데 『무공지』 「열녀」에 넣은 것은 시집간 여자는 지아비를 따른다고 생각하기 때문인가? 그렇다면 당나라 고조의 태목황후 두씨[太穆竇后]나 태종의 문덕순성황후 장손씨[文德長孫皇后]는 모두 훌륭하다는 명성이 있었는데[15] 왜 또 수록하지 않은 것인가? 실어서는 안 되는 것을 싣는 것은 어지럽고 분수에 넘치므로 판단력이 부족하다고 말할 것이다. 자신이 스스로 만든 범례를 가지고 마음대로 드나드니 어디에서 의도가 나오는지 따져 물을 수도 없다. 천하에 이런 것을 고상하고 간단하다고 부를 수 있는가?

더욱 이상한 것은 지가 일곱 편인데 지도는 왜 글 순서에 넣지 않은 것인가? 이것도 아마 상스러운 형식을 따랐을 것이다. 책은 「도」를 첫머

---

14 『열녀전』 1은 이러하다. "기의 어머니 강원은 태후(邰侯)의 딸이다. 요임금 때 거인의 발자취를 보고 호기심이 생겨서 그 뒤를 밟았다가 돌아온 뒤 임신하게 되어 기를 낳았다." 또한 "태강(太姜)은 왕계(王季)의 어머니이고 유태씨의 딸이다. 태왕(太王)이 장가들어 아내로 삼았는데 태백, 중옹(仲雍), 왕계를 낳았다. 바르고 솔직하게 자식들을 이끄니 허물이나 잘못이 없었다. 태왕이 일을 계획하거나 사는 곳을 옮길 때는 반드시 태강과 함께 했다." 또한 "태임은 문왕의 어머니이고 지임씨(摯任氏)의 둘째 딸이다. 왕계가 장가들어 아내로 삼았는데 성품이 단정하여 한결같고 성실하고 장중하여 오로지 덕으로 행동하였다. 태임이 임신했을 때 눈은 나쁜 것을 보지 않았고 귀는 음탕한 음악을 듣지 않았으며 입은 오만한 말을 하지 않았다. 이렇게 태교를 할 수 있어서 측간[豕牢]에서 소변을 보고서 문왕을 낳았다."

15 『구당서』 「후비전」은 이러하다. "고조 태목황후(太穆皇后) 두씨는 경조 시평 출신이다. 원정태후(元貞太后)를 모실 때 효성스럽다고 소문이 났다. 원정태후는 평소 파리하고 힘이 없는 고질병을 앓았는데 때때로 위독할 때도 있었다. 태목황후는 밤낮으로 모시고 옷과 신발도 벗지 않은 채 열흘이든 달포든 일했다. 경계하는 일을 잘 지켰고 탁군에서 세상을 떴다. 상원 원년 팔월 태목순성황후(太穆順聖皇后)라는 존호(尊號)를 고쳐서 올렸다." 또한 "태종 문덕순성황후(文德順聖皇后) 장손씨(長孫氏)는 장안 출신이다. 어려서 책 읽기를 좋아했고 잠시라도 반드시 예법을 따랐다. 무덕 원년에 진왕비(秦王妃)로 책봉되었는데 고조를 효성스럽게 모시고 왕비와 후궁들에게 공손하고 온순했다. 태종이 즉위하자 황후로 세웠다. 성품이 더구나 검소하여 모든 옷시중 따위는 손수 돌보았을 따름이다. 태종은 더욱 예를 갖춰 대했다. 상을 주거나 벌을 주는 일을 늘 황후에게 언급하곤 했지만 이렇게 대답했다. '새벽에 암탉이 울면 온 집안을 뒤질 뿐입니다. 저는 여자인데 어찌 감히 정사에 참견하겠습니까?' 태종이 계속 황후에게 말했어도 끝내 그것에 대해 대답하지 않았다. 무덕 10년 유월에 세상을 떴다. 상원 원년 팔월 문덕순성황후라는 존호를 고쳐서 올렸다."

리에 넣었고 「도」는 두 가지에 그치지만 소혜[蘇氏]의 「선기도」[璿璣之圖]를[16] 지도와 동시에 열거하고 있으니 사물을 분류하는 방법을 전혀 모른다고 할 수 있다. 지도를 첫머리에 넣는 것은 아마 옛사람의 도경의 범례를 본떠서 한 현의 지세를 전부 보여준 것이니 오히려 괜찮다고 할 수 있다. 「선기도」는 개인의 문자에 지나지 않으니 아마 범엽이 채염의 「비분시」(悲憤詩)를 수록한 범례를 본떠[17] 「열녀전」[列女之傳]에 수록하는 것은 괜찮겠다. 만약 「도」를 「전」에 넣을 수 없다고 한다면 「전」 뒤에 붙여도 괜찮다. 갑작스럽게 그것을 가져다 첫머리에 넣는다면[18] 무공이 그래도 현인데 소씨 집안의 딸 때문에 세상에 이름이 났겠는가? 그러면 그런 의례를 넓혀서 문왕을 「인물」에 배열했는데 왜 육십사괘의 그림을

16 『진서』 「열녀전」은 이러하다. "두도(竇滔)의 아내 소씨(蘇氏)는 시평 출신이다. 이름은 혜(蕙)이고 자는 약란(若蘭)인데 글을 잘 지었다. 두도는 전진[苻堅] 때 진주(秦州) 자사가 되었다가 사막[流沙]으로 유배를 갔다. 소씨는 그를 그리워하며 회문선도시(迴文旋圖詩)를 넣어 비단을 짜서 두도에게 바쳤다. 막힘없이 원활하게 잇따라 돌기 때문에 그것을 읽으면 말이 대단히 구슬프고 모두 팔백마흔두 자이다." 또한 당나라 측천무후[武后] 「선기도서」(璿璣圖敘)는 이러하다. "전진 부견 때 진주 자사 부풍 출신 두도의 아내 소씨는 이름이 혜이고 자가 약란인데 성질이 좀 급했고 질투 때문에 대단히 마음이 상했다. 두도가 양양을 지키고 있을 때 소씨와 소식을 끊었다. 소씨는 뉘우치고 한탄했기 때문에 몸이 상했다. 그래서 회문선도시[迴文]를 넣어 비단을 짰는데 온갖 빛깔이 서로 밝히니 마음과 눈도 밝혔다. 세로 너비가 여덟 치인데 시를 지은 것이 이백여 수나 되고 팔백여 자를 헤아리며 가로세로 거듭되면서도 모두 문장이 된다. 재주와 감정의 묘함이 현대를 넘어 고대로 나아가니 이름을 「선기도」(璿璣圖)라고 했다. 드디어 종[蒼頭]을 보내 양양에 가서 바치게 했다. 두도가 그것을 쓱 훑어보고 그 절묘함에 감탄하여 이어서 수레를 갖추고 예에 따라 소씨를 맞아 한남(漢南)으로 돌아가니 은혜와 사랑이 더욱 무거워졌다." 주장이 조금 다르지만 여기 동시에 수록한다.

17 『후한서』 「열녀전」은 이러하다. "흥평 연간에 천하에 많은 사람이 죽고 어지러워지자 채염은 이민족 기병에게 사로잡혀서 남흉노 좌현왕에게 떨어졌다. 이민족 땅에 사는 이십 년 동안 두 아들을 낳았다. 조조는 사신을 보내 금과 벽옥으로 그를 데려왔고 다시 동사에게 시집갔다. 나중에 난리 때문에 가족과 헤어진 일을 슬퍼하고 지나간 일과 사람을 그리워하며 슬프고 분하게 생각했기 때문에 두 장의 시를 지었다."

18 『설문해자』는 이러하다. "맥(驀)은 말을 탄다는 뜻이다. 마(馬)의 의미를 따르며 막(莫)이 소리를 나타내는 부분이다." 단옥재 주는 이러하다. "말에 올라타면 틀림없이 빠르기 때문에 미처 어떻게 해볼 겨를도 없는 짧은 시간을 부르는 이름으로 응용한다."

가져다가 첫머리에 넣지 않는가?[19] 당나라 태종을 「인물」에 배열했는데 왜 육진(六陣)의 그림을 가져다가 첫머리에 넣지 않는가?[20] 이것이 비록 에돌아 거리가 멀고 잘못되어서 이치가 없다지만 일개 여자의 이름난 「선기도」만 있는 것보다 나을 것이다. 다만 「관사지」(官師志)만 포폄을 동시에 시행했기 때문에 올곧은 도가 아직 사라지지 않았고 세속의 유행에서 조금 벗어났을 뿐이다.

---

19 『사기』 「주본기」는 이러하다. "숭후는 은나라 주왕에게 서백을 이렇게 모함했다. '서백은 선함과 덕을 쌓기 때문에 제후들이 모두 그에게 기울어집니다. 장차 임금에게 불리할 것입니다.' 주왕은 이에 서백을 유리에 가두었다. 그는 유리에 갇혀 있으면서 아마 『주역』의 팔괘를 육십사괘로 보탰을 것이다."

20 『이자』(李子) 「문대」(問對)는 이러하다. "태종은 이렇게 물었다. '그대가 지은 육화진법(六花陣法)은 어떤 방법에서 나왔는가?' 이정[靖]은 이렇게 대답했다. '제가 뿌리를 둔 것은 제갈량 팔진법(八陣法)입니다. 큰 진이 작은 진을 둘러싸고 큰 군영이 작은 군영을 에워싸서 진의 모서리는 갈고리로 건듯 연결되고 구석구석 서로 짝이 됩니다. 고대의 제도가 이와 같으니 저는 모나지 않게 그것을 따랐습니다.'"(『백가유찬』(百家類纂) 권39)

서조읍지후(書朝邑志後)[1]

한방정의 『조읍지』 두 권[2]은 일곱 편으로 된 책인데, 첫째 「총지」(總志), 둘째 「풍속」, 셋째 「물산」, 넷째 「전부」, 다섯째 「명환」, 여섯째 「인물」, 일곱째 「잡기」이다. 통틀어 봐야 육천 자나 칠천 자 남짓하고 사용된 종이도 열여섯 장이나 열일곱 장이니 지방지의 간단함이 이것보다

1 후위 때 남오천현(南五泉縣)은 서위 때 조읍(朝邑)으로 이름을 고쳤고 청나라 때 섬서 동주부(同州府)에 속했다. 『사고전서총목제요』 "지리류"는 이러하다. "『조읍현지』(朝邑縣志) 두 권은 명나라 한방정이 지었다. 이 책은 정덕 연간 기묘년에 완성되었는데 상권 네 편은 「총지」(總志), 「풍속」, 「물산」(物產), 「전부」이고 하권 세 편은 「명환」(名宦), 「인물」, 「잡기」이다. 상권은 겨우 일곱 쪽이고 하권은 겨우 열일곱 쪽인데 고금의 지승 가운데 이것보다 간단한 것은 없다. 그러나 큰 줄거리와 자세한 조목은 포괄하여 대략 갖추고 있다. 아마 다른 「지」는 풍토에 대해 뽐내고 꾸미는 것이 많지만 이 「지」는 요점만 추려서 제시할 수 있기 때문에 글은 간단하지만 사실은 새지 않는다. 그러나 순서를 매긴 것과 영리하게 엮은 것은 한가로운 듯하며 여유가 있어 움츠러들거나 얽매인 자취가 없다. 명나라 이래부터 관중(關中) 땅에 대한 기록[輿記] 가운데 오로지 강해 『무공현지』와 『조읍현지』가 가장 유명하다."

2 『명사』 「한방기전」(韓邦奇傳)은 이러하다. "아우 한방정[邦靖]은 자가 여도(汝度)이고

지나친 것이 없다. 강해의 『무공지』가 간단함을 추구하려고 지극히 노력하지만 이것과 비교하면 뒤에서 멀겋게 눈만 뜨고 있는 판이다.[3] 강해가 서문을 썼는데 역시 엄청나게 칭찬하고 있다.[4]

나이 열네 살에 향시에서 거인이 되었고 한방기와 함께 진사에 급제했다. 공부 주사에 제수되었다. 절강의 나무 세금 액수를 채우지 못하자 탄핵을 당했는데 벼슬살이를 청렴하게 했다는 이유로 파직은 면했다. 원외랑으로 승진한 뒤 건청궁(乾淸宮)에 화재가 나자 당시 정사를 지적하고 탓하는 말이 매우 적절했다. 무종이 크게 노하여 조옥(詔獄)에 그를 가두었다. 급사중 이탁(李鐸) 등이 말해서 겨우 관직만 빼앗고 백성으로 만들었다. 세종이 즉위하자 산서 좌참의(左參議)로 기용되어 대동(大同)을 나누어 지켰다. 그 해 기근이 들어서 사람들이 서로 잡아먹는 지경이 되자 상주문을 올려 내탕금을 풀어줄 것을 청했지만 허락하지 않았다. 다시 항의하는 상주문 천여 자를 올렸지만 대답이 없었다. 벼슬을 그만 두고 집에 돌아가기를 청한 뒤 명령을 기다리지 않고 바로 떠나려는데 군사들과 백성들이 길을 막고 울면서 말렸고 집에 도착하여 병으로 죽었는데 나이가 서른여섯이었다."

3 당(瞠)은 소리가 탱(撐)이고 똑바로 쳐다본다는 뜻이다. 『장자』 「전자방」은 이러하다. "하지만 선생님이 세차게 달려서 먼지도 날리지 않을 정도가 되면 저는 그저 뒤에서 눈만 동그랗게 뜨고 놀랄 뿐입니다."

4 「조읍지서」(朝邑志序)는 이러하다. "나는 아마 천하에 있는 군읍지를 거의 다 읽었을 것이다. 그런데 번거로우면서 상세하지도 못하고 어두우면서 밝지도 못하고 어지러우면서도 정리하지도 못한 것이 어찌 더구나 「지」에 있어서야 되겠는가? 지는 기록한다는 말이다. 풍토와 문헌의 사실이나 군읍에서 벼슬한 사람을 기록하면 그들이 개혁한 것을 끝까지 갖출 수 있고 그들이 고생한 일을 살펴볼 수 있으며 그들이 과거에 시행한 것 가운데 큰 행실을 적을 수 있고 그들의 정치를 살펴서 알 수 있다. 천하의 사대부라는 사람들에게 그것을 읽게 한다면 그들을 일으킬 수 있고 천하의 군읍에 그것을 읽게 한다면 그들에게 착한 일을 권장할 수 있을 따름이다. 그래서 「지」는 자취가 신령스럽고 경치 좋다는 것을 뽐낸다든지 자잘한 것을 칭찬하고 꾸미는 것을 숭상하는 것이 아니다. 그러나 지은 사람들의 「지」마다 모두 이와 같지 않다면 또한 어찌 살펴보겠는가. 능천(陵川) 출신 조읍 현령 왕군(王君)이 현에 온 이듬해 조읍[五泉] 출신 한방정[韓子汝慶]이 지은 『조읍지』를 판각하고 완성하게 되었는데 내가 여러 편의 글에 「서」를 쓰는 것이 마땅하겠다고 생각했다. 나는 한방정[五泉子]의 『조읍지』를 읽은 뒤 기이해서 이렇게 감탄했다. 아! 이것이 우리 한방정[五泉子]이 「지」를 지은 이유이겠지? 현을 둔 연혁과 산천, 고적, 관청[官署]의 여러 가지 일은 오로지 「총지」에 귀결시켰는데 이것은 천하에 두루 보이지만 마름질하지 못하는 것인데, 바로 내가 말한 번거로우면서 상세하지도 못하고 어두우면서 밝지도 못하고 어지러우면서도 정리하지도 못한 것이니 이제 끝내서 그것을 되돌려야겠다. 「명환」은 관사가 시행한 일을 기록하는 근거이고 「인물」은 재주와 지혜가 뛰어난 사람들이 남긴 공덕을 갖추는 근거이며 그중 남긴 것이 있지만 미처 쓰지 못할까 두려운 것은 「잡기」로 묶었다. 책을 처음 펼칠 때 모든 개혁의 시작과 과정

이제 문학적 글쓰기를 살펴 강해와 비교해보면 확실히 간결한 느낌인데 다만 「총지」가 고적을 서술할 때 당나라 시 몇 수를 넣은 것만 어지럽게 뒤섞였을 뿐이다.[5] 강해와 한방정은 모두 글을 잘 짓는 선비이지만 사학을 이해하지 못하면서 또한 남들과 다르기를 추구하고 그들이 지은 책이 사정에 맞지 않는 것이 이런 지경에 이르렀기 때문에 지은이들은 달갑게 말하지 않는다. 그러나 강해는 당시 사람이 「지」를 편찬하는 방법을 보존하고 있기 때문에 「지」의 방법으로 그것을 재서 온갖 흠과 잘못이 나온 것이다. 한방정은 더구나 「지」라고도 할 수 없고 운율이 없는 「조읍부」(朝邑賦)나 마찬가지인 셈이고 또한 분야를 억지로 나눈 「조읍고」(朝邑考)이기도 한 셈이다. 『진류풍속전』[陳留風俗]이나 『낙양가람기』 같은 여러 「전」과 「기」처럼[6] 육조시대의 짤막한 글이나 기록을 넣은 책은 역사가의 정규적인 범례가 요구하는 것에 따르지 않더라도 통하지 못할 것이 없기 때문에 나는 『무공지』와 『조읍지』 중에서 『조읍지』가 조금 낫다고 생각한다. 그러나 『조읍지』의 흠과 폐단이 비록 적다한들, 정제(程濟)가 건문제[建文]를 좇은 사실을 야사에서 분수 넘치게 고르고 사실을 고증하지 않은 것[7]은 첫 번째 잘못이다. "선거"를 「인물」에 아울

에 대한 내용이나 흩어지고 잃어버린 문헌의 예전 모습에 관해 모두 자세히 말해야 유감이 없을 것이다. 군읍지[郡邑之志]를 모두 이처럼 지을 수만 있다면 어찌 안 될 것이 있겠는가. 정덕 기묘년 구월 십팔일 기유일 호서산인(滸西山人) 강해가 「서」를 쓰다."

5 『조읍지』 「첫 번째 총지」는 이러하다. "당나라 현종 「과포관시」(過蒲關詩)는 이렇게 노래한다. '종소리 북소리 어김없이 새벽 다시 알리고 산과 강은 들을 바라 통했네. 방울소리 울리는 임금 태운 수레 포판(蒲坂)을 내려가 수레 덮개 휘날리며 진중(秦中)으로 들어서네. 땅이 험하니 관문 더욱 씩씩하고 하늘이 공평하니 정사 아직 웅장하네. 봄이 오니 나루터 나무 합치고 달이 지니 수자리에 지은 망루 비었구나. 말 빛깔은 아침별에 또렷하고 닭 울음은 새벽바람을 쫓네. 늘 도가 있고 태평하기만 바라지 여인과 함께 하기 다시 바라지 않네.'"

6 『수서』 「경적지」 "잡전류"는 이러하다. "『진류풍속전』(陳留風俗傳) 세 권은 권칭(圈稱)이 지었다." 『낙양가람기』는 「사주」의 주39를 보라.

7 『조읍지』 「여섯 번째 인물」은 이러하다. "명나라[大明] 정제(程濟)는 홍무 연간에 명경으로 사천 악지현 현학[岳池縣學] 교유로 뽑혔는데 상주문을 바쳐 어느 달 어느 날 서북쪽에서 전쟁이 일어날 것이라고 말했다. 조정에서는 마땅히 말해서는 안 되

러 넣고 거인과 진사가 과거 시험에 합격한 해를 기록하지 않은 것은 두 번째 잘못이다. 자기 아버지의 일을 쓰면서 한가군명(韓家君名)이라고 부르니 지금 사람들은 그의 아버지 이름이 무엇인지 모른다. "열녀"에는 한태의인(韓太宜人) 장씨가 있는데 본래 한방정의 직계 존속일 테지만 사람들이 지금까지도 누구 아내인지, 누구 어미인지 모르게 만들었다.[8] 옛 사람은 글을 지을 때 윗사람의 이름을 다른 글자로 쓰지 않았는데[9] 어떤

는 것이라고 생각하여 그를 체포하여 서울로 데려왔는데 황제가 불러들여 장차 그를 죽이려고 했다. 정제는 머리를 조아리며 이렇게 말했다. '폐하가 죄를 지어 갇힌 제게 거동하시니 기일이 되어도 전쟁이 일어나지 않으면 저를 죽여도 늦지 않습니다.' 결국 정제를 조옥에 묶어두었다. 때가 되어 과연 전쟁이 일어나자 이내 정제를 용서하고 풀어준 뒤 다시 군사(軍師)로 삼아 여러 장군들을 도와 북쪽으로 행군하여 정난군(靖難軍) 선봉과 함께 서주에서 싸웠고 큰 승리를 거뒀다. 이문충[曹國公]의 스승이 물러날 때 문황제(文皇帝)가 장강 유역에 이르렀는데 정제는 도망쳐서 어디로 사라졌는지 몰랐다. 애초에 서주에서 큰 승리를 거뒀을 때 여러 장군이 모두 이내 비석을 세웠는데 싸워서 정벌한 순서 및 군대를 거느린 사람의 성명을 기록했다. 정제는 어느 날 밤에 비석에 가서 제사를 지냈는데 사람들은 그 까닭을 헤아릴 수 없었다. 나중에 문황제가 서주를 지나다가 비석을 보고 싶어 했는데 주위 사람들을 돌아보면서 이렇게 말했다. '비석이 어느 것이냐?' 어떤 사람이 장(狀)을 가지고 봉했는데 임금이 크게 노하여 주위 사람들에게 비석을 쳐부수라고 시켰다. 여러 번 치자 갑자기 이런 말이 들렸다. '멈추시오! 멈추시오! 나를 위해 비석을 기록한 것이오.' 그래서 비석에 따라서 여러 장군의 일족을 모조리 죽였는데 벗어난 사람이 없었다. 정제의 성명은 마침 묶여 있는 바람에 피할 수 있었다. 정제에 지난번 지낸 제사는 아마 그런 재앙을 물리치는 제사였을 것이다." 나는 이렇게 생각한다. 정제의 일은 정효(鄭曉) 『손국신기』(遜國臣記)를 보라. 『명사』「정제전」(程濟傳)은 "사실을 헤아려 보면 서주에서는 큰 승리가 있었던 적이 없다." 장학성은 정제의 일이 믿을 수 없다고 생각한다.

8 '가군(家君)'은 자기 아버지를 부르는 말이다. 『세설신어』「방정」(方正)은 이러하다. "손님이 진기[元方]에게 이렇게 물었다. '아버님[尊君] 계시냐?' 진기는 이렇게 대답했다. '당신을 오랫동안 기다리시다가 오시지 않으셔서 이미 나가셨습니다.' 친구는 바로 노하여 이렇게 말했다. '사람도 아니군! 남과 약속을 해놓고 좀 늦게 왔다고 가버리다니.' 진기는 이렇게 말했다. '당신은 저희 아버지[家君]와 정오에 약속하고서 정오에 오시지 않으신 것은 믿음을 저버린 것입니다. 아들을 마주하고 아버지를 욕하신 것은 무례한 것입니다.' 친구는 부끄러워했다." 『조읍지』「여섯 번째 인물」은 이러하다. "이제(李濟), 번면(樊冕), 소빈(蕭斌), 유양(劉讓), 상지(上志), 한가군명(韓家君名), 마양(馬驤), 왕근(王좁), 방선(房瑄), 한방기, 한방정, 우두(牛斗), 왕조류(王朝鎏)는 모두 진사에 급제했다. 한가군명은 벼슬이 복건 안찰사 부사까지 이르렀다." 또한 "절부는 울태숙인(蔚太淑人) 설씨와 한태의인(韓太宜人) 장씨이다."

사람은 사마천이 자기 아버지 사마담의 이름인 '담' 자를 '동'(同) 자로 썼다고 한다. 그러나 「골계열전」에 '이야기가 맞지 않았다'[談言微中]라는 말이 있는데 '담' 자를 다른 글자로 바꾸지 않았으니[10] 아마 윗사람의 이름을 다른 글자로 바꿔 쓴다는 이야기는 확실하지 않은 것이다. 설령 다른 글자로 쓰더라도 자기 집안의 세계를 서술할 때, 자기 아버지 이름을 꼭 사실대로 드러내야만 후세인이 헤아릴 수 있다. 지금 한방정이 자기 아버지 이름을 다른 글자로 바꿔서 자기 아버지가 누군지 남들이 모르게 만들고 자신의 직계 존속을 태의인이라고 불러서 남이 누구 아내인지 누구 어미인지 모르게 만든 것은 자기 조상이 행한 일을 파묻어서 남보다 더 나아지려고 했지만 도리어 훼손한 일이다. 이것이 세 번째 잘못이다.

편과 권이라는 이름은 옛사람이 죽간으로 편을 만들다가 죽간[簡策]이 견디지 못하게 많아지면 각각 편집하여 목록을 표시한 뒤, 묻고 조사하기 편리하게 만든 것일 뿐이다. 후세인이 비단으로 권을 만들자 죽간에 실을 수 있는 것보다 많았다. 그래서 편을 글의 시작과 끝을 삼지만 권은 아마 두루마리의 굴대가 견딜 수 있는 만큼의 양이 한도일 것이다. 편에는 뜻과 이치가 있지만 권에는 뜻과 이치가 없기 때문이다.[11] 최근에는 종이로 만든 책에 쓴 것을 권축에 비교하면 몇 배나 증가했는데도[12] 권이라고 부르는 것은 고대의 이름을 보존한 것에 지나지 않는다.

9 『예기』 「곡례 상」은 이러하다. "글을 쓸 때는 글자를 피하지 않는다." 정현 주는 이러하다. "잘못된 일에 의해 바로잡는다."

10 『한서』 「사마천전」은 이러하다. "조담[同子]이 임금을 모시고 수레를 타자 원앙[袁絲]은 낯빛이 변했다." 주는 소림을 인용하여 이렇게 말한다. "조담(趙談)이다. 사마천과 똑같은 피하는 글자이기 때문에 같은 아들[同子]이라고 한 것이다." 『사기』 「골계열전」은 이러하다. "이야기[談言]가 설핏 맞는 듯하면 역시 어지러움을 풀 수 있다." 일본 사람 타키가와 가메타로 『사기회주고증』은 이렇게 말한다. "나는 이렇게 생각한다. 담(談) 자를 피하지 않은 것은 무엇인가?"

11 이야기는 「편권」에 상세하다.

12 『맹자』 「등문공 상」은 이러하다. "어떤 것은 두 배도 되고 다섯 배도 된다." 조기 주는 이렇게 말한다. "사(蓰)는 다섯 배이다."

만약 종이를 쌓아서 각각 책을 만들 필요가 없다면 편을 나눈 뒤에 다시 권의 숫자를 나눌 필요가 없다. 권이 본래 뜻과 이치가 없기 때문이다. 지금 『무공지』와 『조읍지』는 세속적으로 만든 지방지처럼 분야를 나누는 일을 꺼리고 제목을 표시할 때 편이라고 부르니 옛사람과 비슷하다고 말할 수 있다. 『무공지』가 쓴 종이는 육십여 장이라서 책 하나를 쓰기에 충분하지만 꼭 일곱 편으로 나누고 세 권을 만든 뜻은 이미 취할 것이 없다. 『조읍지』가 쓴 종이는 겨우 십여 장이라 책 하나를 쓰기에도 충분하지 않지만 역시 일곱 편으로 나누고 두 권을 만든 뜻은 무엇이라 말해야 하는가? 어떤 사람은 이렇게 말한다. 이것은 보잘 것 없는 일이고 글의 뜻과 상관도 없는데 왜 자질구레하게 그것을 비교하는가?[13] 두 사람이 자신을 지은이라는 자신감을 가지고도 이런 제목이나 명목이 오히려 옛사람의 의도를 이해하지 못하는 것인지도 모른다면 그들이 기록할 것은 일단 기록하고 삭제할 것은 일단 삭제하는 일[14]이나 이전의 철인과 같은 기풍을 바라면서도 자신의 덕성과 힘을 헤아리지 못한다는 것[15]을 대체로 알 수 있다.

---

13 설설(屑屑)은 자질구레하다는 뜻이다. 『춘추좌전』 「소공 5년」은 이러하다. "여숙제(女叔齊)가 이렇게 말했다. 예는 자기 나라를 지키고 정령을 시행하며 자기 백성을 잃지 않는 근거인 것입니다. 그러나 자질구레하게 의식을 익히는 것으로 급급하니 역시 예에서 멀지 않겠습니까!"

14 「역교 하」의 주26을 보라.

15 『춘추좌전』 「은공 11년」은 이러하다. "덕을 헤아리지 않고 힘을 재지 않는다."

서오군지후(書吳郡志後)[1]

범성대의 『오군지』(吳郡志) 오십 권[2]은 서른아홉 편으로 나뉘는데 다음과 같다. 「연혁」, 「분봉」(分封), 「호구세조」(戶口稅租), 「토공」(土貢), 「풍속」, 「성곽」(城郭), 「학교」, 「영채」(營寨), 「관우」(官宇), 「창고」(倉庫). 그리고 「창고」에는 "장무"(場務)가 부록으로 붙어 있다. 「방시」(坊市), 「고적」, 「봉작」(封爵), 「목수」(牧守), 「제명」, 「관리」, 「사묘」(祠廟), 「원정」(園亭), 「산」, 「호구」(虎邱), 「교량」(橋梁), 「천」, 「수리」, 「인물」. 그리고 「인물」에는 "열녀"

1 노문초 『송사예문지보』는 이러하다. "범성대 『오군지』는 쉰 권이다." 『사고간명목록』은 이러하다. "모두 서른아홉 분야로 나누고 법도에 맞고 아담하지만 어지럽거나 뒤섞이지 않았으니 지지의 선본(善本)이다. 예문은 바로 각 조목 다음에 붙이고 분야를 따로 세우지 않은 것도 역시 쓸데없이 넘치는 것을 씻어내기 충분하다. 오로지 왕태형(汪泰亨)이 보충한 것이 본래 책과 서로 뒤섞여 어수선한 것이 대단히 불만스럽다."

2 『송사』 「범성대전」(范成大傳)은 이러하다. "범성대는 자가 치능(致能)이고 오군 출신이며 소흥 24년 진사가 되었다. 융흥 연간에 금나라에 사신을 갔다가 마침내 절개를 온전히 하고 돌아왔다. 중서사인에 제수되어 사천 제치사(四川制置使)를 맡자 촉 땅

가 부록으로 붙어 있다. 「진사제명」(進士題名), 「토물」, 「궁관」(宮觀), 「부곽사」(府郭寺), 「교외사」(郊外寺), 「현기」(縣記), 「총묘」(塚墓), 「선사」(仙事), 「부도」(浮屠), 「방기」, 「기사」(奇事), 「이문」(異聞), 「고증」, 「잡영」(雜詠), 「잡지」(雜志). 첫머리에는 소정 2년[3] 변량 출신[汴人]의 조여담(趙汝談)[4]의 서문이 있는데[5] 이렇게 말한다. "범성대의 「지」[石湖志]가 완성되자 군수는 인쇄

선비들의 마음이 모두 그에게 돌아갔다. 쓸 만한 인재는 모두 막부에 두었다. 권이부 상서에 제수되었고 참지정사에 임명되었다가 자정전 학사로 승진하고 동소궁 제거[提擧洞霄宮]가 되었다. 가태 4년 돌아가시니 나이가 일흔아홉이고 시호는 문목(文穆)이다. 범성대는 평소에 글을 잘하여 세상에 알려졌고 더구나 시에 뛰어났다. 스스로 석호거사(石湖居士)라는 호를 지었고 『석호집』(石湖集), 『남비록』(攬轡錄), 『계해우형지』(桂海虞衡志)가 세상에 유행하고 있다."

3 송나라 이종의 연호이다.

4 『송사』 「조여담전」(趙汝談傳)은 이러하다. "조여담은 자가 이상(履常)이고 태어나면서부터 빼어나게 슬기로웠으며 순희 11년 진사에 급제했다. 단평 연간 초에 예부 원외랑 벼슬로 황제의 부름을 받고 들어가 마주한 뒤 비서 소감으로 고치고 권직학사원(權直學士院)을 겸했다. 당시 군대를 출병하자는 논의가 모였지만 조여담은 가볍게 싸울 수도 없지만 화친은 더구나 계책이 아니라고 반복해서 말했다. 이미 그렇게 결정되고 삼경(三京)의 잃었던 땅을 다시 차지하자 비록 전쟁을 하는 것이 편안하지 않다고 이전에 말했던 사람들도 역시 기뻐했는데 조여담만 홀로 근심하는 낯빛이었다. 얼마 지나지 않아 낙양의 군대[洛師]가 싸움에 지자 조정의 논의는 그가 닥쳐올 일을 미리 내다보고 안 것을 비로소 탄복했다. 종정 소경으로 옮겼다가 나중에 형부 상서에 있을 때 죽었다. 조여담은 타고난 자질이 남들이 따르지 못할 정도로 뛰어나고 깊은 생각이 있으며 높은 판단력이 있었는데 어려서부터 늙어서까지 하루라도 책을 멀리하는 날이 없었다. 저술에 『역』, 『서』, 『시』, 『논어』, 『맹자』, 『주례』, 『예기』, 『순자』, 『장자』, 『자치통감』, 『두시』의 주가 있다." 나는 이렇게 생각한다. 조여담은 여항 출신이고 『남당문집』(南塘文集) 아홉 권이 있는데 노문초 『송사예문지보』를 보라.

역주_ 삼경은 북송 때의 세 군데 서울인 서경 하남부(河南府), 남경 응천부(應天府), 북경 대명부(大名府)를 가리킨다.

5 「오군지서」(吳郡志序)는 이러하다. "애초에 석호(石湖) 범성대가 『오군지』를 지어서 완성하자 군수[守]는 인쇄할 나무를 준비해서 판각하려고 했다. 당시 자신의 일을 책에 붙이고자 하다가 그렇게 하지 못한 사람이 '이 책은 범성대가 쓴 것이 아니다'라고 시끄럽게 떠드는 바람에 군수는 꺼려서 감히 따지지도 못하고 감히 판각하지도 못한 채 결국 책을 학교[學宮]에 소장하게 되었다. 나는 풍토를 꼭 기록한 것은 잘한 것이라고 생각한다. 오군은 합려가 패자가 된 때부터 더구나 천수백 년이 지났고 호칭이 비록 자주 바뀌었지만 늘 동남 지역의 대도시[大都會]였다. 남송이 다시 일어났을 때 그 땅을 한나라 때의 우부풍과 좌풍익[扶馮]처럼 보았고 인물이 크고

빼어나며 정비가 잘 된 농토에서 거둔 세금[井賦]이 불어나고 넘쳐서 사람들이 항주와 같다고 이야기하는 지경이었으니 아마도 역시 성대했을 것이다. 그러나 예전의 도경은 어지럽고 흩어져서 헤아릴 수 없게 되었고 주장문이 비록 거듭해서 지었지만 역시 간단하니 어찌 크게 빠지지 않았겠는가? 무슨 행운인지 이 글은 범성대가 짓는 바람에 여러 조목으로 된 장정[條章]이 산뜻하고 조촐하여 오군의 큰 전범이 되고 말과 사실은 균형을 이루었다. 그러나 유행하는 풍속이 이내 다시 숨기고 막아서 그것이 유행할 수 없게 만든 일은 어찌 크게 한숨짓게 만들지 않겠는가! 소정 원년[初元] 겨울 광덕후 이수붕은 상서랑 관직으로 군수가 되었는데 그의 돌아가신 아버지 탁지공(度支公) 이가언이 범성대의 막객[石湖客]이었기 때문에 이수붕은 익히 잘 알고 있었다. 학교에 찾아가서 어떻게 되었는지 물었을 때 놀라서 이렇게 말했다. '이 책이 여태 아직 간행되지 않았는가?' 다른 날 범성대의 사당을 참배하고 물러나와 그 집에 좇아가서 남은 책을 찾았는데 몇 가지를 얻었고 『오군지』도 함께 있었으며 학교에 소장한 판본[校學本]과 조금도 다르지 않았다. 이렇게 이야기했다. '허! 참 믿음직하구나. 내가 어찌 감히 힘쓰지 않을 수 있으리?' 그러나 이 책은 소희 3년에서 그치고 그 뒤에 백만창, 가정신읍, 허포 수군, 고경 이둔 따위를 크게 세워 두었는데 그런 부류가 모두 미처 수록되지 않았으니 법도에 따라 보충해야만 한다. 그래서 학교의 벼슬아치[校官] 왕태형과 문학을 지망하는 선비들을 모아서 함께 논의하고 저소손의 범례를 사용하여 빠트리거나 없어진 것을 보태고 잘못을 바로잡았으며 책의 쓸모가 크게 갖춰졌지만 자기 것을 속편이라고 구별하지 않았다. 이수붕은 기뻐서 이렇게 말했다. '이제 범성대의 아름다움이 사라지지 않겠구나! 이것은 역시 내 조상의 「지」이기도 하다.' 편지가 와서 내[汝談]게 「서」를 써달라고 했지만 나는 병이 났기 때문에 사양했고 뜻을 이루지 못했다. 이수붕은 거듭 청하면서 이렇게 말했다. '나는 이것이 범성대의 책이 맞다고 생각하기 때문에 감히 그대에게 부탁한 것인데 그대도 역시 거절하는가?' 나는 어쩔 수 없이 부지런히 승낙하는 수밖에 없었다. 내게 이렇게 묻는 손님이 있었다. '이 책이 범성대의 글에서 남김없이 나온 것은 아니라고 의심하는 사람이 있던데 그대도 역시 그렇게 믿습니까?' 나는 웃으면서 이렇게 말했다. '그것은 본디 이전에 시끄럽게 떠든 사람이 말한 것입니다. 옛날에 회남왕의 팔공이 도술에 관한 수만 자의 글을 지었지만 책 이름은 『회남자』라고만 표시했습니다. 『통전』도 역시 많은 사람에게서 나왔지만 두우만 드러냈습니다. 예부터 『여씨춘추』나 『대대예기』와 『소대예기』 따위가 어찌 한 사람의 손에서 남김없이 나온 적이 있겠습니까? 다만 어떤 사람에게 큰 줄거리를 맡겼을 뿐입니다. 범성대가 있을 때 오군의 선비 공이(龔頤), 등성(滕宬), 주남(周南)과 돈독한 사이였고 세 사람은 모두 박식하고 우아하여 고대를 잘 말하는 이 지역의 뛰어난 사람이라서 함께 일했다고 나는 들었습니다. 그러므로 범성대가 자주 상의할 때 공이가 들은 것을 범성대에게 바친 것이 더욱 많았는데 다른 논의는 이 사람에게서 일어났습니다. 그대 역시 어찌 주필대[益公]가 범성대의 무덤에 세운 비문을 살펴보지 않았습니까? 범성대가 지은 글을 수록했으니 글의 제목을 헤아릴 수 있습니다. 그대는 비문은 믿지 않으면서 거짓말은 믿는 것입니까? 또한 범성대는 일찍이 사방에 글을 잘한다는 명성이 났고 두 군데 부(府)의 벼슬자리에 있었는데 나처럼 촌스러운 사람할 나무를 준비해서 판각하려고 했는데 당시 어떤 일을 책에 붙이려고 했지만 그렇게 하지 못한 사람이 시끄럽게 '이 글은 범성대의 글이 아니다'라고 떠들어댔다. 군수가 감히 판각하지 못하고 결국 학교[學宮]에 소장했다.[6] 소정 원년에 광덕후 이수붕[廣德李侯壽朋]이 상서랑 관직으로 군수가 되었는데 그의 돌아가신 아버지 탁지공(度支公) 이가언[嘉言]은 범성대의 막객이었다.[7] 그는 학교에 찾아가 참배하고 옛일을 묻고 놀라서 이렇게 말했다. '이 책이 여태 간행되지 못했습니까?' 다른 날에 범성대의 사당[石湖祠]을 참배하고 그의 집에서 남은 글을 얻어서 학교에 소장한 판본과 비교하니 조금도 차이가 없었다. 그러나 책은 소희(紹熙) 3년에 그치고 백만창(百萬倉),[8] 가정 신읍(嘉定新邑),[9] 허포 수군(許浦水軍),[10] 고경 이

에게 어찌 무거운 짐이 매달리게 되었을까요. 나는 다만 이수붕이 자기 조상을 잊지 않고 이 책에 온 힘을 다해서 범성대의 의지를 완성하려고만 하지 자신을 드러내지 않는 것을 특별히 아름답게 여길 뿐입니다. 내가 말하지 않는다면 이수붕의 훌륭함이 밝혀질 수 없을 것입니다. 그렇지 않더라도 내가 느낀 것은 또한 이것보다 큽니다. 이제 책이 비로소 나오게 되자 의심과 헐뜯음이 함부로 모이는데 선비들은 감히 괴로움을 펼쳐 말하지도 못하는 지경입니다. 아직 사십 년이 지나지도 않았지만 과거의 풍파가 불이 꺼지고 물이 잦아들 듯 저절로 자취도 없이 사라져 지금에 이르러 하나도 남지 않자 책은 이내 마침내 이수붕에 기대어 전해지게 되었으니 여기에 필연적인 시대의 운수가 없는 것일까요? 그래서 옳고 그르다는 세상의 논의가 오랫동안 기다리지 않은 뒤에 정해지지 않은 적이 있습니까? 이것이 내가 무겁게 느끼는 이유입니다. 나는 참으로 범성대의 책에 「서」를 쓰기에 부족한 사람이지만 잠시 이로써 의도를 깃들이려고 하는데 그것도 역시 괜찮겠지요.' 의심하던 사람은 그렇습니다 하고 탄복했다. 이수붕 부자는 대대로 유학자로 유명한데 그가 오군을 다스리던 말기에 온갖 헐뜯음을 서로 들췄지만 이미 이것을 직방씨에게 바치고 장차 『석호집』을 다시 판각하여 백거이 『백씨장경집』과 함께 세상에 내놓으려고 했지만 형호북로 전운 판관[漕湖北]으로 고쳐서 임명되었다. 나는 그러므로 「지」를 합쳐서 펼친 뒤 넘겨 보이려고 한다. 소정 2년 동짓달 초하루 변경[汴] 출신 조여담이 서문을 쓰다."

6 『한서』「하무전」(何武傳) 주는 이러하다. "학궁(學宮)은 학사(學舍)이다."

7 이수붕은 자가 주로(儔老)이며 송나라 동천(桐川) 출신이다. 『오군지』 권11 「목수제명」(牧守題名)은 이러하다. "이수붕은 조청대부(朝請大夫)이며 직보모각(直寶謨閣)인데 소정 원년 섣달 스무여드레에 부임하여 소정 2년 시월 스무이레에 예전처럼 직보모각 형호북로(荊湖北路) 전운 판관(轉運判官)에 제수되었다." 이가언은 상세하지 않다.

8 소희(紹熙)는 송나라 광종의 연호이다. 『오군지』 권6 「관우」(官宇)는 이러하다. "호

둔(顧徑移屯) 등과 같이 그 뒤에 크게 세운 것은 모두 수록되지 않았다.[11] 그래서 학교의 벼슬아치[校官] 왕태형(汪泰亨),[12] 문학을 지망하는 선비들과 함께 논의하고 저소손의 범례를 사용하여[13] 빠트리거나 없어진 것을 보태고 잘못과 거짓을 바로잡았고 자기 것을 따로 속편으로 이어서 쓰지 않았다." 또한 이렇게 말한다. "범성대가 살아 있을 때, 오군의 선비 공이(龔頤), 등성(滕成), 주남(周南)과 돈독한 사이였고 세 사람에게 자주 물

부 백만창은 창문(閶門) 안에 있는데 개희 3년 만들었다."

9 『오군지』 권38 「현기」(縣記)는 이러하다. "가정현(嘉定縣)은 평강부(平江府) 동북쪽 백사십 리 거리에 있는데 (영종) 가정 10년에 두었다." 『독사방여기요』 권24는 이러하다. "당나라 때는 곤산현(崑山縣)의 유성향(疁城鄕)이고 송나라 때 연기시(練祈市)가 되었는데 가정 10년에 쪼개서 현을 두고 당시 연호로 이름 지었으며 평강부에 속한다."

10 『오군지』 권5 「영채」(營寨)는 이러하다. "순희 2년 어전 허포 수군채(御前許浦水軍寨)를 세웠다." 『독사방여기요』 권24는 이러하다. "허포는 상숙현(常熟縣) 동북쪽 칠십 리 거리에 있다. 건염 연간 초에 수군이 강음, 허포, 복산(福山)에 주둔했지만 정해진 장소는 없었다. 소흥 2년 구유(仇愈)가 복건 양절 회동 연해 제치사(福建兩浙淮東沿海制置使)가 되면서 관청[司]을 허포에 두었고 허포 수군이 예속되었다. 건도 2년 천주 좌익군(泉州左翼軍)을 전임시켜서 평강 허포진(許浦鎭)에 주둔시키라고 황제가 명령했다. 건도 3년 고쳐서 전전사(殿前司)에 예속시켰다. 건도 5년 겨울 전전수군(殿前水軍)으로 고쳤다. 건도 6년 전군, 후군, 중군의 삼군을 허포에 나누어 주둔시켰다. 건도 8년 봄 합쳐서 허포로 돌리고 부도통을 두어 제어하고 거느리게 했다. 순희 4년 겨울 칠천 명을 정원으로 삼았다."

11 『독사방여기요』 권24는 이러하다. "고경항(顧逕港)은 가정현 동쪽 사십 리 거리에 있는데 송나라 때 천경(茜涇), 하장(下張), 칠아(七鴉), 양림(楊林), 굴포(掘浦)와 함께 모두 곤산의 여섯 개 큰 포구였다. 융흥 2년 깊게 준설했다. 순희 12년 전전사가 상주문을 바쳐 허포 수군을 나누어 여기에 주둔하기를 청해서 그것을 따랐다. 보경 연간 초에 비로소 채(寨)를 두었다."

12 왕태형은 자가 예숙(豫叔)이고 『문집』 두 권이 있다.

13 『한서』 「사마천전」은 이러하다. "열 편이 빠지고 목록은 있는데 글이 없어졌다." 장안을 인용하여 이렇게 말한다. "「효경본기」, 「효무본기」, 「예서」, 「악서」, 「병서」, 「한흥이래장상연표」, 「일자열전」, 「삼왕세가」, 「귀책열전」, 「부근열전」이 없어졌다. 원제와 성제 어간에 저 선생이 빠진 것을 보충하여 「무제기」(武帝紀), 「삼왕세가」, 「일자열전」, 「귀책열전」을 지었다. 단어와 수사법이 촌스럽고 변변치 못하니 사마천의 본래 의도가 아니다." 『사고전서총목제요』 『오군지』는 이렇게 말한다. "저소손이 『사기』를 보충할 때 비록 제멋대로이고 변변치 않지만 오히려 본래 책을 뒤섞지 않았다. 왕태형이 이을 당시에 「속지」(續志)라고 따로 제목을 붙이지 않아서 결국 본래 책과 뒤섞이게 되었고 형식이 유달리 어긋난다."

었지만[14] 공이가 범성대에게 자기가 들은 것을 바친 것이 특히 많아서 다른 의견이 여기서 생겼다. 주필대[益公]는 범성대의 무덤에 비문을 쓰면서[15] 지은 글을 적었는데 편명을 헤아릴 수 있다고 한다." 사람들은 이 책을 이렇게 중시하고 있다. 오늘날 학자들이 송나라 때 사람들의 방지를 논할 때도 나원의 『신안지』와 범성대의 『오군지』가 으뜸이라고 칭찬하고 다른 의견이 없다.[16]

내가 자세히 살펴보니 문학적 글쓰기도 본래 맑고 간단하여 후세의 방지에 있는 평범하고 분수에 맞지 않는 나쁜 버릇이 그때는 아직 나오

14 공이(『직재서록해제』는 공이정(龔頤正)이라고 인용하고 있다)는 자가 양정(養正)이고 송나라 수녕(遂寧) 출신이다. 광종 때 국사 검토가 되었고 벼슬은 종정 승을 역임했으며 저술에 『개은필기』(芥隱筆記)가 있는데 고증에 아는 것이 많아 막힘이 없지만 틀리고 잘못된 곳도 역시 때때로 있다. 등성은 자가 계도(季度)이고 송나라 오군 출신이다. 침착하면서도 재빠르고 학문을 좋아하여 경학과 사학을 즐겨 연구했다. 순희 연간에 현량(賢良)으로 뽑혀서 시험을 치게 되었다. 해시계가 아직 오시로 넘어가지도 않았는데 벌써 다 완성했기 때문에 사람이 너무 가벼운 것 아니냐고 시험감독관[考官]이 의심하여 그를 물리쳤다. 나중에 황제가 다시 불렀지만 결국 기용하지 않았다. 섭정규(葉廷珪)가 그의 학문과 행실을 아름답게 여겨서 숙경거사(肅敬居士)라는 호를 지어주었다. 주남(周南)은 자가 남중(南仲)이고 송나라 평강 출신이며 나이 열여섯에 소주[吳下]를 여행하다가 당시 사람들이 과거 시험을 일삼는 것을 보고 진심으로 변변치 않게 생각했다. 섭적이 강학하는 것을 따라 배우고 단번에 깨닫고 빠르게 알았으며 문사는 우아하고 아름다우며 정밀하고 적절해서 모두 그 시대에 쓰기 적절했다. 소희 연간에 진사에 급제하여 지주(池州) 교수가 되었다. 개희 연간에 관직(館職)을 시험하도록 황제가 명령했는데 대책을 바쳐 권세 있는 요직을 꾸짖었기 때문에 말을 지어내는 사람들에게 탄핵당해 파직되었다. 『산방집』(山房集)이 있다.

15 주필대(周必大)는 자가 자충(子充)이고 다른 자는 홍도(洪道)인데 송나라 여릉 출신이다. 소흥 20년 진사가 되었고 벼슬을 거듭하여 우승상(右丞相) 익국공(益國公)에 이르렀다. 조정에 섰을 때 굳세고 올발라 권세가 있고 황제의 총애를 받는 사람이라도 피하지 않았다. 경원 연간 초에 소부(少傅)로 벼슬을 그만두고 죽었다. 저서가 여든한 가지이고 『평원집』(平園集) 이백 권이 있다.(『송사』「주필대전」)

16 『사고전서총목제요』 "지리류"는 이러하다. "『신안지』 열 권은 송나라 나원이 지었다. 그 책은 서술이 간단하고 포괄적이며 인용과 근거도 역시 지극히 법도에 맞고 확실하다. 그중 「물산」이라는 분야는 바로 나원의 전문가의 학이며 증명과 인용은 더구나 넉넉하게 갖춰졌다. 열거한 것은 시작부터 끝까지 먼저 표현하고 있으며 역시 역사서가 남기지 않은 것도 많다." 또한 『오군지』는 이러하다. "그 책의 증명과 인용은 크고 넓으며 서술이 간단하고 확실하여 지지 가운데 선본이다."

지 않았고 편집도 역시 우아하고 간결하다. 또한 그 체제는 군에 대해 상세하지만 현에 대해 간단하고 「연혁」, 「성지」, 「직관 제명」의 형식 다음부터는 모두 군은 있어도 현은 없다. 「현기」 두 권은 관청과 부속 기관[官署]만 적고 있으며 간혹 관청 안의 정자를 언급하기도 하고 돌에 새긴 기문(記文)을 취하기도 하지만 성명이 없는 경우가 있어서 형식이 들쭉날쭉하고 가지런하지 않다. 이것은 바로 당시 「지」의 범례인데 요즈음 「부지」가 주와 현의 「지」를 합쳐서 완성하는 것과는 완전히 다르다. 나는 따로 전문적인 글을 지어 토론했기 때문에[17] 여기서 본디 논하지 않아도 좋다. 그리고 군에 대해 상세하고 현에 대해 간단하게 서술한 것은 형식이 부합하기 때문에 괜찮다. 「연혁」에 군은 있는데 현이 없다면 눈썹과 눈이 나뉘지 않는 것이나 같다. 아니나 다를까 평강노부(平江路府)로 오군이라는 옛날 이름을 포괄하고 『오군지』 전체의 제목을 삼는 것이 잘못인지 모른다.[18] 또한 「연혁」은 송나라 때까지 서술하면서 "개보 원년에 오월왕(吳越王)이 중오군(中吳軍)을 평강군(平江軍)이라고 고쳤다. 태평흥국 3년에 전숙(錢俶)이 땅을 바쳤다"라고 말한다.[19] 역사서를 비교해 보

---

17 「위장길보사마찬대명현지서」를 보라.

18 송나라 정화 3년 평강군(平江軍)을 평강부로 고쳤기 때문에 『오군지』는 『평강부지』(平江府志)라는 제목을 달아야 마땅하다. 나는 이렇게 생각한다. 장태염 선생은 이것에 대해 옳고 그른 것을 따져서 이렇게 말한다. "방지와 전장은 다른 일이다. 전장은 요즘 사람을 기록하는 것이니 사는 마을이나 벼슬자리는 현대를 따라야 마땅하다. 방지는 상나라와 주나라가 나라를 세울 때 및 진나라와 한나라가 군현제로 나눈 때부터 시작하여 최근까지 도달한 이삼천 년 동안의 일이 모두 그 가운데 있으니, 다름 아니라 현대의 이름으로 제한하고 가지런하게 할 수 없다. 범성대가 기록한 『오군지』 따위는 합려와 부차의 신하 및 오나라[孫氏] 때에 오군 출신인 사람을 모두 순서대로 배열하여 책에 넣었다. 합려와 부차가 거느린 곳은 멀리 장강과 회수까지 미치니 그 땅은 송나라 때 평강부만 오로지 하는 것이 아니며 그 신하가 어느 고장[鄕邑] 출신인지 헤아릴 수 없으면 오군과 관련되기 때문에 그것을 기록했다. 오나라의 신하 위소는 본래 운양 출신인데 운양은 송나라 때 평강부에 속하지 않는데도 오군과 관련되기 때문에 그것을 기록했다. 만약 『평강부지』[平江志]라는 제목을 단다면 위소 같은 무리를 간단하게 줄여서 함께 하지 못하게 하는 것이 마땅하고 이에 의해 고금을 어림잡아 헤아려 오군이라고 이름 지은 뒤라야 두루 넘치지 않을 것이다."(『국고논형』 「원경」(原經))

면 이때 소주라고 고쳤지만 『오군지』는 주로 고친 일을 쓰지 않았고 다음에 갑작스레 “정화 3년에 소주를 평강부로 승격시켰다”라고 말한다. 위에는 소주라는 글이 없는데 갑자기 주를 부로 승격시켰다고 하면 무엇을 가리키는지 명확하지 않다.[20] 통틀어서 역사서 및 시와 글, 설부를 가려 모아 엮어서 완성했는데 여전히 본래 조목 아래에 출처를 주석으로 단 것은 편찬하고 분류하는 방법이 되기에 충분하지만 저작의 형식은 아니다. 「풍속」은 오 땅의 시화를 많이 모았고[21] 틈틈이 역시 사투리를 비교하여 바로잡았다.[22] 서우(徐祐) 등의 구로회[九老之會][23]나 장우(章祐)

19 개보는 송나라 태조의 연호이다. 태평흥국은 송나라 태종의 연호이다. 『오대사』 「오월세가」(吳越世家)는 이러하다. “태평흥국 3년 전숙[俶]에게 조정으로 오라고 명령을 내렸는데 전숙이 혈족을 모두 이끌고 서울에 돌아오니 나라에서 죄를 묻지 않았다[國除].”

20 『오군지』 권1 「연혁」(沿革)은 이러하다. “건녕 연간 이후에 전씨의 오월국(吳越國)에 속했고 당나라 동광(同光) 2년에 소주를 중오군(中吳軍)으로 승격시켰으며 진나라 천복 5년 가흥현(嘉興縣)을 잘라서 수주(秀州)로 삼고 송나라[本朝] 개보 8년 중오군을 평강군으로 고쳤으며 태평흥국 3년에 전숙(錢俶)이 땅을 바치고 정화 3년 소주를 평강부로 승격시켰다.” 정화는 송나라 휘종의 연호이다. 『독사방여기요』 권24는 이러하다. “오대 때 오월을 중오군으로 고쳐 세웠다. 송나라는 여전히 소주라고 했는데 태평흥국 3년 군(軍)으로 고치면서 평강군이라고 이름 지었고 정화 3년 평강부로 승격시켰다.”

21 『오군지』 권2 「풍속」(風俗)은 이러하다. “「백저무」(白紵舞)는 무사(舞辭)에 따르면 두건과 두루마기라는 말이 있는데 모시[紵]는 본래 오 땅에서 나는 것이니 이것은 오 땅의 춤이 틀림없다. 진나라 노래[晉歌]에 이런 것이 있다. ‘희디흰 백서(白緖)여 마디마디 짝을 이루었구나.’ 오 땅의 발음[吳音]은 서(緖)를 저(紵)라고 부르는데 백서가 바로 백저라고 생각한다.”(『고금악록』)

22 『오군지』 권2 「풍속」은 이러하다. “오 땅의 말에서 내(來)는 이(釐)라고 하는데 육덕명이 ‘우리에게 보리와 밀을 내리시어’[貽我來牟]라든가 ‘갑옷도 버리고 돌아왔다네’[棄田復來]에서 모두 소리를 이라고 한 것에 뿌리를 두고 있다. 육덕명이 오 출신이라도 어찌 드디어 사투리[鄕音]로 풀고 주를 달았겠는가? 어쩌면 고대부터 본래 ‘이’라는 소리가 있었던 것은 아닐까? 오 땅에서는 파(罷)에 꼭 휴(休)라는 글자를 이어서 파휴(罷休)라고 한다. 『사기』에서 오나라 임금은 손무에게 이렇게 말한다. ‘장군은 그만 두시오[罷休].’ 아마도 역시 고대에 이 말이 있었던 것이다.”

역주_ ‘우리에게 보리와 밀을 내리시어’는 『시』 「주송」 “사문”(思文) 시의 구절이다. ‘갑옷도 버리고 돌아왔다네’는 『춘추좌전』 「선공 2년」에 나온다. 田은 甲의 잘못인데 아마도 인쇄 과정의 문제일 것이다. 「부학편서후」의 주12를 참고하라.

23 『오군지』 권2 「풍속」은 이러하다. “경력 연간의 구로회(九老會)는 도관(都官) 원외랑

등의 기영회[耆英之會][24]는 모두 당시 우연하게 대단한 일이었지만 「풍속」에 넣으면 안 된다. 「학교」는 네 번째 권이고 「현기」는 서른일곱 번째와 서른여덟 번째 권인데 현의 치소에 있는 관청 건물은 이미 「현기」에 넣

서우(徐祐)와 소경 섭참(葉參)이 모두 나이가 많고 덕이 높은 사람으로서 늙어서 벼슬을 그만 두기를 청하고 고향에 돌아와 구로회를 결성했다. 안수[晏元獻公]와 두연[杜正獻公]이 모두 시를 부쳐 기렸다. 안수의 시에서 첫 구절은 이렇게 노래한다. '황제의 궁궐[梧宮]을 사들여 자그마한 밭뙈기에 가을 오니 하황공과 기리계[黃綺]를 좇아 친구를 삼았네.' 두연의 시 끝 구절은 이렇게 노래한다. '어찌 아홉 노인은 여전히 젊은가? 틀림없이 동쪽으로 돌아와 짝하며 취하고 노래했기 때문이겠지.' 당시 모인 사람은 겨우 다섯 명이기 때문에 두연의 시는 그냥 말했을 뿐이다." 『오군지』 권25 「인물」은 이러하다. "서우는 자가 수천(受天)이고 급제하여 구실아치가 되었는데 청렴결백하다고 칭찬했다. 경력 연간에 소주[吳下]에 은퇴해 살면서 날마다 전원을 거닐며 마음 내키는 대로 살았고 좌사(左司) 원외랑으로 마쳤는데 나이가 일흔다섯이다."

24 『오군지』 권2 「풍속」은 이러하다. "구로회는 나중에 기영회[耆英]로 이름을 고쳤고 또한 진솔회[眞率]라고 이름 지었다. 원풍 연간에 장호(章岵)가 군수를 할 적에 오군의 나이 많고 덕이 높은 사람들과 즐기며 모시면서 각자 술을 마시고 시를 지었다. 당시 미불(米黻) 예부 원외랑[禮部]은 항주 종사(從事)로 벼슬을 마쳤고 거쳐 지나온 일을 「서」(敍)로 지었는데 여러 노인의 덕을 대단히 상세하게 서술했다. 노인 열 명은 태중대부(太中大夫)이며 상호군(上護軍) 복양현(濮陽縣) 개국자(開國子)로 벼슬을 그만둔 중신(仲新) 노혁(盧革)의 나이가 여든둘이고, 봉의랑이며 기도위(騎都尉) 사비어대(賜緋魚袋)로 벼슬을 그만둔 공조(公操) 황정(黃挺)의 나이가 여든둘이며, 정의대부(正議大夫) 집현전 수찬을 지내고 상주국(上柱國) 광평군(廣平郡) 개국후(開國侯)로 벼슬을 그만둔 공벽(公闢) 정사맹(程師孟)의 나이가 일흔일곱이고, 조산대부이며 상경거도위(上輕車都尉)로 벼슬을 그만둔 도경(道卿) 정방평(鄭方平)의 나이가 일흔셋이며, 조의대부(朝議大夫)이며 호군(護軍) 청풍현(淸豐縣) 개국자 사자금어대(賜紫金魚袋)로 벼슬을 그만둔 공현(公顯) 여구효종(閭丘孝終)의 나이가 일흔셋이고, 중산대부이자 지소주군주사(知蘇州軍州事)이며 하간현(河間縣) 개국백(開國伯) 호군 사자금어대인 백망(伯望) 장호의 나이가 일흔셋이며, 조청대부이자 건주(建州) 무이산(武夷山) 충우관(沖佑觀) 주관(主管)이며 사자금어대인 공근(公謹) 서구사(徐九思)의 나이가 일흔셋이고, 조의대부이며 상주국 팽성현(彭城縣) 개국자 사자금어대인 성도(聖徒) 서사민(徐師閔)의 나이가 일흔둘이며, 승의랑이며 기도위 사비어대로 벼슬을 그만둔 정지(靜之) 숭대년(崇大年)의 나이가 일흔하나이고, 용도각 직학사이고 정의대부이며 항주 동소궁 제거이고 청하군(淸河郡) 개국후인 추언(樞言) 장선(張詵)의 나이가 일흔인데 열 명을 합치면 칠백마흔여섯 살이다. 열 명의 노인이 각자 시를 지었고 미불이 그것에 「서」를 썼다." 장호는 자가 백망이고 송나라 건안 출신인데 보원 연간에 진사가 되었다. 원풍 연간에 지소주군주사[知蘇州]가 되었고 정사를 잘 돌본 것으로 가장 유명하여 연임하라는 명령을 받았다.

었는데 「학교」는 부학과 현학[府縣之學]을 동시에 기록했다. 그래서 아직 현의 이름이 나오지 않았는데 먼저 학교가 있는 셈이 되었다. 「방시」를 「성곽」에 붙이지 않고 「관우」에 붙인 것도 어울리지 않는다. 제점형옥사(提點刑獄司)니 제거상평염차사(提舉常平鹽茶司)라는 제명[25]을 「목수」나 「제명」의 본래 종류에 넣지 않고 「관우」 다음에 붙인 것도 역시 법도가 아니다. 제점형옥이라는 제명은 모두 위에 성명을 크게 쓰고 다음에 출신과 오고 떠난 연도와 달을 따로 주로 달았지만 제거상평염차는 모두 위에 관직 품계와 성명을 크게 쓰고 다음에 업무를 맡았던 연도와 달을 따로 주로 달았기 때문에 형식도 하나같지 않다. 「목수」가 성명이 있는 사람을 싣고 있지만 「제명」은 도리어 뒤에 둔 것은 뒤집힌 것이다. 「관리」가 관직 품계와 벼슬아치의 정원을 싣지 않고 다만 전할 만한 사람만 취한 것도 역시 꼼꼼하지 못하다. 공조(功曹)의 구실아치[掾屬]가 고을 수령과 서로 끼어들어 순서가 뒤섞인 것도 고을 수령의 이름이 「현기」 앞에 나타나는 것을 꺼리기 때문이다. 「고적」과 「사묘」, 「관우」, 「원정」, 「총묘」, 「궁관」, 「사」, 「산」, 「천」 등은 대단히 혼란스럽고 「호구」라는 분야가 「산」 바깥에 따로 있는 것[26]은 종류대로 모으는 범례가 서로 관련된

---

25 『오군지』 권7 「관우」는 이러하다. "제점형옥사(提點刑獄司)는 오작교(烏鵲橋) 서북쪽에 있는데 소흥 원년에 세웠다." 또한 "제거상평사와 제거차염사[提舉常平茶鹽司]는 본성에 딸린 작은 성[子城] 동쪽에 있다." 『송사』 「직관」 7은 이러하다. "제점형옥 공사(提點刑獄公事)는 자기에게 딸린 옥송을 살펴서 옳고 그름을 공평하게 하고 이르는 곳마다 옥에 갇힌 죄수들을 일일이 따져 물으며 사형에 해당하는 중죄[詳覆]에 대한 안독을 관장한다. 모든 재판이 늦어져 오랫동안 옥에 갇혀 있는데도 판결을 내리지 않거나 도둑질을 하고 도망쳤는데도 잡지 못하면 모두 탄핵하여 아뢴다." 또한 "제거상평사(提舉常平司)는 상평창[常平]과 의창[義倉], 저자에서 교역하는 사람들의 부역을 면해주는 일, 관청에서 연 시장[坊場]과 나루터와 수리의 법을 관장하고 해마다 풍년인지 흉년인지 살펴서 거두고 흩어서 농민들에게 혜택을 준다." 또한 "제거차염사(提舉茶鹽司)는 산에서 딴 찻잎과 바닷물을 끓여 만든 소금의 이익을 관장하여 국가 재정[國用]을 돕는데 모두 지폐를 발행하는 법[鈔法]이 있으며 해마다 정해진 액수의 증감을 살펴서 황제의 명령에 따라 상을 주기도 하고 벌을 주기도 한다. 모든 공급이 기한을 맞추지 못하거나 정해진 방식대로 팔지 않으면 주와 현에서 구휼하지 않는 사람들과 함께 모두 탄핵하여 아뢴다."

다는 것을 이해하지 못하고 상세함과 간단함이 서로 푸는 방법도 이해하지 못했기 때문이다. 그러면 손대는 것마다 모두 가시 같을 것이다.

「인물」에서 스스로 짓지 않고 정사의 「전」을 요약하는 것도 편찬하고 분류하는 범례인데 순서에 따라 여덟 권으로 편집하고 목록을 표시하여 분류하지 않았다면 대단히 올발랐을 테다. 대대로 유명한 사람이 있는 장씨나 고씨[顧] 같은 큰 혈족은 따로 모아서 편을 만드는 것이 마땅하며 같은 혈족 안에서도 다시 세대에 따라 편집하는 것도 괜찮았을 테고 갑자기 나눴다가 갑자기 합치거나 시대도 뒤집어진 범례가 간혹 생기는 것보다 육씨[諸陸]를 하나로 합쳐서 편집하여[27] 앞뒤를 어지럽지 않게 만드는 쪽이 나았을 테다. 지금 판본이 그릇되고 어긋난 것은 범성대의 원래 순서가 그런 것 아니겠는가? 설령 엄격하게 분별한다 해도 「선사」, 「부도」, 「방기」는 「인물」에서 갈라진 것이기 때문에 역시 「인물」 뒤에 편집하고 목록만 따로 적어주면 된다. 오늘날 「인물」 뒤에 「진사제명」, 「토물」, 「궁관」, 「부곽사」, 「교외사」, 「현기」, 「총묘」를 끼워 넣어 모두 열두 권인데, 뒤에 갑자기 「선사」 이하 세 가지 분야가 나오고 사물의 전고와 인사를 뒤섞어서 맑지 않기 때문에 대단히 어지럽고 정밀하지 않다고 할 만하다. 「토물」은 찾아 모은 것이 지극히 넓고 사실의 증명도 역시 아름답다. 다만 간장(干將), 막야(莫邪), 촉루(屬鏤) 같은 칼[28]이나 오홍

26 『오군지』 권16 「호구」(虎丘)는 이러하다. "호구산(虎丘山)은 또한 해용산(海湧山)이란 이름도 있는데 오군 서북쪽 오 리 거리에 있다. 멀리서 바라보면 평평한 농토 가운데 작은 언덕이 하나 있는데 산에 들어가면 경치가 기이하고 이상스러워서 대응할 짬이 없는 정도인데 그중 최고는 검지(劍池)의 천 명이 앉을 수 있는 자리이다. 검지는 오나라 임금 합려를 그 아래에 장사 지내면서 편제(扁諸), 어장(魚腸) 등의 칼을 각각 삼천 자루씩 순장했기 때문에 검이라는 이름을 연못에 붙였다. 장사 지낸 지 사흘이 지나고 흰 호랑이가 그 위에 웅크리고 있었기 때문에 산 이름이 호구이다."

역주_ 공조는 한나라 때 군에 속하여 군의 구실아치를 임명하거나 면직하는 일, 상벌을 맡아보던 구실아치이다.

27 『오군지』 권20부터 권21까지 「인물」은 후한 때 육강(陸康) 이후부터 당나라 때 육휘지(陸徽之) 등에 이르기까지 쉰여덟 명을 수록하고 있다.

28 『오월춘추』 「합려내전」(闔閭內傳) 제4는 이러하다. "간장(干將)은 오나라 사람인데

(吳鴻), 호계(扈稽) 같은 갈고리처럼[29] 전기가 실은 한 시대의 신령스러운

구야자(歐冶子)와 같은 스승에게 배웠다. 막야(莫耶)는 간장의 아내이다. 간장이 칼을 만들 때 온갖 산[五山]에서 나는 쇠 가운데 가장 훌륭한 것과 천지에서 나는 구리 가운데 가장 빼어난 것을 가린 뒤 하늘의 때를 엿보고 적당한 땅을 기다려 햇빛과 달빛이 같아지고 온갖 신들이 와서 살피며 하늘의 기운이 내려오자 시작했지만 구리와 쇠의 원석은 녹지 않았다. 간장은 그 이유를 알 수 없었다. 막야는 이렇게 물었다. '그대는 칼을 잘 만드는 것으로 임금에게 소문이 나자 임금이 칼을 만들도록 시켰는데 석 달이 지나도 완성하지 못하는 데는 의도가 있는 것입니까?' 간장은 이렇게 대답했다. '나는 그 이치를 모르겠소.' 막야는 이렇게 물었다. '신령스러운 물건이 변화할 때는 반드시 주인을 기다렸다가 완성되는 법입니다. 이제 그대가 칼을 만드는데 주인을 얻은 뒤라야 완성되겠습니까?' 간장은 이렇게 대답했다. '옛날에 내 스승님이 대장질을 할 때 구리와 쇠 종류가 녹지 않자 부부가 함께 풀무 안에 들어간 뒤에야 물건이 완성되었는데 지금과 같은 후세에는 바로 산에서 대장질을 하니 사람을 희생으로 바치고 상복[麻絰]과 띠로 만든 옷을 입은 뒤라야만 감히 산에서 구리를 불릴 수 있소. 이제 내가 칼을 만들지만 변화하지 않으니 이렇게 해야 하지 않겠소?' 막야는 이렇게 대답했다. '스승님이 자신을 불살라 물건을 완성시킬 줄 알았다면 나도 무엇이 어렵겠습니까.' 그래서 간장의 아내는 이내 머리카락을 자르고 손톱을 깎아 풀무 안에 던져 넣고 아직 남자를 모르는 계집애와 여자를 모르는 사내애 삼백 명에게 풀무질을 하고 숯을 쟁이도록 시켰더니 구리와 쇠가 이내 녹았다. 드디어 칼을 완성하니 수컷을 간장이라 하고 암컷을 막야라 했는데 수컷에는 거북무늬를 새기고 암컷에는 흩어진 결을 새겼다. 간장은 수컷을 숨기고 암컷만 내서 임금에게 바치니 합려가 대단히 소중하게 여겼다." 또한 「부차내전」(夫差內傳) 제5는 이러하다. "오나라 임금은 오자서의 원한을 듣고서 이내 사람을 시켜 촉루(屬鏤)라는 검을 하사했다."

29 『오월춘추』「합려내전」 제4는 이러하다. "합려가 막야(莫邪)를 보배로 여긴 뒤에 나라 안에 칼과 비슷한 금구(金鉤)를 만들라는 명령을 내렸는데 '금구를 만들 수 있는 사람은 백금을 상으로 주겠다'는 영을 내렸다. 오나라에 구(鉤)를 만들 수 있는 사람이 대단히 많았다. 그리고 임금이 주는 후한 상을 탐낸 사람이 있었는데 자기 아들 둘을 죽여서 피를 구리에 흠뻑 먹이고 드디어 두 개의 구를 완성하여 합려에게 바친 뒤 궁궐 문에 이르러 상을 달라고 했다. 임금은 이렇게 물었다. '구를 만드는 사람은 많은데 그대만 홀로 상을 달라고 하는구나. 많은 사람들의 구와 무슨 차이가 있느냐?' 구를 만든 사람은 이렇게 대답했다. '제가 만든 구는 상이 탐나서 아들 둘을 죽여 피를 흠뻑 먹이고 두 자루의 구를 완성했습니다.' 임금은 이내 많은 구를 들어서 그에게 보여주고 어떤 것이 맞느냐고 물었다. 임금의 구는 대단히 많고 모양이 서로 비슷해서 어디 있는지 알 수 없었다. 그러자 구에 대고 두 아들의 이름을 불렀다. '오홍(吳鴻)아, 호계(扈稽)야, 내가 여기 있다. 왕이 너희들의 신령스러움을 모르시는구나.' 말이 입에서 떨어지기 무섭게 두 자루의 구가 모두 아버지의 가슴에 날아와 붙었다. 오나라 임금은 크게 놀라서 이렇게 말했다. '아! 과인이 참 그대를 저버렸구나.' 이내 백금을 상으로 주고 드디어 자기 것으로 하고 몸에서 떨어트리지

물건[30]은 남김없이 믿기 어렵기 때문에 이제 뭉뚱그려 「토물」에 넣었지만 같은 종류는 아니다. 「기사」 한 권과 「이문」 세 권은 세밀하게 살펴보면 사실 분별이 없고 고증이 꼼꼼하지 못하며 간단하다. 그러나 촌스러운 지경은 아니다. 시부와 잡문은 이미 각 종류 아래에 주를 달았고 다시 귀속시킬 만한 종류가 없는 것은 취하여 따로 「잡영」이라는 분야를 만들었다. 비록 수록한 것이 나쁘지는 않지만 이것도 흐리멍덩하고 적당하지 않기 때문에 대단히 꺼림칙하다.[31] 요즘 사람들이 「지」를 편찬하는 것을 볼 때마다 판단력은 가다듬을 수 없는 지경이지만 기이한 것을 탐하고 자질구레한 것을 좋아하며 잘라내는 것을 참지 못하기 때문에 책 끄트머리에 「잡지」로 편집하거나 '여편'(餘編)이라고 말하는 경우가 있다. 「지」 전체의 분야를 나누는 것이 마치 산가지를 늘어놓는 것처럼 다시는 탁월하고 독특한 판단력이 없을 것 같기 때문에 종류대로 붙이기 어려운 사실들을 문득 이렇게 한 권으로 만들어 뱀이나 용이 우글거리는 늪을 만들었으니[32] 대단히 할 말이 없다. 이제 범성대의 「지」 끄트머리를 살피니 역시 「잡지」를 만들었는데 선배들이 이미 앞장서서 이끈 것이다. 사실 싣고 있는 것에는 모두 귀속시킬 수 있는 분야도 있는데 안타깝게 범성대는 범례도 정밀하게 나누지 않았다. 쉰 권 가운데 관직 이름과 지명의 칭호는 법도에 맞지 않으며 사람의 성명이나 호는 붓 가는 대로 어수선하게 채웠으니 대체로 송나라 때 사람 가운데 시화를 지은 사람의 유행이 역사서의 정해진 법칙을 크게 바꿨기 때문일 것이다. 이것이 방지의 전문가에도 부합하지 않으니 사관의 기준에는 말할 나위도 없다. 이 책을 세상이 칭찬하는 까닭은 범성대가 훌륭하고 글재주도 있으며 또한 당시 신분이 높았기 때문이다. 그러나 가다듬어서 기

않았다."

30 『주역』 「계사전 상」은 이러하다. "여기에 신령한 물건을 일으켜 백성의 쓰임새에 앞장선다."

31 「박약 중」의 주4를 보라.

32 「시교 상」의 주35를 보라.

록할 것은 기록하고 삭제할 것은 삭제하는 일이 비록 사법에 부합하지 않는다 하더라도 요즈음 분수에 넘치거나 평범하거나 어리석은 무리와 비교하면 본디 뛰어나니[33] 명성을 얻은 것도 우연은 아니다. 그러나 이것을 방지 가운데 좋은 것이라고 여기는 것은 참이 아니다.

33 『한서』「서전」은 이러하다. "가의는 날래고 씩씩하여 약관의 나이에 조정에 올랐다." 교교(矯矯)는 높이 드는 모양이다.

서고소지후(書姑蘇志後)[1]

왕오(王鏊)의 『고소지』(姑蘇志) 육십 권[2]은 첫머리가 「군읍연혁표」[郡邑沿革], 다음이 「고금수령표」[古今守令], 다음이 「과제표」[科第]인데 모두 표로 만들어 놓았다. 다음이 「연혁」, 다음이 「분야」(分野), 다음이 「강역」, 다음이 「산」, 다음이 「수」(水), 다음이 「수리」, 다음이 「풍속」, 다음이 「호구」, 다음이 「토산」(土產), 다음이 「전부」, 다음이 「성지」(城池), 다음이 「방항」(坊巷), 다음이 「향도」(鄉都), 다음이 「교량」, 다음이 「관서」(官署), 다음이

1 『명사』 「예문지」 "지리류"는 이러하다. "왕오(王鏊) 『고소지』(姑蘇志)는 예순 권이다." 『사고전서총목제요』는 이러하다. "소주는 송나라 때 범성대 「지」와 명나라 때 노웅(盧熊)의 「지」 이후부터 편찬하고 모으는 일이 오랫동안 없었다. 홍치 연간에 오관(吳寬)이 도목(都穆)과 함께 이어서 편찬하다가 마치지 못한 적이 있는데 오로지 그들이 남긴 원고만 겨우 남아 있다. 나중에 광동 임세원(林世遠)이 소주 태수[守]가 되자 그 일을 왕오에게 맡겼다. 왕오는 이내 소주 사람 두계(杜啓), 축윤명(祝允明), 채우(蔡羽), 문벽(文璧) 등과 함께 서로 토론했는데 범례를 일으킨 것은 모두 오관에 뿌리를 두었지만 번거로운 것을 깎아내고 잘못을 바로잡아서 고치고 보탠 것이 많다. 모두 여덟 달이 걸려서 책이 완성되었다. 첫머리에 「연혁표」, 「수령표」[守令],

「학교」, 다음이 「병방」, 다음이 「창장」(倉場), 다음이 「역체」(驛遞), 다음이 「단묘」, 다음이 「사관」, 다음이 「제택」(第宅), 다음이 「원지」(園池), 다음이 「고적」, 다음이 「총묘」, 다음이 「오세가」(吳世家)이다. 「오세가」에는 "봉작씨족"(封爵氏族)이 부록으로 붙어 있다. 다음이 「평란」(平亂), 다음이 「환적」(宦績), 다음이 「인물」이다. 「인물」은 "명신", "충의", "효우", "유림", "문학", "탁행", "은일", "천거", "예술", "잡기"(雜技), "유우", "열녀", "석

「과제표」[科第] 세 가지 「표」를 열거했다. 「연혁」과 「분야」 다음부터 서른한 가지 분야로 나누었지만 「인물문」(人物門)에서는 자목을 열세 개 다시 나누었는데 번거로움과 간단함이 꼭 알맞게 되었고 비교와 조사도 정밀하고 옳아서 명나라 때 사람들의 지지 가운데 오히려 고대에 가깝다. 진계유(陳繼儒) 『견문록』(見聞錄)은 '왕오가 「지」를 편찬할 때 양순길(楊循吉)은 소문을 내서 헐뜯는 것을 좋아했기 때문에 그와 함께 기구에 있고자 하지 않았다. 「지」가 완성되자 사람을 보내서 양순길에게 책을 보냈다. 양순길은 막 머리 빗고 목욕을 하고 있어서 끌어당겨 볼 짬이 없었는데 다만 책 제목을 적어 붙인 표[簽票]만 돌아보고는 「안 통한다, 안 통해」라고 말했다. 보낸 사람이 돌아와서 말을 그대로 전했다. 왕오가 그것을 묻자 양순길은 이렇게 대답했다. 「명나라 때[我朝] 「부지」를 편찬한다면 소주라는 이름을 「지」에 붙여야 마땅하다. 고소(姑蘇)는 오나라 임금의 대(臺) 이름이다. 이것으로 「지」 이름을 지어서야 되겠는가?」 왕오는 비로소 크게 복종했다'라고 운운하고 있다. 진계유가 수록한 것은 아마 믿을 만한 것이 못 되는 듯하다. 지서가 고대의 지명을 제목으로 단 것은 송나라 때부터 이미 이런 범례가 있었다. 이름과 내용을 조사해보면 참으로 편안하지 못하다." 『독사방여기요』 권24는 이러하다. "고소산(姑蘇山)은 소주부 서쪽 삼십 리 거리에 있다. 고소대(姑蘇臺)가 그 위에 있는데 합려가 만든 것이다. 수나라 때 산에 의거하여 소주라고 이름 지었다."

2 『명사』 「왕오전」(王鏊傳)은 이러하다. "왕오는 자가 제지(濟之)이며 오 출신이다. 성화 10년 향시와 이듬해 회시에서 모두 일등을 했다. 정시(廷試)에서 삼등을 하고 편수에 제수되었다. 홍치 연간 초에 시강학사로 옮겼다가 강관에 임명되었는데 얼마 지나지 않아 소첨사(少詹事)로 전임하고 이부 우시랑에 발탁되었으나 아버지의 장례 때문에 고향으로 돌아왔다. 정덕 원년 사월 좌시랑에 기용되어 한문(韓文) 등 여러 대신들과 유근을 죽이라고 청했다. 갑자기 좌시랑 벼슬로 초방(焦芳)과 함께 내각에 들어오라는 명령이 있었고 달포나 지나서 호부 상서, 문연각 대학사로 승진했다. 이듬해 소부 겸 태자태부가 되었는데 당시 조정이나 지방의 큰 권세를 가진 신하들은 모두 유근에게 되돌아간 상태였다. 왕오는 구제할 수 없었지만 힘껏 유근을 제거하려고 하여 상주문을 세 번이나 올렸지만 허락하지 않았다. 십사년 동안 집에만 있었는데 조정의 대신들이 번갈아가며 천거했어도 기용하지 않았다. 세종이 즉위하자 사람을 보내서 살아 있는지 물었지만 얼마 지나지 않아 죽었고 나이는 일흔다섯이다. 태부로 추증했으며 시호는 문각(文恪)이다."

로"(釋老)로 나누고 모두 열세 가지 종류이다. 「기이잡사」(紀異雜事)로 마무리를 짓는다. 그러나 권 숫자가 많고 적은 것은 편명에 따라 가지런하지 않다. 「명환」은 여섯 권으로 나누고 「인물」에 있는 "명신"은 열 권으로 나눴지만, "충의"와 "효우"를 한 권으로 합치고 "유림"과 "문학"을 한 권으로 합치며 「창장」과 「역체」를 한 권으로 합치는데 이런 종류와 같은 것은 하나가 아니다. 모두 예순 권이고 역시 분량의 많고 적음을 대략 헤아리기 때문에 의례가 없다. 소주의 「지」에 대한 이름이 한결같지 않은 것은 곧 범성대가 소주의 「지」를 『오군지』라고 부를 때 이미 이치를 잃었지만 이전 사람들은 다만 왕오가 소주부(蘇州府)의 「지」를 『고소지』라고 부른 것만 나무란다. 이것이 이른바 귀로 전해들은 오래된 것은 귀하게 여기고 눈으로 직접 본 새로운 것은 천하게 여긴다는 것이다.[3] 그러나 군과 현의 지방지는 고금을 통틀어 끝내 좋은 판본이 드물다. 범성대와 왕오의 책 따위는 비록 역사가가 취할 바는 아니지만 세속의 나쁘고 썩어문드러진 것들 가운데서는 결국 뛰어난 것이다.[4] 현재 판본의 『소주부지』에는 취할 만한 것이 많은데 역시 근거가 되는 옛날 책을 따른다면 자료를 가려 모으기에 충분하다. 그러나 왕오의 책에는 황당무계하고 잘못되어 이치가 없는 것도 있고 웃어넘길 만한 가치도 없는 것이 있으니 설령 보잘 것 없는 구실아치가 문서와 장부의 형식만 대략 이해

---

3 장형 「동경부」는 이러하다. "손님이 말한 것처럼 보잘 것 없는 학자는 껍데기만 받았기 때문에 귀로 전해들은 것은 소중하게 여기고 눈으로 직접 본 것은 하찮게 여긴다." 전대흔 『십가재양신록』 20은 이러하다. "왕오[王文恪]가 지었다. 『고소지』가 완성되자 양순길[楊南峯]은 통하지 않는다고 꾸짖으면서 『소주부지』(蘇州府志)라고 불러야만 하고 고대의 지명을 써서는 안 되며 또한 특정 지명으로 지방 전체를 포괄해서도 안 된다고 말했다. 이 말은 지금까지도 널리 퍼져 모두 바꿀 수 없는 것이라고 생각한다. 나는 양순길[南峯]이 하나만 알지 둘은 모른다고 생각한다. 옛날 양극가가 『순희삼산지』를 지으면서 『복주지』(福州志)라고 하지 않았다. 진기경은 『가정적성지』를 지으면서 『태주지』(台州志)라고 하지 않았다. 왕오도 역시 고대의 도를 시행했을 뿐이라서 소주의 「지」를 기록하면서 고소라고 이름 지은 것이니 어찌 결국 큰 잘못을 저지른 것이겠는가?"

4 「서오군지후」의 주33을 보라.

해도 결단코 이런 것을 내놓지 않을 것이다. 예를 들면 첫 부분에 있는 세 가지 「표」 따위이다.

첫 번째 표는 「군읍연혁」인데 부와 현을 군과 읍이라고 하니 그 잘못은 말할 필요가 없다. 「표」는 주, 국(國), 군(郡), 군(軍), 부, 노를 제목으로 하는데 다만 통부, 주, 군만 있고 현과 읍은 없으니 형식이 맞지 않는 것은 물론이고 스스로 표시한 군과 읍의 명목과도 서로 모순되는 것 아닌가?[5] 하물며 직관에는 지현이 있지만 연혁에는 현의 이름이 없으니 지현 등 벼슬아치를 어디에 붙여야할지 모르는 것인가? 더욱 이상한 것은 이런 것이다. 「표」라는 형식에는 가로세로로 주요한 것과 보조적인 것을 나눌 때, 연도와 달은 같지만 땅이 다른 것, 또는 세계는 같지만 달리 갈라진 것이 대개 있기 마련인데 이것을 이른바 세로줄은 같지만 가로줄은 다르고 들쭉날쭉 고르지 않은 것이라고 한다. 예사롭게 지은 글이 명석하게 만들지 못하기 때문에 가로세로 주요한 것과 보조적인 것으로 그것을 분별했다. 「수령표」(守令表) 따위는 반드시 군의 태수, 승, 통판, 녹사참군사[6]와 현의 현령, 승, 주부, 위(尉)[7]를 가로로 배열해서 주요한 것으로 삼고 왕조나 시대, 연도와 달을 세로로 표시해서 보조적인 것으로 삼아야 한다. 후세인이 취임한 연도와 달을 알고 싶다면 세로줄에 표시한 것으로부터 그들의 시대를 알게 되고 가로줄로부터 아무개 태수, 아무개 현령, 아무개 승, 아무개 녹사참군사가 누가 앞이고 누가 뒤인지, 누가 동시에 있었는지 알게 되어 「표」를 뒤질 때 마치 손가락으로 손바닥을 가리키는 것과 같다. 가령 어떤 사실이 앞뒤로 발생했고 틀림없이

5 「화주지 전지열전 서례 하」의 주31을 보라.

6 수(守)는 태수를 말하고 다름 아니라 지부이다. 그리고 부승(府丞), 부통판(府通判), 녹사(錄事)는 모두 부에 소속된 관직[府佐]이다.

7 영(令)은 현령을 말하고 다름 아니라 지현이다. 그리고 현승(縣丞), 주부, 현위는 모두 현에 소속된 관직[縣佐]이다. 나는 이렇게 생각한다. 원나라는 현위 이외에 전사를 두었는데 명나라는 현위를 없애고 전사를 남겨서 현위의 일을 관장하도록 했다. 후세에는 그래서 전사를 현위라고 부른다.

동시에 발생한 일이 아니라면 항목을 열거해서 쓰는 것이 어렵지 않으며 결단코 가로세로 「표」로 만들 이유가 없다. 「표」가 주, 국, 군, 군, 부, 노로 칸을 나눴으니 주는 소주일 테고 국은 오나라[吳國]일 것이며 군은 오군이고 군, 부, 노는 평강노부일 것이다. 이것은 모두 소주부 땅이 앞뒤로 이어지면서 바뀐 이름이다.[8] 오나라라고 부를 때는 동시에 소주가 없었고 소주라고 부를 때는 동시에 오군이 없었으며 오군이라 부를 때는 동시에 평강노부가 없었기 때문에 이미 동시에 다른 것들이 나와서 들쭉날쭉 가지런하지 못한 상황이 없고 항목에 따라서 나열하면 살펴보는 사람이 저절로 알 것이다. 이제 가로세로로 「표」를 배열하여 갑자기 위로 갔다가 갑자기 아래로 가니 터럭만큼도 의례가 없어서 사람 눈과 귀만 공연히 어지럽힌다. 구실아치의 문서와 장부도 이렇게 뒤집어지지는 않았다. 「고수령표」(古守令表)는 태수, 도위, 권섭(權攝)에 따라 칸을 나눴는데[9] 태수와 도위는 본디 동시에 벼슬에 취임하는 연도와 달이 있지만 권섭은 오늘날 관청의 서인관(署印官)과 같다. 태수가 있으면 태수의 권섭은 없는 것이고 도위가 있으면 도위의 권섭은 없으며 권섭하는 벼슬아치와 본래 벼슬아치가 동시에 나타나는 이치가 결단코 없기 때문에 틀림없이 가로세로로 「표」에 열거하는 법도도 없다. 오늘날 칸을 나누어 배열하고 편의 분량을 허투루 차지하는 일은 구실아치조차도 하지 않는 짓이다. 직관을 「표」에 배열할 때는 당시 제도에 따라 이름을 정해야만 하고 수령의 「표」는 「부현관표」(府縣官表)라는 제목을 달아서 뒤 시대로

---

8 「서오군지후」의 주20을 보라.

9 『한서』「백관공경표」는 이러하다. "군수는 진나라 관직인데 자기가 지키는 곳을 다스리는 일을 관장한다. 녹봉은 이천 석이다. 경제 중(中) 2년에 태수라고 이름을 고쳤다." 송나라 이후 군을 부로 고쳤기 때문에 지부도 역시 태수라고 불렀다. 또한 「백관공경표」는 이러하다. "군위(郡尉)는 진나라 관직인데 태수를 도와 무관 관직과 무장한 병사들을 맡는 일을 관장한다. 녹봉은 비(比) 이천 석이다. 경제 중 2년 도위라고 이름을 고쳤다." 도위는 군(郡)의 장군이다. 『송사』「고종기」(高宗紀)는 이러하다. "관청에서 쓰고 난 나머지 물건[羨餘]을 금지하고 임시로 대신 맡아보는 일[權攝]을 없앴다." 권섭(權攝)은 오늘날 호리(護理)라고 말하는 것과 같다.

앞 시대를 꿰뚫어야 한다. 지금 「고수령표」라고 하는 것은 글의 뜻에 본디 방해가 되지 않지만 「금수령표」(今守令表)라고 하는 것은 '금'이 당시 제도를 가리켜서 말한 것인데 여전히 수령이라는 말로 명나라 때의 지부나 지현을 일컫는다면 이름과 내용이 어긋나는 잘못을 또한 말할 필요가 없다. 부관(府官)에는 지부만 열거할 뿐이고 동지 이하 관직은 삭제하며[10] 현관(縣官)에는 지현만 열거할 뿐이고 승이나 주부 따위는 삭제한다는 것은 무슨 이유인가? 또한 「표」에는 세로줄과 가로줄이 있고 세로줄과 가로줄의 방법은 이른바 종류대로 늘어놓아서 합치는 것인데, 분류되지 않는 것은 분류되지 않은 종류를 그대로 따르게 하는 것이다. 그러므로 종류와 「표」의 추세가 동시에 성립하지 않는다. 「표」를 만들 때 종류대로 열거할 수 없다면 종류대로 열거할 때 「표」를 쓸 필요가 없는데 이것도 구실아치가 잘 알고 있다. 「과제표」를 상중하로 나눈 것은 고금의 제도가 다르고 간단하게 편집하는 일도 번거롭기 때문에 시대를 구분하여 권을 나누는 것도 괜찮다. 그런 형식은 본래 소속된 본적을 가로로 적은 것이 주요한 것이 되고 향시, 회시, 과거 시험에 합격한 연도를 위쪽에 적은 것이 보조적인 것이 되어야만 마땅하다.[11] 거인이나 진사[12]가 모두 과제인데 이제 과제라는 이름을 붙여 놓고 다시 거인과 진사를 나누어 두 가지 「표」로 제시하는 것은 종류대로 따로 분류한 것이지 같은 것이 아니다. 하물며 진사에 합격한 사람은 틀림없이 거인 자격을 먼저 얻었을 텐데 지금 진사를 앞에 두고 거인을 뒤에 나열한 것은 일의 앞뒤가 뒤집힌 것이며 살펴보는 사람의 눈과 귀도 어지럽히는 것이니 구실아치조차 하지 않는 짓이다. 왕오를 통달한 사람이라고 한다면[13] 이

---

10 「위장길보찬대명현지서」의 주6을 보라.

11 『대청회전』 권33 「예부」는 이러하다. "향시 정과(正科)는 자년, 오년, 묘년, 유년[子午卯酉年] 팔월에 받들어 시행한다. 정과가 아닌 해에 특별히 황제가 명령하여 받들어 시행하는 것을 은과(恩科)라고 한다. 회시는 향시 이듬해 삼월에 받들어 시행한다. 만약 은과 향시가 삼월에 있었다면 회시는 바로 그 해 팔월에 있다."

12 「영청현지 선거표 서례」의 주7을 보라.

런 잘못되고 어긋난 것들은 아마 그가 지은 것이 아닐 것이다. 대체로 역사서의 형식에 어둡고 또한 문인의 나쁜 버릇에 절어 있으면서[14] 「표」에 살펴볼 만한 글의 뜻이 없다고 생각해서 다시 마음을 두지 않고 동시대의 무식한 놈들 말만 듣고 함부로 엮어 모으면서도 자기들이 판단력이 있는 사람의 비웃음을 사고 있다는 것을 모르는 사람은 이런 지경에 도달할 것이다. 그래서 문인은 「지」를 편찬하는 일에 참여할 수 없다는 것이다.

관청과 부속 기관을 세우는 일이나 정자와 누각에 열거한 이전 사람들의 비, 기, 서, 발은 원문을 그대로 따르면 된다. 「지」의 글은 처음 세운 일과 다시 수리한 일을 서술할 때, 한 편의 글에서도 갑자기 주라고 불렀다가 갑자기 군이라고 부르는 것은 범성대의 『오군지』 원문을 그대로 따른 것이 많지만 범성대의 『오군지』가 본받기에 충분하지 않다는 것을 모른다. 송나라 때 정화 5년 이전에는 소주라고 불렀고 정화 5년 이후에는 평강노부라고 부른 것을 살펴보더라도 송나라가 끝날 때까지 오군이라는 이름은 없었다.[15] 범성대의 『오군지』는 표제가 벌써 잘못되었기 때문에[16] 「지」의 글에 있는 법도는 『시』 「회풍」 이후의 시가 나무랄 가치도 없는 것과 대등하다.[17] 왕오가 그렇게 고친 것도 모르는 것은 이른바 잘못이다.

또한 고대부터 이제껏 벌어진 전쟁의 일을 서술하여 「평란」이라는 분야로 열거한 것도 이해할 수 없다. 「산천」, 「전부」, 「방항」, 「풍속」, 「호구」, 「역체」, 「병방」, 「창장」은 모두 전고를 헤아린 목록이고[18] 「환적」,

13 「주륙」의 주56을 보라.

14 『사기』 「화식열전」은 이러하다. "점차 물들어 가르침을 잃어버리게 되었다." 침지(浸漬)는 음탕한 것에 잠겨서 점점 물드는 것을 뜻한다.

15 「서오군지후」의 주20을 보라.

16 「서오군지후」의 주18을 보라.

17 「박주지 인물표 예의 하」의 주4를 보라.

18 「영청현지 문징 서례」의 주27을 보라.

"유우", 「인물」, "열녀"는 모두 「전」으로 기술한 형식이다. 평란이라고 편을 이름 지은 것은 「서」나 「지」가 전고를 헤아린 것과도 비슷하지 않고 「열전」이 사람을 제목으로 다는 것과도 대등하지 않기 때문에 본래 기재를 따로 논의해서 조리 있게 만들려고 힘써야 한다. 그렇지 않다면 「지」 전체를 모두 기사본말체처럼 고쳐야만[19] 비로소 비슷하지 않다는 꾸지람을 초래하지 않을 것이다.[20] 그러나 이것은 다만 역사서의 범례에 정통한 사람만 비로소 변별할 수 있는 것이지 『고소지』에 바랄 수 있는 것이 아니다. 나머지 문자에 있는 보잘 것 없는 흠들이나 엮고 다듬을 때 우연히 어그러진 것들은 다시 깊이 찾을 필요도 없다. 『고소지』가 세상의 대단한 칭찬을 받기 때문에 변별하지 않을 수 없었던 것이지 지나치게 가혹한 요구를 하거나 이전의 철인을 지적하기 좋아하기 때문이 아니다.

---

19 「서교 하」의 주38을 보라.

20 『춘추좌전』 「양공 16년」은 이러하다. "진나라 임금은 제후들과 온(溫) 땅에서 향례를 베풀고 여러 나라의 대부들에게 춤을 추게 하면서 이렇게 말했다. '시를 읊되 반드시 춤과 같은 부류여야만 하오!' 제나라 대부 고후(高厚)의 시는 춤과 같은 부류가 아니었다."

서난지후(書灤志後)[1]

집에 『난지』(灤志) 네 질이 남아 있었는데 판각이 흐리멍덩하고 빠지고 뒤집어진 탓에 끝까지 다 읽을 수 없었다. 건륭 47년 영평서원[永平]에서 주강하고 있었을 때[2] 당시 난주 지주였고 지금은 세상을 떠난 안악(安嶽)

1 『독사방여기요』 권17은 이러하다. "난주(灤州)는 고대의 고죽국(孤竹國) 땅인데 전국시대에는 연나라에 속했고 진나라 때는 우북평군(右北平郡)에 속했으며 서한과 동한 때부터 진나라 때까지는 모두 요서군(遼西郡)에 속했고 후위가 그것을 이었다. 수나라 때는 평주(平州)에 속했고 당나라 때도 역시 평주 땅에 속했다. 오대의 후당 때 거란이 여기에 난주를 나누어 두었다. 금나라와 원나라가 그것을 이었고 명나라 때도 역시 난주라고 했다." 『명사』 「예문지」 "지리류"는 이러하다. "진사원(陳士元) 『난주지』(灤州志)는 열한 권이다."

2 장학성 『병진차기』는 이러하다. "건륭 임인년 영평에 있는 서원의 주강이 되었다." (가업당본 『장씨유서』 「외편」 권3) 『장실재연보』에 따르면 건륭 47년(임인년) 장학성은 직예 남부[畿南]로부터 의욕을 잃고 돌아왔는데 미처 만나지 못했다. 당시 주진영이 영청현 지현에 임명되어 장학성을 불러 함께 갔다. 곧 영평 경승서원에 주강이 되어 서울로부터 집안을 옮겨서 거기로 갔다. 청나라 때 영평부(永平府)는 직예에 속했다. 중화민국 때 부를 없앴는데 현재 노룡현(盧龍縣)이 영평부의 예전 치소이다.

출신 채훈[蔡君薰][3]이 내게 「주지」를 지어달라고 부탁하면서 옛날 「지」를 가져다 내게 보여주었는데 이것이 바로 그 책이다. 『명사』 「예문지」를 살펴보면 진사원(陳士元)의 『난주지』(灤州志) 열한 권이 있다.[4] 진사원은 자가 양오(養吾)이며 호광(湖廣) 응성 출신인데 가정 갑진년에 진사가 되었고 난주 지주를 거쳤는데 대단한 명성이 있었고 저술이 대단히 풍부하여 『명사』 「예문지」에 많이 보이지만 『명사』에는 그의 「열전」이 없다. 『응성현지』(應城縣志)에는 그의 「전」이 있고 책 목록은 없지만 응성현의 인사들은 지금까지도 여전히 그에 대해 많이 말한다. 나는 어렸을 적에 응성에 잠시 살았던 적이 있는데[5] 그가 지은 글을 찾았지만 하나도 볼 수 없었다. 응성의 전임 지현인 강포(江浦) 출신 금증(金嶒)[6]이 그의 집안에 소장하고 있던 원고를 남김없이 가지고 떠났다는 소리를 들었는데 대단히 안타까운 마음이 들었다. 지금 이 「지」는 여전히 진사원의 원본이라고 한다. 강희 연간에 지주 후소기(侯紹岐)가 범례에 따라서 이어서 보충했는데[7] 비록 열한 권의 순서를 다시 찾을 수는 없지만 분야와 의례에는 고칠 곳이 없다. 첫머리에는 누구인지 모르는 어떤 사람이 「서」를 썼는데 이렇게 말하고 있다. "옛날에 중주(中州)에서 벼슬살이할 때, 마침 곽자장[青螺郭公]을 만나 『허주지』(許州志)를 편찬하는 일을 논의했다.[8] 곽자

---

3 상세하지 않다.

4 진사원은 자가 심숙(心叔)이고 명나라 응성 출신이며 가정 연간에 진사가 되어 벼슬이 난주 지주에 이르렀다. 저술에 『역상구해』(易象鉤解), 『오경이문』(五經異文), 『맹자잡기』(孟子雜記), 『황사』(荒史), 『명의』(名疑) 등의 책이 있다.

5 『장실재연보』에 따르면 건륭 16년(신미년) 장표가 이부에 찾아가 응모하여[謁選] 응성 지현의 벼슬을 얻었다. 장학성이 아버지를 따라 응성에 왔을 때 나이는 열네 살이었다. 건륭 21년(병자년) 장표가 벼슬을 그만두게 되었어도 여전히 응성에 살게 되었다. 「이청신애사」(李清臣哀辭)는 이러하다. "병자년 아버님이 지현을 그만두게 되었지만 가난해서 고향으로 돌아갈 수 없었고 예전 다스리던 곳에서 임시로 살게 된 것이 또한 십여 년이다."(가업당본 『장씨유서』 권23) 그렇다면 응성에 산 것이 십몇 년이나 되는 기간이다. 응성현(應城縣)은 청나라 때 호북 덕안부(德安府)에 속했다.

6 상세하지 않다.

7 상세하지 않다.

8 유함흔 『문사통의지어』는 이러하다. "곽청라(郭青螺)는 곽자장(郭子章)이다. 두 사람

장은 '천하의 방지 가운데 이반룡[李滄溟]의 『청주지』(青州志)가 첫째이고[9] 그 다음이 『난지』'라고 했다." 이것은 아마 진사원의 원본을 가리켜서 말한 것 같다. 그 책과 사람은 모두 당시 대단히 칭찬받았기 때문에 후소기가 기존의 규칙을 따라서 감히 바꾸자는 논의를 하지 못했다.[10] 이제 그 책을 보니 꾸며 대어서 남을 속이거나 물정에 어둡고 괴상한 것이 책을 읽지 않고 기이한 것만 좋아하는 명나라 중엽 사람의 나쁜 버릇에 단단히 물들어 있다. 문리가 이 지경에 이르자 결국 더 말할 것이 없다. 진사원은 박식함이 넉넉하다고 칭송받았지만 『난지』의 평범하고 어리석음이 이와 같으니 나머지 저술은 또 어떤지 모르겠다. 그리고 곽자장이 이처럼 함부로 찬양한 것도 이해할 수 없다.

책은 첫째 「세편」(世編), 둘째 「강리」(疆里), 셋째 「양칙」(壤則), 넷째 「건치」 네 편으로 나뉜다. 「세편」은 편년체를 사용하는 『춘추』의 방법을 본떴으니 정말 남을 속이며 근거도 없다. 편의 첫머리에 크게 써서 이렇게 말한다. "제곡씨(帝嚳氏)가 구주를 세울 때[11] 우리 기주가 나뉘었다." 풀이해서 이렇게 말한다. "무엇 때문에 썼는가? 시작을 기록한 것이다." 구주의 지역을 나눈 것을 헤아리고 또한 크게 써서 이렇게 말한다. "황제가 훈육(葷粥)을 몰아냈다."[12] 풀이해서 이렇게 말한다. "무엇 때문에 훈육을

은 모두 명나라 중기에 왕세정과 이반룡의 해묵은 버릇에 물들어 학문에는 근본 바탕[體段]이 없고 고대를 본뜬다고 큰 소리 치기 좋아한 사람이다." 허주는 현재 하남성 허창현(許昌縣)이다. 나는 이렇게 생각한다. 『명사』 「예문지」 "지리류"에는 소보(邵寶) 『허주지』(許州志) 세 권이 있다.

9 이반룡은 사람들이 창명 선생(滄溟先生)이라고 부르는데 저술에 『창명집』(滄溟集) 서른 권이 있으며 부록이 한 권이다. 이것은 「전기」의 주16을 보라. 『명사』 「예문지」 "지리류"에 따르면 풍유눌(馮惟訥) 『청주부지』(青州府志) 열여덟 권이 있다. 이반룡의 「지」는 상세하지 않다.

10 『시』 「대아」 "가악"(假樂)은 이러하다. "잘못도 없고 실수도 없이 모두 옛 법도를 따르네." 바꾸다[更張]는 「서교 중」의 주22를 보라.

11 『제왕세기』는 이러하다. "전욱[顓帝]과 제곡은 모든 나라를 세우고 구주를 제어했다." 두우 『통전』은 이렇게 말한다. "전욱[顓帝]은 구주를 두고 제곡이 그것을 받았다."

12 『사기』 「오제본기」는 이러하다. "황제는 훈육(葷粥)을 북쪽으로 쫓았다." 『사기색은』 「흉노전」은 이러하다. "요임금과 순임금 이전에는 산융(山戎)이라고도 하고 훈육(熏

썼는가? 우리 변경의 군이기 때문이다.” 또한 크게 써서 이렇게 말한다. “주나라 무왕 십삼 년[十有三祀]에 백이와 숙제가 수양산에서 굶어 죽었으며[13] 소공 석을 연 땅에 봉해서[14] 우리 연 땅이 나뉘었다.” 이것은 모두 진사원이 원래 엮은 것인데 괴상망측하기가 한번 웃고 넘길 값어치도 없다. 『춘추』는 노나라의 역사서이므로 신하가 글을 지을 때 뜻에는 안팎이 있다. 그러므로 노나라를 우리라고 부르는 것[15]은 다른 나라의 임금과 구별하는 것만 아니다. 하물며 노나라의 역사서가 이미 나라로 이름 지었다 하더라도 책에서 노나라라고 쓰는 일이 본래 불편해도 그렇게 쓰는 까닭은 글 쓰는 법도가 그래야만 마땅하기 때문에 그렇지 다른 이유는 없다. 군현제 시대에 천하는 홀로 존귀한 황제에게 통일되고 모자에 붓을 꽂고 주와 현의 「지」를 만드는 사람 가운데[16] 조정 신하가 아닌 사람이 없는데 어찌 우리가 따로 있을 수 있는가? 『춘추공양전』과 『춘추곡량전』이 『춘추』 경을 전한 것[17]은 경사가 전수하고 전수받는 데서 나왔고 숨어서 드러나지 않는 뜻은 갑자기 깨우치기 어렵기 때문에 묻고 대답하는 형식으로 밝힌 것이지 역사서의 범례는 아니다. 주와 현의 「지」는 한 사람이 찬술한 데서 나오고 이전 사람이 드러내지 않은 뜻이 있는 것도 아닌데 자기가 자기 풀이를 적거나 자기가 묻고 자기가 대답하는 것은 배우가 극을 연기하는 것이 아니라면 왜 혼자서 주거니 받

粥)이라고도 했는데 하나라 때는 순유(淳維)라고 하고 은나라 때는 귀방(鬼方)이라고 했으며 주나라 때는 엄윤(玁狁)이라고 하고 한나라 때는 흉노라고 했다.”

13 『사기』 「백이열전」은 이러하다. “무왕이 은나라의 어지러움을 평정하자 천하는 주나라를 종주로 섬겼다. 그러나 백이와 숙제는 그것을 부끄럽게 여겨 정의롭게 주나라의 곡식을 먹지 않고 수양산에 숨어서 고비를 캐서 먹고 살았다. 마침내 수양산에서 굶주려 죽었다.”

14 『사기』 「주본기」는 이러하다. “무왕 11년 소공(召公) 석(奭)을 연나라에 봉했다.”

15 「은공 8년」에서 『춘추』 경문은 “경인일에 우리 노나라가 팽(祊)에 들어갔다.” 『춘추공양전』은 이러하다. “우리라는 말을 왜 하는가? 우리라고 말한 것은 나 혼자가 아니기 때문이다.”

16 「언공 하」의 주10을 보라.

17 「언공 상」의 주57을 보라.

거니 하는가? 하물며 유지기의 『사통』은 『진기』 및 『한진춘추』를 논할 때 이전 사람들이 본뜨는 것을 함부로 구는 짓이라고 꾸짖었는데 이유 없이 우리라고 부르는 것과 묻고 대답하는 형식을 가정하는 것은 모두 꾸짖는 범위 안에 들어간다.[18] 진사원은 통달하고 박식하다는 이름이 났는데 설마 혼자만 그것을 살피지 못했을까? 국사가 이런 지경인데 하물며 주와 현의 「지」야 말할 것이 있으랴? 주나라 무왕 십삼 년이라는 말은 더욱 잘못되었다. 은나라는 해를 사(祀)라고 하고 주나라는 해를 연(年)이라고 하기 때문에[19] 둘이 서로 겹치지 않는다. 『상서』 「홍범」에서 기자가 계획을 늘어놓을 때[20] 사 자를 쓴 것은 쓰는 방법의 변형된 범례이

---

18 『사통』 「모의」는 이러하다. "춘추시대에 모든 나라들이 대단히 많았다. 다른 나라를 쓸 때마다 모두 그 호칭을 드러냈다. 노나라에 대해서는 바로 우리[我]라고 말할 뿐이다. '오행 가운데 금 기운이 유행하여 왕조의 실마리를 쥐니 사해 안의 천하가 크게 하나가 되었네' 같은 것이다. 임금은 손님과 주인의 차이가 없고 신하는 피차의 차이가 없다. 그러나 간보는 『진기』를 지으면서 천자의 장례에 대해 꼭 우리 아무개 황제를 장사 지냈다고 말했다. 또한 두 명의 임금이 없는데 무슨 우리가 있는가? 이로써 『춘추』를 본뜬다 하더라도 이른바 모습은 같아도 마음은 다른 것이다." 또한 이렇게 말한다. "오시(五始)가 지은 이것을 『춘추』라고 한다. 세 가지 「전」이 동시에 일어나서 각각 『춘추』의 경의를 풀었다. 『춘추공양전』은 여러 차례 이렇게 말한다. '왜 썼는가? 어떤 사실을 기록한 것이다.' 이것은 먼저 『춘추』 경의 말을 인용하고 이어서 말을 풀이한 것이라서 추세가 그것을 그렇게 만든 것이지 역사서의 형식이 아니다. 오균 『제춘추』는 재앙과 변고를 쓸 때마다 역시 이렇게 말한다. '왜 썼는가? 기이한 것을 기록한 것이다.' 사실에 다른 논의가 없고 말이 내게서 나오는데도 번번이 스스로 묻고 스스로 대답하는 것이 어찌 사실을 서술하는 이치이겠는가? 이로써 『춘추공양전』을 본뜬다 하더라도 이른바 모습은 같아도 마음은 다른 것이다." 나는 이렇게 생각한다. 『사통』이 『춘추공양전』을 본떴다고 한 것은 『제춘추』인데 여기서 『한진춘추』라고 한 것은 검사를 잘못한 것이다.

역주_ 오시는 『춘추』가 사실을 적을 때 원년(元年), 춘(春), 왕(王), 정월(正月), 공즉위(公卽位) 다섯 가지 일로 시작하기 때문에 이렇게 부른다.

19 『이아』 「석천」은 이러하다. "하나라는 세(歲), 상나라는 사(祀), 주나라는 연(年), 요임금과 순임금은 재(載)라고 한다." 곽박 주는 이러하다. "세는 목성[歲星]이 한 번 도는 주기를 취했고 사는 네 계절이 한 번 마치는 것을 취했으며 연은 곡식[禾]이 한 번 익는 것을 취했고 재는 사물이 마치고 다시 시작하는 것을 취했다."

20 『상서』 「홍범」은 이러하다. "십삼 년[十有三祀]에 왕이 기자를 찾아가다." 공안국 『상서전』은 이러하다. "상나라는 사라고 한다. 기자가 사라고 부른 것은 근본을 잊지 않은 것이다."

지 올바른 이름이 아니다. 진사원은 백이와 숙제의 고사를 지으면서 연을 고쳐서 사라고 불렀기 때문에 그 다음에 있는 소공을 봉한 일과 글이 함께 겹치게 된다. 어찌 소공을 은나라 사람으로 만드는 것인가? 하물며 백이와 숙제가 주나라 곡식을 먹지 않고 수양산에서 굶어 죽은 일은 봉록을 받지 않는 바람에 곤궁하게 살다가 굶주려 죽었다는 말이지 곡기를 끊고 나라를 위해 목숨을 버렸다는 뜻은 아닐 것이다. 크게 써서 연대를 적은 일이 너무 어지럽지 않은가?[21] 이런 몇몇 측면이면 충분한데 나머지를 더 살펴볼 필요가 있는가?

「세편」은 세 가지 항목으로 나눈다. 첫째 「전대」(前代), 둘째 「아조」(我朝), 셋째 「중흥」(中興)이다. 거기서 「아조」라고 부르는 것은 명나라 세종 황제의 가정 28년에서 끝나고 거기서 「중흥」이라는 제목을 붙인 것은 가정 29년부터 끊어서 시작하니 정말 이해할 수 없다. 「강리」는 여섯 가지 항목으로 나누는데 「역계」(域界), 「이제」(理制), 「산수」(山水), 「승개」(勝概), 「풍속」, 「왕적」(往跡)이다. 「양칙」은 일곱 가지 항목으로 나누는데 「호구」, 「전부」, 「염법」(鹽法), 「물산」, 「마정」(馬政), 「병정」(兵政), 「역전」(驛傳)이다. 「건치」는 열한 가지 항목으로 나누는데 「성지」, 「서해」, 「유학」, 「창고」, 「포사」(鋪舍), 「가시」(街市), 「방패」(坊牌), 「누각」(樓閣), 「교도」(橋渡), 「질사」(秩祀), 「사관」이다. 그리고 관사와 인물, 과목과 선거는 모두 「편년」에 있다. 관사는 연도와 달을 크게 쓰고 아무개 벼슬의 아무개가 와서 취임했다고 쓴다. 그중에서 칭찬할 만한 사람은 『춘추좌전』의 범례를 본떠서 아래에 행실을 주석으로 단다. 과목은 아무개가 학교에서 공생이 되었다거나 아무개가 향시에서 합격했다거나 아무개가 어느 해 진사에 합격했다고 말한다. 그중 칭찬할 만한 것도 관사의 범례와 같이 없으면 비워둔다. 효성스럽거나 의로운 여자와 절개를 굳게 지키는 여자 가운데 세상에 널리 알려 칭찬받은 사람은 정표를 받은 날을 쓴다. 그러나 묵묵

---

21 전(傎)은 전(顚)과 같다. 「문리」의 주25를 보라.

히 연구하는 유학자와 글을 잘 짓는 선비가 과거 시험을 거치지 않았거나 절개를 지키고 효성스러운 여자와 행실이 곱고 마음씨가 맑은 여자가 어쩌다가 세상에 널리 알려져 칭찬받지 못했다 하더라도 「지」에 넣는 범례는 없다.

특히 이상한 것은 후소기가 진사원의 「지」를 이을 때, 명나라 만력 47년에 우리 태조(太祖) 고황제(高皇帝)의 천명(天命) 4년 기미년이라고 크게 쓰고[22] 아래쪽에 과거의 명나라 연호를 나눠서 주를 단 일, 풍운태(馮運泰)가 장제창(莊際昌)이 주관한 시험에서 진사로 합격한 일을 또한 크게 쓴 일, 또한 지주 임응취(林應聚)가 와서 취임한 일을 쓴 것이다. 앞서 명나라의 강역이 우리 청나라 판도에 들어오지 않았을 때, 청나라[國朝] 사관들은 책에 명나라의 사실을 적으면서 청나라의 올바른 달력과 상관이 없더라도 천계(天啓)라든지 숭정 같은 연호를 없애지 않았다. 만약 신하의 도리로서 청나라[本朝]를 안으로 하고 과거의 명나라를 밖으로 해야 한다면 이미 천명 연호를 위에 쓴 것은 과거의 명나라 때 있었던 사실이니 반드시 명(明)이란 글자를 더해서 구별해야 훑어보는 사람이 주요한 것과 보조적인 것이 무엇인지 알 수 있게 되니 이것도 정해진 이치이다. 이제 풍운태는 명나라 진사이고 임응취는 명나라 지주인데 청나라 연호 아래에 속하게 되고 또한 명나라라는 글자로 그것을 구별하지 않았으니 이것은 명나라의 진사와 지주를 청나라의 과제와 직관으로 만든 셈이고 역시 속임수가 아니겠는가! 『난지』라는 책 제목도 대단히 어리석고 제멋대로이다. 난은 본래 강물의 이름이며[23] 난주도 난수에서 이름을 얻은

---

22 청나라 태조 누르하치[努爾哈赤]는 명나라 만력 44년에 만주 칸[滿洲汗]으로부터 황제라고 칭하고 천명(天命)이라는 연호를 정했다. 천명조(天命朝) 『동화록』은 이러하다. "성이 애신각라씨(愛新覺羅氏)인 태조는 천명 11년 팔월 세상을 뜨셨는데 사당의 이름은 태조이다. 강희 원년 승천광운(承天廣運) 성덕신공(聖德神功) 조기입극(肇基立極) 인효예무(仁孝睿武) 굉문정업(宏文定業) 고황제(高皇帝)라는 존호를 더해서 바쳤다."

23 『가경중수대청일통지』 "영평부" '산천'은 이러하다. "난하(灤河)는 준화에서 흘러들어와 남쪽으로 난주 동쪽을 지난다." 『독사방여기요』 권17은 이러하다. "난하는 난

것일 뿐이다. 이제 난주의 '주' 자를 없애고 『난지』라고 부른다면 책 제목을 적은 종이쪽지를 살피는 사람이 『난수지』(灤水志)가 아닌지 의심할 것이다. 그러나 『명사』「예문지」는 진사원이 『난주지』를 지었다고 했는데 책 제목에서 주 자를 삭제한 것은 어쩌면 후소기가 한 짓일 것이다. 요컨대 책 전체로부터 살핀다면 이런 것들은 자질구레한 일에 속하고 꾸짖을 만한 가치도 없다.

주 동쪽 이 리 거리에 있다. 노룡현에서 난주로 흘러들어와 다시 동쪽으로 악정현(樂亭縣)을 지나 바다로 들어간다."

서영수현지후(書靈壽縣志後)[1]

책에는 지은이 때문에 소중하게 여기는 책도 있지만 지은이는 소중하나 그저 그런 책도 있다. 글에는 수사가 뜻보다 못해도 뜻은 좋은 글도 있지만 뜻은 소중하나 수사는 그저 그런 글도 있다. 평호(平湖) 출신 육농기[陸氏隴其][2]는 이학으로 이름난 유학자인데 어찌 가볍게 논의할 수 있

1 영수현(靈壽縣)은 한나라 때 두었는데 상산군(常山郡)에 소속되었고 명나라와 청나라 때 모두 직예 정정부(正定府)에 소속되었다. 「영수현지서」(靈壽縣志序)는 이러하다. "영수현은 진정부[眞定] 서른두 개 주와 현 가운데 가장 메마른 땅이다. 백성들은 풍년이 들어도 콩밥과 콩잎으로 끓인 국을 먹을 뿐이고 겨우 죽음을 면할 정도이다. 일단 물난리, 가뭄, 누리, 우박의 재앙을 만나면 떠돌아다니다가 굴러 넘어져 죽는 정도이니 구제할 수가 없다. 아마 이전 왕조에서 이미 그러했는데 명말청초의 전쟁 이후 타고난 기운은 더욱 다시 쇠퇴하여 줄어들었기 때문에 문헌이 흩어지고 없어져 증명하지 못한다. 역사서가 기록한 고사에 따라서 원주민[土人]에게 물어도 그것을 대답할 수 있는 사람이 없었다. 우임금[大禹]이 위하[衛]를 다스릴 때 어느 곳을 쳐서 물이 흐르게 했는가? 선우국[鮮虞]과 중산국[中山] 때의 강역[疆理]은 어떠했는가? 무령왕과 혜문공은 어느 곳에 병사를 주둔했는가? 악의[昌國君]의 옛 자취가 남은 자리는 어디에 있는가? 악숙(樂叔)이 이어서 봉해진 곳이 어느 마을인가?

비후(邳侯)의 식읍과 채읍[食采], 저택은 어디에 남아 있는가? 어느 해에 시작하고 없어졌는가? 무혜왕 조빈[曹武惠] 부자나 충헌왕 한기[韓忠獻] 부자는 혈족을 어느 마을에 모았던가? 어느 대에 비로소 옮겨왔는가? 위대한 성인과 현인의 옛 자취는 마치 연기나 구름 속에서 보듯 다시 구할 수 없고 호타하[滹沱]가 흐르고 태항산맥이 우뚝 솟은 것만 조용히 생각하며 바라볼 뿐이다. 다름 아니라 호구가 성하고 쇠퇴한 것, 부역이 번거롭고 간단한 것, 전례가 잘되어 일어나고 못되어 망한 것은 명나라 이전부터 역시 자취도 없이 죄다 없어져서 헤아릴 수 없다. 어찌 슬퍼하지 않을 수 있겠는가? 국자감 학생 부유운[傅君維橒]은 예전 「지」가 이지러져 완전하지 못한 것을 불쌍하게 여겼기 때문에 잃어버린 예전 소문을 널리 받아들여 포함시키고 모아서 엮어 글방[家塾]에 소장했는데, 기록할 것은 기록하고 삭제할 것은 삭제한 것이나 상세하고 간단한 것이 법도를 갖추고 집요하게 파헤치거나 분수에 맞지 않게 넘치지도 않았다. 그러나 그것이 이미 자취도 없이 죄다 없어진 것도 역시 끄트머리에 어찌 하겠는가. 마침 내가 부격을 받들어 『영수현지』를 거두고 이어서 그 책을 가져다가 약간 고쳐서 정한 뒤 내 좁은 소견을 붙이고 열 권으로 나누어 애오라지 가려서 뽑는 일에 대비한다고 말할 따름이다. 이 책을 읽는 사람은 그 땅이 메마르고 백성이 가난한 것을 보고 정사를 돌보는 사람이 편안하고 고요하게 만들어야 마땅하며 어수선하게 고치는 일은 마땅치 않다고 분개해서 생각하거나, 차라리 윗사람이 손해를 볼지언정 아랫사람에게 손해를 끼치지 말고 차라리 백성들을 편안하게 할지언정 벼슬아치가 편안하게 해서는 안 된다고 분개해서 생각한다면 되었다. 만약 어떤 지방의 문헌이 여기에 있다라고 말한다면 나와 부유운은 모두 부끄럽지 않을 수 없다. 강희 을축년 오월에 직예 진정부(眞定府) 영수현 지현 당호(當湖) 출신 육농기는 조심스럽게 「서」를 쓴다."

2 육농기는 자가 가서이며 절강 평호(平湖) 출신인데 강희 9년(경술년)에 진사가 되었다. 강희 14년 가정현 지현이 되었다가 도적떼 사건으로 직책이 떨어졌다. 가정현의 백성들은 시장을 철시하고 머물러줄 것을 빌었다. 박학홍유과에 시험을 보도록 천거되었지만 미처 시험을 치르지 못하고 아버지의 초상 때문에 고향으로 돌아갔다. 도찰원 좌도어사[總憲] 위상추(魏象樞)는 청렴한 벼슬아치라고 천거했다. 강희 22년 영수현 지현에 제수되었다. 강희 29년 가을 사천도 시감찰어사(四川道試監察御史)로 보충하여 임명되었는데 재임 기한을 채운 뒤 병이 걸렸다는 핑계를 대고 고향으로 돌아갔다. 강희 31년 죽었는데 나이가 예순셋이다. 청헌이라는 시호를 하사했다. 그의 학문은 거경궁리를 위주로 한다. 『학술변』을 지어 양명학을 선불교라고 힘껏 배척했다. 왕수인의 못마땅한 점은 마음을 본성이라고 인식하는 데 있고 고경양과 고경일의 못마땅한 점은 움직임을 잊고 고요함을 얻는 데 있다고 말했다. 그를 평론하는 사람은 정자와 주희의 도통이 명나라 설선, 호거인 뒤로부터 오로지 육농기만 정종을 얻었다고 말한다. 저술에 『사서대전』, 『곤면록』(困勉錄), 『곤면속록』[續錄], 『송양강의』(松陽講義), 『고문상서고』(古文尙書考), 『독서지의』(讀書志疑), 『독례지의』(讀禮志疑), 『예경회원주』(禮經會元注), 『전국책거독』(戰國策去毒), 『신음어질의』(呻吟語質疑), 『위빈일초』(衛濱日鈔), 『문학록』(問學錄), 『영수현지』(靈壽縣志), 『삼어당잉언』(三魚堂賸言), 『삼어당문집』(三魚堂文集)이 있다.(『국조선정사략』 권9)

겠는가? 그러나 그는 사학에 대해 그다지 깊지 못하다. 그가 『영수현지』(靈壽縣志)를 지은 뜻은 대단히 좋지만 문리는 그다지 깊이 이해하지 못하고 있다. 그렇다면 육농기의 사람됨을 소중하게 여겨 지은이의 본뜻을 찾는 것도 괜찮은 일이다. 사람 됨됨이를 소중하게 여기기 때문에 그 책을 소중하게 여기는 일은 방지를 편집하는 사람이 조심스럽게 본받아야 하는 것이고[3] 남에게 들은 말을 가볍게 믿는 것이라고 생각한다.[4] 내가 육농기의 『영수현지』 열 권을 살펴보니 첫째 「지리」인데 "기사"(紀事)와 "방음"(方音)이 부록으로 붙어 있다. 둘째 「건치」, 셋째 「사전」, 넷째 「재상」(災祥), 다섯째 「물산」, 여섯째 「전부」, 일곱째 「관사」, 여덟째 「인물」인데 「인물」은 다시 "후비", "명신", "사적"(仕績), "효의", "은일", "열녀"로 나뉜다. 아홉째 「선거」, 열째 「예문」이다. 그리고 「전부」와 「예문」은 상권과 하권으로 나뉘고 「사전」, 「재상」, 「물산」은 모두 한 권으로 합쳤기 때문에 나누어 놓은 권의 숫자도 의례가 없다.[5] 책은 대체로 간략하지만 「전부」만 상세하기 때문에 소중하게 여기는 것을 알고 있다고 말할 수 있다. 서문과 범례는 모두 이렇게 말한다. "땅이 메마르고 백성이 가난하기 때문에 관직에 있는 사람은 어수선하게 고치거나 백성의 재물을 함부로 거두어들일 수 없고 토착민들도 분수에 맞지 않게 사치스러움을 다투지 않는다." 이것은 어진 사람의 즐거운 말이다.[6] 책 전체

---

3 『맹자』「공손추 하」는 이러하다. "그래서 모든 대부와 나라 사람이 모두 공경하여 본받게 만들다." 조기 주는 이러하다. "긍(矜)은 경(敬)이다. 식(式)은 법(法)이다."

4 『사기』「육국표서」(六國表序)는 이러하다. "학자들은 들은 것에 얽매여 진나라가 제왕의 자리에 있었던 기간이 짧은 것만 보고 이에 의거하여 들먹이며 그것을 비웃고 감히 말하지 않는다. 이것은 귀로 밥을 먹는 것과 차이가 없다."

5 이야기는 「편권」에 상세하다.

6 『영수현지』「범례」는 이러하다. "영수는 땅이 메마르고 백성이 가난하기 때문에 벼슬자리에 있으면서 이것을 안 뒤에는 감히 어수선하게 고쳐서 재물을 마구 거두어들이는 일을 일삼을 수 없다. 원주민[土著者]이 이것을 안 뒤에는 감히 분수에 넘치는 사치를 다투는 일을 능사로 삼을 수 없다. 강령이 있기 때문에 곳에 따라 잊어버리지 않게 깨우쳐 주겠다." 「서」의 말는 앞의 주1을 보라. 제개(悌愷)는 기제(豈弟)라고도 쓴다. 『시』「제풍」은 이러하다. "제나라 임금님 딸은 태연히 즐거워하네." 「전」

는 이것이 대체로 책을 지은 뜻이라고 생각하는데 그의 마음 씀씀이는 참으로 고대의 법을 잘 지키고 열심히 일하는 벼슬아치에게도 부끄럽지 않다.

책의 끄트머리에는 그가 영수현에서 일으키고 없앤 것을 조정에 아뢰고 청했던 것과 영수현 사람 부유운(傅維橒)과 「지」를 편찬하는 범례에 관해 편지를 주고받으면서 논의한 것으로 책을 마치고 있다.[7] 영수현에서 일으키고 없앤 것에 대한 상주문은 본디 절실하고 쓸모가 있지만 「지」를 편찬하는 범례를 논한 것은 에돌아 거리가 멀고 어긋나서 맞지 않는다. 나는 세상 사람들이 이름을 좇아서 내용을 잊어버릴까 두렵기 때문에 이 뒤에 변별하지 않을 수 없다. 책의 첫머리 「지리」에는 "방음"을 붙이는 것은 괜찮지만 "기사"를 붙이는 것은 잘못이다.[8] "기사"는 앞 시대의 큰일 가운데 영수현과 관련된 것인데 연도에 따라 엮어서 적는다면 이것은 한 현에 대해서 역사서의 「본기」와 같다. "기사"를 「지리」에 붙일 수 있다면 『상서』 「순전」은 『상서』 「우공」에 붙여도 되고 역대의 역사서의 「본기」는 「지리지」에 넣어도 된다. 사실의 기록은 간결해도 법도가 있는 것을 소중하게 여긴다. 이렇게 붙여버리면 간결하다면 간결하지만 어찌 법도로 삼을 수 있겠는가? 「건치」편은 "방표"(坊表)를 삭제해 버리고 '중시하는 것은 사람이지 마을에 있는 것이 아니다'라고 말한다.[9] 그 주장은 에돌아서 남을 속이는 것이다. 사람 가운데 공자보다 중

은 이러하다. "기(豈)는 낙(樂)이다. 제(弟)는 이(易)이다."

7 부유운(傅維橒)은 자가 배공(培公)이며 청나라 영수 출신이다. 성품이 명예나 이익에 뜻이 없어서 벼슬을 내놓고 물러나 벼슬아치가 규정된 시간에 근무지로 출근하는 일을 원하지 않고 시와 글로 스스로 즐겼다. 『연천어창시』(燕川漁唱詩)와 『식재문집』(植齋文集)이 있다. 『영수현지』 마지막 권에 「조진지의」(條陳志議)를 붙여서 수록했다.

8 『영수현지』 권1 「지리지」(地里志) "기사"(紀事) 주는 이러하다. "사실은 기록하지 않을 수 없지만 혼자서 한 권을 이룰 수 없기 때문에 「지리지」의 끄트머리에 붙인다."

9 『영수현지』 「범례」는 이러하다. "패방(牌坊)을 세우는 것은 아마 그 마을[宅里]을 세상에 드러내 밝히고자 하는 의도일 테니 중시하는 것은 사람에 있지 마을[坊]에 있는 것이 아니다. 궤짝을 사고 구슬은 돌려주는 일은 취하지 않을 뿐이다. 그러므로 유명한 신하와 훌륭한 선비는 이미 각자의 「전」에서 드러내 밝혔기 때문에 마을의

요한 사람도 없지만 사람들 가운데 「서」나 「지」를 빌리지 않고 이해할 수 있는 사람도 공자만한 사람이 없다. 중시하는 것이 다른 데 있다고 생각해서 「지」에서 그런 글을 삭제한다면 궐리의 「지」[10]는 불살라 없애도 될 것이다. "방표"가 소중하게 여기는 것이 사람에 있다는 것은 마치 학교가 소중하게 여기는 것이 도에 있고 관청과 부속 기관이 소중하게 여기는 것이 정사에 있으며 성과 해자가 소중하게 여기는 것이 지키는 일에 있다는 것과 같다. 소중하게 여기는 것이 따로 있기 때문에 싣지 않는다고 하면 학교, 관청 건물, 성과 해자는 모두 삭제해 버릴 수 있고 「건치」도 「지」에서 명목을 생략할 수 있는 셈이다. 절이나 도관을 삭제하고 싣지 않는 것이 올바르지 않은 것을 물리치고 올바른 것을 높이는 것이라는 생각[11]도 세상 물정에 어둡고 맞지 않는 것이다. 『춘추』는 일으켜서 지은 것을 소중하게 생각하지만 지으면 안 되는 것을 지은 경우도 상세하게 쓰지 않은 적이 없는 것[12]은 그것을 거울삼아 경계하는 뜻을 보여주는 것이다. 육농기의 주장과 같다면 『춘추』의 그런 글은 삭제해 버려야 올바르지 못한 것을 물리치고 올바른 것을 높이는 것이 되지

숫자[坊額]는 다시 수록하지 않는다."

10 염약거 『사서석지』는 이러하다. "궐리(闕里)라는 이름은 맨 처음 『한서』 「매복전」에 겨우 나타난다. 동한 이후에야 막 그것을 몹시 일컬은 이유는 아마 노나라 공왕이 노나라로 옮겨가서 공자가 살았던 마을에 궁실을 짓고 두 군데 궁궐[雙闕]이 있었던 탓일 것이다. 사람들은 이에 의거하여 공자가 살았던 곳을 궐리라고 이름 지었다. 그때 궁궐이 아직 남아 있었고 그렇게 마을 이름을 지은 이유를 아직 알 수 있었다. 만약 후세에 자취가 이미 깡그리 없어졌다면 『궐리지』(闕里志)를 지은 사람 가운데 하나라도 알 수 있는 사람이 있었겠는가?" 『사고전서총목제요』 "전기류 존목"(傳記類存目) 1은 이러하다. "『궐리지』(闕里誌) 스물네 권은 명나라 진호(陳鎬)가 지었고 공윤식(孔允植)이 거듭 편찬했다."

11 『영수현지』 「범례」는 이러하다. "올바르지 못한 것을 물리치고 올바른 것을 숭상하는 것은 정사를 베푸는 중요한 일이다. 그러므로 불교나 도교의 절과 도관은 모두 감히 수록할 수 없다. 노백(魯柏)이나 기림(祁林) 따위는 사실에 의거하여 보이는 것에 그친다."

12 『춘추좌전』 「은공 7년」은 이러하다. "여름, 중구(中丘)에 성을 쌓았다. 이를 쓴 것은 농사철이라 쌓을 철이 아니기 때문이다." 또한 「은공 9년」은 이러하다. "여름, 낭(郎)에 성을 쌓았다. 이를 쓴 것은 농사철이라 쌓을 철이 아니기 때문이다."

만 천 년 백 년 뒤에 그것이 올바르지 못해서 물리쳤다는 것을 누가 알겠는가? 하물며 절과 도관에는 헤아릴 수 있는 금석문이 있고 사라진 글이 전해지기도 하기 때문에 고대의 사실을 찾을 수 있다. 이것이 삭제하면 안 되는 첫 번째 이유이다. 불교와 도교의 관직은 국가의 제도에서 정한 것이고[13] 반드시 사는 곳이 있으며 반드시 거느리는 무리도 있다. 이것이 삭제하면 안 되는 두 번째 이유이다. 물난리나 가뭄에는 기도를 드리고 재이와 흉년에는 진휼하여 구제하며 갓난아기를 버리면 거두어 기르고 선현의 사당과 무덤에 향화를 드리며 지방의 벼슬아치와 구실아치는 절과 도관을 골라서 공무를 보는 곳으로 삼는 경우가 많고 스님과 도사를 가려서 일을 주관하도록 하는 경우도 많다. 사업이 크게 기대는 경우가 있는 것은 상주문과 공문서에도 자주 보이고 아직 다스림의 근본을 해친 적이 없다. 그래서 절과 도관, 스님과 도사 같은 종류는 옛날 사람들이 이단으로 숭배했지만[14] 요즈음은 관청 일을 돕고 있기 때문에 설령 주공과 공자가 다시 살아나더라도 추세를 근거로 이익이 되게 이끌 것이며 틀림없이 처리할 방법이 있을 테지 꼭 스님과 도사를 환속시키고 절과 도관을 민가로 만드는 일을 고집하지 않을 것이다.[15] 육농기

13 『대청회전』 권36 「예부」는 이러하다. "모든 승관(僧官)과 도관(道官)은 모두 책에 기록한다. 서울의 승관은 도록사(道錄司) 정인(正印) 한 명, 부인(副印) 한 명, 좌선세와 우선세[左右善世] 두 명, 천교(闡教) 한 명, 강경(講經) 두 명, 각의(覺義) 두 명이다. 승관은 각 성(城)에 나누어 설치하는데 모두 여덟 군데이다. 도관을 도록사 한 명, 좌정일과 우정일[左右正一] 두 명, 연법(演法) 두 명, 지령(至靈) 두 명, 지의(至義) 두 명이다. 도관은 각 성에 나누어 설치한 것이 모두 여섯 군데이다. 각 성에 나누어 설치한 승관과 도관은 각각 협리(協理) 한 명을 설치하는데 승관은 선세 등의 직함을 겸하고 도관은 정일 등의 직함을 겸한다. 직예성[直省]의 승관은 부에서는 승강(僧綱), 주에서는 승정(僧正), 현에서는 승회(僧會)라고 한다. 오로지 호남 형산현(衡山縣)에서만 승강이라 부른다. 직예성의 도관은 부에서는 도기(道紀), 주에서는 도정(道正), 현에서는 도회(道會)라고 한다. 오로지 형산현에서만 도기라고 부른다. 부, 주, 현에 각각 한 명씩이다."

14 『논어』 「위정」은 이러하다. "선생님은 이렇게 말씀하셨다. '이단을 전공한다면 해로울 뿐이다.'"

15 한유 「원도」는 이러하다. "불교의 사람을 사람으로 만들고 불교의 책을 불살라 버리

는 삭제하고 싣지 않음으로써 자기가 도를 지킨다는 것을 보여주었지만 어찌 소견이 이리 좁은 것인가? 「관사」와 「선거」는 청나라 때만 상세할 뿐인데, 예전의 「지」가 명나라 초기부터 끊어서 시작한 의도를 본받는다고 말한 것[16]은 특히 잘못이다. 예전의 「지」는 앞 시대를 널리 비교할 수 없어서 명나라 초기로 끊은 것은 예전 「지」의 변변치 못함이지만, 예전 「지」도 본디 있는 것을 취하여 버린 적이 없다. 이제 육농기가 예전의 「지」를 명백하게 보고도 도리어 사람들의 성명을 삭제한 무리함은 변별할 필요조차 없다. 고대부터 제후가 천자를 조상으로 제사지내지 않고 대부가 제후를 조상으로 제사지내지 않는 것[17]은 이세가 그런 것이다. 방지를 짓는 사람들은 앞 시대의 제왕과 후비에 대해서 다만 그들이 나온 곳을 적어야만 하지 「인물」에 열거할 수 없다. 이것은 이전 사람들도 여러 차례 논의했지만 그 설이 아직도 정해지지 못하고 있다. 사실 「인물」에 열거하는 것은 잘못이다. 이세가 맞는지 아닌지 잠시 논하지 말고 「인물」의 범례에 고금을 합쳐 실은 것만 시험 삼아 물어보도록 하자. 방지가 앞 시대의 제왕과 후비를 「인물」에 나열해야 한다면 서울[京兆]의 「지」를 편찬하는 사람은 청나라의 황제와 황후를 「인물」에 넣어야만 하는데 이것은 안 되는 일이라는 것을 물어보지 않아도 뻔히 알 수 있다. 그렇다면 육농기의 「지」에서 「인물」의 첫머리에 "후비"를 둔 것[18]은 특히 근엄하지 않은 것이다.

책의 끄트머리에서 부유운과 논의한 것은 처음에 견해가 치우친 것에

며 불교의 거처를 집으로 만든다."

16 『영수현지』 「범례」는 이러하다. "관사의 선거는 청나라[本朝]만 상세하게 하는 것에 그치는데 역시 예전 「지」가 명나라 초까지 끊었던 범례에 뿌리를 둔 것이지 감히 마음대로 깎은 것이 아니다."

17 「서무공지후」의 주6을 보라.

18 『영수현지』 권7 「인물지」(人物志) "후비"는 이러하다. "송나라 자성광헌(慈聖光憲) 조황후(曹皇后)는 영수 출신인데 조빈의 손녀이고 조기[玘]의 딸이며 인종의 황후이다." 또한 "후주 덕비(德妃) 동씨(董氏)는 진주(鎭州) 영수 출신이다. 주나라 태조가 덕비에게 훌륭한 행실이 있다고 듣고 그를 맞아들여 덕비로 책봉했다."

지나지 않았지만 편지를 주고받으며 논변하게 되자 억지스러운 말이 정리에 부합하지 않는 것이 생겼다. 그는 스스로 이렇게 말했다. "악의(樂毅)나 조빈(曹彬) 같은 이름난 신하의 언행 가운데 정사에 밝고 아름다운 것만 큰 줄거리를 남기는 데 그친다."[19] 부유운은 이렇게 말했다. "삼대 이전 성인과 현인의 사실 가운데 이미 경전에 나타난 것은 사마천이 그대로 『사기』에 넣었고 사마천이 서술한 무제 이전의 사실은 반고가 그대로 『한서』에 넣었는데 다른 곳에 나타난다고 해서 생략하지 않았습니다. 이전 사람들의 정사 「열전」이나 문집을 먼 두메의 보잘 것 없는 현에 사는 사람 가운데 남김없이 본 사람이 드물기 때문에[20] 「예문」에서

19 『영수현지』 「범례」는 이러하다. "창국군 악의[樂昌國]나 무혜왕 조빈[曹武惠]처럼 유명한 신하의 언행 가운데 정사에 뚜렷하게 드러난 것은 그 대략을 남기는 데 그치고 모두 상세하게 수록하지 않는다." 『사기』 「악의전」(樂毅傳)은 이러하다. "악의는 선조가 악양(樂羊)이다. 악양은 위나라 문후의 장군이 되어 중산을 정벌하여 차지했기 때문에 위나라는 그를 영수에 봉했다. 악양이 죽고 영수에 장사 지냈다. 그 뒤 자손들은 이어서 살았다. 악의는 훌륭하고 병법을 좋아했는데 연나라 소왕이 신분이 낮은 선비에게도 자신을 낮추고 현인을 초빙하는 사람이라는 소문을 들었다. 이때 위나라를 위해 연나라에 사신을 가게 되었다. 연나라 왕은 그를 아경(亞卿)으로 삼고 나중에 상장군(上將軍)을 삼았는데 조나라, 초나라, 한나라, 연나라의 군대를 거느리고 제나라를 정벌하여 임치까지 공격해 들어갔고 창국군(昌國君)에 봉해졌다." 『송사』 「조빈전」(曹彬傳)은 이러하다. "조빈은 자가 국화(國華)이고 진정 영수 출신이다. 아버지 조운[芸]은 성덕군 절도사이다. 북한 건우 연간에 조빈은 성덕군 아장(牙將)이 되었다. 후주 태조[周祖]가 선양을 받자 세종의 막부[帳下]에 예속되어 하중도감(河中都監)으로 발탁되었다. 나중에 송나라에 귀순했다. 건덕 연간 초에 후촉을 정벌할 때 협중(峽中)의 군과 현을 모두 떨구었다. 여러 장군들이 모두 성 안의 사람들을 마구 죽이고자 했지만 조빈만 홀로 멈추라고 명령을 내렸다. 여러 장군들이 남자와 여자, 옥과 비단을 많이 거둬들였지만 조빈은 봇짐에 오로지 도서와 옷가지뿐이었다. 선휘남원사(宣徽南院使)와 의성 절도사(義成節度使)에 제수되었다. 강남에 내려갈 때 한 사람도 제멋대로 죽이지 않았고, 군대가 출정할 때부터 개선할 때까지 병사들 모두 두려워하고 복종하여 가볍게 함부로 구는 사람이 없었다. 얼마 지나지 않아 추밀사에 제수되었다. 태종이 즉위하자 동평장사가 되고 검교 태사(檢校太師)로 승진했다가 시중을 더하고 노국공에 봉해졌다. 함평 2년 세상을 뜨니 나이가 예순아홉이다. 시호는 무혜(武惠)이다."

20 『영수현지』 끄트머리에는 부유운 「수지의」(修志議)가 붙어 있다. "성자광헌(聖慈光獻) 조황후[曹后] 및 악의, 조빈, 한기 여러분은 비록 정사에 나타나니 꼭 「전」을 상세하게 할 필요는 없습니다. 그러나 삼대 이전의 여러 현인과 성인 가운데 사실과

악의의 「보연왕서」(報燕王書)나 한유(韓維)의 「희조묘의」(僖祖廟議) 따위는 깎아버리면 안 됩니다."[21] 그의 주장은 옳다. 육농기는 오히려 이렇게 말한다. "춘추시대의 인물 가운데 공자만한 사람도 없고 문장도 공자보다 나은 사람이 없다. 『춘추좌전』에는 공자의 일이 숙향(叔向)이나 자산(子産)만큼 상세하지도 않고 공자의 글이 숙향이나 자산만큼 많지도 않다. 노나라 임금을 도운 일이나 초나라에 갔던 일, 경전을 편집하고 음악을 바

말이 이미 경적에 보이는 사람을 헤아려 보니 사마천이 취해서 「본기」를 완성했습니다. 서한[西京] 이후 『사기』에 이미 상세한 사람은 반고가 가려서 『한서』를 지었습니다. 본문과 관련된 사람을 취할 때는 다른 곳에 나타난다고 결국 생략해버리지 않았습니다. 또한 영수현[靈邑]이 척박하고 변변치 않은 두멧구석이고 집안에 장서가 드물기는 하지만, 판단하여 고실을 먼저 바로잡으려고 하는 사람이 있다면 『영수현지』에서 찾게 하면 충분할 것입니다. 결재해 주시기를 엎드려 바랍니다." 『사통』 「채찬」은 이러하다. "사마천 『사기』는 『세본』, 『국어』, 『전국책』, 『초한춘추』에서 골랐다. 반고 『한서』는 『사기』와 완전히 같다. 태초 이후부터 또한 유향의 『신서』, 『설원』, 『칠략』의 말을 뒤섞어서 인용하는데, 이것은 모두 당시 표준말이며 일에는 올바르지 못하거나 치우침이 없기 때문에 한 시대의 믿음을 얻을 수 있고 영원히 이름을 드날릴 수 있다."

21 『영수현지』 끄트머리에는 부유운 「수지의」가 붙어 있다. "악의[樂昌國] 「보연혜왕서」(報燕惠王書), 한유[韓持國] 「희조묘의」(僖祖廟議)와 「청허동향지위소」(請虛東向之位疏)는 「지」 안에 다시 수록해야 마땅합니다. 고대 서적을 참고하여 헤아려본 적이 있는데 만약 똑같은 글이 두 번 나타나면 사실은 어떤 곳에 상세하다고 말하고 있습니다. 만약 본래 책을 미처 보지 못했으면 비록 경을 익히고 보고 들은 것이 있다 하더라도 모두 빨리 표시해서 드러냅니다. 사지(史志)와 보승(譜乘)을 쓰는 사람은 대개 모두 그것을 근거로 합니다. 「지」 안에 최근의 저작은 이미 편에 열거되어 있지만 고문만 홀로 간단하니 어쩌면 비슷하지 않다고 의심할 수 있습니다. 결재해 주시기를 엎드려 바랍니다." 악의 「보연혜왕서」는 『사기』 「악의열전」을 보라. 『송사』 「한유전」(韓維傳)은 이러하다. "한유는 자가 지국(持國)이고 개봉 옹구 출신인데 아버지가 정사를 돕는 대신이었기 때문에 진사 시험을 보지 않았다. 재상은 그가 고대를 좋아하고 학문을 좋아한다고 천거해서 결국 관직에 제수되었다. 애초에 희조(僖祖)의 신주는 이미 옮겼는데 영종이 사당을 합쳐서 제사지낼[祔廟] 때 중서는 희조가 주나라 시조 후직이나 은나라 시조 설과 대등하기 때문에 그 사당을 허물어서는 안 된다고 생각했다. 태조가 적을 물리치고 큰 난리를 평정하고 자손이 왕업을 따르게 되었으니 송나라 태조라고 한유가 말하자 논의할 수 있는 사람이 없었다. 희조는 비록 태조의 고조할아버지이지만 이룩한 공로의 자취를 우러러도 의거할 바가 없다. 만약 후직과 설을 섬기듯이 그를 섬긴다면 편안하지 못한 것이 있을까 두려우니 예전처럼 편하게 하는 것이 마땅하다고 말했다. 왕안석은 막 애초의 논의를 주도하고 있었는데 시행하지 않는 쪽으로 가닥을 잡았다."

로잡은 일은 영원히 아름답게 빛날 일인데 한 군데도 언급하는 것을 본 적이 없다. 『효경』, 『논어』, 『주역』의 「문언전」과 「계사전」은 영원히 밝은 일인데 한 군데도 언급하는 것을 본 적이 없다. 공자는 영원한 성인이기 때문에 꼭 책에 얽매여서 기술하지 않아도 공자를 우러르는 것이다."[22] 이것이 육농기의 본래 의도는 아닐 테고 이치와 말이 막히기 때문에 고의로 큰 소리를 치고 기세로 사람을 누른 것이겠지만 이치가 맞는

---

22 『영수현지』 끄트머리에는 육농기 「답수지의」(答修志議)가 붙어 있다. "자성광헌 조황후, 악의, 조빈, 한기 여러분이 시행한 일에 대해서는 상세해야만 하고 「보연혜왕서」, 「희조묘의」, 「청허동향지위소」는 수록해야만 하며 고명하신 그대[高明]가 사마천과 반고의 범례로 그것을 법도에 맞게 만드는 것은 본래 당연한 일이다. 그러나 또한 다른 설도 있습니다. 옛날 춘추시대의 인물 가운데 공자만한 사람도 없고 문장도 역시 공자만한 것이 없습니다. 좌구명이 「전」을 지어 공자의 일을 서술했지만 숙향이나 자산만큼 상세하지 않고 공자의 글을 수록했지만 숙향이나 자산만큼 많지 않습니다. 노나라 임금을 도운 일이나 초나라에 간 일, 책을 편집한 일이나 음악을 바로잡은 일 따위는 사실 가운데 영원히 뚜렷하게 드러난 것이지만 한 번도 나타난 적이 없습니다. 『효경』, 『논어』, 『주역』의 「문언전」과 「계사전」 따위는 글 가운데 영원히 밝게 빛나는 것이지만 한 번도 언급한 적이 없습니다. 옳고 그름이 숙향과 자산에 대해서는 상세하고 공자에 대해서는 간단하지만, 참으로 공자는 영원한 성인이기 때문에 어떤 책에서 가볍게 칭찬하여 기술했다고 해서 꼭 공자를 존경하는 것은 아닙니다." 숙향은 진나라 대부 양설힐이다. 자산은 정나라 대부 공손교(公孫僑)이다. 『춘추좌전』은 두 사람의 일을 수록한 말이 대단히 상세하다. 『사기』「공자세가」는 이러하다. "정공 14년 공자는 나이 쉰여섯인데 대사구로서 재상을 대행하여[攝相] 일을 시행했다." 또한 "공자가 진나라와 채나라 사이에 있을 때 초나라가 사람을 시켜서 공자를 초빙했다. 공자가 가서 예를 갖추려고 하자 진나라와 채나라 대부들은 의논하여 이렇게 말했다. '공자는 훌륭한 사람인데 풍자하고 꾸짖는 바가 모두 제후들의 잘못에 딱 맞아떨어진다. 지금 진나라와 채나라 사이에 오랫동안 머물면서 여러 대부들이 베풀고 시행한 것은 공자의 의도에 맞지 않는다. 현재 초나라는 대국이고 와서 공자를 초빙했는데 공자를 초나라에서 기용한다면 진나라와 채나라에서 기용하여 섬기는 대부들이 위태로워질 것이다.' 그래서 이내 서로 함께 노역하는 사람들을 보내 들판에서 공자를 포위했고 공자는 초나라에 갈 수 없었다. 그래서 자공을 초나라에 보냈고 초나라 소왕은 군대를 보내서 공자를 맞이했다." 또한 "노나라에서는 대부 이하의 사람조차도 모두 분수를 넘어 올바른 도를 벗어나 있었다. 그러므로 공자는 벼슬살이를 하지 않고 물러나 『시』, 『서』, 『악』, 『예』를 연구했다. 제자가 아주 많았는데 먼 지방에서부터 왔으며 학업을 전수받지 않은 사람이 없었다." 나는 이렇게 생각한다. "산서"(刪書)는 청화각본과 지고당총서본에서 "산시"(刪詩)라고 했다. 『논어』는 「시교 상」의 주73을 보라. 『효경』은 「경해 상」의 주29를 보라. 「문언전」과 「계사전」은 「역교 상」의 주28을 보라.

지 틀린지 돌보지 않는 것은 여전히 왕수인을 비방하고 헐뜯을 때의 더러운 버릇이다.[23] 『춘추좌전』은 국사를 가다듬고 취하여 지었고 기록은 모두 국가와 관련된 사실이기 때문에 『춘추』와 서로 주요한 것과 보조적인 것이 된다.[24] 자산과 숙향은 현명하면서 글도 있고 또한 나라를 맡은 지도 가장 오래되었기 때문에 진나라와 정나라의 일에서 두 사람의 언행을 많이 건드린 것이고 특별히 상세한 것은 한 나라의 정사와 관련되었기 때문이다. 공자는 때를 만나지 못해서 다만 노나라 정공을 도와 협곡(郟谷)의 회맹에 참가한 일과 제나라 사람들이 문양(汶陽) 땅을 돌려준 일[25]만 나랏일과 상관이 있는데 어찌 상세하게 기록하지 않은 적이 있는

---

23 『삼어당집』(三魚堂集) 권2 「학술변 상」은 이러하다. "왕수인[陽明王氏]이 양지라는 학설을 부르짖으면서부터 선불교의 내용을 유학이라는 이름에 깃들였다. 왕기[龍溪], 왕간[心齋], 나여방[近溪], 주여등[海門]의 무리가 좇아서 그것을 퍼트렸다. 왕수인의 학은 천하에 두루 퍼져서 거의 성인이 다시 일어난 것처럼 생각했지만 고대의 선성과 선현이 남긴 아래에서 배워 위로 통달하는 방법은 찢기고 흩어져 남아나지 않았다. 학술이 무너지고 풍속이 그것을 뒤좇았다. 그 폐단은 예법을 휩쓸어 모조리 없애고 사람의 떳떳하고 변하지 않는 도리를 업신여기는 지경에 이르렀다. 천하 사람들이 제멋대로 눈을 부라리고 꺼리거나 어려워함이 없이 제멋대로 구는 바람에 살면서 꼭 지켜야 하는 도리에서 스스로 편안하다고 다시 느끼지 못하고 온갖 못마땅한 점이 동시에 일어났다."

24 『사통』 「열전」은 이러하다. "『춘추』는 「전」으로 경을 풀이했다."

25 『춘추좌전』 「정공 10년」은 이러하다. "여름에 정공이 제나라 임금과 축기(祝其)에서 만났는데 사실 협곡(夾谷)이다. 이때 공자[孔丘]가 도왔다. 이미(犁彌)가 제나라 임금에게 이렇게 말했다. '공구는 예를 알지만 용기가 없습니다. 만약 내(萊) 땅 사람을 시켜서 무기를 가지고 노나라 임금을 겁주면 틀림없이 의도하는 대로 얻을 것입니다.' 제나라 임금이 그것을 좇았다. 공자는 정공을 모시고 물러나오면서 이렇게 말했다. '병사들은 무기를 들고 가라! 두 나라 임금이 우호를 맺는 자리에 포로 같은 이민족 놈들[裔夷之俘]이 무기를 가지고 어지럽히다니 제나라 임금이 제후에게 명령하는 근거가 아니다. 이민족은 화하족을 꾀하거나 어지럽히지 못하고 포로 같은 놈들은 맹세에 간여하지 못하며 무기는 우호를 윽박지르지 못한다. 신령에 대해서도 상서롭지 못하고 덕에 대해서도 정의에 어긋나며 사람에 대해서도 예를 잃는 짓이니 틀림없이 임금이 그렇게 하라고 하지 않았을 것이다.' 제나라 임금이 그것을 듣고 곧바로 그들을 물렸다. 장차 맹세하려는데 제나라 사람이 재서를 희생 위에 올리면서 이렇게 말했다. '제나라 군대가 국경을 나서는데 무장한 전차[甲車] 삼백 대로 우리를 좇지 않는다면 이 맹세가 증거가 될 것이다!' 공자는 자무선(玆無還)에게 읍한 뒤에 이렇게 대답하게 했다. '그대들이 우리 문양(汶陽) 땅을 돌려주지 않는다

가? 공자가 천하를 바쁘게 돌아다닌 일과 노나라에서 가르침을 베푼 일[26]은 나라의 정사와 무관하고 좌구명이 편년체로 지은 『춘추좌전』은 『춘추』 경에 붙인 것이라서 형식이 곧고 바르기 때문에 후세의 기전체 역사서처럼 「도학전」, 「유림전」, 「문원전」[27] 따위를 특별히 지어서 곡절을 상세하게 쓰거나 사람을 근거로 중요함을 보탤 수도 없다. 설령 공자만 상세하게 쓰려고 해도 길이 없는데 어찌 이런 방법으로 공자를 우러른다고 말하겠는가! 『효경』, 『논어』, 『주역』의 「문언전」과 「계사전」을 『춘추좌전』에 넣지 않은 일도 좌구명이 공자를 우러렀기 때문이라고 말하는 지경인데 그릇되고 잘못된 것이 이전의 주장과 대체로 같기 때문에 다시 변별할 필요도 없다. 다만 그가 주장한 것처럼 싣지 않는 것이 우러르는 것이라면 『상서』의 「요전」과 「순전」이 요임금과 순임금을 싣고 「대우모」와 「우공」이 우임금을 실은 것[28]은 역사를 기록하는 신하가 요임금, 순임금, 우임금을 우러르지 않은 것이다. 『시』의 「주남」과 「소

면 우리가 천명을 함께 하지 않는 것도 역시 그것이 증거가 될 것이다.' 제나라 임금은 맹세가 끝나고 정공에게 향례[享]를 베풀려고 하는데 공자가 양구거(梁丘據)에게 이렇게 말했다. '제나라와 노나라 사이에는 전고가 있는데 그대는 어찌 듣지 못했소? 일이 이미 완성되었는데 또 향례를 베푸는 것은 집사(執事)를 수고스럽게 하는 것이오. 게다가 희상(犧象)은 성문 바깥으로 내가지 않으며 아악[嘉樂]은 들판에서 연주하지 않는 법이오. 향례[饗]를 베풀면서 그릇과 음악을 이미 갖췄다면 예를 내동댕이치는 셈이오. 만약 그것을 갖추지 않는다면 쭉정이와 피처럼 가짜 의식을 치르는 셈이오. 쭉정이와 피 같은 가짜 의식은 임금을 욕보이는 짓이고 예를 내동댕이치는 짓은 명성에 나쁘게 될 텐데 그대는 어찌 그것을 헤아리지 않는 것이오? 향례는 덕을 밝히는 근거요. 밝히지 못한다면 그것을 그만두는 것이 나을 것이오.' 그래서 결국 향례를 베풀지 않았다. 제나라 사람들이 노나라에 와서 운(鄆), 환(讙), 구음(龜陰) 땅을 돌려주었다."

26 『사기』 「유림열전」은 이러하다. "세상이 어지럽고 흐려서 쓰일 수 없었고 그래서 공자는 일흔 명도 넘는 임금들에게 벼슬을 요구했지만 그런 임금을 만나지 못했다." 『한서』 「지리지」는 이러하다. "노나라는 수수와 사수[洙泗之水]에 잇닿아 있다. 공자는 왕도가 장차 없어지려는 것을 근심하여 이내 육경을 편찬하여 요임금, 순임금, 삼대의 도를 기술했는데 제자들 가운데 학업을 전수받아서 통달한 사람이 일흔일곱 명이다."

27 「답견수재논수지 제이서」를 보라.

28 제전(帝典)은 「요전」과 「순전」을 말한다. 모공(謨貢)은 「대우모」와 「우공」을 말한다.

남」, 정아가 문왕과 무왕을 노래한 것[29]은 『시경』의 시인이 주나라의 선왕들을 우러르지 않은 것이다. 공자가 『시』와 『서』를 편집한 것도 그러면 공자가 요임금과 순임금, 삼대의 왕들을 우러르지 않은 것이다. 그런 주장이 통할 수 있겠는가? 하물며 모든 행동을 공자에 비기는 것은 더구나 공부벌레가 사람을 억누르는 묵은 버릇이다.[30] 육농기에게 「지」를 편찬한 초심을 시험 삼아 물어보자. 악의, 조빈, 한유 등 여러 사람을 보면서 그들이 공자를 당할 수 있다고 생각하는가?

또한 사마천의 「관안열전찬」을 인용하여 이렇게 말한다. "나는 『관자』의 「목민」, 「산고」, 「승마」, 「경중」, 「구부」 및 『안자춘추』를 읽었지만 그 책들은 세상에 많이 있으므로 논하지 않겠다."[31] 세상에 있는 것은 꼭 상세하게 할 필요가 없다는 것을 알 수 있다. 이 주장은 약간 이치에 가깝긴 하지만 사마천의 드러나지 않는 의도가 대체로 사라진 사실을 중시한다는 것도 모르고 이런 말을 했을 것이다. 하물며 제자백가가 지은 글도 모두 「전」에 넣을 수 없지만 「한비열전」에 그의 「세난」을 실은 것[32]이 또한 어찌 그의 글이 세상에 있어서 싣지 않은 것이겠는가? 글을 정사의 「열전」에 넣는 일과 방지의 「예문」에 넣는 일은 다르다. 정사의 「열전」은 본래 사실을 기록하는 글이므로 가다듬어 취할 때 반드시 엄격해야만 하지만 방지의 「예문」은 비록 세속의 범례에 따라 시와 글을

---

29 이남(二南)은 「주남」과 「소남」이다. 『시』 「소아」에서 "녹명"부터 "청청자아"까지가 정소아(正小雅)이고 "유월" 이하는 변소아(變小雅)이다. 『시』 「대아」는 "문왕"부터 "권아"까지가 정대아(正大雅)이고 "민로" 이하가 변대아(變大雅)이다. 정대아와 정소아를 통틀어 정아라고 한다.

30 「문덕」의 주24를 보라.

31 『사기』 원문은 이렇게 말한다. "태사공은 이렇게 말한다. 내가 관자의 「목민」, 「산고」, 「승마」, 「경중」, 「구부」 및 『안자춘추』를 읽어보니 그들이 말한 것이 굉장히 상세했다. 그들이 지은 글을 보고 나서 그들이 시행한 사업을 살펴보고 싶어졌기 때문에 그들의 「전」을 편집했다. 그들의 책은 세상에 많이 있으므로 논하지 않고 그중 세상에 알려지지 않은 사실만 논하겠다."

32 「세난」은 『한비자』의 열두 번째 편이다. 『사기』 「한비전」은 그것을 온전히 수록하고 있다.

분수에 넘치게 넣더라도 법도가 느슨하여 본래 뛰어난 것을 가다듬어 가려 넣을 수 있다. 반드시 두 가지를 온전하게 해서 유감이 없게 만들 생각을 해야 하고 내게는 따로 의례가 있으니[33] 여기서는 상세하게 말하지 않겠다.

33 이야기는 「방지립삼서의」에 상세하다.